Denzinger
Die zwölf Aufgaben des Herakles im Tierkreis

Wolfgang J. Denzinger

Die zwölf Aufgaben des Herakles im Tierkreis

Der zeitlose Entwicklungsweg des Menschen

KAILASH

KAILASH
Eine Buchreihe herausgegeben von Hajo Banzhaf

Die Deutsche Bibliothek – CIP-Einheitsaufnahme
Denzinger, Wolfgang:
Die zwölf Aufgaben des Herakles im Tierkreis / Wolfgang
Denzinger. – München: Hugendubel, 1994
(Kailash)
ISBN 3-88034-761-1

© Heinrich Hugendubel Verlag, München 1994
Alle Rechte vorbehalten

Umschlaggestaltung: Zembsch' Werkstatt, München
Produktion: Tillmann Roeder, München
Satz: Uhl+Massopust, Aalen
Druck und Bindung: Spiegel Buch, Ulm
Printed in Germany

ISBN 3-88034-761-1

INHALT

VORWORT	12
EINFÜHRUNG	15
VOM WESEN DER MYTHOLOGIE	15
HELDENWEG UND MENSCHWERDUNG	23
HERKUNFT UND JUGEND DES HERAKLES	25
DER HELDENWEG IM PERSÖNLICHEN HOROSKOP	29
DIE ZWÖLF AUFGABEN DES HERAKLES ALS ARCHETYPISCHE ENTWICKLUNGSSTUFEN	37
ERSTE AUFGABE IM ZEICHEN WIDDER	43
Das Fangen der menschenfressenden Stuten des Diomedes	43
Ergänzungen zum Mythos	44
Bedingungen für Admetos	44
Vier Pferde	44
Deutung des Mythos	45
Diomedes	48
Die wahre Aufgabe im Zeichen Widder	50
Sinn des Scheiterns	53
Zähmung der Pferde	55
Tod des Freundes Abderos	56
ASTROLOGISCHE ZUSAMMENHÄNGE IM ZEICHEN WIDDER	58
Zuordnung	58
Das Prinzip Widder	58
Die erste Heraklesaufgabe im persönlichen Horoskop	58
ZWEITE AUFGABE IM ZEICHEN STIER	61
Die Gefangennahme des Kretischen Stiers	62

Ergänzungen zum Mythos	62
Vorgeschichte	62
Mythos vom Stier	63
Deutung des Mythos	64
Die wahre Aufgabe im Zeichen Stier	70
Das Labyrinth	72
Liebe und Besitz	74
Das Opfer des Minos	76

Astrologische Zusammenhänge im Zeichen Stier — 78

Zuordnung	78
Das Prinzip Stier	78
Die zweite Heraklesaufgabe im persönlichen Horoskop	78

Dritte Aufgabe im Zeichen Zwillinge — 81

Das Sammeln der goldenen Äpfel der Hesperiden	81
Ergänzungen zum Mythos	83
Deutung des Mythos	84
1. Phase – Norden	84
2. Phase – Süden	85
3. Phase – Westen	87
4. Phase – Osten	89
5. Phase – Bergspitze	91
Fazit und Synthese	92
Die wahre Aufgabe im Zeichen Zwillinge	92
Bousiris	96
Heil und Unheil im menschlichen Dasein	99

Astrologische Zusammenhänge im Zeichen Zwillinge — 103

Zuordnung	103
Das Prinzip Zwillinge	103
Die dritte Heraklesaufgabe im persönlichen Horoskop	103

Vierte Aufgabe im Zeichen Krebs — 105

Das Fangen der Hindin von Keryneia	106
Deutung des Mythos	107
Die wahre Aufgabe im Zeichen Krebs	111

Artemis, die Unversehrtheit und das scheue Reh	113
Das goldene Geweih der Hindin	115
Die Hindin als Symbol des rechten Maßes	116
Der Pfeil und die Achillesferse	120

Astrologische Zusammenhänge im Zeichen Krebs — 122

Zuordnung	122
Das Prinzip Krebs	122
Die vierte Heraklesaufgabe im persönlichen Horoskop	122

Fünfte Aufgabe im Zeichen Löwe — 125

Das Töten des Nemeischen Löwen	125
Ergänzungen zum Mythos	126
Herkunft des Löwen von Nemea	126
Der Bauer Molorchos	126
Deutung des Mythos	127
Die wahre Aufgabe im Zeichen Löwe	131
Der äußere Schein und die dunkle Höhle	135
Die Zahl Fünf – Mensch, Pyramide und Sphinx	136
Herakles und Molorchos	138

Astrologische Zusammenhänge im Zeichen Löwe — 140

Zuordnung	140
Das Prinzip Löwe	140
Die fünfte Heraklesaufgabe im persönlichen Horoskop	140

Sechste Aufgabe im Zeichen Jungfrau — 143

Das Ergreifen des Gürtels der Hippolyte	143
Ergänzungen zum Mythos	144
Herakles auf Kos	144
Herakles und Hesione	144
Deutung des Mythos	145
Die wahre Aufgabe im Zeichen Jungfrau	152
Die Amazonenkönigin Hippolyte	157
Der Gürtel der Aphrodite	159
Herakles im Walfisch	160
Die Welt der Erscheinungen	162

ASTROLOGISCHE ZUSAMMENHÄNGE
IM ZEICHEN JUNGFRAU 166
  Zuordnung 166
  Das Prinzip Jungfrau 166
  Die sechste Heraklesaufgabe im persönlichen Horoskop 166

SIEBTE AUFGABE IM ZEICHEN WAAGE 169
  Das Einfangen des Erymanthischen Ebers 169
  Ergänzungen zum Mythos 170
    Erymanthos 170
    Kentauren 170
    Die Pfeile 170
    Dionysos 171
  Deutung des Mythos 172
  Die wahre Aufgabe im Zeichen Waage 179
  Der Berg Erymanthos und die Kentauren 182
  Dionysos und der Wein 183
  Die giftigen Pfeile 184
  Tragödie und Komödie im Leben 187
  Die Tragödie heute 189

ASTROLOGISCHE ZUSAMMENHÄNGE
IM ZEICHEN WAAGE 192
  Zuordnung 192
  Das Prinzip Waage 192
  Die siebte Heraklesaufgabe im persönlichen Horoskop 193

ACHTE AUFGABE IM ZEICHEN SKORPION 195
  Die Tötung der neunköpfigen Hydra 196
  Ergänzungen zum Mythos 197
    Die große Dürre 197
    Typhon 197
    Die Häupter der Hydra 197
    Der Kampf des Herakles 197
  Der Mythos von der Schlange 198
  Deutung des Mythos 201
  Wiedergeburt im Zeichen Skorpion 204
  Der Krebs 206

Herakles und Iolaos	211
Die wahre Aufgabe im Zeichen Skorpion	212
Die neun Häupter der Hydra	215

ASTROLOGISCHE ZUSAMMENHÄNGE IM ZEICHEN SKORPION — 222

Zuordnung	222
Das Prinzip Skorpion	222
Die achte Heraklesaufgabe im persönlichen Horoskop	223

NEUNTE AUFGABE IM ZEICHEN SCHÜTZE — 225

Die Befreiung von den Stymphalischen Vögeln	225
Ergänzungen zum Mythos	225
Die Stymphalischen Vögel	225
Pallas Athene	226
Die Göttin Athene	227
Deutung des Mythos	229
Die Welt der Stymphalischen Vögel	234
Der Weg zur Einweihung	237
Der Ton des Zimbeln	239
Athenes Eingebung	242
Die Absichtslosigkeit	243
Die wahre Aufgabe im Zeichen Schütze	245
Die Zahl Neun	247

ASTROLOGISCHE ZUSAMMENHÄNGE IM ZEICHEN SCHÜTZE — 249

Zuordnung	249
Das Prinzip Schütze	249
Die neunte Heraklesaufgabe im persönlichen Horoskop	250

ZEHNTE AUFGABE IM ZEICHEN STEINBOCK — 253

Die Gefangennahme des Kerberos	253
Ergänzungen zum Mythos	254
Hades und die Unterwelt	254
Herakles und Prometheus	254
Echidne	255
Der Hades	256
Deutung des Mythos	265

Der Hades und die Höhle des Löwen	271
Therapie als Abstieg in den Hades	272
Das Geheimnis des Bösen	274
Die wahre Aufgabe im Zeichen Steinbock	275
Der Mensch als Zeuge	277
Die Loslösung von der Erlebniswelt	279

ASTROLOGISCHE ZUSAMMENHÄNGE
IM ZEICHEN STEINBOCK ... 282
    Zuordnung ... 282
    Das Prinzip Steinbock ... 282
    Die zehnte Heraklesaufgabe im persönlichen Horoskop ... 283

ELFTE AUFGABE IM ZEICHEN WASSERMANN ... 285
    Die Säuberung des Augiasstalles ... 285
    Ergänzungen zum Mythos ... 286
        Hochzeit der Königstochter ... 286
        Herde des Augias ... 286
        Helfer des Herakles ... 286
        Recht und Gerechtigkeit ... 286
    Deutung des Mythos ... 287
    Die Rinderherde ... 300
    Der Rinderstall ... 304
    Die wahre Aufgabe im Zeichen Wassermann ... 307
    Lohn und Überfluß ... 309
    König Augias und sein Stall ... 315

ASTOLOGISCHE ZUSAMMENHÄNGE
IM ZEICHEN WASSERMANN ... 317
    Zuordnung ... 317
    Das Prinzip Wassermann ... 317
    Die elfte Heraklesaufgabe im persönlichen Horoskop ... 318

ZWÖLFTE AUFGABE IM ZEICHEN FISCHE ... 321
    Das Einfangen der roten Herde des Geryon ... 321
    Ergänzungen zum Mythos ... 322
        Auf dem Weg zur Insel Erytheia ... 322
        Auf dem Rückweg mit der Herde ... 322
    Erytheia – die Insel der Abendröte ... 323

Deutung des Mythos	327
Geryon, der »Entzieher«	331
Die wahre Aufgabe im Zeichen Fische	334
Der Weg zu höherer Freiheit	337

Astrologische Zusammenhänge im Zeichen Fische   340

Zuordnung	340
Das Prinzip Fische	340
Die zwölfte Heraklesaufgabe im persönlichen Horoskop	341

AUSBLICK AUF DAS WASSERMANNZEITALTER   344

Der weitere Weg des Herakles   344
Das Neue Zeitalter   346

Vorwort

Ich sagte zum Mandelbaum:
Erzähl mir von Gott!
... und er blühte

China

Dem Mythos, der Symbolik und der unvergänglichen Weisheit gilt seit langem meine Liebe. Das vorliegende Buch ist der Versuch, Erkenntnisse und Zusammenhänge weiterzugeben, die mir auf meinem eigenen Weg zugeflossen sind. Besonders hervorheben möchte ich den Einfluß des »Tibeters«, von dem die Zuordnung der zwölf Heraklesaufgaben zum kosmischen Tierkreis stammt und dessen Mitteilungen darüber Alice Bailey in der ersten Hälfte dieses Jahrhunderts niedergeschrieben hat. Meine langjährige, intensive Beschäftigung mit Astrologie bestätigt mir, daß die Zuordnung absolut stimmig und harmonisch ist. Deshalb ist sie auch Grundlage meines Buches, zumal aus der Antike selbst eine Beziehung zwischen Heraklesaufgaben und Tierkreiszeichen nicht überliefert ist.

Für mich, der ich gewöhnlich in Seminaren und Vorträgen über das gesprochene Wort vermittle, war es anfangs nicht leicht, das Erkannte in schriftlicher Form zu fixieren. Immer wieder zeigte es sich, daß die zu Text und Manuskript geronnenen Worte nicht die gleiche Qualität der Aussage besaßen wie das gesprochene Wort. Umschreibungen wurden dort notwendig, wo in der Sprache eine veränderte Betonung genügte.

Dennoch erscheint mir gerade in unserer heutigen Zeit die Beschäftigung mit Mythos und Symbolik – ob in Wort oder Schrift – wichtiger denn je. Unser rationales Denken hat sich festgefahren. Was immer wir tun, und sei es auch in bester Absicht, mißlingt, weil wir »linear«, d.h. geradlinig, denken. Uns ist das kreisförmige, Anfang mit Ende verbindende, mythologisch-weisheitliche Denken verloren gegangen. Stets glauben wir, unsere eigenen Gesetze machen zu können – ohne Rücksicht auf höhere, übergeordnete Gesetzmäßigkeiten.

Eigentlich sollten wir mittlerweile genügend Beweise dafür gesammelt haben, daß wir mit dieser Art des Denkens in Sackgassen landen.

Erst die Beschäftigung mit dem Mythos schafft die Voraussetzungen dafür, daß wir in die »höhere Ordnung« Einblick nehmen – und dadurch zum notwendigen Überblick und in der Folge zur rechten Einsicht kommen. In ihm liegt jene erlösende Kraft, die uns von unseren festgefahrenen, uneinsichtigen und selbstbeschränkenden Denkweisen befreien kann. Dringend ist dies erforderlich, wohl niemand von uns wird dies leugnen. Sicherlich gibt es viele, die sagen, der einzelne habe ja keine Chance, am »Rad des Lebens« etwas zu drehen und könne deshalb ohnehin nichts verändern. Doch derlei Argumente sollten wir eher als Bequemlichkeit denn als Wahrheit deuten. Gerade dieses Buch – der Heldenweg des Herakles – will zeigen, daß jeder Mensch zu Großem berufen ist. In jedem von uns steckt ein Held – natürlich jeder nach seiner Art. Haben wir den Herakles in uns gefunden und übernehmen den vorgezeichneten Weg als Vision, die zu erreichen wir bestrebt sind, wird unsere Wirkung in dieser Welt mehr und mehr wachsen. Natürlich gehört Mut dazu – er ist Basis und Voraussetzung für jeden Heldenweg. Aber wir sollten Mut nicht verwechseln mit Todesverachtung. Mut ist jenes Stück Herz, das jeder von uns braucht, wenn er über seinen gegenwärtig bestehenden Zustand hinauswachsen will. Und genau jenes Stück Herz hat jeder von uns mitbekommen. Wir alle können über uns hinauswachsen, auch das wird niemand leugnen können, wenn er das aus eigener Kraft Erreichte betrachtet. Und dies gilt immer, es gilt ein ganzes Leben lang.

Wenn wir es dennoch nicht tun, mag es an unserem Mangel an Selbsterkenntnis liegen: Weil wir nicht wissen, wer wir sind und welche Kräfte und Fähigkeiten in uns schlummern, bleiben wir verhaftet in unseren alten Gewohnheiten und Mustern. Ein »Übersich-Hinauswachsen« ist in diesem Gefangensein nicht möglich. Erst wenn unsere Sehnsucht nach Freiheit stärker ist als alle Bande, die uns halten, kann Herakles zu unserem Vorbild werden.

Wenn aber zum Helden der Mut und das Herz gehören, so ist leicht einzusehen, daß als drittes die Liebe dazugehört. Vielleicht ist sie die Voraussetzung für alles. Denn lieben wir das, was wir tun, wachsen wir von selbst über uns hinaus! Deshalb liegt es nahe, den Weg des Helden zu bezeichnen als unsere Suche nach dem, was wir lieben. Gleichzeitig ist er ein Weg zur Befreiung aller uns von Geburt an innewohnenden Kräfte und Energien, Fähigkeiten und Möglichkeiten, die zu entfalten wir in diese Welt gekommen sind.

München, im Jahre 1994 *Wolfgang J. Denzinger*

Mein Dank gilt:

Thorwald Dethlefsen	*er hat mich wach gemacht*
Dane Rudhyar	*er hat mich die Sprache der Symbole gelehrt*
Dem »Tibeter«	*er hat mir den Weg zur Astrologie und zu Herakles gewiesen*
Ruth	*sie gibt mir Kraft und Liebe*
meinem Sohn Felix	*er rechtfertigt mein Tun*

Einführung

>*»Im Anfang war das Wort,*
>*und das Wort war bei Gott,*
>*und Gott war das Wort!«*
>Johannes 1,1

Vom Wesen der Mythologie

Das technisch-fortschrittlich orientierte 20. Jahrhundert steht dem Mythos ebenso wie dem Märchen äußerst skeptisch gegenüber. Wohl erinnern wir uns gerne der Zeit, in der wir als Kinder die Märchen und Mythen geradezu verschlungen haben. Doch als erwachsene, gereifte Menschen denken wir, darüber hinausgewachsen zu sein. Mythen und Märchen sind für uns Produkte ausufernder, kindlicher Phantasien, die mit unserer Realität und mit der uns umgebenden Wirklichkeit nichts zu tun haben.

Nur wenigen von uns ist überhaupt geläufig, daß Mythologie sich aus den Begriffen »mythos« und »logos« zusammensetzt und damit so viel meint wie etwa die »Erzählung vom Logos«. »Logos« selbst ist aber jene – für uns so unfaßbare – göttliche Gesetzmäßigkeit, die hinter der Welt der Erscheinungsformen waltet und schaltet. Oft wird »logos« übersetzt mit dem Begriff »Wort«; denn das Wort ist es, wie wir im biblischen Schöpfungsbericht erfahren, in dem jene göttliche Schöpferkraft liegt, die Welten erschaffen kann.

Kehren wir mit diesem Wissen zurück zum Begriff Mythologie, so erahnen wir den gewaltigen Anspruch, der diesem Wort zugrunde liegt: Es handelt sich hierbei nicht mehr und nicht weniger um die Erzählung von den schöpferischen Urkräften und Urgesetzen, deren Wirken unsere sichtbare Welt lenken. Seit jeher empfindet der Mensch sein irdisches Dasein als Wechselspiel zwischen hintergründig wirkenden Kräften und den im Vordergrund sichtbaren Auswirkungen. Und seit jeher weiß der Mensch, daß er an beidem Anteil hat – ja daß er sogar ein Verbindungsglied dieser beiden Welten ist. Aus diesem Urwissen heraus ist Religion entstanden, die Rückverbindung (re-ligio = Rückverbindung) mit der

Welt der Schöpfungskräfte. Dabei bedarf es keiner besonderen Gabe, um zu verstehen, daß das Wort »ligio« verwandt ist mit dem Wort »logos«. So gesehen, ist jeder Mensch religiös – denn wir alle haben die Fähigkeit in uns, diese Verbindung herzustellen und dabei die waltenden Gesetze und Kräfte zu erkennen.

Vielleicht wird an dieser Stelle deutlich, warum gerade der Mensch vom »Baum der Erkenntnis« ißt. Wir leben auf dieser Erde, um das »göttliche Wirken« zu erkennen. Gehen wir diesen Weg der Erkenntnis, sind wir im tieferen Sinne des Wortes »religiös«. Gläubiges Vertrauen, bereitwillige Hingabe oder gar blinder Gehorsam der jeweils herrschenden Religion gegenüber mögen zwar anerkennenswert sein, führen aber nur selten auf den geforderten Erkenntnisweg. Denn mit Erkenntnissen verhält es sich wie mit Erfahrungen: Wir müssen sie selbst machen, sonst sind sie wertlos.

Goethe hat stellvertretend für diesen Zusammenhang den »Faust« geschaffen, einen Menschen, dem die Wissenschaft nicht die Antwort auf die essentiellen Fragen gibt und der sich deshalb auf den Weg der »Erkenntnis von Gut und Böse« macht. Zutiefst bewegt ihn die Suche nach dem, was die »Welt im Innersten zusammenhält«.

Lange vor Faust haben sich Menschen bereits auf diesen Erkenntnisweg begeben. Viele davon sind zu tiefen und tiefsten Einsichten gelangt und haben uns ihre Zeugnisse hinterlassen. Uns sind sie zugänglich in den großen Weisheitslehren und Schöpfungsmythen dieser Welt. Sie alle beschreiben das Unsichtbare und Ungreifbare in Wort und Bild, doch wir stehen davor und verstehen sie nicht. Zu ungeübt sind wir im Umgang mit ihrer bilderreichen Symbolsprache, zu wenig wissen wir um den Zusammenhang zwischen der vordergründigen Geschichte und dem dahinterliegenden Inhalt, der von dieser Geschichte transportiert und vermittelt werden will. Nur sollten wir einen Mythos nicht deshalb unsinnig nennen, weil wir seinen Sinn nicht verstehen. Mythologie berichtet von der unvergänglichen Wahrheit; sie erzählt uns, welche kosmischen Kräfte und Energien es gibt und wie sie ineinandergreifen. Dabei benutzt sie die Sprache der Symbole, die für die meisten von uns zur Fremdsprache geworden ist – obwohl sie die allen Menschen gemeinsame »Seelensprache« verkörpert. Sie gibt der Welt, in der wir uns vorfinden, die grundlegende Ordnung, verleiht einem jeden Ding und Wesen seine jeweilige, unveränderbare Bedeutung und definiert unsere Beziehung zur Welt.

Nehmen wir als Beispiel den »Baum«. Er ist eines der Ursymbole, das von Anbeginn mit dem Weg des Menschen in Beziehung steht. Naturwissenschaftlich-äußerlich gesehen ist es ein Pflanze mit kräftigen Wurzeln, einem Stamm, vielen Ästen und – zumindest im Sommer – unzähligen Blättern. Unser rationaler Geist könnte nun den Baum weiter untersuchen: Nach Art, Alter, Festigkeit des Holzes et. Doch dieses Vorgehen läßt eine einzige Frage stets unangetastet: Was hat der »Baum« mit uns Menschen zu tun?

Wir sezieren – ganz objektiv und losgelöst von uns selbst – den Baum, kategorisieren und katalogisieren ihn, ohne je die einzig wirkliche bedeutsame Frage nach seiner Beziehung zu uns zu stellen. Wohl vermag wissenschaftliches Vorgehen unsere Neugier befriedigen, aber es hat weder Sinn noch Tiefe, ausgenommen die Tatsache, daß wir alle eines Tages wie Faust in unserem »Studierzimmer« sitzen und die Sinnlosigkeit dieses Vorgehens begreifen werden. Dort angekommen wäre nun der Weg frei, nach Wahrheit und Wirklichkeit zu suchen.

Und genau dann ist die Zeit reif, sich mit Mythos und Symbolik zu befassen, um das große »Hexeneinmaleins« zu lernen. Was uns vorher wie Zauberei erschien, wird nun auf einer tieferen Ebene gesehen – daraus geboren wird ein umfassendes Verständnis auf allen Ebenen des Daseins.

Betrachten wir also den Baum einmal symbolisch. Im Altgriechischen heißt »symballo« soviel wie »zusammenwerfen, zusammentreffen, sich vereinen«. In einem Symbol treffen also sozusagen verschiedene Richtungen und unterschiedliche Sichtweisen zusammen, um sich »zu vereinen«. Wird das Gemeinsame aller Sichtweisen deutlich, nennen wir dies die Bedeutung dieses Symbols.

Stellen wir uns hilfsweise einmal Vertreter aus aller Herren Länder vor, die unter der mächtigen Krone einer alten Buche zusammentreffen, um bezüglich der Baumes nach Gemeinsamkeiten zu suchen. Schon nach wenigen Minuten wird deutlich, daß eine Einigung nicht möglich ist – jeder benützt ein anderes Wort für »Baum«

und jeder ist davon überzeugt, daß nur sein Wort das richtige ist. Bevor es jedoch zum Streit kommt, wenden wir einen Trick an: Wir versuchen, jeden dazu zu bringen, daß er sich nochmals in aller Ruhe die Buche anschaut, um dann die Augen zu schließen. Nun sollen sich alle die Buche im Innern vorstellen und eine persönliche Beziehung zu diesem Bild herstellen.

Die Frage lautet jetzt für jeden: Welche persönliche Mitteilung kann mir die Buche für mein Leben geben? Und wir werden ein Wunder erleben! Jeder – und dazu noch jeder in seiner eigenen Sprache – erhält nämlich mehr oder weniger die gleichen Informationen: Wenn du gut in der Erde verwurzelt bist, aufrecht wächst und einen festen Stamm bildest, kannst du dich zum Himmel hin ausdehnen! Oder vielleicht auch: Hinter der äußeren Vielfalt der Blätter, Zweige und Äste steckt doch am Ende nur ein Stamm und ein Baum!

Diese Informationen sind archetypisch, weil sie Gültigkeit haben für jedes menschliche Wesen. Daher können wir uns bezüglich dieser Informationen sogar mit den abgelegensten Eingeborenen einigen – auch für ihn beinhaltet der Baum dieselbe Wahrheit, die er dann in seiner Sprache ausdrückt.

Dabei können wir auf wunderbare Weise gleich einen weiteren Zusammenhang entdecken: Die Mitteilung vom Wesen des Baumes und seiner Beziehung zu uns, kommt gar nicht von außen, sondern von innen. Haben wir die Botschaft verstanden, dann erst benennen wir sie mit Worten und artikulieren sie.

Und ein weiteres erkennen wir. Allen Menschen gemeinsam ist diese Fähigkeit, zu den äußeren Bildern und Erlebnissen, den Wesen und Dingen auf diese Art und Weise Beziehung herzustellen. Tun wir dies, gibt uns eine Quelle im Innern Botschaften, die den tieferen Sinn aufdecken und seine Bedeutung enthüllen.

Den Vorgang selbst bezeichnen wir als »deuten«. Wir haben gewöhnlich wenig Praxis darin, so daß wir weder Sinn noch Bedeutung eines Ereignisses erkennen. Oft stellen wir zwar die Frage: Was soll dieses oder jenes schon wieder bedeuten?, aber wir geben schnell auf, weil niemand eine Antwort weiß. Würden wir wieder Anbindung an den Mythos suchen, hätten wir bald die gewünschten Antworten.

In den Mythen, vorzugsweise in den reichhaltigen Mythen der alten Griechen, sind die Grundgesetze des Kosmos und die Wechselwirkung zwischen Kosmos und Mensch in Bildern und Geschichten dargestellt. Sie alle, symbolisch verstanden und gedeutet, geben uns Aufschluß über die ewige Wahrheit. Wir Menschen stecken ständig in irgendeinem Mythos. Wir brauchen ihn nur zu suchen, dann erzählt uns der Mythos von den Ursachen, ihrem Fortgang und Ende. Er zeigt uns, woher alles kommt und wohin es führt. Indem wir unsere Lebenssituation mit dem Mythos vergleichen, erfahren und erkennen wir uns selbst, werden uns der kosmischen Kräfte bewußt – und lernen sie mit der Zeit handzuhaben.

Und wie wir es am Beispiel des »Baumes« sahen, so verhält es sich auch mit dem Mythos. Solange wir einen Mythos oder ein Märchen als »äußere Geschichte« sehen, von der wir losgelöst sind und in der wir selbst keine Rolle spielen, können auch Mythos und Märchen für uns »keine Rolle spielen«. Erst wenn wir uns ganz in den Mythos hineinbegeben, bis wir Teil von ihm sind und er Teil von uns ist, nehmen wir eine echte Beziehung zu ihm auf. Jetzt kann er unser Denken erleuchten, uns Auskunft geben über Vergangenheit, Gegenwart und Zukunft und uns aufdecken, wie und warum sie auf eine bestimmte Art und Weise miteinander verquickt sind. Erreichen wir diesen Punkt, sprechen wir davon, daß wir »den Sinn« gefunden haben.

An dieser Stelle sei darauf hingewiesen, daß die alten Griechen als höchsten Gott Zeus (lateinisch Jupiter) ansahen, den die Astrologie den »Gott der Sinnfindung« nennt. Das höchste, alles überstrahlende Gut des Menschen war der »Sinn«, den es in allem und jedem zu suchen und zu finden galt. So wird verständlich, daß die altgriechische Kultur unzählige Mythen hervorgebracht hat. Ein jeder von ihnen ist eine Anleitung zur Sinnfindung. Den Sinn extrahieren aber können wir nur, wenn wir in uns die Fähigkeit wieder erwecken, die Bilder und Symbole zu verinnerlichen und eine Beziehung zu ihnen herzustellen.

Hierzu ein Beispiel aus den »Mythen« unserer Kultur, die wir Märchen nennen: Wir alle waren als Kinder fasziniert von »Rotkäppchen«. Vielleicht auch deshalb, weil die Symbolik des Rotkäppchens einen Sinnbezug zum »erleuchteten Denken« zuläßt.

Besonders gespannt waren wir, als Rotkäppchen das Haus der Großmutter betrat, in dem bereits der Wolf – zugedeckt und gut versteckt – in Großmutters Bett lag. Wer erinnert sich nicht an die kindlich-naive Frage: »Großmutter, warum hast du so große Ohren?« Und an die noch seltsamere Antwort des Wolfes: »Damit ich dich besser hören kann!«

Solange wir diesen Mythos außerhalb von uns belassen, bleibt es für uns die Frage eines dummen, unerfahrenen Mädchens und die Antwort eines bösen, arglistigen Wolfes. Nur wenn wir die Erzählung nach innen nehmen, können wir entdecken, daß Rotkäppchen und Wolf zwei unterschiedliche Kräfte in uns darstellen: Rotkäppchen symbolisiert jene unschuldig-reine, nach Erkenntnis strebende Denkkraft in uns, die alles und jeden befragen will, um zu verstehen. So geht diese unsere Denkkraft in die »Welt« hinaus, stellt Fragen und sucht Antworten. Doch die Antworten, die die »Welt« gibt, sind immer vom Wolf – und damit immer verkehrt, weil sie von außen und nicht von innen kommen. Zwar leuchten sie uns »auf den ersten Blick« ein, täuschen uns aber genau besehen mit einer Scheinwahrheit. Es sind jene Erklärungen, mit denen wir uns stets abfinden, weil wir – vom oberflächlichen, äußeren Anschein geblendet – stets glauben, sie seien wahr.

Doch überlegen wir kurz: Hat ein Lebewesen, ob Tier oder Mensch, wirklich größere Ohren, um besser hören zu können? Oder drehen wir gleich die Frage um: Hört tatsächlich ein Lebewesen um so besser, je größer seine Ohren sind? Plötzlich geht uns ein Licht auf! Natürlich hat die äußere Größe der Ohren nichts zu tun mit der (inneren) Qualität des Hörens! Die Antwort des Wolfes ist nur eine jener »billigen Erklärungen«, von denen unsere Welt voll ist und die uns Wahrheit nur suggerieren. Sie sind in Wirklichkeit jedoch Schein, der auf Täuschung und Illusion beruht. Wir mögen daran glauben und uns damit zufriedengeben, aber die Wahrheit, so zeigt die Geschichte, liegt ganz wo anders.

Haben wir den Mythos soweit verinnerlicht, wird es uns nicht mehr schwerfallen, den »Wolf« in uns zu finden. Symbolisiert er doch jene bequemen, sich heimlich einschleichende Denk- und Betrachtungsweisen, die sich mit dem »äußeren Anschein« zufrieden geben. Hat sich Ungewöhnliches oder gar Schlimmes ereignet, schrecken wir auf, stellen die Frage nach dem »Warum« und »Woher« – und geben uns gleich mit der nächstbesten Erklärung zufrieden.

Da gibt es den Autofahrer, der von der Fahrbahn abkommt. Verdutzt steigt er aus dem verbeulten Auto, fragt nach der Ursache – und hat sie schon gefunden: »zuviel Alkohol getrunken« oder »zu schnell gefahren« oder »vom Entgegenkommenden geblendet«. Da gibt es den Spitzensportler, der versagt – und schnell hat sein Manager eine passende Erklärung parat, die Funk und Fernsehen zufrieden stellt. Da gibt es den Politiker, der seine eigenen Versprechungen nicht einhalten kann – und er findet die Erklärung dafür in der »schlechten wirtschaftlichen Lage« oder in dem »Widerstand der Opposition«.

Diese Beispiele sollen genügen, um uns zu zeigen, wieviel Macht der »Wolf« über uns hat. So nimmt es nicht wunder, daß im Mythos der Wolf das Rotkäppchen gänzlich verschlingt. Die Weisheit der Großmutter, all unserer Ahnen und das erleuchtete, kindlich-naive Denken des Rotkäppchen schlummern nun im Bauch des Wolfes – für den einen oder anderen von uns vielleicht sogar ein Leben lang. Aber auch hier weist uns der Mythos den Ausweg: Der mutige Jäger – im griechischen Mythos ist es der Held – kommt und befreit beide. Er schneidet den Bauch des Wolfes auf, um ins Innere vorzudringen. Denn, so läßt sich der Mythos deuten, nur indem wir die Ursachen für alle Ereignisse in uns selbst suchen, überwältigen wir den äußeren Schein und besiegen den »Wolf« – der Weg zu Wahrheit und Selbsterkenntnis ist somit frei.

Hören wir die Deutung eines Märchens oder Mythos, so sind wir erstaunt. Einerseits, weil wir von Zusammenhängen erfahren, auf die wir ohne Interpretation der Symbolik nicht gekommen wären, andererseits aber auch, weil uns Ungeübten eine Deutung anfangs äußerst seltsam vorkommt. Häufig sind wir sogar der Überzeugung, die Interpretation sei willkürlich, gewissermaßen aus der Luft gegriffen und daher rein »zufällig«, lediglich abhängig von der Subjektivität des Interpreten. In gewissem Sinne stimmt diese »Zufälligkeit« und diese »Abhängigkeit« vom Interpreten. Daraus aber voreilig zu schließen, die Deutung sei willkürlich und beliebig, wäre ein Fehler. Im Gegenteil, Mythologie beschreibt den »Logos« in derselben Genauigkeit wie Mathematik die Welt und Gesetze der Zahlen beschreibt. Drei mal vier ist zwölf, kein bißchen mehr, aber auch kein bißchen weniger. Genauso verhält es sich mit dem Mythos und Märchen. Der Wolf verschlingt immer zuerst die Großmutter, dann das Rotkäppchen, nicht anders herum – weder dürfen wir die Reihenfolge ändern, noch die handelnden Personen vertauschen oder durch andere ersetzen. Tun wir es dennoch, zerstören wir den Mythos und übrig bleibt eine belanglose Geschichte ohne Wert und Bedeutung, die bald in Vergessenheit geraten wird.

Wie kommt es aber zu dieser Zufälligkeit? Wenn wir eine persönliche Beziehung zu einem Mythos herstellen, deuten wir zuerst gemäß unserer »eigenen Art«. D. h., unser Zugang zum Mythos ist stets subjektiv – und soll und muß es auch bleiben. Indem wir uns in die Geschichte hineinversetzen, erleben wir nämlich die Gesetzmäßigkeit des Logos aus unserer persönlichen Sicht. Alles, was wir bis jetzt an Selbsterkenntnis gewonnen haben, spiegelt sich im Mythos wieder, und alles, was wir noch nicht erkannt haben, beinhaltet zwar der Mythos ebenfalls – wir sind jedoch vorläufig nicht imstande, es zu erfassen. Der Mythos holt uns immer dort ab, wo wir gerade auf unserem Weg der Selbsterkenntnis stehen, um uns auf diesem Weg ein Stück zu begleiten. Darin liegt der eigentliche Grund, daß jeder von uns erst einmal seine eigene Interpretation hat, die – verglichen mit der Interpretation anderer – zu scheinbar völlig unterschiedlichen Ergebnissen führt. Wenn sich alle, die sich mit einem Mythos befassen, zusammensetzen, würde es, nach einigem Hin und Her versteht sich, nicht allzu lange dauern, bis sie im Mythos alle gemeinsam das »Eine« sehen können. Sie »treffen zusammen«, um sich zu »einigen« – genau im Sinne wie es das Wort »symballo« meint.

In der Kommunikation mit dem Mythos und im Versuch, ihn zu deuten, erhalten wir eine doppelte Chance: Zum einen erfahren wir etwas über uns selbst, darüber, wer wir sind und wie wir denken. Zum anderen gewinnen wir Einblick in die übergeordneten Zusammenhänge und sehen mit der Zeit immer deutlicher, wo wir stehen und wohin wir gehören. Diese Erkenntnisse schaffen die Voraussetzungen dafür, daß wir unser innerstes Wesen entfalten und in

Einklang mit der höheren Ordnung, dem »Logos«, bringen können. Nur so entsteht jene Harmonie, nach der wir uns sehnen und die uns in unseren kühnsten Träumen begegnet.

Alle anderen Formen der Harmonie sind Schein. Der »Wolf« in uns gibt sich nach außen hin zwar zufrieden, beteuert unablässig, daß es ihm gut geht, beruhigt sich mit einfachen Erklärungen, falls doch einmal etwas nicht stimmt, und macht sich in Großmutters Bett bequem. Aber daß dieser Scheinfriede kein echter, innerer Friede sein kann, sagt uns der Mythos: Der »Wolf« muß ständig vor dem »Jäger« auf der Hut sein!

Heldenweg und Menschwerdung

Viele Märchen und Mythen sprechen vom Helden oder Jäger. Jene mutigen und kampferprobten Figuren sind es, die uns als Vorbild dienen und uns anregen wollen, ihnen nachzueifern. Heute kennen wir Jäger und Helden nur noch aus Film und Fernsehen, so weit sind sie bereits aus unserem Inneren verschwunden und an die Leinwand des Lebens projiziert. Seitdem dienen sie nicht mehr der Nachahmung, sondern nur noch dem Zeitvertreib. Weil unser Leben langweilig und spannungslos geworden ist, brauchen wir Ersatz dafür auf flimmernden Bildschirmen.

Sind wir wirklich dazu verdammt, Pantoffel-Helden zu sein, bequem im Lehnstuhl sitzend mit einem Glas Wein in der Hand? Oder hält auch für uns das Leben Spannung bereit? Wenn wir genau hinsehen und ehrlich sind, liegen im Leben eines jeden von uns genügend Zündstoff und Spannung – woran es eher fehlt, ist der Mut, uns ganz auf das Leben und seine Möglichkeiten einzulassen.

Seit alters her gilt ein Held als mutig. Bringen wir den nötigen Mut in allen Lebenslagen auf, verschwindet jede Form der Langeweile und mit ihr jede Form der Ersatzbefriedigung, die der Langeweile entspringt. Notwendige Voraussetzung dafür ist allerdings, daß wir damit aufhören, jederzeit und überall den bequemsten, sichersten und problemlosesten Weg zu suchen. Der Held vermeidet nicht, sondern überwindet, er ruht nicht, sondern ist rastlos, er unterdrückt nicht, sondern befreit, er verbirgt nicht, sondern versetzt Berge, er verachtet nicht, sondern liebt. Alle Helden dieser Welt – vergangene, gegenwärtige und zukünftige – tragen diese Eigenschaften und Fähigkeiten in sich.

Doch über allen Helden dieser Welt strahlt ein Held ganz besonders: Herakles. Seine Vergangenheit reicht zurück in die dunkle Vorzeit und in die Ursprünge der griechischen Mythologie. Er ist der Archetyp des Helden schlechthin. Sein Ruf umspannt den ganzen, astrologischen Tierkreis, das symbolische Abbild des »Logos«. Er hat durch seine zwölf Taten, die gleichzeitig zwölf Aufgaben darstellen, den Weg des Helden wie kein anderer vorgezeichnet. Sie zeigen uns, was es zu tun und was es zu lassen gilt, sie zeigen uns, was wir auf dem Weg der Menschwerdung zu vollbringen und was wir aufzugeben haben. Durch drei mal vier Tierkreiszeichen hindurch weist Herakles uns den Weg zur Vollkommenheit, zur Göttlichkeit und zur Einheit. Sein Weg ist der Weg der Erfüllung eines inneren Rufes. Er kommt diesem Ruf nach, erfüllt seine Berufung und zeigt uns allen den Weg dorthin. Wohl steht geschrieben, daß zwar viele »Berufene« sind, aber nur wenige »Auserwählte«. Herakles macht dennoch uns allen Mut. Er zeichnet für uns alle den Weg vor – und räumt dabei bereits die größten Schwierigkeiten zur Seite. Denn er wußte nicht, was auf ihn zukommt, wir jedoch wissen durch ihn, mit welchen Tücken und Hindernissen wir zu rechnen haben. Er ist Wegbereiter, wir brauchen nur zu folgen. So hat er zwölf Taten und damit zwölf Aufgaben hinterlassen, die uns einerseits schwierig erscheinen mögen, die andererseits jedoch Mut machen, weil wir nicht nur die Tat, sondern bereits ihre Lösung vor Augen haben.

Von Beginn an empfand sich der erste Mensch, stellvertretend für uns alle, »im Bilde Gottes« geschaffen. Gott steht für das Große, Allumfassende, Unendliche. Daher ist von Beginn an in uns der Same gelegt, Großes zu vollbringen. Herakles, dessen jugendlicher Name Alkeides, die »Idee von Mut und Kraft« war, hat diesen Samen bzw. diese Idee in sich erkannt und zur vollen Reife entwickelt. Von ihm können wir in jeder Phase unseres Lebens lernen. Erkennen wir, in welchem Mythos und vor welcher Aufgabe wir uns gerade befinden, sehen wir auch gleichzeitig die Lösung. Der

Mythos erzählt uns, woher alles kommt und wohin alles geht. Akzeptieren und erfüllen wir diesen Mythos, so gewinnen wir die Fähigkeit des Herakles. Für etwas Neues, Vollkommenes können wir etwas Altes, Unvollkommenes aufgeben, unser Leben wird bereichert, die Aufgabe ist gelöst.

Gehen wir nicht diesen Weg zum Göttlichen und Vollkommenen, bleiben die in uns angelegten Kräfte und Fähigkeiten brachliegen. Wir sind »gleich einem Samenkorn, das auf felsigen Boden fällt«. Die Sehnsucht unserer Seele bleibt ungestillt, wie ein kleines Kind ohne Mutter fühlen wir uns im Leben verlassen und einsam, wir jammern und klagen, sind hungrig und durstig, greifen nach allem, was uns gereicht wird – ohne je wirklich Zufriedenheit zu finden. Wir jagen in der äußeren Welt nach Glück, obwohl der wahre Held und Jäger weiß, daß das Glück nur im »Innern des Wolfs« zu finden ist.

Herkunft und Jugend des Herakles

Die Mutter des Herakles ist Alkmene. Sie stellte einst ihrem Gatten Amphitryon eine Bedingung: Er durfte sie erst berühren und die Hochzeitsnacht mit ihr feiern, wenn er den Tod ihrer sieben Brüder gerächt hatte. Amphitryon ging darauf ein und zog in den Kampf. Als er siegreich nach Hause zurückkehrte, war jedoch die Hochzeitsnacht bereits vollzogen. Zeus war am Tag vorher bei Alkmene in Gestalt ihres Gatten Amphitryon erschienen, hatte vom errungenen Sieg berichtet und mit ihr Herakles gezeugt – in jener mystischen Nacht, von der es heißt, Sonne und Mond seien still gestanden und sie habe drei Nächte gedauert. Doch tags darauf, als Amphitryon als Sieger nach Hause kam, wurde eine zweite Hochzeitsnacht gefeiert. Der Sohn aus der Verbindung Amphitryons mit Alkmene war Iphikles, der Zwillingsbruder des Herakles. So wurden ein himmlisch-göttlicher und ein irdisch-menschlicher Sohn geboren.

Der Name des jungen Herakles war »Alkeides«, die »Idee von Mut und Stärke«. Es wird gesagt, daß er erst später, als er von der großen Göttermutter Hera zur Prüfung seiner Stärke die zwölf Aufgaben erhielt, den Namen Herakles, »der von Hera Berufene«, angenommen hat. Einig sind sich alle Erzähler nur darin, daß Herakles gleich nach seiner Geburt zwei Schlangen erwürgt hat, die ihm von Hera gesandt wurden. Ansonsten gibt es, gerade was Geburt und Jugend des Helden angeht, viele, oft widerstreitende Geschichten. Nicht selten erscheint dabei Hera, die Gemahlin des Zeus, als große Gegnerin des Herakles. Sie soll es gewesen sein, die aus Rache an dem untreuen Zeus schon seine Geburt verhindern wollte. Doch die Zeugungskraft des Zeus und die Kühnheit des Herakles überwanden alle Hindernisse. Die Göttin und Zeustochter Athene sowie der Götterbote Hermes haben dabei unterstützend mitgewirkt.

Mit 18 Jahren machte sich Herakles auf, um seinen ersten Löwen zu jagen. Er erlegte ihn, zog ihm das Fell ab und trug seitdem dieses Fell als Symbol seiner Kraft und Stärke über der Schulter. Danach befreite er Theben, das dem Volk der Minyer unterlegen war und alljährlich teueren Tribut zahlen mußte. Als Dank dafür erhielt er Megara, die Tochter des thebanischen Herrschers Kreon. Mit ihr zeugte Herakles drei Kinder. Doch Hera griff weiterhin in das Leben des Helden ein. Es wird erzählt, daß sie Herakles wahnsinnig machte. Herakles tötete seine Frau; seine Kinder warf er ins Feuer.

Als er vom Wahnsinn wieder erwachte, verließ er Theben. Als Buße für seine Tat wurde ihm von Hera ein zwölf Jahre dauernder Dienst bei Eurystheus, dem König von Mykene, auferlegt. In dieser Zeit hatte er jene zwölf Aufgaben erfolgreich zu lösen, die ihn zum Archetyp des Helden machten.

Die Götter selbst unterstützen Herakles bei seinen Aufgaben durch verschiedene Gaben: Hermes gab ihm ein Schwert, von Apollon erhielt er Pfeil und Bogen, Hephaistos, der göttliche Kunst- und Waffenschmied, schmiedete ihm einen goldenen Brustpanzer, Athene überreichte ihm ein wundervolles Gewand, Poseidon übereignete ihm ein Pferdegespann, und sein Vater Zeus händigt ihm ein ungewöhnliches Schild mit vielen, eingravierten Mythen aus.

Dennoch legt Herakles fürs erste alles beiseite und schnitzte sich aus Olivenholz seine eigene Waffe: die Keule.

Betrachten wir Herakles Herkunft und Jugend näher. In Alkmene (»Wunsch nach Stärke«), seiner Mutter, finden wir bereits die Sehnsucht nach einem starken, heldenhaften Kind. Sie knüpfte an die Hochzeitsnacht die Bedingung, ihr Gatte Amphitryon müsse als Sieger nach Hause zurückkehren. Er hatte erst den Beweis seiner Stärke zu erbringen, ehe er als Vater zugelassen wurde. Und so ist es jene starke Sehnsucht Alkmenes, die den »Heldenzeuger« Zeus herbeiruft. Es kommt zur alchimistischen Vereinigung zwischen Gott und Mensch – der Held ist gezeugt.

Hier mag uns der Mythos daran erinnern, daß ohne starkes Sehnen, ohne heftigen, inneren Wunsch nach Mut und Stärke, uns die Götter nicht beglücken. Wir bleiben schwach und unbefruchtet. Erfüllen wir jedoch diese Voraussetzung, wird »Alkeides«, die »Idee der Stärke«, in uns geboren. Plötzlich erhalten wir eine – wenn auch noch undeutliche – Idee von dem, was eines Tages Großes aus uns werden könnte. Indem diese Vision in uns aufsteigt, mobilisieren sich unsere Kräfte, werden übermächtig und erfüllen sich in unseren Taten. So teilt uns der Mythos mit, daß in jedem von uns ein »Herakles« schlummert, und er zeigt uns, wie wir ihn erwecken können. Mehr noch, er zeigt uns sogar, ob wir auf dem richtigen Weg sind. Denn die Meilensteine dieses Weges sind: Das Erwürgen der zwei Schlangen und der erste Kampf mit dem Löwen.

Wenden wir uns den zwei Schlangen zu. Herakles, als Kind in der Wiege ergreift sie – mit jeder Hand eine Schlange – und erwürgt sie. Seit jeher steht die Schlange für Täuschung und Illusion. Ihre zwiespältige Zunge ist es, die uns mit Halbwahrheiten lockt, um uns später den Rest der Wahrheit – zu unserer Enttäuschung – zu enthüllen. Womit sie auch lockt, alles präsentiert sie uns von der guten, der schönen, der saftigen Seite, macht es uns schmackhaft und wiegt uns in trügerische Sicherheit eines ungetrübten Genusses. Doch beißen wir in den »Apfel«, erfahren wir die Kehrseite der Medaille. Ob Schmerz oder Leid, Dornen oder Disteln, Ärger oder Probleme – stets erleben wir sie, ohne sie vorher erkannt zu haben oder rechtzeitig auf sie aufmerksam gemacht worden zu sein. Wir tappen in die Falle und geben Gott und der Welt die Schuld dafür. Herakles zeigt uns, daß der erwachende Held als erstes die Kraft der Schlange beherrschen und ihre Macht »erwürgen« muß, sonst kann er den Weg des Helden nicht gehen. Für uns alle mag dies heißen, zuerst das Prinzip der Schlange zu durchschauen. Und indem wir es durchschauen, stirbt es bereits, weil es uns nicht mehr täuschen kann. Als Folge gibt es dann auch keine Enttäuschungen mehr. Wenn wir die Schlange und ihr Prinzip gänzlich begreifen, so wie der kleine Herakles sich die Schlangen greift, verlieren sie ihre Kraft. Von nun an wissen wir, daß in dieser Welt alles und jedes seine zwei Seiten hat. Deshalb symbolisieren die zwei Schlangen Seite und Kehrseite einer jeden Medaille. Was immer wir tun, wo immer wir es tun, mit wem wir es tun – ganz egal, es hat zwei Seiten.

Ob wir uns einen neuen Partner suchen, eine andere Wohnung oder die Arbeitsstelle wechseln. Immer haben wir ein Motiv dafür – und stets lockt uns ein Vorteil, den wir uns als Lohn für die Änderung versprechen. Herakles hat von Geburt an das große Spiel der Illusion durchschaut: Erst lockt der Vorteil, ihm folgen die Nachteile. Beide Teile zusammen ergeben das ganze Bild, jenen Gesamteindruck, den wir am Ende »unsere Erfahrung« nennen.

Warum ist es die Grundvoraussetzung für den Heldenweg, dieses Spiel zu durchschauen? Durchschauen wir es nicht, sind wir in unserer Handlungsfähigkeit eingeschränkt. Denn alles, was Nachteile bringt, Schmerz und Leid verursacht, Probleme oder Schwierigkeiten machen könnte, versuchen wir dann von vorneherein auszusondern. Begreifen wir jedoch, daß alles, aber wirklich alles seine zwei Seiten hat, die sich in Vor- und Nachteil die Waage halten, sind wir entscheidungsfrei und können jede Arbeit bzw. Aufgabe annehmen, ohne nach Gut oder Böse abzuwägen. Was immer auf uns zukommt, wir verlieren nie den Mut, packen es an und erledigen es, so gut wir können. Auf dieser Basis beginnt Herakles sein irdisches Leben.

Mit 18 Jahren, so erfahren wir, erlegte Herakles seinen ersten Löwen. Wie wir später noch sehen werden, besteht auch die fünfte Aufgabe darin, einen Löwen zur Strecke zu bringen. Warum also schon mit 18 Jahren eine solch mutige, gefährliche Tat?

An dieser Stelle gilt es, einen wichtigen Zusammenhang zu verstehen. Die zwölf Aufgaben des Herakles, wie sie uns überliefert sind, erzählen uns vom Weg der Seele. Hera, die große Seelenmutter der Menschen, veranlaßt Herakles, diesen Weg einzuschlagen. Wie sich noch zeigen wird, geht es um »innere Größe«, nicht um »äußere Stärke«. Herakles entwickelt dabei archetypische Fähigkeiten, die Ausdruck eines Selbsterkenntnisweges sind. Er ist der zu »Hera Berufene«, folgt diesem Ruf und wird Eingeweihter. Göttlich geworden geht er als Sternbild am nächtlichen Himmel in die Ewigkeit ein.

Bis Herakles jedoch diesen Weg beschreitet und vollendet, führt er ein irdisches Leben. Er erreicht weltliche Größe, was sein Sieg über den Löwen symbolisiert. Für den weiteren Weg ist dies dringend erforderlich, denn er kann das Weltliche nur hinter sich lassen, wenn er sich ihm stellt und es überwindet. Ansonsten wird sein weiterer Weg nur zu einer Flucht in das Überweltliche. Wiche er den Forderungen des Lebens aus, entzöge er sich den irdischen Schwierigkeiten, wäre sein Weg von vorneherein zum Scheitern verurteilt. Herakles, der die zwei Schlangen besiegt hat, fällt nicht darauf herein: Er beweist sich und der Welt seine Größe – um danach bewußt und freiwillig seinen Dienst bei König Eurystheus anzutreten.

Der Heldenweg im persönlichen Horoskop

Der Lebensweg des Herakles ist ein beispielhafter, archetypischer Entwicklungsweg, der auf das Leben jedes einzelnen übertragen werden kann. Daher stellt sich bei der Suche nach dem persönlichen Entwicklungsweg und Heldenweg zunächst die Frage: Was soll entwickelt werden?

Hier erhält das persönliche Horoskop eine entscheidende Bedeutung. Jedes Horoskop zeigt den Stand der Gestirne zur jeweiligen Geburtszeit, wie er sich vom Geburtsort aus gesehen dem Betrachter darbietet. Nach Tradition der alten Weisheitslehren wird davon ausgegangen, daß im Anfang bereits – wenn auch noch unsichtbar – all das vorhanden sein muß, was sich im späteren Verlauf des Lebens offenbaren wird. Ähnlich einem Apfelkern, der in sich schon die Bestimmung zum Apfel trägt, weist also das Horoskop auf Potentiale, Kräfte und Fähigkeiten des Horoskopeigners hin, die sich im Laufe der Zeit entfalten wollen. Auch der »Rahmen«, innerhalb dessen sich alles entwickelt, liegt in gewissem Sinne fest, weil der Tierkreis in seiner Aufeinanderfolge der Tierkreiszeichen dem Neugeborenen ebenso wie die Sternenkonstellation vorgegeben ist. So gesehen ist im Geburtshoroskop die wahre Bestimmung eines Menschen eindeutig beschrieben und festgelegt.

Viele Menschen bekommen ein beklemmendes Gefühl bei dem Gedanken, ihre Bestimmung sei von Geburt an festgelegt. Sie können oder wollen es nicht akzeptieren, da sie es als eine Art Freiheitsberaubung empfinden. Leben entlang eines vorgegebenen Weges – nein danke, lautet ihre Devise.

Eine Folge dieser Lebensgrundhaltung ist, daß Astrologie und Horoskopie verkommen sind zu Scharlatanerie und obskurer Zukunftsdeuterei, an die jeder ganz nach Belieben glauben kann oder auch nicht. Heute ist es der Mensch, der scheinbar die freie Wahl hat, ob kosmische Gesetze für ihn eine Gültigkeit haben oder nicht. Dies gipfelt in der heute weit verbreiteten Einstellung: Die Sterne machen zwar geneigt, aber sie zwingen nicht!

Jeder ernsthafte Astrologe sollte am besten eine solche Einstellung über Bord werfen und vergessen. Sie ist unsinnig und führt nur zu Irrtümern und Mißverständnissen. Die Sterne »machen« nämlich überhaupt nichts. Weder beeinflussen sie uns im Sinne der Physik, noch senden sie magische Kräfte aus. Sie sind, wie die biblische Schöpfungsgeschichte es exakt ausdrückt, Zeichen bzw. Symbole, die für uns eine Botschaft beinhalten (siehe Genesis, 4. Schöpfungstag). Ihr Wert liegt nicht in einer unsichtbar-geheimnisvollen Strahlung, sondern in den Informationen, die sie gespeichert haben. Wie alle Symbole und Zeichen dieser Welt sind sie Informationsträger für den Menschen. An uns liegt es, die Botschaften zu »entschlüsseln« und für unseren Selbsterkenntnisweg zu nutzen.

Anhand ihrer Verteilung im Gefüge des Tierkreises lassen sich Antworten auf wesentliche Fragen gewinnen, die auftauchen, wenn wir uns entschlossen haben, den Weg der Erkenntnis zu gehen. Diese Fragen lauten:

> Wer bin ich?
> Woher komme ich?
> Wo stehe ich?
> Wohin gehe ich?

Hat uns das Horoskop diese Fragen beantwortet, entsteht in uns die Vision eines Weges, der uns zum »Paradies« zurückführt. Wir sehen unsere Verirrungen und Verstrickungen, können uns langsam von ihnen lösen, um Stufe für Stufe ein Mehr an Freiheit und Freiwilligkeit zu gewinnen.

An dieser Stelle mag es notwendig sein, die Frage zu klären: Was ist die Bestimmung und was ist der freie Wille des Menschen?

Für viele von uns scheint dies ein Widerspruch zu sein; doch in Wirklichkeit ist es keiner. Wir Menschen sind beides: Einerseits gänzlich bestimmt und andererseits mit einem völlig freien Willen ausgestattet. Die Bestimmung ist wie der Rahmen, in dem unser Leben stattfindet. Es ist bildlich gesehen das Gebäude, in das wir hineingesetzt sind. Was wir jedoch innerhalb dieses Gebäudes anstellen, darin sind wir völlig frei. Astrologisch entspricht diesem Gebäude die Konstellation im Horoskop. Sie gibt Auskunft über unsere Kräfte und Potentiale, unsere Fähigkeiten und Möglichkeiten, unseren Weg und unser Ziel. Hier sind wir klar und deutlich festgelegt, nichts können wir daran verändern. Unser Horoskop begleitet uns das ganze Leben lang, ohne daß sich darin auch nur eine einzige Position geringfügig verschiebt. Wie wir jedoch unsere Kräfte und Potentiale, Fähigkeiten und Möglichkeiten nutzen, wieviel wir davon verwirklichen und ob wir den vorgezeichneten Weg gehen, steht uns völlig frei. Wir haben den freien Willen erhalten und können innerhalb dieses vorgegebenen Rahmens (fast) alles tun oder lassen, ohne daran gehindert zu werden. Das Schicksal selbst, also jenes Auf und Ab des Lebens, in das wir – ob wir wollen oder nicht – hineingeraten, gestaltet sich entsprechend unserer Entwicklung. Es ist gleichermaßen die passive Antwort auf das, was wir tun, wie auch die aktive Antwort auf das, was wir unterlassen.

Widmen wir uns nun der Beziehung des Heldenweges zum individuellen Horoskop. Wir werden sehen, daß die Aufgaben des Herakles zwölf Entwicklungsstufen repräsentieren, die die menschliche Seele zu durchlaufen hat. Jeder dieser Entwicklungsschritte kann nur gemacht werden, wenn wir aus freien Stücken handeln. Wir neigen dazu, dies als Nachteil unseres freien Willens zu betrachten. Denn solange wir nicht jene innere Reife, Einsicht und Entschlossenheit erlangt haben wie Herakles zu Beginn seiner ersten Aufgabe, bleibt uns der weitere Weg versperrt. Doch dafür dürfen wir umgekehrt auch annehmen, daß uns, sind wir eines Tages soweit, nichts daran hindern kann, diese Aufgaben zu lösen.

Was nun sind die Aufgaben des einzelnen, und wie kann das Horoskop bei ihrer Suche und Erfüllung helfen?

Die Aufgaben markieren einen Entwicklungsweg, und um ihn zu finden, werden wir uns als erstes mit unserem persönlichen Aszendenten beschäftigen müssen. Er ist das zur Zeit der Geburt im Osten, am Sonnenaufgangspunkt, aufsteigende Zeichen. Seit alters her stehen Osten und Orient symbolisch für den Beginn der Entwicklung. Auch die astrologische Lehre bezeichnet das dem Aszendenten zugeordnete 1. Haus als den »geistigen Samen«, der mit der Geburt eingepflanzt ist. Oberdrein gibt uns das Wort »Orientierung« selbst den Hinweis, unsere Entwicklung am Aszendenten zu orientieren.

Da Aszendent und 1. Haus in Analogie dem Prinzip »Widder«, dem Zeichen des ersten Impulses und Neubeginns, zugerechnet werden, dürfen wir annehmen, daß dort auch die Entwicklung ihre Anfang nimmt. So liegt es nahe, die dem Aszendenten zugehörige Aufgabe als erstes zu betrachten. Hier soll der Horoskopeigner seine ersten Schritte unternehmen. Natürlich wird dem Prinzip des Widders gemäß auch des öfteren ein Scheitern zu verzeichnen sein; aber gerade das soll Mut und Impulskraft zu weiteren Versuchen geben. Hier ist es wichtig, aus den Fehlern zu lernen, anstatt zu verzagen. Auch Herakles hat bei seiner ersten Aufgabe gefehlt – und sie am Ende doch gemeistert.

Verfolgen wir die Entwicklung des Aszendenten durch die zwölf Häuser hindurch, dann endet dieser Weg beim 12. Haus. Traditionell gilt es als Haus der Erlösung und Meisterung, der Vollendung und Aufgabe des Vergangenen. Es ist in Analogie mit dem Zeichen der Fische verbunden – und daher mit dem Meer und dem allumfassenden Bewußtsein. Traditionell gilt das 12. Haus auch als Bereich der Egoauflösung. Dies ist nicht schwer zu verstehen, denn ein umfassendes Bewußtsein erfordert stets das Aufgeben all jener Grenzen und Beschränkungen, die mit dem Ego einhergehen. Und so, wie sich das Ego über das »Nein« definiert und zur Abgrenzung führt, ist es das Prinzip der Fische, das bestimmt wird von einem unverbrüchlichen »Ja« zum Schicksal sowie zum Rhythmus und zu den Forderungen des Lebens.

Betrachten wir das Horoskop unter diesem Aspekt, so wird deutlich, daß es in Bezug auf die dem 12. Haus zugeordnete Aufgabe sicherlich mehr um das Aufgeben und Loslösen von alten Mustern als um die Entwicklung neuer Fähigkeiten geht. So können wir, bildlich gesprochen, von einer Aufgabe uns erst lösen, wenn alle hemmenden Widerstände aufgelöst sind – diese Auflösung ist gleichbedeutend mit Erlösung. Sind es beim Aszendenten mehr die Ängste, das Zögern und das Zaudern, was zu Entwicklungsschwierigkeiten führt, so sind es im 12. Haus die festgefahrenen Muster und Verkrustungen der Vergangenheit, die uns immer wieder in alte Gewohnheiten zurückfallen lassen. Obwohl wir guten Willens sind, die Aufgabe meist verstehen und große Sehnsucht haben, sie zu lösen, können wir uns nicht begnügen mit anfänglichen Versuchen. Wir streben nach Vollendung und Meisterung, spüren aber, daß es ein weiter Weg sein wird, der unaufhörlich Geduld und Achtsamkeit von uns fordert. In diesem Sinne könnte es von Nutzen sein, die dem 12. Haus zugehörige Aufgabe schlechthin als »Lebensaufgabe« zu betrachten und ihre Meisterung zum Ziel für unser Leben zu machen.

In der Praxis erweist es sich dabei als vernünftig, von allen zur Verfügung stehenden Häusersystemen das System der »äqualen Häuser« zu nehmen; das bedeutet, alle Häuser sind gleich groß. In seiner Symbolik kommt es dem Gedanken der Vollkommenheit am nächsten, so wie – in Analogie – Herakles, der Held, Aufgabe für Aufgabe der Idee des vollkommenen Menschen näher kommt.

Zum Abschluß bleibt noch abzuklären, wie »Sonne, Mond und Sterne« in Beziehung zu den Lebensaufgaben, den sogenannten »Heraklesaufgaben« gebracht werden können. Es liegt nahe, hier das Augenmerk auf die Sonne zu legen, gilt doch seit alters her Herakles als »Sonnenheld«. Die Sonne symbolisiert unser Wesen und unsere Persönlichkeit. Sie ist das Zentrum des Sonnensystems und verkörpert Mitte und Strahlkraft. Dies bedeutet aber, daß wir das Zentrum unseres Bewußtseins von der Erde weg verlagern müssen hin zur Mitte des Sonnensystems, um unser Wesen und unsere wahre Persönlichkeit der Symbolik gemäß zu entfalten. Die Erde steht für das (begrenzte) Ich, das vom Mond, der Mutter des Ichs, beschützt und behütet wird. Erst die Befreiung aus diesem begrenzten Ich kann zur Verlagerung unseres Bewußtseins führen. Dabei erkennen wir, daß wir ein Teil eines größeren Ganzen sind, der darin seinen Platz einnehmen und seine Aufgabe erfüllen soll. So verbindet sich die »solare Entwicklung« eines Menschen stets mit der Suche nach seiner Berufung. Finden wir unsere Berufung, können wir dort und nur dort unser ganzes Wesen entfalten. Die »Sonne« bringt, um diese Metapher zu gebrauchen, alles an den Tag, was an Kräften und Fähigkeiten in uns sich entwickelt hat.

Mit anderen Worten: Die durch Aszendent und 12. Haus festgelegte »Spanne« der Heraklesaufgaben zeigt uns, welche Fähigkeiten wir entwickeln können und welche alten Muster wir dabei aufzugeben haben. Diese Vorgänge finden alle in uns statt – unsichtbar für die Außenwelt.

Die Sonne selbst deutet an, wo in dieser Welt unser Platz ist und was wir dort zu tun haben. Hier geben wir unsere ganze solare Kraft ab! Die entwickelten Fähigkeiten benötigen wir für die vollständige Freisetzung der uns innewohnenden solaren Energie. In der kosmischen Symbolik ist es der Aszendent, der den Anfangspunkt bestimmt für das »Aufgehen« unserer Sonne. Und so sind es die dem Aszendenten und dem 12. Haus zugeordneten Heraklesaufgaben, die Zug um Zug mit ihrer Bewältigung die Voraussetzungen schaffen, daß wir in unsere Mitte kommen und aus unserer Mitte heraus der Welt unsere Kraft zur Verfügung stellen.

So betrachtet könnten wir auch aus der Heraklesaufgabe lernen, die unserem Sonnenzeichen zugeordnet ist. Sie würde uns nämlich darauf hinweisen, wie wir in dieser Welt aktiv werden können und was wir zu tun haben. Es handelt sich im Gegensatz zum Aszendenten nicht um eine geistig-seelische Entwicklung in unserem Innern, sondern um einen nach außen gehenden Ausdruck unserer Persönlichkeit. Es geht also nicht mehr um innere Fähigkeit, sondern um äußeres Wirken, das kreativ-gestaltenden Einfluß nimmt auf die Gesamtentwicklung der Menschheit und sich aktiv an diesem Prozeß beteiligt.

Zusammenfassend können wir feststellen, daß durch die Wechselwirkung zwischen dem 1. Haus (= Aszendent) und dem 12. Haus eine »Entwicklungsspirale« in Gang kommt. Sie schafft die Voraussetzungen für den Horoskopeigner, seine Berufung zu finden, sein Wesen gänzlich zu entfalten und seine Persönlichkeit (Sonne!) in der Welt voll zur Strahlung zu bringen.

Der »Weg des Herakles« zeigt uns, daß es einen Weg der Erkenntnis gibt und daß wir Menschen ihn gehen können. Doch wir müssen diesen Weg selbst gehen – niemand kann ihn uns abnehmen. Wenn wir uns von Herakles und seinen Taten ansprechen lassen, erfordert dies, darauf entsprechend zu antworten. Die Antwort aber ist die Tat. Die Tat wiederum führt zur Erfahrung, die sich in Selbsterkenntnis und Wandlung verdichtet.

»Εν αρχη ην ο λογος!« – »Im Anfang war das Wort!«

Dies ist der vielzitierte, erste Satz des »Johannes-Evangeliums«. Und es ist Faust vor seiner ersten Begegnung mit Mephisto, der sich in seinem Studierzimmer um eine neue Übersetzung jener berühmten Textstelle bemüht. Über »Im Anfang war der Sinn!« und »Im Anfang war die Kraft!« kommt er am Ende – für viele überraschend – zu einer gänzlich neuen Interpretation dieses Satzes:

»Im Anfang war die Tat!«.

Wahrhaft eine Deutung, die unser aller Berufung und den Helden in uns anspricht.

Die zwölf Aufgaben des Herakles als archetypische Entwicklungsstufen

Ehe wir uns im einzelnen den Heraklesaufgaben widmen, wollen wir zuerst der Frage nachgehen, warum jene zwölf Taten notwendig geworden waren.

Die alten Schöpfungsmythen erzählen uns, daß der Mensch einst als Krönung der Schöpfung geschaffen wurde. Er war vollkommen, ganz, heil. Der biblische Schöpfungsbericht spricht vom Menschen als »Ebenbild Gottes«. Auch wird uns von einem geheimnisvollen »Garten Eden«, dem Paradies, berichtet, in den der Mensch gesetzt wurde, um ihn zu bearbeiten und zu behüten. Doch dann geschahen Dinge, die den Verlust des Paradieses nach sich zogen. Wie immer wir es deuten oder verstehen mögen, in jedem Fall hat der Mensch – und mit ihm wir alle – seine einstige Vollkommenheit verloren.

Im Uhrzeigersinn entlang des Tierkreises, vom Widder über Fische, Wassermann, Steinbock bis hin zum Stier, stieg der Mensch Stufe für Stufe hinab, um sich in der körperlich-materiellen Welt zu verwirklichen – und zu verwickeln. Mehr und mehr unterlag er seinen Täuschungen und Illusionen, die ihn auf diesem Weg begleiteten.

Für uns lohnt es sich, den Abstieg anhand des Tierkreises nachzuvollziehen, denn wir gewinnen tieferen Einblick in Wesen und Problematik der einzelnen Tierkreiszeichen. Zusätzlich erfahren wir, mit welchen Schwierigkeiten Herakles bei seinen zwölf Aufgaben zu rechnen hatte. Immerhin ist er es, der den Rückweg vom Widder über den Stier bis zu den Fischen antrat, um sich im wahrsten Sinne des Wortes zu entwickeln – d. h., Stufe für Stufe die entstandenen Verwicklungen wieder aufzulösen.

Im Zeichen des Widders war einst der Mensch noch in unmittelbarer Kommunikation mit Gott, denn Gott hatte ihm – wie es die Bibel ausdrückt – seinen »Odem eingehaucht«. Es wird uns überliefert, daß in jener Urzeit Gott und Mensch miteinander sprachen, ja der Mensch verlieh in seiner gottähnlicher Eigenschaft sogar allen umgebenden Lebewesen einen Namen und damit eine Bedeutung.

Im Zeichen der Fische lebte der Mensch noch im paradiesischen Zustand. Im Umgang mit den vier Elementen Feuer, Wasser, Luft und Erde machte er allmählich die Erfahrung von Gut und Böse. Das physisch-irdische Leben in dieser Welt zeigte stets zwei Seiten: Eine schöne, angenehme Seite und eine weniger schöne, nicht so angenehme Kehrseite. Doch sein ganzheitliches Bewußtsein ließ ihn noch eingebunden in die Schöpfung. Er gab sich dem Leben hin und nahm sein Schicksal an.

Erst im Zeichen des Wassermannes vollzog sich eine erste Trennung zwischen Gott und Mensch. Der Mensch entwickelte Eigenbewußtheit, begann sich als Ich zu empfinden und lernte, eigenwillig zu handeln. Er entwickelte vorausschauendes Planen und begann, das Ergebnis seines Handelns an Erfolg und Mißerfolg zu messen. In Folge bildete sich die Fähigkeit heraus, zu unterscheiden. Zum ersten Mal spaltete sich im Bewußtsein des Menschen die Welt in Gut oder Böse.

Im Zeichen des Steinbocks entfaltete sich der Eigenwille des Menschen so stark, daß er sich auflehnte gegen den umfassenden, höheren Schöpferwillen. Der Mensch sagte »nein« zur bestehenden Ordnung, verletzte sie und mußte – biblisch gesehen – das Paradies verlassen. Abstieg und Verwicklung begannen, denn der Mensch mußte von nun an seinen eigenen Weg gehen. So geriet er unter das Gesetz des Karma.

Im Zeichen des Schützen begann nun der »Fall des Menschen« aus seinen himmlischen Höhen in die Welt der Materie. Ohne die intuitiv-lenkenden Kräfte des Schöpfers richtete der Mensch sein Wollen und seine Absichten den Pfeilen des Schützen gleich auf irdische Ziele. Weltlicher Erfolg und materielles Glück lösten allmählich geistiges Streben und seelische Erfüllung ab.

Im Zeichen des Skorpions setzte dann ein Prozeß der Vermehrung auf allen Ebenen ein. Die vielfältige Welt lockte zum permanenten Krafteinsatz. Genügend zu haben war nicht mehr genug. Mehr als genug haben erschien begehrenswert. Das Übermaß und alles Übermäßige wurden geboren. Aber das Streben nach mehr brachte Konkurrenz und in der Folge die Auseinandersetzung mit anderen Menschen – Kampf und Gegnerschaft entstanden.

Im Zeichen der Waage, traditionell den Beziehungen der Menschen untereinander zugeordnet, vollzog sich ein dramatischer Prozeß: Der Mensch machte sich plötzlich seine eigenen Gesetze und wurde selbst zum Richter. Das persönlich-subjektive Urteil war ab jetzt Handlungsgrundlage. Damit wurden Unwissenheit und Unbewußtheit zuerst zur Ausrede, später zur Rechtfertigung und zum Schluß zum eigenen Vorteil: »Was ich nicht weiß, macht mich nicht heiß!«, so drückt es der Volksmund aus. Verdrängte Wahrheit machte der Lüge und mangelnder Offenheit Platz. Letztere wurden zur Basis von Beziehungen. Die Liebe als allverbindende, geistige Kraft ging verloren.

Im Zeichen der Jungfrau kam Angst auf. Die Verbindung zum Himmel war endgültig abgerissen, das Vertrauen zum Leben geschwunden, das Schicksal wurde zur unberechenbaren Größe. Feindbilder entstanden, weil jeder Unbekannte als anders- und eigenartig empfunden wurde und daher ein möglicher Feind sein konnte. Angst wurde so zur Entscheidungsgrundlage. Das »rationale Denken« entstand und löste die Intuition ab. Der Mensch versuchte, das Unberechenbare und mit ihm das Göttliche aus dem Leben zu verbannen. Mysterium und Wunder warf er zusammen mit dem Glauben an das Unendliche über Bord, um nun in eine endliche, zweidimensionale Ersatzwelt einzutreten: Wissenschaft statt Weisheit, Kenntnisse statt Selbsterkenntnis, Ansichten statt Einsichten. Projektion, Scheinwahrheit und Krankheit wurden von nun an Bestandteil menschlichen Daseins.

Im Zeichen des Löwen gesellten sich Zwang und Zwanghaftigkeit dazu. Von »Gott und allen guten Geistern« verlassen, blieb dem Menschen nur der Glaube an sich selbst, seine eigene Größe und Allmacht. Das Ich wollte die Welt beherrschen, indem es dem Du und der Welt seinen Willen aufzwang. Erhöhung des Ich und

Unterdrückung des Du waren die Folge, Macht und Herrschaft der scheinbare Gewinn. Verloren ging dabei die Menschlichkeit und mit ihr die Freiheit des einzelnen sowie die Gleichberechtigung aller. Das menschliche Bewußtsein setzte das Ich auf den Thron, damit wurde das Recht des Stärkeren zur Grundlage zwischenmenschlicher Beziehungen.

Im Zeichen des Krebs setzten unter dem Druck der Löwekräfte Absonderung und Lebensflucht ein. Leben wurde zur Gewohnheit, die Dynamik der Lebensprozesse ging verloren. Wohlbehagen und persönlicher Vorteil wurden zu bestimmenden Faktoren. Eine ständige Wiederholung gleicher Rhythmen und Abläufe sorgte dafür, daß Entwicklung stagnierte. Die Suche nach dem Glück wurde ersetzt durch die Vermeidung jeden Unglücks. Gefahr und Risiko wollte der Mensch ausschließen, aus seinem Leben aussondern, ohne dabei zu bemerken, daß damit auch alle »Feuer des Lebens« ausgelöscht wurden. So traten Einsamkeit und Kälte in das Leben der Menschen. Alle Kräfte der Erneuerung wurden – bildlich geprochen – »auf Eis gelegt«.

Im Zeichen der Zwillinge geriet der Mensch in eine innere Zerrissenheit. Unbeständigkeit wurde zum lebensbestimmenden Faktor. An die Stelle der inneren Wandlung traten die vielen äußeren Veränderungen – die Illusion einer scheinbar stetigen Erneuerung und Entwicklung war geboren, ohne daß wahre Wandlung einsetzte. Seelische Unzufriedenheit wurde zur treibenden Kraft einer ständigen (Neu-)Gierbefriedigung. Da der Bezug zur Wahrheit und zum eigenen Wesen völlig abgerissen war, konnte das Wesentliche nicht mehr erkannt werden – das Leben wurde sinnlos und blieb ohne Erfüllung, weil der Mensch keine geistig-seelische Orientierung mehr besaß. Mit dem Verlust der Seele verödete die menschliche Existenz.

Im Zeichen des Stiers landete der Mensch in Gefangenschaft. Er wurde zum »Sklaven« der Materie, die ihn völlig beherrschte. Mit dem Verlust des Wissens um seine göttliche Herkunft verirrte sich der Mensch. Gott wurde für ihn zum Widersacher, die Welt zum Labyrinth. Leid, hervorgerufen durch die Knechtschaft der Seele, wurde zum unabänderlichen Bestandteil des Lebens. Das Du wurde zum vermeintlichen Störfaktor, von dem es sich abzugrenzen galt. Die Natur – und mit ihr der Kreislauf des Lebens – wurden ebenso zum Feind wie der Tod. Alle Lebensflüsse kamen zum Stillstand, der Mensch erstarrte und wurde gefühllos.

Leidend und an den Felsen der Materie gekettet wie Prometheus, ohne Glaube und Hoffnung, wartet seitdem der Mensch auf Erlösung und Befreiung aus diesem Zustand.

Im Zeichen des Widders kehren sich Abstieg und Fall des Menschen um – hier beginnt der Aufstieg wieder. Auf der langwährenden Suche nach einem Ausweg aus dem Leid begegnet dem Menschen jetzt die Idee des Helden. Sie beflügelt ihn und gibt ihm die Kraft, alle Fesseln zu sprengen und die »verkehrte Welt« nochmals umzukehren, um Stufe für Stufe den Weg zum Paradies zurückzugehen.

Der Kreis wird sich schließen, wenn der Weg des Herakles gegangen ist und Ausgangspunkt und Ende zusammenfallen – es ist der Weg des »hervorbrechenden Lichts«.

Erste Aufgabe im Zeichen Widder

Das Fangen der menschenfressenden Stuten des Diomedes

In der ersten Aufgabe fängt Herakles die menschenfressenden Stuten des Diomedes. Diomedes ist Sohn des Kriegsgottes Ares. Seine Pferde sind wild, ungezähmt und hitzig, verwüsten das Land und töten alle Menschen, die sich ihnen in den Weg stellen. Es heißt, daß es vier Stuten sind, die unermüdlich neue, wilde Kriegsrosse gebären.

Bei der Erledigung dieser Arbeit nimmt Herakles seinen Freund Abderos mit, der aber weder die Stärke, noch den Mut des Herakles besitzt.

Nach sorgfältiger Planung folgen die beiden den Pferden; schließlich treibt Herakles die Stuten auf einem Feld zusammen, wo sie nicht mehr ausweichen und entkommen können. Er fängt und fesselt sie.

Zufrieden mit sich und seiner Leistung, überläßt Herakles stolz die gebundenen Pferde seinem Freund Abderos und fordert ihn auf, sie zu König Eurystheus zurückzubringen. Er glaubt, seine Aufgabe bereits erfüllt zu haben.

Doch Abderos ist schwach und fürchtet sich vor der gebundenen Kraft der Pferde. Er kann die Stuten nicht halten, sie wenden sich gegen ihn, zerreißen und zerstampfen ihn und entkommen in die Ländereien des Diomedes.

Durch dieses Unglück gedemütigt und voller Gram, kehrt Herakles noch einmal an seine erste Aufgabe zurück – diesmal ohne Begleitung. Er sucht wiederum nach den Stuten, findet sie, fängt sie nochmals ein und bringt sie zu König Eurystheus an einen Ort des Friedens, wo sie gezähmt und abgerichtet werden. Doch Abderos, sein Freund, ist tot.

Ergänzungen zum Mythos

Bedingung für Admetos

König Admetos, der »Unbezwingliche«, bekam von den Moiren, den Schicksalsgöttinnen, zur Hochzeit den Wunsch nach einem »doppelt langen Leben« erfüllt, jedoch unter der Bedingung, daß an dem Tag, an dem er sterben sollte, ein anderer an seiner Stelle stürbe. Doch keiner wollte sich für den greisen Admetos opfern, ausgenommen seine junge Frau. Als Thanatos, der Tod, kam, um seine Beute zu holen, war Herakles auf seinem Weg zu den wilden Rossen gerade zu Besuch. Sofort rang er, ohne aufgefordert zu sein, mit dem Tod und entriß ihm die Beute.

Vier Pferde

Nach einer anderen Version waren die vier Pferde nicht Stuten, sondern Hengste mit den Namen Podargos (=schnellfüßig), Lampon (=glänzend), Xanthos (=gierig) und Deinos (=schlimm, empörend, übertrieben).

Und Gott sprach:
»Es werde Licht, und es ward Licht!«
Und Gott sah, daß das Licht gut war!
Genesis 1,3

Deutung des Mythos

»Mach doch nicht gleich die Pferde scheu!« sagt der Volksmund beschwichtigend, wenn sich ein Mensch übertrieben schlimme Gedanken von zukünftigen Ereignissen macht. Das plötzliche Scheuen und unkontrollierte Ausbrechen von Pferden wurde so zum mythischen Bild. Offensichtlich gibt es in unseren Reaktionen Analogien dazu: Wir scheuen vor etwas zurück, werden unberechenbar, geraten außer Kontrolle und »schlagen wild um uns«. Die erste Heraklesaufgabe berichtet davon, zeigt die Problematik und weist uns den Lösungsweg.

Um uns der Lösung zu nähern, gilt es zunächst, die Frage zu klären: Was meint der Mythos, wenn er von wilden, ungezügelten, den Krieg gebärenden Pferden spricht?

Anzunehmen ist, daß er genau auf das in uns Menschen abzielen will, was dem Charakter eines wilden und ungezügelten Pferdes entspricht bzw. auf das, was uns dazu werden läßt. Machen wir uns also auf die Suche, was uns im Leben immer wieder wild und ungezügelt werden läßt. Vielleicht finden wir dabei gleichzeitig die Ursache dafür, daß Kriege, Kämpfe und Auseinandersetzungen bis hin zum tödlichen Ausgang im kleinen wie im großen immer wieder stattfinden.

Seit alters gilt das Pferd als Symbol für die uns innewohnenden Triebkräfte – jene Kräfte, die es uns ermöglichen, unseren Willen durchzusetzen, und uns dabei auf unserem Weg immer weiter nach vorne treiben. Sie sind sozusagen »vor den Wagen gespannt«, der uns durch das Leben zieht. Diese Kräfte aber sind roh und bedürfen der Lenkung, da gesteckte Ziele sonst niemals erreicht werden. So ist die Fesselung und Bändigung der Pferde, die Herakles in seiner ersten Aufgabe bewältigt, nichts anderes als die Beherrschung und Konzentration dieser eigenen Kräfte. Nur wenn wir alle »unsere

Pferde« zusammenbinden und sie dazu bringen, eine einzige Richtung einzuschlagen, können wir unsere Vorhaben wirklich mit Erfolg durchführen, ansonsten zerstreuen sich unsere Kräfte und heben sich am Ende sogar gegenseitig auf. Das Ergebnis wird ein Scheitern auf allen Ebenen sein.

Doch welche Instanz in uns lenkt die Kräfte, wer gibt ihnen Richtung, und wie kommt es dazu, daß wir immer wieder die Kontrolle verlieren?

Wenden wir uns der letzten Frage zuerst zu. Menschen, die außer Kontrolle geraten sind und sich wie wild verhalten, begegnen uns tagtäglich, wenn nicht persönlich, so wenigstens in Presse, Funk und Fernsehen. Was hat sich im Innern solcher Menschen abgespielt, bevor sie Amok liefen und wild um sich schlugen? Einen Hinweis darauf könnte uns der Volksmund geben, der das Zitat geprägt hat: »Überlaß das Denken den Pferden, denn sie haben größere Köpfe!«

Auch die Astrologie gibt uns einen Hinweis: Dem Tierkreiszeichen Widder ist der Kopf zugeordnet, der Sitz unseres Denkvermögens. Es ist also angebracht, in unsere Denkweisen und -strukturen einen Blick zu werfen.

Das Denken verbindet die Welt unserer Ideen und Vorstellungen, also unsere nach außen hin unsichtbare innere Welt mit der sichtbaren äußeren Welt.

Ein kurzes Beispiel soll dies deutlich machen: Nehmen wir an, in unserem Innern kristallisiert sich die Vorstellung heraus, ein eigenes Haus zu bauen. Mit dieser Vorstellung können wir lange leben, ohne konkret zu werden oder uns irgendwelche Gedanken über das Wie, wo und wann? zu machen. Doch eines Tages beginnen wir, ernsthaft nachzudenken. Wir möchten unsere Vorstellung realisieren. Dabei müssen wir eine Verbindung herstellen zwischen der inneren Vorstellung und den konkreten Gegebenheiten außen. Es ist z. B. notwendig, die Fragen zu klären: Wieviel Geld brauchen wir? Wo finden wir ein geeignetes Grundstück? Welchen Architekten beauftragen wir? Wie soll das Haus aussehen? usw. Ist alles gut durchdacht und geplant, kann zur Tat geschritten werden – unsere »Pferde« werden, gelenkt von unseren erdachten Plänen, in Bewegung gesetzt: Wir handeln!

Es klingt ganz einfach, doch oft klappt es nicht so wie geplant: Es kommt ganz anders! Irgend etwas war nicht bedacht worden, etwas Unvorhergesehenes tritt ein. Z.B. könnten wir als Bauherr durch fristlose Kündigung unseren Arbeitsplatz verlieren, so daß wir nichts mehr verdienen und unsere ganze Kalkulation auf einmal hinfällig wird.

Was werden wir denken? Vielleicht schon an den finanziellen Ruin? Dann werden andere jetzt zu uns sagen: »Mach doch nicht gleich die Pferde scheu!« Eventuell sind wir nicht mehr weit von dem Punkt entfernt, wo uns (in der Schaltzentrale des Kopfes!) »eine Sicherung durchbrennt« und wir möglicherweise gegen den Firmenchef, der uns gekündigt hat, Amok laufen.

Das Beispiel mag extrem sein, doch es zeigt, was in unseren Köpfen abläuft. Indem wir ständig vorausdenken, unsere Zukunft planen, sind wir gefährdet, da es immer anders kommen kann, als wir denken. Die Gefahr aber liegt nicht darin, daß es anders kommt, sondern darin, daß wir den »Kopf verlieren«. Herakles zeigt uns in der ersten Aufgabe, daß es nötig ist, zu lernen, die eigenen Gedanken ständig einzufangen, zu bändigen und zu konzentrieren. Nur so wird es eines Tages möglich sein, all unsere Kräfte auf den Punkt zu bringen und in die vorgegebene Richtung zu lenken. Dann werden wir nie mehr scheu werden, aber auch nie mehr vor etwas aus Existenzängsten zurückscheuen.

Wir erkannten bereits, daß uns das Denken mit der Außenwelt verbindet. Dies gilt auch umgekehrt: Die Außenwelt verbindet sich mit uns über unser Denken. All unsere Wahrnehmungen, das Hören, Sehen, Tasten, Riechen, Schmecken, lösen Gedanken in uns aus. Auch hier ist Kontrolle oft dringend geboten. Nicht selten entstehen völlig überzogene Gedanken in uns trotz harmlosester Wahrnehmungen. Da teilt uns unser Ehepartner mit, er würde gerne einmal alleine in Urlaub fahren, und für uns bricht bereits die Welt zusammen. In Gedanken »malen« wir uns aus, daß er uns verlassen will, daß er vielleicht schon einen anderen Partner gefunden hat, ja vielleicht nie mehr zurückkehren wird. Die Ängste gewinnen die Oberhand, und wir ahnen bereits den Weltuntergang. Aber dieser Untergang findet nur in unserem Denken statt, mit der Wirklichkeit hat er oft wenig zu tun.

Hier weist der Mythos zur unbedingten Notwendigkeit, die Gedanken zu bändigen, damit sie nicht ständig abschweifen und ausbrechen wie ungezügelte, wilde Pferde.

Diomedes

Diomedes, der Besitzer der wilden Pferde, ist Sohn des Kriegsgottes Ares. Sein Name bedeutet wörtlich übersetzt der »Entzweidenkende« oder »Gespaltendenkende«. Damit ist eine Art des Denken in uns angesprochen, die Außenwelt und Gegenüber immer als Feind sieht, als möglichen Gegner, der stets auf seinen Vorteil bedacht ist und uns etwas wegnehmen will. Diese Einstellung führt zu Agression, Krieg und Mord.

Wir erfahren durch den Mythos, daß die vier Stuten Menschenfleisch verzehren. Es ist ein Symbol dafür, daß der Mensch seine Kräfte auch gebrauchen kann, um andere zu töten, wenn er sie nicht zügelt und unter Kontrolle bringt. Die Vergangenheit der Menschheit ist voller Beispiele dafür.

Wie kommt es zu diesem Gegeneinander? Oder besser gefragt: Wie ist es möglich, daß zwei menschliche Wesen, die gemäß ihrer Art den Begriff »Menschlichkeit« geprägt haben, sich ohne weiteres umbringen können?

Hierüber könnte uns die Bedeutung des Diomedes Aufschluß geben. Er verkörpert den Menschen mit der Fähigkeit, »gespalten« zu denken. Was mag dies heißen? Beobachten wir einmal unsere eigene Welt der Gedanken, und es wird uns nicht schwerfallen festzustellen, daß wir wirklich gespalten denken. Diese Gespaltenheit erkennen wir u.a. darin, daß wir in aller Regel über uns selbst anders denken als über andere. Umgekehrt natürlich ebenso: Der Rest der Welt denkt häufig ganz anders über uns als wir selbst – ein klaffender Zwiespalt zwischen Ich und Du.

Ein kleines Beispiel dazu aus dem Alltag mag das verdeutlichen: Wir parken mit unserem Auto, dem modernen »Pferd«, und fahren dabei, weil die Parklücke eng ist, unserem Hintermann gegen die Stoßstange. Dabei denken wir oft ohne große Skrupel, daß das ganz üblich sei und ohnehin die Stoßstangen dazu da sind, kleine Stöße aufzufangen. Tags darauf sitzen wir selbst im parkenden Auto, vor uns ein enger Parkplatz, in den gerade ein anderer einparkt. Prompt stößt er an unsere Stoßstange. Denken wir nun genauso wie gestern und bleiben ruhig und gelassen – oder gibt es Streit?

Hier liegt eine der Ursachen für Auseinandersetzungen jeglicher Art: Unser Denken ist nicht ausgewogen, es ist nicht wirklich objektiv, nicht auf alle Menschen dieser Welt im gleichen Maße bezogen, sonst könnte es nie soweit kommen, daß wir zusehen, ja sogar gutheißen, wenn Fremde getötet werden, während wir alles dafür tun würden, unsere Familie, unsere Freunde und uns selbst vor dem Tod zu retten. Hier mahnt uns die erste Heraklesaufgabe, unsere Gedankenwelt wieder in Ordnung zu bringen.

Einen weiteren Hinweis dazu liefert der Tod des Freundes Abderos. Auch hier dachte unser Held, daß eigentlich alles erledigt war, den Rest könnte der Freund zu Ende bringen. Doch dieser war zu schwach – eine offensichtliche Fehleinschätzung von Herakles. Wie die Tendenz, Feinde gering zu schätzen, so überschätzen wir oft unsere Freunde: Wir muten Ihnen zuviel zu und wundern uns, wenn zum Schluß Freundschaften oder Beziehungen in die Brüche gehen.

Hier ist es bedeutsam, diese Formen von Fehleinschätzung als eigene Fehler im Denken zu erkennen. Denn gerade solche Fehleinschätzungen haben die Tendenz, in die Projektion zu gehen: Erst schätzen wir den anderen falsch ein, dann machen wir ihm zum Vorwurf, daß er sich anders verhält, als wir erwartet haben. Diese Form der Enttäuschung läßt bereits in der ersten Heraklesaufgabe erkennen, daß sie nur auf eigener Täuschung beruht und deshalb sowohl Ursache als auch Auslösung in uns selbst liegen.

Die Geschichte des schwachen Freundes Abderos legt auch nahe, von einer »Gedankenlosigkeit« des Herakles zu sprechen. Sie deutet noch auf die unentwickelte Fähigkeit hin, sich vom anderen ein »wahres Bild« zu machen.

An dieser Stelle sei hingewiesen auf eine Parallele im biblischen Mythos. Das zweite der »zehn Worte«, bekannt als die »zehn Gebote«, das Moses vom Berg Sinai heruntergebracht hat, besagt: »Du sollst dir ... keinerlei Abbild machen dessen, was oben im

Himmel oder was unten auf der Erde oder was in den Wassern unter der Erde ist.«

Unser Bild vom anderen, so teilt uns die erste Heraklesaufgabe mit, stimmt nicht einmal bei unserem besten Freund, geschweige denn bei Menschen, die wir weniger oder kaum oder gar nicht kennen.

Die Entwicklung der Fähigkeit, die volle Wahrheit zu erkennen, bleibt späteren Aufgaben des Herakles vorbehalten und wird erst endgültig in der dem Schützen zugeordneten neunten Aufgabe gelöst.

Die wahre Aufgabe im Zeichen Widder

Jede der zwölf Aufgaben ist nicht nur dadurch gekennzeichnet, daß eine Fähigkeit bzw. Kraft entwickelt wird, sondern gleichzeitig gilt es auch – im wahrsten Sinne des Wortes – etwas »aufzugeben«. So können wir jede bewältigte Aufgabe auch als Abschnitt sehen, in dem etwas von uns »abgeschnitten« wird – wir lassen endgültig etwas hinter uns.

Der Mythos hat gezeigt, daß während der erste Heraklesaufgabe besonders in der Welt unserer Gedanken wieder Ordnung herzustellen ist. Vor allem sind es die »Krieg gebärenden« Gedanken, die es zu zügeln und zu fesseln gilt. So gehört zu dieser Aufgabe das Aufgeben aller feindlichen Gedanken, Unterstellungen und Vermutungen. Sie schaffen die Voraussetzungen für Haß, Abneigung und Feindschaft. In der Regel begründen wir ihr berechtigtes Vorhandensein damit, daß nicht wir der Außenwelt gegenüber feindlich gesinnt sind, sondern vielmehr die anderen sich uns gegenüber wie Feinde verhalten. Um Beweise dafür sind wir nie verlegen, zeigt uns doch scheinbar in fast allen Begebenheiten die Welt ihre grausame, materialistische und haßerfüllte Seite.

Diese Verdrehung der Wirklichkeit – die moderne Psychologie nennt es Projektion – gilt es zu durchschauen und ein für allemal über Bord zu werfen; dies mag der tiefere Sinn der ersten Aufgabe sein, die damit den Grundstock setzt für die Lösung aller folgenden Aufgaben. Nur so kann das Ziel erreicht werden: Der Wahrheit durch Selbsterkenntnis näher zu kommen.

Ein Beispiel dazu aus dem Alltag: Ich stehe mit meinem Auto an der Ampel – rot! Plötzlich hupt mein Hintermann kräftig, obwohl die Ampel immer noch rot leuchtet. Was kommt an Gedanken auf in dieser Situation? »So ein Idiot, der muß doch sehen, daß noch »rot« ist!« »Der hats aber eilig, kann wohl nicht warten wie alle anderen!« »Bestimmt hat er aus Versehen gehupt!«

Eine große Bandbreite von möglichen Vermutungen, wobei sicherlich jede, unvoreingenommen besehen, gleichberechtigt wäre. Unschwer aber ist zu erkennen, wo das »Kriegsroß« und mit ihm die feindliche Gesinnung geboren wird – und sicher ebenso einfach ist es herauszufinden, wer der Erzeuger ist. Derjenige, der einem anderen eine feindliche Gesinnung unterstellt, hat grundsätzlich selbst dem anderen gegenüber eine feindliche Grundhaltung.

Gleich und gleich – so sagt ein altes Sprichwort – gesellt sich gern!

Betrachten wir einmal die vor uns liegende Aufgabe aus einer anderen Blickrichtung:

Da Herakles in der ersten Aufgabe seine Feindbilder aufgibt, drängt sich die Frage auf, woher diese Bilder in unseren Denkmustern stammen.

Gehen wir davon aus, daß der »erste Mensch«, Adam, im paradiesischen Zustand noch heil war, so weist das Leben eines jeden Menschen eine Parallele dazu auf, nämlich in dem naiven Zustand als kleines Kind. Es lebt noch in einer subjektiv-heilen Welt und empfindet dementsprechend. Feindbilder ebenso wie Mißtrauen und Unterstellungen existieren noch nicht. Die Welt, die auf das Kind zukommt, wird noch als echt angenommen; bedenkenlos wird dem Erwachsenen geglaubt – die Welt wird noch wahrgenommen so wie sie ist. Dieser Zustand hält aber nicht lange an, da die Erfahrungen des Lebens eine Unterscheidung in gut und böse, in angenehm und unangenehm mit sich bringen. Unsere Reaktion auf diese Erfahrungen – und das ist das Dilemma – ist der Versuch, all unsere Triebkräfte zu mobilisieren, um das »Gute bzw. Angenehme« zu erreichen und das »Böse bzw. Unangenehme« zu vermeiden. Und genau hier befinden wir uns am Beginn der »großen Illusion«, daß es nämlich in unserer Macht stünde, Angenehmes von Unangenehmem, Gutes von Bösen zu trennen. Diese Trennungs, die ihren Ausgangspunkt im Denken hat, ist die Ursache für später entstehende Feindbilder, da sie geradewegs zu einer Spaltung im Innern zwischen Ich und Du führt. Das Ergebnis ist, daß in letzter Konsequenz jeder gegen jeden kämpft, um sich seinen Vorteil, sein »Gut« zu sichern.

Wer hier tiefere Zusammenhänge erkennen will, mag sich mit dem Mythos des Prometheus befassen, der den alten Griechen als »erster Mensch« galt. Er ist der »Vorausdenkende« (griechisch prometheia = Vorsicht, Vorsorge), der bei der Teilung der Güter zwischen den Göttern und den Menschen nur an den Vorteil dachte. Die Folge davon war die leidvolle Fesselung des Prometheus an den »Felsen der Materie«. Späteren Heraklesaufgaben, der dritten Aufgabe im Zwilling und zehnten Aufgabe im Steinbock, bleibt es vorbehalten, dieses Prometheusprinzip im Menschen endgültig zu überwinden.

Zum Vorteilsdenken in uns kommt hinzu, daß insbesondere die Erfahrung des Unangenehmen und Bösen dazu führt, daß wir Vermeidungsstrategien entwickeln, die sich ebenfalls tief in unsere Denkstrukturen einprägen: Das gebrannte Kind scheut das Feuer!

So sind wir durch unser ganzes Bewußtsein hindurch gespalten in ein großes »Ja« zu allem, was uns vermeintlich gut tut, und in ein vielleicht noch größeres »Nein« zu allem, was wir aus unserem Leben heraushalten möchten. Aber genau an dieser Bewußtseinsspaltung leiden wir, weil das wirkliche Leben sich ziemlich wenig – um nicht zu sagen gar nicht – um unser »Ja« oder »Nein« kümmert.

Die Folge ist eine ständige Enttäuschung durch die Erfahrung, daß das Leben, das Schicksal, die Außenwelt sich scheinbar immer gegen uns stellen in Form von Problemen, Schwierigkeiten, Krankheiten und anderen Widrigkeiten, ohne daß wir je in der Lage wären, zu durchschauen, daß alle diese Widrigkeiten durch uns selbst ausgelöst werden: Wir selbst sind es, die sich gegen das Schicksal, das Unabwendbare wehren, chancenlos dagegen ankämpfen, um am Ende doch zu erliegen.

Uns ist die Verbindung zum Gedankengut der alten Griechen verlorengegangen, die unter anderen zu der Erkenntnis kamen: Du kannst deinem Schicksal nicht entfliehn! (einer der Sprüche der sieben Weisen im Tempel zu Delphi). Mit wieviel mehr Freiheit begegnet ein Mensch dem Leben, hat er erst diese Weisheit verinnerlicht. Alle Bedenken entschwinden, schon bevor er sich zur Tat entschließt; Schwierigkeiten, Widerstände und Probleme werden plötzlich gesehen als Unterstützung für das innere und äußere Wachstum. Dies ist der Nährboden für einen menschlichen Geist, dessen hohes Ideal ein Held wie Herakles ist.

Im Mythos des Herakles mag ein deutlicher Hinweis nicht übersehen werden: Sein schwacher Freund Abderos. Er verkörpert aus esoterischer Sicht die »schwache Seite« des Herakles, die in der ersten Aufgabe sterben muß. Abderos ist der Bedächtige, der keinen Mut hat und sich nichts zutraut. Er bedenkt, bevor er entscheidet, er sichert sich ab, bevor er handelt. Und genau seine Bedenken sind es, die ihn schon schwach machen, bevor er zur Tat schreitet. Zutiefst in ihm verankert ist dieser jede Kraft verzehrende Zweifel: Wahrscheinlich wird es wieder nicht klappen!

So ist es nicht verwunderlich, wenn gemäß astrologischer Lehre der Widder als das Zeichen des »spontanen, unüberlegten Impulses« gilt. »Jetzt oder nie« heißt sein Wahlspruch, wohl wissend, daß alle Kraft immer nur im Moment des ersten Impulses da ist, mit fortschreitender Zeit die Bedenken aber zunehmen und im gleichen Verhältnis die Kräfte erlahmen.

So mag als Fazit für alle, die die Heraklesaufgabe im Widder noch vor sich haben, die Aufforderung gelten: Handle immer unmittelbar und spontan, damit Bedenken erst gar nicht aufkommen können! Erkenne, daß langes Überlegen schwächt und zu Verwirrung und Entscheidungslosigkeit führt. Das Wesentliche kann sonst nicht gelebt werden. Die Folge ist, daß am Ende immer ein Rest von Unzufriedenheit und Unerfülltsein zurückbleibt.

Sinn des Scheiterns

Herakles muß die erste Aufgabe wiederholen, weil er sie nicht vollständig gelöst hat. Gemäß seiner inneren Denkstruktur hat er auch seine erste Aufgabe unterteilt in einen Teil, zu dem er innerlich »ja« und einen Teil, zu dem er »nein« sagt. So ist für ihn die Aufgabe abgeschlossen, als er die wilden Rosse des Diomedes angebunden hat. Hier gibt uns die erste Heraklesaufgabe einen Hinweis, daß alles zum Scheitern verurteilt ist und zum Untergang führt, was nicht vollendet wird. Anders ausgedrückt: Nur das Vollkommene trägt in sich die Kraft und Fähigkeit zum dauerhaften Bestand.

Dennoch liegt auch ein Sinn im Scheitern: Die Möglichkeit, die eigene Unvollkommenheit zu erkennen und diese Erkenntnis für den weiteren Weg zu nutzen. Und auch ein Trost liegt im Scheitern: Der Mythos teilt uns nämlich mit, daß wir stets die Möglichkeit haben, durch Wiederholung zu vollenden. Wir alle sind zu Beginn Anfänger, egal wo und mit was wir anfangen. Und es ist das unverbrüchliche Recht des Anfängers, Fehler zu machen oder gar zu scheitern. Der Kosmos trägt dafür Sorge, daß uns immer wieder eine Gelegenheit zu einem neuen Versuch gegeben wird. Nichts in dieser Welt ist für immer verloren, so wird uns versichert. Nur wenn wir daran nicht glauben, kann es sein, daß wir selbst verloren sind. Wenn wir den Glauben an ein höheres Prinzip aufgeben, geben wir uns selbst auf. Und umgekehrt gilt das gleiche: Geben wir uns selbst auf, geben wir auch den Glauben an eine höhere Ordnung auf. Aus diesem Zusammenhang heraus ist es zu verstehen, daß »der Glaube Berge versetzt«. Nur der Glaube gibt uns jene Unermüdlichkeit und Unverdrossenheit, die uns Herakles in der ersten Aufgabe vor Augen führt. Er glaubt an sich, weil er an das Ganze und den darin waltenden Sinn glaubt – das ist seine Stärke und daraus bezieht er seine Kraft.

Der Widder gilt traditionell als Zeichen des Neubeginns. Es hat nicht nur den unmittelbarsten und direkten Zugang zum göttlichen Prinzip, sondern erfährt von allen Zeichen im Tierkreis am meisten von dem, was wir die »Gnade Gottes« nennen: Jenen Einfluß aus den höheren, geistigen Welten, der die richtige Idee zum rechten Zeitpunkt und die dazugehörige Kraft zur Durchführung gibt. Die Bereitschaft, angefangene Aufgaben im Sinne der Ganzheit zu vollenden, ist die von uns zu erbringende Gegenleistung. Sollten wir also scheitern, liegt es an uns und unserer mangelnden Vollkommenheit, dies zeigt uns überdeutlich Herakles.

Zähmung der Pferde

Eine feine, auf den ersten Blick unscheinbare Nuance ist noch erwähnenswert: Die Pferde werden »gezähmt und abgerichtet«, ihre Kraft wird aber nicht »gebrochen«. So sei darauf hingewiesen, daß im griechischen Mythos ebenso wie am griechischen Götterhimmel »Pferde« immer nur vor den »Wagen« gespannt, niemals aber geritten worden sind, da sie nur so ihre ganz Kraft, Ausdauer und Schönheit entfalten können. Wird ein Pferd »gebrochen«, also unterjocht und gegeißelt – und mit ihm symbolisch unsere Triebkräfte –, wird der Eigenwille und die daraus resultierende Energie gebrochen und geschwächt; der Zwang entsteht.

So teilt uns die erste Aufgabe auch mit, niemals unseren Körper, unsere Seele und unseren Geist zu etwas zu zwingen. Nur freiwilliges Tun, aus Einsicht gewonnen, gibt die Gewähr dafür, daß kein Bruch entsteht zwischen Wollen und Handeln, der auf Dauer unweigerlich inneren Zwiespalt, Schwächung und Krankheit zur Folge hätte. Vielleicht findet sich ein Rest dieses Zusammenhangs in dem Satz: Auf dem hohen Roß sitzen! Und besehen wir den Reiter auf dem »hohen Roß« genauer, so verrät er uns gerade durch das Sitzen auf dem Roß seine eigentliche Schwäche – denn offensichtlich kann er nicht »auf eigenen Füßen stehen« und seinen »eigenen Weg gehen«.

Die verborgene Botschaft der ersten Heraklesaufgabe könnte somit heißen: Suche so lange, bis du das gefunden hast, was du ungezwungen und aus völlig freien Stücken tun möchtest – und gib nicht dabei auf! Nur so können wir eines Tages all unsere Kräfte vereinen und den Punkt der Mitte finden, aus dem heraus mit ganzer Kraft und vollem Herzen gehandelt werden kann. Diesen Punkt der Mitte wird Herakles jedoch nicht in dieser, sondern erst in der fünften Aufgabe – im Kampf mit dem Löwen – finden.

Tod des Freundes Abderos

Zum Abschluß des Deutungsabschnittes einige Betrachtungen zum Verlust des Freundes, von dem wir bereits gehört haben, daß er die schwache Seite des Herakles symbolisiert. Alle folgende Aufgaben besteht Herakles allein auf sich gestellt, so daß durch diese Tatsache der Tod des Abderos an Bedeutung gewinnt. Offensichtlich ist er eine notwendige Voraussetzung für den weiteren, schwierigen Weg, der von jetzt ab zwar einsam, aber frei und unabhängig gegangen wird. Das mag heißen, daß ein Mensch, will er seinen vorgezeichneten Weg wirklich gehen, am Anfang alle »Abhängigkeiten« sterben lassen muß, da diese in späteren Aufgaben wie Kletten an ihm hängen würden, ihm hinderlich wären und den gewünschten Erfolg in Frage stellen könnten.

Wenn wir unsere »Abhängigkeiten« in ihrer Tiefe ausloten, stoßen wir auf unsere Ablehnung des Jenseitigen und Göttlichen, aus der die Angst vor dem Tod resultiert. Ablehnung und Angst binden unser Tun und Handeln an die diesseitige, materielle Welt und beschränken zeitlich wie räumlich unser Denken, Empfinden und Wirken. Diese geistig-seelische Enge (lateinisch angustus = eng) führt zu jener ebenso ungläubigen wie unglaublichen Engstirnigkeit, die uns dazu gebracht hat, das Thema »Tod« – obwohl Tag für Tag darauf zusteuernd – vehement zu negieren, aus dem Leben zu verbannen und uns so zu verhalten, als wäre jedem einzelnen ein ewig irdisches Dasein beschieden. Selbst im Zustand einer tödlichen Krankheit betreiben wir Ablenkung und muntern den betreffenden Kranken noch auf, um mit dem heikle Thema »Tod, Sterben und Jenseits« nicht in Berührung zu kommen.

Wir haben heute in nahezu allen Bereichen des Denkens den Zugang zu den alten Weisheitslehren verloren und sind wissenschaftsgläubig geworden. Die Blickrichtung der Wissenschaft und mit ihr auch unsere ist das Dieseits, so daß es für uns ganz natürlich geworden ist, sich ausschließlich mit dem irdischen Leben, der Lebenserhaltung und der Lebensverlängerung auseinanderzusetzen.

Dabei wird uns die Widersinnigkeit dieser Einstellung nicht einmal bewußt, denn mit der gleichen Natürlichkeit, mit der ein

Lebewesen geboren wird, stirbt es selbstverständlich auch. Leben und Tod bilden, wie alles in dieser Welt, einen Kreislauf. Mit diesem Kreislauf – seinem Sinn und Zweck für den Menschen – befassen sich Weisheitslehren. »Sinne Sterbliches« stand im Tempel zu Delphi geschrieben. Es bedeutet auch: Denke daran, daß alles stirbt, daß es einen Tod gibt, über den es sich lohnt, nachzudenken!

Aus den Ergänzungen des Mythos erfahren wir, daß Herakles, bevor er zu den wilden Pferden des Diomedes kommt, mit Thanatos, dem Tod, ringt. Daraus kann geschlossen werden, daß jeder Mensch nur dann die Bereitschaft und Kraft hat, den »Weg des Helden« zu gehen, wenn er sich vorher dem Thema »Tod« freiwillig stellt, sich den Fragen nach dem Jenseitigen und Verborgenen stellt und Thanatos die ersten Antworten abringt.

Die alten Ägypter haben bereits diese Anworten – wenn auch für unser heutiges Verständnis verschlüsselt – der Nachwelt in Gestalt von Pyramide, Sphinx und Göttern hinterlassen, wohl ahnend, daß eines Tages die Menschheit sich vollends in das Diesseitige verstrikken und das Jenseitige dabei völlig vergessen wird.

Erst beide Teile wieder zusammengefügt ermöglichen uns, dem Leben einen höheren Sinn zu verleihen – das »Wie« zeigt Herakles, der von der großen Seelen- und Göttermutter Hera Berufene, in der ersten Aufgabe ebenso wie in den folgenden elf Aufgaben.

Astrologische Zusammenhänge im Zeichen Widder

Zuordnung

Planet	Mars (griechisch: Ares), Gott des Krieges
Haus	Das 1. Haus = Aszendent, Same des Ich
Mythologisch	Titan Krios (griechisch: krios = Widder, Mauerbrecher); Chrysomallos, der Widder mit dem »goldenen Flies«
Eigenschaft	Spontaner Wille, Ich-Durchsetzung, Impulsivität, Dynamik, Schnellkraft
Körperteil	Kopf

Das Prinzip Widder

Widder ist das Zeichen des ersten Impulses und des Neubeginns. Im Vordergrund steht der Wille zur Ich-Durchsetzung. Der Glaube an die Richtigkeit des eigenen Tuns herrscht vor und gibt die Berechtigung, die Belange und Wünsche anderer nicht in das eigene Handlungsmuster miteinzubeziehen. Der Drang, die eigenen Ideen in der Welt umzusetzen ist gesteigert, so daß im Inneren des Menschen ein ewiges »Jetzt oder nie!« unmittelbare Tat verlangt. Das Wort heißt: »Ich will!«

Die erste Heraklesaufgabe im persönlichen Horoskop

Auch wenn alle Heraklesaufgaben jeden Menschen betreffen, so gibt es doch unterschiedliche Betonungen. Befindet sich im Horoskop der Aszendent im Zeichen Widder, so bedeutet dies, daß es für die persönliche Entwicklung vorrangig ist, sich als erstes an die Heraklesaufgabe im Widder zu machen. Dabei besteht weniger der Anspruch, sie vollständig zu lösen, als vielmehr die Notwendigkeit, zumindest die ersten Schritte zu unternehmen und Ordnung in die

Welt der Gedanken zu bringen. Es wird notwendig sein, die eigene Selbsterkenntnis so weit zu bringen, bis deutlich wird, daß die eigenen Gedanken nicht unter Kontrolle sind; sie sind vielmehr ständig unstet und ungezügelt, mal heftig, mal ruhig, mal in der Zukunft, mal in der Vergangenheit sich »herumtreibend«.

Wenn wir sie festhalten und auf einen Punkt konzentrieren wollen – also über eine einzige Sache einmal gründlich nachdenken –, spüren wir sehr schnell, wie sie immer wieder abschweifen und sich mit anderen Themen befassen. Das konzentrierte, auf den Punkt gebrachte Denken fällt uns schwer. Ebenso werden wir bei genügender Selbstbeobachtung feststellen, daß eine Neigung existiert zu verrückten, für andere Menschen kaum nachvollziehbaren Gedankengängen, in denen wir uns selbst oft genug verstricken und verlieren. Am Ende ist dann keinerlei Logik mehr vorhanden, und der ursprüngliche Sinn und Zweck des Nachdenkens ist auf der Strecke geblieben.

Erhöhte Aufmerksamkeit sollten wir unserer Angst und unseren Bedenken widmen, weil sie uns daran hindern, an der Fülle des Lebens mit aller Kraft teilzunehmen. Zu oft unterlassen wir wichtige Vorhaben wegen vereinzelter Bedenken, zu oft projizieren wir vergangenes Versagen und frühere Mißerfolge in die Zukunft, rauben uns damit den Mut und blockieren unsere Energie. Die Angst, Fehler zu machen, schwächt die Durchschlags- und Entscheidungskraft und führt am Ende dazu, daß wir tatsächlich scheitern. Zu erkennen, daß Ursache des Scheiterns nicht in den äußeren Widerständen, sondern im eigenen, zögerlichen Verhalten und dem daraus resultierenden mangelnden Krafteinsatz liegt, ist die Voraussetzung, eines Tages alle Kräfte zu binden und auf den Punkt zu bringen.

Besondere Bedeutung hat jedoch die erste Aufgabe für Menschen mit Aszendent Stier, da das 12. Haus (äquale Häuser!) – das Haus der Lösung und Meisterung – sich im Zeichen Widder befindet. (Hinweis: Bei anderen Häusersystemen, z.B. Placidus, ergeben sich gelegentlich Abweichungen davon; z.B. könnte hier auch ein Horoskop mit Aszendent Zwillinge das 12. Haus im Widder haben!) Unter dem Aspekt der Lösung betrachtet, wird deutlich, daß eine echte Auflösung vorhandener Muster und Strukturen uns nur gelingt, wenn wir die damit verbundenen Probleme und Schwierigkeiten gemeistert haben. So können wir, bildlich gesprochen, uns von einer Aufgabe erst lösen, wenn wir sie gelöst haben – die Lösung ist gleichzeitig unsere eigene Erlösung.

Für einen Horoskopeigner mit Aszendent Stier wäre es somit notwendig, die Heraklesaufgabe im Widder (so gut wie möglich!) zu lösen, da nur unter dieser Bedingung Entwicklungshemmungen aufgelöst werden und der Aszendent wirklich wachsen und gedeihen kann. Vor allem könnte sich eine Betrachtungsweise lohnen: Die erste Heraklesaufgabe speziell unter dem Aspekt des Aufgebens zu beleuchten, da es traditionell im 12. Haus mehr um ein Aufgeben, Loslösen und Loslassen geht. So beinhaltet für den Aszendent Stier (= 12. Haus im Widder!) die erste Heraklesaufgabe die Aufforderung, alle Feindbilder ebenso über Bord zu werfen wie persönliche Bedenken und Zweifel. Hemmungen und Abhängigkeiten gilt es abzubauen, um für die Verwirklichung eigener Vorhaben die konzentrierte und spontane Triebkraft zur Verfügung zu haben. Hier wird es sich als günstig erweisen, alle Energien erst zu sammeln und zu konzentrieren, um dann aber unbeirrt – ohne Zögern und Zaudern, ohne Ablenkung und Unterbrechung – den beabsichtigten Weg einzuschlagen und ihn mit klarer Konzentration zu gehen. Dies ist die Art, die »Widderkraft« in uns zu bändigen und zu meistern. Sollte dennoch gelegentlich ein Scheitern zu verzeichnen sein, ist es wichtig, darin die eigene Unvollkommenheit zu erkennen – und, wenn möglich, auch darüber herzhaft zu lachen. Nur so können sich neue Kräfte formieren und sammeln, die uns eines Tages die nötige Durchschlagskraft verleihen. Nach einem Ziel zu streben ist für den Aszendent Stier weit wichtiger, als dieses Ziel zu erreichen. Unverdrossenheit und stete Kampfbereitschaft, Schnellkraft und Impulsivität unterstützen in diesem Fall die Götter mehr als das Abwägen und Bedenken von Alternativen. Ist die erste Heraklesaufgabe vollständig gelöst, haben wir das unmittelbare Hier und Jetzt erobert – wir befinden uns mitten im Fluß des Lebens und fühlen uns frei.

Eines Tages ernten wir dann die Frucht dieser Entwicklung: Einen echten, tiefgründigen Humor, der uns in jeder Lebenssituation die Kraft verleiht, stets das Beste aus allem zu machen.

Zweite Aufgabe im Zeichen Stier

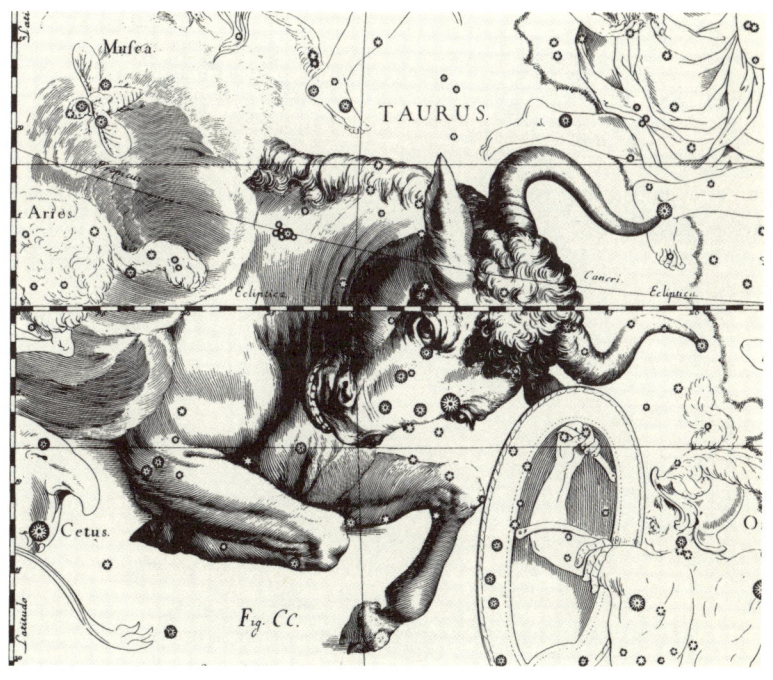

Die Gefangennahme des Kretischen Stiers

Der vom Kreterkönig Minos nicht dem Poseidon geopferte, weiße, leuchtende Stier ist wild geworden und verwüstet das kultivierte Land; er reißt Zäune ein und zerstört Obstgärten und Felder.

Herakles, vom Festland kommend, überquert den Ozean und beginnt, den Stier zu suchen. Er soll ihn lebend in das Land der einäugigen Zyklopen bringen. Die von Minos angebotene Hilfe lehnt er ab – er geht seinen Weg allein. Ein leuchtender Stern auf der Stirn des Stieres weist ihm den Weg, da er nachts durch den Widerschein des Lichts weithin sichtbar wird. Herakles fängt ihn, steigt auf seinen Rücken und reitet den strahlenden Stier über das Wasser ins Land der Zyklopen – der Stern des Stieres dient ihm dabei als Licht für seinen Weg.

Ergänzungen zum Mythos
Vorgeschichte

Agenor, Sohn von Libya und Poseidon, Urenkel von Zeus und Io, war der letzte Priesterkönig in Ägypten. Von dort wanderte er nach Kanaan aus, wo er Telephassa heiratete. Sie gebar ihm fünf Söhne, darunter Kadmos, und eine Tochter, Europa.

Zeus, der oberste der Götter, verliebte sich in Europa und beauftragte deshalb Hermes, Agenors Rinderherde an die Küste bei Tyros zu treiben, wo Europa gern spazierenging. Er selbst schloß sich der Herde an in Gestalt eines schneeweißen, leuchtenden Stiers, dessen Schönheit Europa überwältigte. Sie näherte sich dem Stier, spielte mit ihm, setzte sich auf seinen Rücken. Der Stier trabte gemächlich zum Meer, stieg wie zum Spiel in die Wogen des Meeres – und plötzlich schwamm er mit ihr fort in Richtung Kreta, verwandelte sich dort in einen Adler und vergewaltigte sie. Europa heiratete auf Kreta König Asterion und brachte ihm drei Söhne zur Welt: Minos, Rhadamantys und Sarpedon.

Mythos vom Stier

Pasiphae, Tochter von Helios und Perseis, verbindet sich mit Minos, dem Sohn von Zeus und Europa. Als Minos nach dem Tod seines Vaters Asterion die Königswürde auf Kreta erringen und das Volk für sich gewinnen will, erbittet er sich von Poseidon ein für jedermann sichtbares Zeichen seiner göttlichen Abstammung. Daraufhin schickt ihm Poseidon jenen berühmten, aus den Wellen des Meeres aufsteigenden, weißen Stier mit der Auflage, alles aus dem Meer erscheinende ihm, Poseidon wieder zu opfern. Doch Minos versäumt das Opfer und bricht damit sein Versprechen, da der Stier so schön, weiß und leuchtend wie kein anderer ist. Statt dessen opfert Minos einen anderen Stier aus seiner Herde.

Doch Poseidon, der Gott der Meere, läßt sich nicht täuschen. Zorn erfüllt ihn, und er schwört bittere Rache. Als erstes erfüllt Poseidon die Frau des Minos, Pasiphae, mit Liebe zu dem schönen Stier, was Minos rasend macht.

Aus der Verbindung der Pasiphae mit dem Stier entsteht zur allgemeinen Schande des Minos der Minotauros, ein Ungeheuer mit Menschenkörper und Stierkopf. Der Tausendkünstler Daidalos, der Minos bereits den Erzmann Talos geschenkt hat, baut für Minos ein Labyrinth, in dem der Minotauros versteckt wird. Dort haust er nun, wobei ihm zu seiner Befriedigung Menschenopfer gebracht werden.

Es wird auch erzählt, daß dieses Labyrinth Minos und Pasiphae dazu dient, die Schande geheimzuhalten, so daß auch Minos den Rest seines Lebens in diesem Labyrinth verbringen muß.

Theseus, der große Held der Athener, tötet später den Minotauros mit Hilfe der Minostochter Ariadne, die ihm ein von Daidalos stammendes Wollknäuel – den berühmten »roten Faden« – gibt. Dieser rote Faden ermöglicht es Theseus, in das Zentrum des Labyrinths vorzudringen, ohne in Gefahr zu geraten, den Rückweg nicht mehr zu finden.

*Und Gott schied zwischen dem Licht
und zwischen der Finsternis!
Und Gott nannte das Licht Tag
und die Finsternis Nacht!*
Genesis 1,4

Deutung des Mythos

Seit alters her gilt der Stier als Symbol für Zeugungskraft, Fruchtbarkeit und Vermehrung. Schon im alten Ägypten war er Träger der Lebens- und Schöpferkraft. Im biblischen Hebräisch hat der erste Buchstabe des Alphabets – das »Alef« – auch die Bedeutung »Haupt des Stieres« und wird an manchen Stellen übersetzt mit dem Begriff »zu Tausenden hervorbringen«. Dabei meint die Stierkraft jene Erdkraft, die dafür sorgt, daß ein Same, ist er in die Erde gefallen, in eine Frucht umgewandelt wird. Diese Kraft bzw. Fähigkeit erschien unseren Ahnen so bedeutsam und wichtig, daß der Stier sogar als Urprinzip in die Reihe der zwölf astrologischen Tierkreiszeichen aufgenommen wurde und in manchen Schöpfungsmythen den Schöpfergott selbst auf seinem Rücken trägt.

Ein weiterer Zusammenhang läßt sich in dem Althebräischen »toar« finden, das noch auftaucht im Wortstamm des griechischen »tauros« (= Stier). Einerseits bedeutet »toar« »Gestalt, Erscheinung«, andererseits wird es als Verb benutzt im Sinne von »umbiegen, sich wenden«. Bedenkt man, daß die Physik uns heute lehrt: Die Welt der Erscheinungen entsteht durch Reflexion (= Umwendung) des Lichts an Materie, so ist es erstaunlich, dieses Wissen bereits in einer jahrtausendealten Sprache vorzufinden.

Doch gehen wir einen Schritt weiter und stellen einen Bezug zum Menschen her. Was im Menschen entspricht dieser Stierkraft? Was sollen wir – zur Erfüllung der Heraklesaufgabe – einfangen, reiten und zum Festland zurückbringen?

Erst einmal ist es die Fähigkeit, Unsichtbares (= Samen) sichtbar (= Frucht) zu machen. Hier symbolisiert die Stierkraft das uns innewohnende Vermögen, Ideen und Vorstellungen so umzuwandeln und aufzubereiten, daß sie realistisch werden und durch uns realisiert werden können. Anders ausgedrückt: Die Stierkraft verbindet unsere geistige Innenwelt mit der realen Außenwelt – aus einer Absicht wird konkretes Vorhaben, das sich zur Tat verdichtet. Für astrologisch Interessierte sei an dieser Stelle darauf hingewiesen, daß deshalb Venus (griechisch: Aphrodite), die »Göttin der Beziehung und Verbindung«, dem Zeichen Stier zugeordnet ist.

Werfen wir einen Blick auf unser alltägliches Leben. Diese Stierkraft ermöglicht es uns – nahezu unbegrenzt – unsere Ideen sichtbar zu machen und unsere Vorstellungen zu realisieren. Alles von Menschenhand Geschaffene, auf das wir heute so stolz sind, würde ohne die Einsetzung und Nutzung dieser Kraft nicht existieren.

Wo aber liegen die Probleme? Was für eine Aufgabe ist zu lösen? Um diese Frage zu klären, müssen wir uns näher mit der Vorgeschichte des Kretischen Stiers befassen. Dabei sticht sofort ins Auge, daß König Minos aus der Verbindung von Zeus mit Europa stammt. Getrost dürfen wir annehmen, daß – auch geistig – die Wiege des heutigen Europa in Kreta stand und daher in uns allen noch der »Geist des Minos« herrscht. Doch davon in einem späteren Kapitel.

Vom Mythos erfahren wir, daß Poseidon, Gott des Wassers und der Erde, den Stier Minos zur Verfügung stellt, dies aber zeitlich begrenzt durch die Bedingung, nach erfülltem Zweck den Stier zu opfern! Minos jedoch verweigert das Opfer und glaubt dabei, den Gott mit einem Scheinopfer überlisten zu können. Dieser kleine Unterschied aber hat gewaltige Folgen: Verlust der Liebe, Geburt eines stierköpfigen, menschenverschlingenden Ungeheuers, ein Labyrinth voller Irrwege und am Ende durch den Stier selbst die Zerstörung all dessen, was vorher mit der Stierkraft aufgebaut worden war. Wir ahnen schon, daß der Mythos Folgen beschreibt, die gerade in unserer Zeit überdeutlich sind: Mangel an Liebe und Beziehungsfähigkeit, das »stierköpfige« Denken produziert allerorten Ungeheuerliches, Politik und Wirtschaft im Labyrinth, weil sie ständig nach Auswegen suchen, sowie die Naturzerstörung im kleinen wie im großen. Woher konnten die Alten dies wissen, fast kommt es uns unheimlich vor. Doch wer sich mit Mythologie befaßt, weiß, daß sie die Gesetze unseres Daseins in gleichnishafter Form beschreibt, auf denen der ganze Kosmos aufgebaut ist und denen auch wir Menschen unterliegen.

Versuchen wir also den Mythos zu entziffern und zu deuten: Minos hat den Wunsch (griechisch: menos = heftiger Wunsch), König und Herrscher auf Kreta zu werden – soweit die Ausgangslage. Die Götter – hier steht stellvertretend Poseidon – stellen dafür die Stierkraft zur Verfügung. Übersetzt heißt dies, daß wir Menschen berechtigt sind, ja sogar aufgefordert sind, unsere Wünsche zu realisieren, damit sie in Erfüllung gehen. Dort liegt also das Problem nicht, denn gerade der Versuch, etwas zu realisieren, zeigt uns, ob wir dazu in der Lage sind oder nicht, ob wir etwas beherrschen oder nicht, ob wir fähig sind oder nicht. So kann die Aufforderung aus dem biblischen Schöpfungsbericht – »Beherrsche die Erde« – auch nicht anders verstanden werden als eine Aufforderung, Fähigkeiten zu entwickeln und zu vervollkommnen. Das Tun und Handeln offenbart unsere Fähigkeiten und Unfähigkeiten; dadurch wird es uns erst möglich, uns selbst zu erkennen. Sind wir nun – wie Minos – Herrscher geworden und beherrschen die Materie, so sagt der Mythos, daß jetzt die Zeit zum Opfern – zum Hergeben und Loslassen – gekommen ist. Gleichzeitig wären wir frei, eine neue Fähigkeit zu entwickeln, wiederum bis wir sie beherrschen. So könnten wir – Stück für Stück – die ganze Erde beherrschen lernen und würden von einer Erfüllung zur anderen wandern, ein idealistisches Bild eines wahrhaft erfüllten Lebens.

Was aber tun wir? Ein Beispiel dazu: Ein Mensch lernt Brotbacken. Das Ergebnis dieses Vorgangs, das gebackene Brot, ist sichtbarer und erfahrbarer Ausdruck seiner Fähigkeit. Beim ersten Versuch werden er und andere beim Probieren des Brotes noch allerhand Mängel feststellen. Lernt er daraus, könnte das zweite Brot schon verbessert sein. Durchläuft er diesen Kreislauf von Backen, Erkennen und Lernen mehrfach, wird er eines Tages ein wirklich gutes Brot herstellen – er ist jetzt ein ausgezeichneter Bäcker und beherrscht sein Metier. Hier sollten wir hellhörig werden: Er ist hervorragender Bäcker und beherrscht sein Handwerk, hat jedoch noch keine eigene Bäckerei.

An diesem Punkt angekommen, tun sich im wesentlichen zwei Möglichkeiten auf: Entweder gibt der Bäcker von seiner Fähigkeit ab, d. h., er gibt seine Fähigkeit weiter an andere, die das Bäckerhandwerk erlernen wollen, oder er macht eine Bäckerei auf, um endlich mit seinem Handwerk Geld zu verdienen. Im ersten Fall wird er zum wahren Bäckermeister – dem Mythos nach opfert er den »echten Stier«, denn er gibt symbolisch die Stierkraft ab, damit sie andere Menschen zum Gipfel ihrer Leistung und Fähigkeit führen kann. Im zweiten Fall behält er den »Stier« für sich, d. h. er möchte bester und einziger Bäckermeister bleiben, nicht zuletzt damit seine Geschäfte konkurrenzlos gut laufen.

Hier sehen wir bereits den Zwiespalt, in den jeder Mensch kommt, der den Gipfel erreicht und die Herrschaft gewonnen hat. Er läßt sich zusammenfassen in der Frage: Bin ich bereit, vom Gipfel herabzusteigen und ihn zu opfern oder will ich ihn auf ewig besetzen – besitzen – und behalten, wenn nötig sogar verteidigen?

Betrachten wir den zweiten Fall genauer, denn von ihm und seinen Folgen berichtet der Mythos: Betreibt unser Bäckermeister nun sein Handwerk weiter zum Zwecke des Gelderwerbs, geschieht exakt das, was der Mythos vorhersagt:

1. Die gewonnene Fähigkeit des Backens bleibt erhalten; sie wird nicht hergegeben, d. h. unser Bäcker backt weiterhin Brote. Die Parallele im Mythos: Minos behält den Stier.

2. Das Brotbacken wird für unseren Bäcker zuerst zur Gewohnheit, später zur Last, am Ende verliert er völlig jede Freude und Lust am Brotbacken, die ihn in der Entwicklungsphase noch begleitet haben. Die Parallele im Mythos: Minos verliert die Liebe seiner Frau.

3. Als Ersatz für die verlorene Liebe zur Arbeit zählt für den Bäcker jetzt nur das eingenommene Geld. Weil die Arbeit immer freudloser wird, braucht er mehr Geld – sozusagen als Frustausgleich. Die Bäckerei wird immer größer, die Brote werden immer mehr, Qualität wird zur Quantität; eine ungeheuerliche, nie endende und menschenverschlingende Spirale entsteht, weil ein Mangel an Liebe und Freude weder durch Besitz noch durch Geld ausgeglichen werden kann. Qualität, Glück, Freude und Liebe empfindet der Mensch in der Seele; dieses Empfinden kann durch materielle Anreicherungen und Anhäufungen niemals gewonnen werden. Wie der Name schon sagt: Ein Ersatz muß ständig ersetzt werden. Ersatzbefriedigung ist wie ein Faß ohne Boden: Ständig

wird mehr gebraucht, immer etwas Neues, immer etwas anderes, und dennoch bleibt das Ziel in unerreichbarer Ferne. Zu durchschauen, daß die meisten unserer Wünsche nach den materiellen Dingen dieser Welt nichts anderes sind als ein ewig sich vermehrendes und zugleich alles verschlingendes Ungeheuer, hieße: Den Garten der Verirrung verlassen, den Weg aus dem Labyrinth herausfinden, unser »stierköpfiges« Denken erkennen und erlösen. Die Parallele im Mythos: Minotauros und Minos sind im Labyrinth.

4. Als weitere Folge führt das »Immer Mehr-Haben«, alle Anhäufungen, der ganze gesammelte Ersatz zum Besitz, auf dem wir im wahrsten Sinn des Wortes sitzen. Das Haben ist zur Besessenheit geworden. Da Arbeit, die dem Anhäufen von Besitz dient, weder das Erleben von Freude noch von Liebe mit sich bringt, projizieren wir in unserer Verirrtheit diese verlorene Freude und Liebe in den Besitz hinein: Wir freuen uns, daß wir viel haben und lieben unseren Besitz oft mehr als uns selbst oder andere. Diese geistige Labyrinthsituation führt dazu, daß Lebenssinn, -ziel und -zweck nur noch im Besitz gesehen werden und der seelische Begriff »Erfüllung« mit materieller Fülle verwechselt wird. Hat sich eine solche Denkkategorie einmal in den Köpfen aller verfestigt und eingegraben, beginnen die Menschen, Mauern zu bauen und Zäune zu ziehen, sich und die eigenen Besitztümer gegen jedermann abzugrenzen und abzusichern, (noch!) nicht ahnend, daß jeder mit der Abschirmung der Außenwelt selbst zu einer isolierten Insel mitten im Leben erstarrt, die keinerlei Verbindung mehr zum Du hat. Diese Erstarrung prägt ein Inseldenken, um nicht zu sagen Einzeldenken, ganz besonderer Art, das in unserer Zeit, ohne je hinterfragt zu werden, völlig selbstverständlich geworden ist und in dem Ausspruch zusammengefaßt werden kann: Was ich tue, geht niemanden etwas an, schließlich kümmere ich mich auch nicht um andere! Diese Art der sich absondernden Einstellung führt dann zu unglaublichen Zuständen wie riesigen Mietskasernen, in denen keiner den anderen kennt, oder überfüllten Zügen und U-Bahnen, in denen keiner mit dem anderen spricht – als würden uns Menschen Welten voneinander trennen. Fülle expandiert zur Überfülle, die sich gegen uns Menschen selbst wendet: Es wird »eng« um uns, wir bekommen Angst, fühlen uns bedrückt, und die Arbeit, ja das

ganze Leben wird uns zur Last. Die Parallele im Mythos: Der Stier wendet sich gegen Minos.

Zum Beispiel des Bäckers, der einst seine ersten Brötchen mit Liebe gebacken hat, und heute »seine Brötchen« per Fließband in der eigenen Großbäckerei verdient, mögen wir einwenden, es sei übertrieben oder falsch dargestellt; immerhin gibt es auch für den Chef eines Großbetriebes tagtäglich Situationen und Gelegenheiten, dazuzulernen und sich weiter zu entwickeln. Dieser Einwand ist berechtigt, setzt aber keineswegs den Mythos außer Kraft. Natürlich kann ein Mensch sein Leben lang bei einer einzigen Sache bleiben im steten Bemühen, nichts zur Gewohnheit und Routine erstarren zu lassen.

Stellen wir uns einmal das Ideal eines Lehrers vor, der im Lehren seine Berufung gefunden hat, in jeder schlechten Note seines Schülers auch seine eigene Unfähigkeit, sein eigenes Versagen erkennt und fortwährend an seinen eigenen Mängeln arbeitet. Doch seien wir ehrlich mit uns selbst. Sind wir wirklich bereit, einem solchen Ideal zu folgen? Ist nicht eher das Gegenteil der Fall: Kaum im neuen Beruf angefangen, haben wir nichts Besseres zu tun, als die von uns verlangte Arbeit in Routine zu verwandeln. Hat sich unser Körper erst daran gewöhnt, geht alles »fast wie von selbst« und ganz automatisch – wir sind routiniert, mühsame Vorbereitungen haben wir nicht mehr nötig, die geforderte Leistung erbringen wir »spielend«, und der erworbene Verdienst kann sich – im Verhältnis zum Aufwand versteht sich – sehen lassen. Klingt es da nicht wie Hohn, wenn der Mythos davon spricht, diesen »wunderschönen, angenehmen und bequemen Stier« zu opfern? Es klingt tatsächlich so, doch ein Opfer bleibt uns nie erspart. Denn behalte ich den einen Stier, muß ich einen anderen opfern und mit ihm alle Möglichkeiten auf Erneuerung. Für das Altbekannte geben wir das unbekannte Neue auf, nicht wissend, daß das Alte bereits wie erlöschendes Feuer und sich verbreitende Kälte in uns ist, während das Neue noch den Funken in sich trägt, der ungeduldig darauf wartet, unsere Begeisterung zu entfachen.

Noch ist die Mehrheit von uns zu fixiert und festgefahren, um dem Mythos vom Kreterkönig Minos auch seine positiven Seiten abzugewinnen. Unser Ruf nach Absicherung und unser Bedürfnis nach Sicherheit sind so vehement, daß sie bei den Politikern Widerhall finden in Gesetzen und Verordnungen, die darauf bedacht sind, Eigentum und Besitz zu schützen. So binden wir unser Glück und unsere Sicherheit an Besitz, zum höchsten Gut werden materielle Güter und zur einzigen Anstrengung ihre Vermehrung.

Eine alte Überlieferung erzählt, daß alle materiellen Güter dieser Welt bereits vor der Geburt den Menschen zugeteilt sind. Jeder von uns erhält genau das, was er für seine Entwicklung braucht, nicht mehr und nicht weniger. Sollte diese Erkenntnis eines Tages zum geistigen Gut werden, könnte sich das Interesse an der Anhäufung materieller Güter verringern und einen angemessenen Platz in unserem Denken einnehmen. Den richtigen Stier zu opfern, zur rechten Zeit und am rechten Ort, wird dann ein leichtes sein, erkennend, daß zum Wesen des Menschen das Sein gehört, während das Haben nur Träger der Entwicklung dieses Seins ist. Die Parallele im Mythos: Herakles reitet den Stier.

Die wahre Aufgabe im Zeichen Stier

Durch das Reiten des Stiers zeigt Herakles, daß er den Stier beherrscht. Er hat sich die Stierkraft nutzbar gemacht für seinen Weg zu den »einäugigen Zyklopen« – seine Schaffenskraft dient also ausschließlich seinem Weg zur Einsicht und zur Wahrheit.

Was aber gibt Herakles auf, was läßt er hinter sich? Als Herakles die Insel Kreta verläßt, bleibt Minos zurück, Symbol des heftigen Wunsches, der Gier nach mehr und der Besessenheit nach Besitz. Von nun an ist er ein Wanderer, ohne festen Aufenthalt, ohne Hab und Gut, ohne Bleibe und festes Zuhause. Alles Überflüssige ist von ihm abgefallen, da er eingesehen hat, daß jedes Mehr schon ein Zuviel ist, das nur belastet und hemmt. Aus Sicht des Besitzenden reitet Herakles über das Wasser in eine unsichere Zukunft ohne stabilen Halt. Doch diese Haltlosigkeit ist nur äußerer Schein, denn in seinem Innern ist Herakles sicher und beständig geworden. Ein Licht beleuchtet stets seinen Weg, bei Tag und bei Nacht. Er kann

»über das Meer« reiten und zeigt damit, daß er sich in jeder Lage »über Wasser halten« kann, ohne vom Untergang bedroht zu sein. Zugunsten dieser inneren Sicherheit hat er jeglichen äußeren Halt aufgegeben.

Nicht so der zurückbleibende Minos und mit ihm wir alle, die noch die zweite Heraklesaufgabe zu lösen haben. Wir halten bis heute an den äußeren, materiellen Dingen – den Erscheinungen dieser Welt – fest, und, indem wir dies tun, wachsen in unserem Innern Angst und Unsicherheit, da schon morgen unser scheinbar fester Halt verloren sein kann. Dem »Dieb in der Nacht« geben wir so die Macht über uns, die Materie lastet auf unserm Geist, der »Stier« reitet uns, nicht wir den Stier.

Die Aufgabe des Herakles zu bewältigen heißt, Einblick zu nehmen in die inneren Gesetze dieser Welt und zu verstehen, daß das zeitlich-irdische Leben ein unaufhaltsamer Kreislauf von Werden und Vergehen ist, in den wir Menschen nicht eingetreten sind, um dieses »Rad des Lebens« anzuhalten, sondern um es zu erkennen, zu begreifen und am Ende zu beherrschen. So mag im tieferen Sinne auch symbolisch zu verstehen sein, daß die minoische Kultur urplötzlich – es heißt durch eine gewaltige Wasserflut – untergegangen ist. Wer das »Rad des Lebens« anzuhalten versucht, so dürfen wir annehmen, der wird eines Tages die Gegenkraft des Schicksals erfahren und unterliegen.

Da Herakles den äußeren Halt zugunsten innerer Sicherheit aufgibt, lösen sich alle Beschränkungen und Abgrenzungen von ihm. Er tritt heraus aus dem zur Isolation führenden »Inseldenken«, das das Leben nach Gut oder Böse bewertet und es zu trennen versucht in angenehm und unangenehm. Jetzt begreift er, daß alle Dinge dieser Welt immer zwei Seiten haben: Eine Seite, die wir sehen, und eine zweite, entgegengesetzte Seite, die uns verborgen ist. Und falls wir eine der beiden Seiten mit gut oder angenehm bewerten, so ist doch untrennbar von ihr die Kehrseite vorhanden, die dann böse oder unangenehm ist – umgekehrt natürlich ebenso. Nur unserem verirrten Geist, der weder genügend Weitsicht noch tiefere Einsicht besitzt, verdanken wir den Glauben, es wäre uns Menschen in dieser irdischen Welt möglich, Gut von Böse zu trennen, um uns so eine Insel des Wohlbehagens zu schaffen. Wer so denkt, macht die Rechnung ohne den Wirt – denn Herr in unserem inneren Haus ist nicht ein sich nach Genuß und Gemütlichkeit sehnendes Gefühl, sondern ein unberechenbarer, nach Entwicklung drängender Geist, der uns solange nicht in Frieden läßt, bis unser zutiefst innen verborgenes Wesen gänzlich nach außen gekehrt ist, alle Hemmnisse zerstört und Trennungen überwunden sind. Herakles zeigt uns, daß das Festhalten am Besitz, ja jede Form des Festhaltens am »Gut-Haben« uns selbst festhält in dieser Entwicklung. Sich von Beschränkungen in Körper, Seele und Geist zu lösen, heißt den »Stier zum Festland« zu bringen. Das Meer selbst wird dabei zum Symbol unseres auf- und abwogenden Schicksals, dem wir uns bedingungslos auszusetzen und anzuvertrauen lernen. »Keinen festen Boden unter den Füßen haben« wird nicht länger als menschlichen Schwäche gelten, sondern – bewußt akzeptiert und gelebt – zum äußeren Zeichen einer inneren Stärke und Selbstsicherheit werden.

Das Labyrinth

Labyrinth und Irrgarten haben in unserem heutigen Verständnis oft dieselbe Bedeutung. Wir verstehen darunter einen Garten mit verschlungenen Wegen, die uns solange verwirren, bis wir uns verlaufen und außerstande sind, den Ausgang zu finden. Betrachten wir jedoch auf alten Abbildungen das kretische Labyrinth näher, stellen wir erstaunt fest, daß es gar kein Irrgarten mit Verzweigungen und Sackgassen ist. Es besteht aus einem einzigen Gang, der – ohne jegliche Gabelung – über symmetrisch aufeinanderfolgende Kehren (meist im 180° Winkel!) unweigerlich zur Mitte des »Labyrinths« führt. Drehen wir uns, dort angekommen, um, finden wir ebenso sicher wieder heraus. Dies scheint so problemlos, daß wir spontan die Frage stellen: Wo liegt die Schwierigkeit?

Wenn wir das Problem nicht in der Konstruktion des Labyrinths finden, dann sollten wir es bei dem Menschen suchen, der diese Konstruktion betritt. Stellen wir uns also vor, wir gehen in ein kretisches Labyrinth hinein, ohne jedoch dessen inneren Aufbau vorher zu kennen. Nach einigen Umkehrungen verlieren wir die Orientierung und werden unsicher; irgendwann bleiben wir stehen. Die Antwort auf die Frage: Wo liegt die Schwierigkeit? gibt uns der Mythos selbst, wenn er davon erzählt, daß Minos am Stier festhält. Dieses Festhalten entspricht einem »In Besitz nehmen«, was auch bedeutet, daß Minos sich fest niederläßt – die Situation also, von der wir bereits wissen, welche Folgen sie heraufbeschwört.

Ähnliches gilt auch im Labyrinth: Lassen wir uns, weil wir die Orientierung verloren haben, für längere Zeit nieder, vielleicht nur um ein wenig auszuruhen oder zu schlafen, könnte dies ein böses Erwachen geben. Zu befürchten ist, daß wir mitten im Labyrinth plötzlich nicht mehr wissen, in welche der beiden Richtungen wir gehen sollen. Weil wir unsere Herkunft und unseren Weg vergessen haben, stehen wir vor einer Entscheidung, die – richtig getroffen – in die Freiheit führt, aber – falsch getroffen – ins mögliche Verderben. Eine solche Entscheidung wird Angst in uns auslösen, die dazu führt, daß wir völlig verwirrt im Labyrinth mal in die eine, dann in die andere Richtung laufen, ohne je wirklich einen Schritt weiterzukommen. Das Ende wird Panik und panikartige Reaktionen sein – wir sind nicht mehr Herr der Lage; die Situation bzw. der Minotauros verschlingt uns.

Hier können wir nachempfinden, warum die alten Griechen dem Wort »krisis« (= Trennung) auch die Bedeutung »Entscheidung« zugeordnet haben. Übertragen wir die Labyrinthsituation auf unser Leben, so ist die Analogie kaum zu übersehen: Dadurch, daß wir die klare und eindeutige Richtung unseres Lebenswegs verloren haben, sind wir in die Krise geraten. Ständig stehen wir vor entscheidenden Problemen oder Situationen, fühlen uns gezwungen ja oder nein zu sagen, und geraten dabei in permanenten Zwiespalt, verbunden mit der Angst, eine falsche Entscheidung zu treffen. Sich nicht entscheiden bringt aber auch keine Befreiung, da das uns ebenfalls aus dem Labyrinth nicht herausführt. Kommt es eines Tages so weit, daß der Zweifel an einer getroffenen Entscheidung den Glauben an deren Richtigkeit überwiegt, entsteht Verzweiflung. Sätze wie: Ich weiß nicht mehr weiter! Ich weiß nicht mehr ein noch aus! sind deutlicher Ausdruck davon und können bereits als Hilferufe an diejenigen verstanden werden, die das Geheimnis des Labyrinths durchschaut haben.

In diesem Zusammenhang teilt uns der wegweisende Stern auf der Stirn des Stiers dasselbe mit wie der biblischen Schöpfungsmythos: Seit den Anfängen der Menschheit stehen Sterne am Himmel, die uns Zeichen für unseren Lebensweg geben können, vor allem dann, wenn uns »dunkle Nacht« umgibt. Die Kunde der Sterne, die Astrologie, ist es, die gemeinsam mit anderen Weisheitslehren den Schlüssel zum Geheimnis des menschlichen Erdendaseins in sich verborgen trägt. Sie kann uns Türen öffnen, neue Orientierung geben und einen Lebensweg weisen. Doch nicht der Gang zum Astrologen, Psychologen oder Berater ist die letzte Lösung – man sollte ihn nur als Einstieg betrachten –, sondern die kontinuierliche Auseinandersetzung mit der Weisheit selbst läßt uns zu jenem Sternkundigen werden, der in Zukunft seine Richtung kennt und seinen Weg nie mehr verliert. Eine Einsicht übrigens, die auch Herakles erst in der nachfolgenden Aufgabe im Zeichen der Zwillinge gewinnt.

Liebe und Besitz

Der Mythos erzählt, daß Minos die Liebe seiner Frau Pasiphae verliert und daß sich ihre Liebe dem Stier zuwendet. Die Frucht dieser Liebe ist der stierköpfige Minotauros.

Was bedeutet für uns Menschen der Begriff »Liebe«? Wann liebt ein Mensch wirklich? Fragen, die wir als Urenkel von Minos vielleicht gar nicht mehr beantworten können, zu sehr hat sich die ursprünglich himmlische Liebe, symbolisiert durch die Liebesgöttin Aphrodite Urania, in eine irdische Liebe zum »Stier« verwandelt. Ein Hinweis mag uns der biblische Mythos geben, wo es heißt: »...und der Mensch (Adam) erkannte seine Frau, und sie wurde schwanger...!« (Genesis 4,1) Nun wissen wir, daß »die Frau« die Seite bzw. Rippe des Menschen ist, die ihm entnommen wurde. Oder anders ausgedrückt, die »Frau« repräsentiert einen Teil, der dem »Menschen« fehlt. Der Begriff »Frau« steht symbolisch für die sichtbare Welt, die uns außen begegnet. Erkennt also der Mensch die Außenwelt als das, was ihm fehlt, so liebt er.

Dieser Erkenntnisprozeß kommt einem geistigen Befruchtungsakt gleich. Konkret auf Partnerschaft und Beziehung übertragen, müßte dies heißen, daß wir unseren Partner dann lieben, wenn wir in ihm, in seinem Verhalten und in seinen Fähigkeiten genau das erkennen, was uns fehlt. Sind wir selbst mutig, so lieben wir am anderen seine Vorsicht, sind wir kleinlich und sparsam, so lieben wir seine Großzügigkeit, sind wir spontan und unüberlegt, lieben wir seine Bedächtigkeit, halten wir selbst gerne fest, lieben wir seinen Freiheitsdrang. Das wäre die Liebe, die seit alters her als Kraft der Gegensatzvereinigung gilt und so dafür sorgt, daß jeder Mensch in seinem Partner ebenso wie in anderen ihm nahestehenden Menschen stets ein Gegenüber hat, an dem er erkennen, lernen und reifen kann.

Wie kommt es aber zur Umkehrung – man möchte fast sagen zur Perversion – dieser Gegebenheiten. Warum verbinden sich Menschen, wenn über kurz oder lang der Mutige den Vorsichtigen beschimpft, der Sparsame dem Großzügigen Vorwürfe macht, dem Spontanen die Bedächtigkeit des Partners auf die Nerven geht, dem Festhaltenden der Freiheitsdrang des anderen ängstigt?

Wir können die Frage nicht beantworten, ahnen aber doch, daß es mit dem Mythos vom Stier zusammenhängt: Weil wir nicht bereit sind, unsere eigene Festgefahrenheit zu opfern, zwingen wir die Liebe aus unseren Beziehungen. Im gleichen Maß, wie wir an unserer Eigenart festhalten, wächst unsere Eigenartigkeit. Wir wehren uns gegen jegliche Wandlung und Veränderung, zwingen jede Entwicklung aus der Beziehung heraus und zerstören so ihren ureigensten Sinn. Versuchen wir am Ende, dem Partner zu zeigen, wie und wo er sich ändern sollte, schlachten wir auch noch den »falschen Stier«. Die ursprüngliche Liebe zur Erkenntnis hat sich in Abneigung gegenüber Wandlung und Veränderung verkehrt – statt vom anderen zu lernen, versuchen wir ihn zu belehren.

Als weiteres Attribut der Liebe nennen wir gern die Treue. Wir versprechen sie aufs innigste – und meinen damit, daß jeder zum Eigentum des anderen wird. Die einst allumfassende Liebe beschränkt sich auf eine fragwürdige Zuneigung, die sofort entzogen wird, wenn der Partner uns nicht mehr gehört, sich als ungehörig erweist und/oder andere Wege geht. Da wir alle uns an Besitz und Geld gebunden haben, erhält urplötzlich derjenige die Macht, der mehr Verfügungsgewalt über die materiellen Güter hat. Scheinbar kann er den Partner zwingen, sich seinen Vorstellungen zu beugen – die Beziehung ist zum Gefängnis geworden, weil jeder auf seine Art vom anderen abhängig ist. Hier zeigt uns Herakles, was wirkliche Freiheit bedeutet: Im Innern den Halt zu finden, indem wir uns nicht mehr allein auf den Partner verlassen, hieße, den Stier über das wogende Meer zu reiten. Freude und Leid, das Auf und Ab unserer Gefühle, jederzeit willkommen zu heißen ohne das eine zugunsten des anderen auszuklammern, auch dies entspricht derselben Symbolik. Nur so lernen wir, uns ganz auf uns selbst zu verlassen – und werden von jetzt an von nichts und niemandem mehr verlassen. Eine solche Freiheit ist in der Seele verankert und bindet sich nicht mehr an materielle Güter und äußere Werte. Liebe wird wieder möglich, weil der Mensch das Geheimnis der Stierkraft kennt und das rechtzeitige Loslassen beherrscht.

Das Opfer des Minos

Im Mythos wird berichtet, daß Minos einen anderen Stier aus seiner Herde opfert. Wir dürfen annehmen, das Minos zumindest den Schein erwecken wollte, seinem Versprechen nachzukommen. Auf diesen Handel aber lassen sich die Götter nicht ein. Hier scheint der Mythos ein Verhalten zu beschreiben, das einige Jahrtausende später zu einer politischen und wirtschaftlichen Grundhaltung geworden ist, die uns alle mehr und mehr in die Irre geführt hat. Bedrängnis, Zugzwang und Krise sind zum Dauerzustand geworden, ständig werden problematische Entscheidungen gefällt, ohne daß je wirklich etwas gelöst wird. Unsere Politiker und Wirtschaftsbosse sind Pragmatiker, also Handelnde und Händler geworden, die wie Minos – vielleicht in bester Absicht – viel versprechen, aber immer nur einen Teil davon halten. Wie im Mythos vom Kreterkönig wird immer der falsche Stier geopfert, während der eigentlich zu opfernde weiterhin das Land zerstört.

Nehmen wir stellvertretend als Beispiel das Auto, oft ironisch als heilige Blechkuh bezeichnet. Ist es uns nicht lieb geworden und ans Herz gewachsen, leuchtend und strahlend wie einst der Stier zu

Kreta? Schon lange wissen wir, daß wir es eines Tages opfern müssen, denn es wendet sich bereits kräftig gegen uns. Wir dürfen annehmen, daß es langsam höchste Zeit ist, mit Scheinopfern aufzuhören. Ob Senkung des Benzinverbrauchs, ob Tempolimit, ob Katalysator – wer den Mythos versteht, weiß: Das sind alles nur Scheinopfer. Das wahre und einzig mögliche Opfer liegt nicht in der äußeren, materiellen Welt, sondern in uns allen: Es ist die Idee eines Automobils, eines Selbstbewegers, das uns schnell und immer schneller vorwärts bringen soll – möglichst bequem und ohne eigenes Zutun.

Der Mensch kommt auf die Erde, so sagen alle Weisheitslehren, um einen inneren Weg der Erkenntnis zu gehen. Eine große Illusion ist die Vorstellung, ein Automobil im Außen könne uns diesen Weg erleichtern oder gar abnehmen. Im Gegenteil, unsere innere Bequemlichkeit und Unbeweglichkeit ist uns bereits zum Feind geworden. Sie wird uns eines Tages auf makabre Art und Weise zwingen, unsere verlorene Entwicklung beschleunigt nachzuholen.

Herakles ist es, der uns zeigt, daß es – heute notwendiger denn je – gilt, den Stier zu reiten, ihn zu beherrschen und seine Kraft für die innere Entwicklung nutzbar zu machen.

ASTROLOGISCHE ZUSAMMENHÄNGE IM ZEICHEN STIER

Zuordnung

Planet	Venus (griechisch: Aphrodite), Göttin der Liebe und Erkenntnis
Haus	Das 2. Haus, Vermögen und Fähigkeit
Mythologisch	Zeus und Europa, der Mythos vom Stier
Eigenschaft	Verwurzelung, Festigung, Absicherung
Körperteil	Hals und Nacken

Das Prinzip Stier

Stier gilt als Zeichen der Festigung und Verwurzelung. Symbol des Stiers ist der Zaun und mit ihm der abgegrenzte, eigene Bereich. Vorherrschend im Stier ist der Realismus, der es ermöglicht, eine Absicht in konkretes Vorhaben zu verwandeln. Ausdauer, Durchhaltevermögen und Schaffenskraft sind die bestechenden Merkmale.

Die zweite Heraklesaufgabe im persönlichen Horoskop

Wer die erste Aufgabe des Herakles im Widder genau verfolgt hat, kann bereits erkennen, daß sie die Voraussetzungen schafft für die Lösung der zweiten Aufgabe. Im Tierkreis selbst ist es noch deutlicher: Widder und Stier hängen zusammen, da sie unmittelbar aufeinander folgen. So ist leicht einsehbar, daß ohne Zügelung und Kontrolle der eigenen Gedankenwelt ein »Reiten des Stiers« nicht möglich ist. Aus Angst halten wir fest, doch wenn wir unser »Feinddenken« abbauen, können wir uns in der Folge mehr und mehr aus der Umklammerung unserer Besitztümer lösen.

Befindet sich im Horoskop der Aszendent im Zeichen Stier, so bedeutet das, erste Überlegungen anzustellen, wo die Tendenz besteht, stets den »falschen Stier« zu opfern. Der Glaube, alles Heil läge im Besitz und alle Stabilität läge im »festen Boden« unter den eigenen Füßen, wird über lange Phasen hinweg gierig nach allem greifen lassen, was diesem Glauben dient: Der Stier reitet mich, nicht ich den Stier. Zu empfehlen wäre – dem Mythos des Minos folgend – sein Metier so zu entwickeln, daß es vom Horoskopeigner beherrscht wird, um so Stabilität in das eigene Leben zu bringen. Eines Tages wird sich dann von selbst die Gelegenheit bieten, das Erreichte wieder zu opfern.

Die zweite Aufgabe des Herakles hat besondere Bedeutung für Menschen mit Aszendent Zwillinge, da das 12. Haus (äquale Häuser!) – das Haus der Lösung und Meisterung – sich im Zeichen Stier befindet. Der dem Zeichen Zwillinge zugeordnete Planet ist Merkur (griechisch: Hermes), der Götterbote, der überall in der Welt zu Hause ist, nichts besitzt und ewig sich auf Wanderschaft befindet. Dieser freundliche, humorvolle und bewegliche Geselle, der den Alten als großer Heiler galt, mag allen mit Aszendent Zwillinge zum Vorbild dienen. Denn er hat den »Minos im Innern« überwunden und weiß aufs vortrefflichste den Stier zu reiten. Seine Devise lautet: Wie gewonnen, so zerronnen!, was ihn am Ende sowohl zum Gott der Händler, als auch zum Gott der Diebe gemacht hat.

Da es beim 12. Haus traditionell mehr um Aufgeben, Loslösen und Loslassen geht, legt die Heraklesaufgabe im Stier nahe, jegliches »Inseldenken« über Bord zu werfen. Indem die eigene Sichtweise zum unverrückbaren Standpunkt gemacht wird, geraten wir in eine geistige Unbeweglichkeit. Dies als Beschränkung zu erkennen und offen zu werden für andere An- und Einsichten bedeutet, die Insel zu verlassen. Eines Tages wird es dann gelingen, frei von Existenzängsten durch das Leben zu wandern und alle Stationen und Haltestellen nur als Übergang zu betrachten.

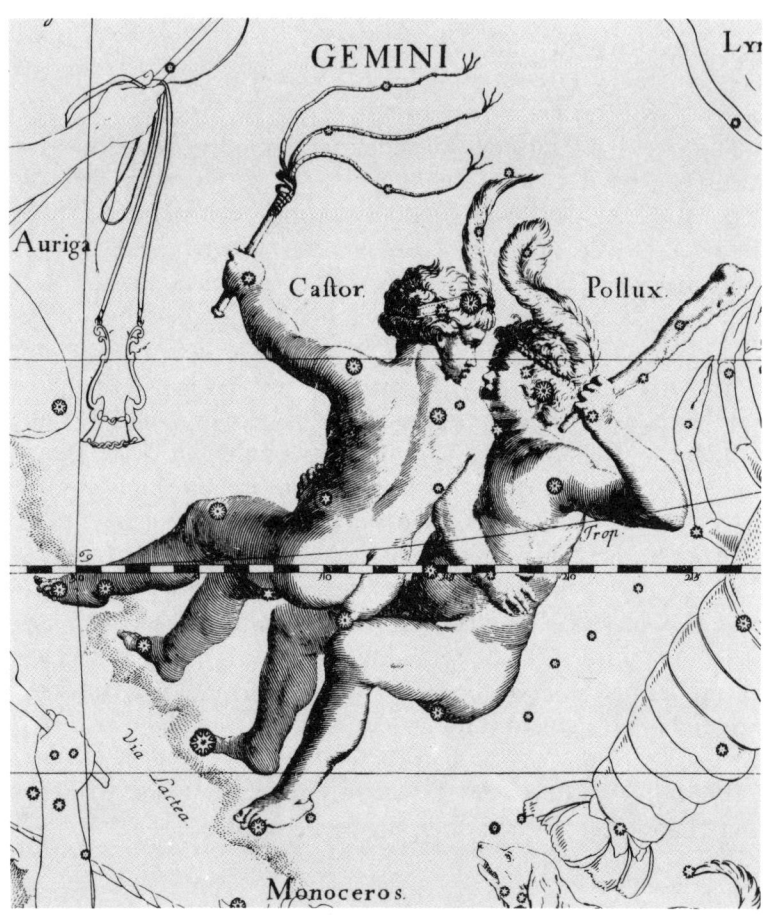

Dritte Aufgabe im Zeichen Zwillinge

Das Sammeln der goldenen Äpfel der Hesperiden

Diese Aufgabe des Herakles besteht darin, die goldenen Äpfel der Hesperiden, die ferne auf einem heiligen Baum der Weisheit wachsen, zu holen. Jedoch wird dieser heilige Baum von drei Jungfrauen und dem hundertköpfigen Drachen Ladon gut bewacht. Auch weiß Herakles zu Beginn seiner Suche nicht, wo und in welcher Gegend sich der Baum befindet.

Das Sammeln der Äpfel der Hesperiden unterteilt sich in fünf Teilaufgaben:

1. Herakles geht als erstes nach Norden und begegnet dort dem alten Meeresgott Nereus, dem Sohn von Pontos und Gaia.
2. Herakles wendet sich dem Süden zu und ringt dort mit Antaios, dem Sohn von Poseidon und Gaia.
3. Herakles geht nach Westen und trifft dort auf Bousiris, den Bruder des Antaios, der ein Betrüger ist, sich aber als Lehrer der Weisheit und Wahrheit ausgibt.
4. Herakles befreit auf seinem Weg nach Osten den an einen Felsen gefesselten Prometheus, pflegt und heilt ihn.
5. Herakles nimmt für eine Zeit dem Atlas die Weltkugel ab, während dieser ihm die goldenen Äpfel der Hesperiden besorgt.

Als sich Herakles auf seine lange Suche nach den Äpfel der Hesperiden begibt, weiß er überhaupt nicht, wohin er zu gehen hat. Er wendet sich nach Norden und fragt sich durch. Dabei begegnet ihm immer wieder der orakelsprechende Meeresgott Nereus, jedoch in ständig verwandelter Form, um Herakles immer mit neuen Worten der Wahrheit weiterzuhelfen. Herakles aber erkennt die Worte der Weisheit nicht und ist der Wahrheit gegenüber blind. Der Weg nach Norden erweist sich deshalb erst einmal als Fehlschlag.

Herakles wendet sich nun nach Süden. Er trifft auf den Riesen Antaios und ringt mit ihm. Jedesmal aber, wenn Herakles den Riesen auf den Boden gezwungen hat, bekommt Antaios durch die Berührung mit seiner Mutter, der Erde, neue Kraft, so daß Herakles ihn nicht überwinden kann. Als Herakles überlegt und nachdenkt, findet er die Lösung: Er hebt den Riesen Antaios ganz vom Boden fort in die Luft. In diesem Moment wird der Riese kraftlos; so trägt Herakles den Sieg davon.

Nach dem Süden wendet sich Herakles nach Westen. Hier trifft er den Betrüger Bousiris, einen Sohn des Wassers. Dieser täuscht ihn mit scheinbarer Weisheit und schönen Worten. Herakles fällt darauf herein, nimmt ihn als Lehrer an und hört auf seine Worte – ja er wird ihm so hörig, daß er, mehr und mehr geschwächt, eines Tages von seinem falschen Lehrer für ein ganzes Jahr an einen Altar gebunden wird. Erst als er allmählich erkennt, wer Bousiris wirklich ist, und sich erinnert an die Worte des Nereus: »Die Wahrheit liegt in dir selbst. Wende dich nach Innen und erwecke die ewige Kraft, die Macht und das Erbe aller Menschen!«, gewinnt er seine Stärke zurück und sprengt die Fesseln. Wortlos bindet er seinerseits Bousiris an den Altar und läßt ihn dort, damit dieser daraus lerne.

Auf seinem Weg nach Osten wird Herakles aufgehalten durch das qualvolle Stöhnen des Prometheus, an dem sein Weg ihn vorbeiführt. Er befreit ihn von seinen Fesseln, jagt den Geier (= Adler des Zeus) fort, der tagsüber die Leber des Prometheus auffrißt. Er unterbricht seine Suche, pflegt den Kranken und heilt dessen Wunden.

Zum Schluß wendet sich Herakles den hohen Bergen zu. Hier erinnert er sich ein weiteres Mal an die Worte des Nereus, der ihm sagte, daß nur Atlas, der Bruder des Prometheus, Zugang zum Garten der Hesperiden habe. Er sucht und trifft Atlas auf dem Berg. Dieser trägt mit großer Mühe die schwere Weltkugel auf seinem Rücken. Herakles nimmt ihm, ohne um Hilfe gebeten zu sein, die Weltkugel ab und lädt sie auf seinen eigenen Rücken. Im gleichen Moment rollt die Kugel von seinem Rücken. Herakles und Atlas sind befreit von der Last. Atlas, der ja den Garten der Hesperiden gebaut hat, holt nun für Herakles die goldenen Äpfel der Hesperiden und übergibt sie ihm.

Die goldenen Äpfel werden von Herakles zu Eurystheus gebracht, dieser gibt sie an Athene weiter. Dann werden sie Hera wieder zurückgegeben, weil es gegen das göttliche Gesetz verstößt, daß das Eigentum Heras aus ihren Händen geht.

Ergänzungen zum Mythos

Prometheus (griechisch: der »Vorausdenkende«, der »Vorsorgende«) ist, wie sein Bruder Atlas, Sohn des Titanen Japetos. In seiner »Theogonie« erzählt Hesiod, daß bei der Trennung zwischen den Menschen und den Göttern ein Stier zwischen Zeus und Prometheus, dem ersten Menschen, aufgeteilt werden soll. Der listige Prometheus teilt den zerlegten Stier in zwei Teile, ordnet jedoch die Teile so, daß alles Wertvolle, wie Fleisch und Eingeweide, sich im Magen verhüllt befindet, während die Knochen kunstvoll zusammengefügt und mit glänzendem Fett überzogen sind. Daraufhin bietet er Zeus die Wahl an mit den Worten: »Zeus, ruhmvollster und größter der ewiggeborenen Götter, wähle von diesem, wozu dich der Sinn im Innern treibt!« Zeus, obwohl er die List durchschaut, nimmt die Knochen, zürnt aber dem Prometheus und kettet ihn an einen Felsen. Zusätzlich schickt er tagsüber einen Adler, der dem Prometheus die Leber heraushackt, die nachts wieder nachwächst.

Und Gott sprach:
»Es werde eine Ausdehnung zwischen den Wassern
und sie scheide die Wasser voneinander!«
Und Gott nannte die Ausdehnung Himmel!
Genesis 1,6

Deutung des Mythos

Der Mensch hat – so erzählt der biblische Mythos – vom Apfel des Baums der Erkenntnis von Gut und Böse gegessen. Herakles macht sich in der dritten Aufgabe auf eine lange Reise, diese Erkenntnis von Gut und Böse zu erobern, symbolisiert durch die »goldenen Äpfel der Hesperiden«. Die Suche nach den Äpfeln der Weisheit bewältigt Herakles in fünf Phasen – Schritt für Schritt aufeinander aufbauend –, so daß wir annehmen dürfen, den archetypischen Weg der Erkenntnis vorgeführt zu bekommen.

Wir alle sind in der gleichen Ausgangslage wie unser Held: Eines Tages finden wir uns in dieser Welt, sind uns unseres Daseins und der damit verbundenen Beziehungen, Verpflichtungen und Notwendigkeiten bewußt – und stellen wichtige Fragen. Woher kommen wir? Warum sind wir hier? Wohin gehen wir?.

Und ohne irgendeine Ahnung, wo wir die Antworten finden, stecken wir bereits mitten in der ersten Phase der dritten Aufgabe

1. Phase – Norden

Wir beginnen, Geschehnisse und Ereignisse, Schwierigkeiten und Probleme, Widerstände und Hemmnisse zu hinterfragen, doch so sehr wir uns mühen, ein tieferer Sinn bleibt uns verborgen. Die Summe dessen, was wir Schicksal nennen, schickt uns der orakelsprechende Meeresgott Nereus. Wir greifen nach vielen »Äpfeln«, um sie zu versuchen, doch für Erkenntnis größerer Zusammenhänge sind wir (noch) blind. Die Wahrheit entzieht sich uns. Sie ist wie Wasser, nach dem wir greifen: Kaum glauben wir es zu fassen, rinnt es uns nur so davon. So läßt uns der Mythos zwar wissen, daß alles, was uns begegnet in der »Welt des Nordens« die Wahrheit als Kern beinhaltet, unsere Fähigkeit aber noch unentwickelt ist, die undurchdringlichen Hüllen zu durchschauen – das Äußere, die spiegelnde Oberfläche, verweigert uns die innere Einsicht und den Zugang zum Wesentlichen. Die Sprache des Schicksals ist, wie wir erfahren, symbolhaft verschlüsselt wie einst die berühmten Orakelsprüche zu Delphi.

Hier zeigt der Mythos, daß der Wille zu Erkennen allein noch kein Garant für Erkenntnis ist; zu schnell führt uns der äußere Schein in die Irre. Herakles lehrt uns, unermüdlich und mit Ausdauer auf der Suche nach den wahren Ursachen zu bleiben. Der Norden entspricht der »Kindheit« unserer geistigen Entwicklung, wo wir, wenn auch unbewußt, alle Dinge des Lebens so nehmen können, wie sie wirklich sind. Deshalb begegnet uns dort auch die Wahrheit, wenn auch für unseren kindlich naiven Geist noch nicht umsetzbar in entsprechende Entwicklungsschritte. Doch die Erinnerungen an diese Zeit kann uns später viele Wahrheiten vermitteln. Alle hatten wir, als wir klein waren, große Ideale und unvoreingenommene Vorstellungen von dem, was aus uns werden soll – und in vielen von uns ist nichts davon übriggeblieben. Alle waren wir noch von den Lebenserfahrungen ungetrübt und unverbildet, unsere Vorstellungen kamen zutiefst aus unserem Innern und konnten uns mehr Aufschluß über unsere wahre Natur geben als der Mensch, der heute aus uns geworden ist. Lernen wir auf unserem weiteren Weg, diese verschütteten Erinnerungen hochzuholen, damit sie uns in den folgenden Phasen der dritten Aufgabe helfen können.

2. Phase – Süden

Da der Norden – vorläufig – keine Lösung gebracht hat, wendet sich Herakles dem Süden, der Sonne und der Wärme zu und muß sogleich mit Antaios (griechisch: »entgegengerichtet«), einem Sohn der Erde (Gaia), ringen. Vor dem Gewinn der Weisheit, so dürfen wir vermuten, muß erst die Konfrontation mit der Außenwelt und die Auseinandersetzung mit der Materie bestanden sein.

Kaum haben wir die Erde betreten, verlangt als erstes der Körper sein Recht. In der Hitze des Südens und im »Schweiße seines Angesichts« muß jeder von uns das irdische Leben meistern und ihm das Lebensnotwendige abringen; immer wieder, Tag für Tag. Ein, fast möchte man glauben, nie endender Ringkampf: Kaum haben wir das Notwendige herbeigeschafft, schon ist es wieder verbraucht und aufs neue fordert uns die Welt zum Kampf. So reihen wir Errungenschaft an Errungenschaft, ohne je aus diesem teuflischen Kreislauf herauszukommen – Antaios wird zum wahren Widersacher.

Dieser zweite Abschnitt mag uns warnen, unseren Lebenskampf nicht zu übertreiben, denn ganz schleichend wird daraus ein Überlebenskampf. Dann beherrscht uns am Ende in unserem Ringkampf nur mehr die eine Frage: Wie komme ich über die Runden? Haben wir es so weit kommen lassen, bleibt für geistige Entwicklung weder Raum noch Zeit, und die »Äpfel der Hesperiden« warten auf uns vergeblich. Für die angeblichen Notwendigkeiten des Lebens – vom Essen bis zum Schlafen, vom Geldverdienen bis zum Urlaub – betreiben wir viel Aufwand. Niemals darf es aber dazu kommen, daß unser ganzes Leben nur noch aus Aufwand für den Lebensunterhalt besteht. Unsere Seele und unser Geist sind dann gebunden an den steten Kampf mit der Materie. Für sie besteht die Gefahr, zu verkümmern und gänzlich verbraucht zu werden.

Herakles erkennt diesen Zusammenhang urplötzlich und weiß, daß er eine Lösung finden muß, die den Kampf beendet. Im Mythos hebt er Antaios hoch, so daß seine Kräfte ohne Kontakt zur Erde erlahmen – der Kampf ist aus. In der Ruhe der Betrachtung erkennt Herakles seinen wahren Widersacher: Nicht die Erde ist es, die den Widerstand erzeugt und leistet, denn Antaios ist jetzt friedlich und still, sondern in Herakles selbst steckt der Widersacher. Im Glauben, die Welt würde niemals freiwillig das Notwendige zur Verfügung stellen, hat er sich – im Kampf geübt – gegen sie gestellt und den Kampf erzwungen. Antaios ist in uns. Überall gelingt es ihm, unseren Entwicklungsweg zu verzögern, zu hemmen und zu blockieren. So würden wir – und das betonen wir ständig – gern alles tun für unser geistig-seelisches Weiterkommen. Wir sind so interessiert an Esoterik und Selbsterfahrung, Astrologie und alten Weisheitslehren, innerer Entwicklung und Persönlichkeitsentfaltung – und dieses Interesse beteuern wir unermüdlich; auch möchten wir alles dafür tun, vom Bücherlesen bis zum Seminarbesuch, wenn uns die täglichen Pflichten und Verpflichtungen, unser Beruf, unser Partner oder unsere finanzielle Situation nicht davon abhalten würden.

In Wirklichkeit aber sind alle angeführten Gründe letztlich nur Ausflüchte. Der Widersacher sitzt tief in uns selbst. Wir sind träge und bequem geworden und ziehen die materiellen Freuden den geistigen vor. Das geistige Feuer ist in vielen von uns fast erloschen und muß aufs neue entfacht werden. So leiden wir daran, daß sich die Weisheit uns verschließt. Wir haben das Wissen um das Wesen Mensch und seinen Erkenntnisweg verloren und können uns nicht vorstellen, daß Weisheit uns mit einem unvergänglichem inneren Reichtum – den »goldenen Äpfeln« – überschüttet, haben wir erst Zugang zu ihr gefunden.

Herakles begreift, daß er, indem er Antaios von der Erde löst, im wahrsten Sinne des Wortes den Widerstand ganz allein in seiner Hand hat. Von nun an beherrscht er ihn: Er entscheidet, ob er der Welt Widerstand leisten will oder nicht. So befreit er sich vom Lebenskampf, noch ehe er zum Lebenskrampf wird und schafft sich so den Raum für weitere Entwicklung. Wir können von Herakles lernen, daß jeder scheinbar äußere Widerstand auf einem inneren Nein beruht. Wenn wir begreifen, daß es an uns liegt, ob wir ja oder nein sagen, besiegen wir Antaios. Unser Gewinn ist Freiheit in all unseren Entscheidungen, während sich der Zwang von uns löst.

3. Phase – Westen

Herakles wendet sich jetzt gen Westen auf der Suche nach einem Lehrer, der ihm die Wahrheit kündet. Er stößt auf Bousiris, den Bruder des Antaios, dessen schönen Worten er Glauben schenkt. Er gerät in eine Abhängigkeit, von der er sich erst befreien kann, als er sich an die Worte des Nereus erinnert: »Die Wahrheit liegt in dir selbst, wende dich nach innen!«

Auch hier dürfen wir annehmen, daß es sich um eine archetypische Phase handelt – wir alle begegnen falschen Lehrern und falschen Lehren, denn die »Welt des Westens« ist voll davon. Betrachten wir die Symbolik genauer: Im Westen geht die Sonne unter, der kraftvoll aktive Teil des Tages stirbt, und die Nacht senkt sich herab. Vom Mythos erfahren wir, daß Herakles, der Sonnenheld, geschwächt wird. Ähnlich der Abendsonne droht auch ihm der Untergang. Was fesselt und bindet Herakles und mit ihm all diejenigen, die in dieser Phase des Lebens sich befinden?

So wie die Sonne ihr Licht abgibt, hat Herakles seine eigene Erkenntnisfähigkeit abgegeben an Bousiris. Er übernimmt fremde Erkenntnisse und versucht, sie in eigene Einsichten zu verwandeln. Hier ist die dritte Heraklesaufgabe an einem alles entscheidenden Punkt angelangt: Wir lernen verstehen, daß es Erkenntnis ohne Weg nicht gibt, vielmehr Erkenntnis immer nur Ergebnis eines gegangenen Wegs ist.

Es verhält sich wie mit einem Apfel: Bevor er als leuchtender Apfel am Baum hängt, reif zum Pflücken, muß er den ganzen Reifungsprozeß selbst durchmachen – bei Tag und Nacht, bei Wind und Wetter. Reifung ist ein Prozeß von innen nach außen, der die verborgenen Potentiale – den Wesenskern – sichtbar macht. Ist das Wesen sichtbar, kann es erkannt werden.

Dieses Wissen um Zusammenhänge hat für uns umwälzende Folgen, die wir nur deshalb nicht sehen, weil wir wie Herakles uns lange Zeit, oft ein Leben lang, von der »westlichen Mentalität« täuschen lassen. Statt Antworten im Innern zu suchen, stellen wir Fragen nach Außen. So gehen wir zum Arzt, holen uns seinen Rat und befolgen ihn. Gleiches gilt für den Weg zum Psychologen, zum Astrologen, zur Kartenlegerin: Wir geben unsere Entscheidungen ab, hören auf »schöne und schlaue Worte«, die selbstverständlich gutgemeint sind, und merken gar nicht, daß wir immer schwächer und lebensunfähiger werden. Das Ende ist eine geradezu fatale Abhängigkeit – ob vom Arzt oder Psychologen, vom Lehrer oder Astrolgen bedeutet dabei ein und dasselbe Problem. Nicht umsonst ordnet die Astrologie dem Zeichen Zwillinge den Götterboten Hermes (lateinisch: Merkur) zu, der als großer Heiler gilt. Er bemüht sich unermüdlich, unsere Entscheidungsfähigkeit durch Eingebungen zu stärken – aber wir hören lieber nach außen, bis die Täuschung sich zur Enttäuschung wandelt.

Sehr lange bleiben wir diesem Muster treu, suchen überall nach Beratern und Ratschlägen, folgen ihnen und geben dabei unsere Eigenverantwortung ab. Oft rechtfertigen wir uns mit der Begründung: Schließlich kann man doch nicht alles wissen und alles verstehen! Lange wird es noch dauern und viel von uns selbst werden wir noch opfern, bis wir begreifen, daß ein Sachverständiger nur von einer Sache etwas versteht und ein Naturwissenschaftler nur etwas von der Natur versteht, der Mensch aber ein Wesen ist mit dem »Kopf im Himmel« und den »Füssen auf der Erde«, das den Geist mit der Materie verbinden soll. Geist zur Materie zu bringen kann jedoch nur heißen, seine eigenen Ideen in die Tat umzusetzen. Wie kann je ein anderer wissen, wer ich bin, was mir fehlt, welche Ideen ich habe. Hole ich mir Rat ein, übernehme ich fremdes Gut und verfremde mein Wesen. Im günstigsten Fall hat es wenig Auswirkungen, falls der Rat mir angemessen war, im schlimmsten Fall verliere ich meine Orientierung, werde richtungslos und schwäche meine Kraft, weil ich nicht mehr aus meiner Mitte heraus handle. Dazu kommt noch die Tragik, daß bei Fehlschlägen unmittelbar die Schuld dem Berater zugewiesen wird, so daß obendrein oft die Möglichkeit zur Selbsterkenntnis blockiert ist. Gewinn der dritten Phase ist das Finden und Treffen eigener Entscheidungen von innen heraus, befreit vom Außen und den vielen gutgemeinten Ratschlägen.

4. Phase – Osten

Herakles wendet nun seinen Schritt der aufgehenden Sonne zu. Obwohl bereits in große Zeitnot geraten, entscheidet er sich, den hilferufenden Prometheus zu befreien, zu pflegen und zu heilen. Daß Prometheus von Zeus an einen Felsen gekettet wurde, ist die Folge eines Versuchs, die Götter zu übervorteilen. Er ist der Vorausdenkende, der Vorsorgende, der heute schon im voraus handelt, um sich für morgen seinen vermeintlichen Vorteil zu sichern. Betrachten wir Prometheus näher, so entpuppt er sich als geistiges Prinzip in uns, das auf den materiellen Vor-teil (die Teilung des Stiers) abzielt. Es ist der allgegenwärtige Blick in die Zukunft mit der Frage: Was könnte sie uns bringen, welcher Vorteil läßt sich ergattern, und wie kann ich heute etwas dafür tun? Dieses Vorteildenken bringt aber auch Nachteile, denn einerseits vernachlässigen wir das Hier und Jetzt und andererseits – viel gravierender – wissen wir eigentlich gar nicht, was morgen wirklich auf uns zukommen wird. In Wahrheit nämlich projizieren wir Erfahrungen aus der Vergangenheit in die Zukunft.

Ein Beispiel dazu: Ein Mensch plant seinen wohlverdienten Urlaub – eine wunderschöne Insel, ein prächtiger Strand, ein herrliches Hotelzimmer. Nehmen wir an, er verbringt einen großartigen Urlaub, weil alles zum besten steht. Nach Hause zurückgekommen hat er das Gefühl, das große Los gezogen zu haben. Soweit so gut – doch im nächsten Jahr tauchen bereits Schwierigkeiten auf bei der Frage: Wohin im Urlaub? Ein anderer Urlaubsort – nein, sicher nicht so schön; ein anderes Hotel – nein, sicher nicht so ideal. Sind diese Fragen abgehakt, muß sich unser Urlauber aber beeilen mit der Buchung, sonst schnappt ihm jemand den tollen Urlaub weg und der vermeintliche Vorteil ist dahin. Steigern wir noch ein wenig die Angst des Urlaubers, seinen Vorteil zu verlieren, so wird er bald zu den Unzähligen gehören, die es sich zur Gewohnheit gemacht haben, lange Zeit vorher ihren Anspruch auf Vorteil zu sichern. Aus der Sicht unseres Urlaubers ist jedoch die Buchung nicht vorzeitig, sondern gerade noch rechtzeitig erfolgt.

Was auf der materiellen Ebene sich ereignet, wenn wir den »Stier« zu lange festhalten, hat schon die zweite Aufgabe gezeigt. Die dritte Aufgabe führt uns die Parallele dazu auf der geistiger Ebene vor Augen: Durch die Sicherung seines Vorteils blockiert er sich für die folgende Zeit bis zum eigentlichen Urlaub auf geistiger Ebene oder, wie es der Mythos ausdrückt, er ist wie Prometheus an den Felsen gekettet. Die schönsten Wochen des Jahres, der Urlaub, sind vergeben, neue und andere Pläne zu schmieden wäre ebenso sinnlos wie nach anderen Zielen zu jagen. Schöpferisch erneuernde Möglichkeiten und Gelegenheiten, die sich unserem Urlauber bis zum Urlaubsantritt noch anbieten werden, sind im voraus abgewürgt – er selbst ist nämlich bereits lange im voraus »voll ausgebucht«.

Vielleicht kann uns dies kleine Beispiel zeigen, wie festgefügt unser Leben wird, ohne daß es durch irgendwelche Umstände erzwungen wäre. Unsere lebendigsten und spontansten Kräfte, die Kräfte der

Erneuerung, die nur in der Unmittelbarkeit des Hier und Jetzt ihren Ausdruck finden können, werden »an den Felsen gefesselt« zugunsten einer ewigen Wiederholung vergangener und gelebter Erfahrungen. Große Bereiche unseres Lebens sind vorprogrammiert und auf lange Sicht festgelegt. Der Adler des Zeus, der in ständiger Wiederkehr tagsüber die Leber aushackt, und das nächtliche Nachwachsen symbolisieren diese ewig sich wiederholenden Kreisläufe, während das Leid des Prometheus nichts anderes ist als das Leid unserer Seele, die nach Erneuerung dürstet, aber an den Körper gebunden ist und warten muß, bis die Kraft des Herakles sie befreit.

Wir gestatten es, daß Vergangenes uns immer wieder einholt, indem wir es in die Zukunft vorprojizieren, um dann das Heute vom Morgen beherrschen zu lassen. So bleiben wir unbemerkt die »ewig Gestrigen«. Herakles ermuntert uns, den Prometheus in uns zu heilen, indem wir wie er innehalten in unserem Drang nach vorn, verweilen und darüber nachdenken, was uns vorwärts treibt. Dies mag auch eine späte Aufwertung des Epimetheus, des »fehldenkenden« Bruders von Prometheus bedeuten, dessen Anliegen es sein könnte, das Handeln mit der Frage: Welche Erfahrung fehlt mir? vom inneren Seelenbereich her zu steuern.

5. Phase – Bergspitze

Die letzte Phase bildet die Synthese der vier vorangegangenen: Das Leben in der Welt wird »auf den Punkt« gebracht. Hier finden wir eine schöne Analogie in der Form der Pyramide, deren Ausrichtung der vier Seiten jeweils den vier Himmelsrichtungen entspricht, während ihre Spitze, symbolisch der Zahl fünf entsprechend, den geistigen Weg des Menschen beschreibt, der im Laufe seiner Entwicklung seine »vier Teile« verbinden und zur Synthese bringen soll. So mag uns die letzte Phase der dritten Aufgabe etwas verwundern, weil sie im Mythos sehr einfach dargestellt ist. Herakles geht auf den Berg, nimmt Atlas, ebenfalls ein Bruder des Prometheus, die Last der Weltkugel ab. Die Kugel rollt wie von selbst von seinem Rücken, während Atlas ihm die goldenen Äpfel der Hesperiden holt und übergibt. Symbolisch trägt und erträgt nun Herakles die Welt, so wie sie ist. Unwissenheit, Widerstände, Abhängigkeiten und Vorteildenken hat er in den vergangenen vier Phasen hinter sich gelassen.

Fazit und Synthese

Die erste Phase vermittelt Herakles, wenn auch noch unbewußt, den Wert der Erinnerung – es ist die Schulung der Wahrnehmung und des Erinnerungsvermögens.

Die zweite Phase bringt die Auseinandersetzung mit den Widerständen der Welt – es ist die Phase der konkreten Erfahrung, die in der Erkenntnis gipfelt, daß jeder Widerstand von innen kommt.

Die dritte Phase ist geprägt von der Unterscheidung in Gut und Böse, in wahr und unwahr – es ist die Schulung des Erkenntnisvermögens.

Die vierte Phase bringt die Befreiung von Zwängen und Vorurteilen – es ist die Schulung des ewigen Hier und Jetzt.

Die fünfte und letzte Phase führt Herakles auf den Berg, wo sein Blick bis zum Horizont reicht. Mit diesem Überblick kann er getrost die Welt ertragen, wissend, daß alles auf ihn Zukommende, sein Schicksal und seine Begegnungen, sich nahtlos in seinen Lebensweg einfügen und nur seiner Bestimmung dienen. Er hat erkannt, daß Oben und Unten, Innen und Außen, Ich und Du auf geheimnisvolle Weise unauflöslich miteinander verwoben sind. Da er gelernt hat, die Wahrheit in sich und in seinem Wesen zu suchen, kann er die äußeren Symbole der Wahrheit, die goldenen Äpfel der Hesperiden, an seine große Seelenmutter Hera zurückgeben.

Die wahre Aufgabe im Zeichen Zwillinge

Art, Umfang und Dauer der dritten Aufgabe deuten bereits darauf hin, daß Herakles viele Erkenntnisprozesse durchlaufen und dabei alte Muster und Strukturen auflösen muß. Umfassend betrachtet zeigt er uns durch sein unaufhörliches, stufenweises Vorgehen, daß er jede Form der Bequemlichkeit und Zeitverzögerung durchschaut und verworfen hat. Dabei gewinnt er jene Rastlosigkeit und Unermüdlichkeit, die der Mensch auf seinem Weg und seiner Wanderschaft zur Selbsterkenntnis benötigt, damit aus kurzfristigen Versuchen eine echte Suche werden kann.

Die »goldenen Äpfel der Weisheit« sind für uns alle verborgen und gut behütet an unbekanntem Ort. Wollen wir sie erobern, müssen wir vor allem lernen, das Aufgeben aufzugeben. Nie wieder werden wir dann auf die Suche gehen mit der Einstellung: Mal ausprobieren – wenn es zu schwierig wird, höre ich auf! Mit dieser inneren Einstellung wird es immer nur bei einem Anfangen bleiben. Ein wirklicher Durchbruch bleibt außer Reichweite, da jede Auseinandersetzung mit einer Weisheitslehre schnell zu dem Punkt kommt, wo wir nichts mehr begreifen. Alle ersten (scheinbaren) Einblicke und Einsichten lösen sich in Luft auf, jeder Durchblick, den wir gewonnen zu haben glauben, geht verloren. Dies als Zeichen dafür zu erkennen, daß wir uns der Wahrheit nähern, gibt uns die Kraft des Herakles, aktiv zu bleiben.

Die Kräfte des Geistes zu bändigen und zu konzentrieren, lernen wir in der erste Heraklesaufgabe im Widder. Die »Stierkraft« in uns auf den Weg der Erkenntnis zu richten, bis der Geist über die Materie herrscht, lehrt uns die zweite Aufgabe. Darauf aufbauend, können wir die umfangreiche dritte Aufgabe lösen.

Neben der Auf-gabe der Bequemlichkeit löst Herakles sich in jeder Phase mehr und mehr von den Erscheinungen der äußeren Welt. Alle Formen der Verblendung und Täuschung fallen von ihm ab. Nereus, Symbolgestalt einer Welt, die uns in ständig anderer Verkleidung begegnet, wird von ihm ergriffen. Für uns alle gilt es zu verstehen, daß hinter der Vielfalt der Erscheinungsformen, auf die wir treffen, immer ein und dasselbe Muster, ein und derselbe Inhalt steckt – im Mythos der Meeresgott Nereus. Nicht daß wir diese Inhalte bereits extrahieren könnten, nein, auch Herakles vermag es in der ersten Phase nicht. Aber allein die Erkenntnis, daß all unsere verschiedenartigsten Erklärungen und Interpretationen der Welt oberflächlich, falsch und nichts anderes als Mißverständnisse sind, beflügelt uns weiterzusuchen. Diese Mißverständnisse ein für allemal aufzugeben und durch das philosophische »Ich weiß, daß ich nichts weiß!« zu ersetzen, entspräche der ersten Phase. Diese Voraussetzung muß geschaffen sein, damit wir zum wahrhaften

Freund der Weisheit (griechisch: philosophia) werden. Jetzt erst können uns die Götter durch Hermes, den Götterboten, antworten, indem sie uns, wie die folgenden Phasen zeigen werden, zur rechten Zeit und am rechten Ort die notwendigen Erkenntnisse zufließen lassen.

Die zweite Phase, der Kampf mit Antaios, bringt das Aufgeben des Widerstandes mit sich. Erkennend, daß jeder äußere Widerstand Folge eines eigenen innerer Widerstandes ist, entdeckt Herakles, daß er es selbst in der Hand hat, den Kampf zu beenden. Viele von uns klagen über widrige Lebensumstände und -bedingungen, die verhindern, einen Weg zur Weisheit zu gehen. Doch in Wahrheit ist es nur der innere Widerstand, eine Bequemlichkeit oder eine alte Gewohnheit zu opfern. Oft sind Worte zu hören wie: »Das Buch, der Kurs oder jene Ausbildung ist zu teuer oder kostet zuviel Zeit – wo soll ich das alles hernehmen!«, während im gleichen Atemzug viel Geld und Zeit der Welt geopfert wird.

Wir geben dem Herakles in uns keine Chance, Antaios von der Erde zu lösen, damit seine Kraft schwindet. Wenn wir nicht aufgeben, den Lohn unserer Arbeit nur der Materie zuzuführen, wird unser Ringkampf nie enden. Nur ein geistiger Weg, eine Suche nach dem »Wer bin ich?« kann eines Tages Aufklärung darüber bringen, welches unsere tatsächlichen Notwendigkeiten und Bedürfnisse in diesem Leben sind. Dann wird es vorbei sein mit all dem Überfluß: Wir wissen, was wir brauchen und trennen alles Überflüssige von uns ab.

Unweigerlich treten wir dann in einen neuen Lebensabschnitt, der dritten Phase des Mythos. Auf der Suche nach Wahrheit trifft Herakles Bousiris. Er lernt Wahrheit von Unwahrheit zu unterscheiden. Uns wird gezeigt, daß jede Suche nach Weisheit bei einem Lehrer beginnt, bei dem wir die Tendenz entwickeln, uns abhängig zu machen. Wie Kinder wünschen wir – wenn möglich auf Anhieb – die Wahrheit zu finden. Begegnet uns eine scheinbare Wahrheit (Bousiris), klammern wir uns daran fest in der Hoffnung, nicht mehr weitersuchen zu müssen. So auch Herakles, der hofft, von Bousiris die »goldenen Äpfel der Hesperiden« serviert zu bekommen. Das, was Herakles schwächt, sind nicht die Worte von Bousiris, sondern sein heimlicher Wunsch, am Ziel seines Weges angekommen zu sein. Doch es ist nur ein Traum, nicht Wirklichkeit. Die Weisheit des Ostens lehrt uns: Der Weg ist das Ziel! So weist uns auch der Mythos darauf hin, daß der Mensch Wahrheit nicht hören noch lesen, sondern nur erfahren kann. Mit-teil-ungen sind, wie der Name schon sagt, lediglich Teile; Wahrheit aber kann nur ganz und vollständig sein. So bleibt jeder Teil für sich eine Halbwahrheit – oder besser gesagt eine Unwahrheit. Nur die Erfahrungen des Lebens bieten uns Gelegenheit, alle Einzelteile wie ein Puzzlespiel zusammenzusetzen, bis im Innern eines Tages ein ungeteiltes Bild, die Wahrheit, entsteht.

So mag dem »Götzen (Bousiris) zu dienen« auch bedeuten, sich mit Halbwahrheiten zufriedenzugeben und sich bequem darauf auszuruhen.

Gerade diejenigen, die Weisheit und Religion lehren, warnt der Mythos vor dem inneren »Bousiris«. Wer glaubt, die Wahrheit gefunden zu haben, wird von Bousiris am Altar festgebunden, um zu lernen.

Herakles begreift, und er erinnert sich an die Worte des Nereus, daß die Wahrheit in jedem Menschen selbst liegt. Er erhält seine Kraft zurück und schafft den Durchbruch zum Osten, der symbolisch für das aufgehende Licht und astrologisch für den Aszendenten steht. Doch der Durchbruch bringt noch nicht das Ende seines langen Weges: Herakles muß in der vierten Phase Prometheus befreien. So gibt er ein geistiges Prinzip auf: Es ist das in die Zukunft gerichtete, vorsorgende Denken (und als Folge das Handeln), das darauf abzielt, sich schon heute den Vorteil von morgen zu sichern. Es ist – im übertragenen Sinn – unser ewiger Versuch, die »Karten des Lebens« so zu mischen, daß wir selbst das »beste Blatt« erhalten. Diese unscheinbare vierte Teilaufgabe aber ist in Wirklichkeit ein gewaltiger Befreiungsakt, denn so sehr und so tief ist Prometheus in uns verankert. Ihn in uns zu erkennen ist schon schwierig, da er unser ganzes Denken beherrscht; sich von ihm zu lösen und ihn zu heilen aber ist eine wahre Heraklesaufgabe. Alle unsere Erfahrungen der Vergangenheit, ob gut oder böse, bleiben in uns als Erinnerungen, und das ist gut so, da in unseren Erinnerungen Erkenntnisse eingeschlossen sind, die wir erst später erfassen und begreifen können. Gelingt es uns, diese Erkenntnisse aus ihrem Eingeschlossensein zu befreien, können wir die Vergangenheit in uns auflösen, zurück bleibt eine ruhige Erinnerung. Besondere Bedeutung hat dieser Auflösungsprozeß bei Erinnerungen, die auf extremen Lebenserfahrungen – extrem im Sinn von Gut oder Böse – beruhen. Sie nämlich führen dazu, daß wir Zukunftstrategien entwickeln, die erwirken sollen, daß sich im irdischen Leben das Gute vom Bösen trennt. In Umkehrung des Märchens »Aschenputtel« hieße es dann:

»Die guten ins (eigene) Kröpfchen,
die schlechten (dem anderen) ins Töpfchen.«

Herakles erlöst Prometheus. Damit gibt er alle Versuche auf, schon heute für ein vermeintlich besseres Morgen zu sorgen und überwindet die von Prometheus ererbte Auf- und Einteilung der Welt in Vorteil und Nachteil. All seine durch Erfahrung geprägten Bewertungen, die, in die Zukunft projiziert, nichts anderes sind als Vorurteile, lösen sich von ihm. Von nun an kann er ruhigen Gewissens die Welt auf sich zukommen lassen und allem ohne Wertung begegnen. Nichts kann ihm noch Angst machen, nichts kann ihn mehr aufregen und aus dem Gleichgewicht bringen.

So ergibt sich wie von selbst die fünfte Phase als Synthese aller vorangegangenen vier Teilaufgaben: Herakles trägt und erträgt die Welt, wie sie ist. Und er erlebt das Unglaubliche: Welt und Schicksal sind nicht länger eine Last; ohne weiteres Zutun werden ihm die Äpfel der Weisheit gebracht. Er hat die Wahrnehmung erobert und alle Vermutungen als Nicht-Wahrnehmungen enttarnt und aufgegeben. Herakles hat die dritte Aufgabe gelöst, ist weise geworden und hat uns den Weg zur Weisheit aufgezeigt.

Bousiris

»Bous« ist das griechische Wort für Rind oder Stier, aber auch für Rinderhaut. Die Alten erschauten nämlich noch die Tatsache, daß das Sichtbare (der »Stier«, die »fixe Erde«) für unser menschliches Auge dadurch entsteht, daß an der Außenfläche des Stiers, also an seiner Haut, sich das weiße Sonnenlicht spaltet: Ein Teil wird reflektiert, der andere, dem Auge verborgen, zurückgehalten. Dieser physikalischen Eigenschaft der Materie verdanken wir die Vielfalt der Farben. Fügt man noch hinzu, daß »iris« übersetzt »Farben des Regenbogens« bedeutet, erahnen wir, wer Bousiris wirklich ist: Er ist derjenige, der die Wahrheit außen sucht, indem er das Außen, die Welt, betrachtet. Er analysiert die Einzelteile dieser Welt, untersucht jedes für sich und ordnet sie dann nach bestem Wissen und Gewissen. Es ist so, als würden wir jede Farbe des Regenbogens einzeln herausnehmen, sie separat betrachten, alle nur erdenklichen Erkenntnisse extrahieren und am Ende in den Regenbogen wieder einsetzen, jede natürlich an die richtige Stelle. Und nun behaupten wir, die Wahrheit über den Regenbogen zu kennen, um sie mutig zu verkünden. Wohl mag unsere Absicht edel sein, dennoch unterliegen wir einem großen Trugschluß. So darf es uns nicht überraschen, wenn wir eines Tages als Betrüger entlarvt werden. Die Wahrheit findet sich nämlich nicht im Regenbogen, sondern im weißen Sonnenlicht, das ihn erzeugt. Oder verallgemeinert: Die ganze Wahrheit findet sich nur beim Erzeuger nicht beim Erzeugnis, denn jedes Erzeugnis spiegelt nur das Ganze, in unterschiedliche Einzelteile zerlegt, wider. Hier mag uns folgende Symbolik nachdenklich stimmen: Wenn wir alle Farben des Regenbogen im richtigen Verhältnis zusammenmischen, kommt nicht weiß, sondern schwarz, nicht Licht, sondern Dunkelheit, nicht Erkenntnis, sondern Unkenntnis heraus. Die Einsicht des Herakles ist zutiefst richtig, daß er die Wahrheit nur im Innern findet. Jeder Weisheitslehrer sollte sich dies bewußt machen, um nicht ein Bousiris zu werden. Alles Lehren kann und darf nur der Anregung dienen, damit der Schüler sich eines Tages, vom Lehrer befreit, selbst auf seinen eigenen Weg macht. Für alle Schüler gilt umgekehrt natürlich das gleiche: Schüler eines Lehrers oder Meisters zu sein, mag inspirieren, darf aber nicht zum Weg werden. Erst die Befreiung und Lösung vom Lehrer bringt die »goldenen Äpfel der Weisheit«, nicht das demütige zu Füßen Sitzen und Anhimmeln. Der Himmel ist in uns, zu ihm soll wieder Verbindung hergestellt werden.

Versuchen wir, angeregt vom Mythos, Ansätze zu finden, um falsche von wahren Lehrern, Spreu vom Weizen zu trennen, im

Hintergrund vielleicht ahnend, daß jeder Schüler den Lehrer und jeder Lehrer den Schüler bekommt, den er verdient.

Wer, wie Bousiris, die Wahrheit verkündet – objektiv und exakt, versteht sich – und zwingende Beweise dazu vorlegt, man denke nur an die absurden Gottesbeweise, handelt wie ein Wissenschaftler, nicht wie ein Weiser. Er betrügt zuerst sich, dann uns. Weisheit kennt keine Beweise, noch läßt sich Wahrheit in eine feste Form zwingen. In der Welt der Erscheinungen ist sie, wie Nereus, ungreifbar, stets paradox und widersprüchlich. Wenn Bousiris mit schönen Worten spricht, uns seine Wahrheit ausmalt und ans Herz legt, so bleibt sie doch eine trügerische Halbwahrheit. Er ist ein »Meister der Eindeutigkeit«; er versteht es – gewiß genial, doch der Begriff verät ihn –, so auf eine Seite hinzudeuten, daß der Schüler den Widerspruch und mit ihm die andere Seite nicht mehr erkennen kann. Widerspruchslos wird so die scheinbare Wahrheit vom Schüler übernommen, die eigenen Deutungen und Auslegungen als falsch abgetan und abgelegt. So gilt es für Lehrer wie Schüler, jeden auf seine Art, den Bousiris im Innern zu überwinden. Wie können wir uns einen Weisheitslehrer vorstellen: Anregend und doch nicht überzeugend, erfrischend und doch nicht überschüttend, anwesend und doch nicht den ganzen Raum ausfüllend. Seit alter Zeit ist es daher Tradition der großen Meister, nur in Gleichnissen und Symbolen zu sprechen, eine Tradition, die unser angeblich aufgeklärtes Zeitalter weitgehend über Bord geworfen hat und mit ihr die Suche nach der Wahrheit. Klarheit, Eindeutigkeit und Beweisbarkeit verlangt die Wissenschaft – Paradoxie, Vieldeutigkeit und unauflösbare Widersprüche sind Grundlage der Weisheit.

Doch freuen wir uns! Im gleichen Maß, wie die Widersacher des Herakles, die beiden Brüder Antaios und Bousiris, am Ende die Kräfte des Helden geweckt und gestärkt haben, so wird eines Tages die Weisheit, erstarkt am Widerstand der Wissenschaft, ihren Sieg davontragen. Wir alle werden einsehen, der eine früher, der andere später, daß Wissenschaft weder in der Lage, noch geeignet ist, die immer größer werdenden Probleme der Menschheit wie des einzelnen Menschen zu lösen. Ohne Ausnahme kommen alle Schwierigkeiten aus der inneren Denk- und Wunschwelt. Nur dort ist Heilung sinnvoll und angesagt. Zuständig dafür sind die Weisheitslehren, die allesamt auch Heilslehren sind. Sie zeigen uns, wo wir unheil geworden sind (Vergangenheit), wie wir aus dem Gleichgewicht geraten (Gegenwart) und was uns aus dieser mißlichen Lage herausführt (Zukunft). Die Wissenschaft wäre dabei überfordert, weil sie nicht nach dem Urgeist sondern nach der Ursache sucht und damit Bousiris, der regenbogenfarbenen Rinderhaut, zum Opfer fällt.

Wir alle sollen lernen, die Probleme – in der Außenwelt anschauend und symbolisch deutend – in uns zu suchen, zu entdecken und zu lösen. Der Mensch, d. h. jeder einzelne von uns, hat alle Probleme erzeugt und erzeugt sie noch. Ist es da nicht unsinnig, ja geradezu lächerlich, ständig an den Fehlern der Erzeugnisse herumzukorrigieren, anstatt den Fehler beim Erzeuger ein für allemal zu beheben?

Als Mensch, so beschreibt es der biblische Mythos, haben wir das »Paradies« verlassen und sind in der Folge in viele Verwicklungen geraten. Nehmen wir es an und erkennen wir das Positive daran: Alles ist nur Voraussetzung, eine Art Vorspiel für unseren Rückweg, der uns – versehen mit Einsicht und Weisheit – zurückbringen wird ins Paradies. Symbol für den zurückkehrenden Menschen sind die Zwillinge: Der eine, Symbol des inneren Wegs der Selbsterkenntnis, geht Hand in Hand verbunden mit dem anderen, Symbol des äußeren Wegs der Selbstverwirklichung.

Heil und Unheil im menschlichen Dasein

In keiner der anderen elf Aufgaben spricht der Mythos von Pflege und Heilung, nur in der dritten Aufgabe. Dies spiegelt sich wider in den astrologischen Bezügen: Der den Zwillingen zugeordnete Götterbote Hermes (lateinisch: Merkur) gilt aus der Sicht des Menschen als Heiler.

Hier lohnt es sich für uns alle, das Thema Heilung genauer zu betrachten. Stellen wir dem Mythos zwei Fragen: Wie kommt es zum Unheilsein? Wie können wir uns davon wieder lösen? Die erste Frage beantwortet uns Prometheus. Das Unheil – Leid und Qual – kommen nicht aus dem Körper, sondern haben ihren Ursprung im Geist. Das, was wir in den vorherigen Kapiteln als »Vorteildenken« bezeichnet haben, fesselt uns an den Felsen der Materie, weil wir versuchen, bereits durchlebte und vergangene positive Erfahrungen in der Zukunft zu wiederholen. So bemühen wir uns heute, damit wir es morgen gut und übermorgen noch besser haben, ohne je zu wissen, ob wir es dann überhaupt noch gut finden. Aus diesem promethischen Denken entspringen nun all jene Aktivitäten, die unsere Zukunft absichern sollen – von der Alterssicherung über den Kündigungsschutz bis hin zur vorbeugenden Impfung. Da wir nicht in Not geraten möchten, strengen wir uns an, das vermeintlich Gute, den Vorteil, festzuhalten, abzusichern und einzubetonieren. Dabei merken wir – zumindest lange Zeit – nicht, daß wir mit dieser Vorgehensweise unsere Seele in Nöte bringen. Die menschliche Seele inkarniert mit der Absicht, einen Entwicklungsweg zu gehen – Herakles ist Symbol und Archetyp dieses Weges. Das Vorteildenken aber verhindert geradezu Entwicklung, weil es danach strebt, Vergangenes nur »aufzuwärmen«. Für Erneuerung bleibt so kein Platz mehr. Erneuerung im Leben kann nur dort geschehen, wo wir neue Erfahrungen zulassen. Von ihnen aber wissen wir eben nicht, ob wir sie als gut oder böse erleben, als angenehm oder unangenehm empfinden werden. Auch materielle Vorteile oder Nachteile, die neue Erfahrungen mit sich führen können, sind nicht absehbar. Fixieren wir uns also auf zukünftigen Vorteil, so sind wir gezwungen, wirklich neue Erfahrungen auszuschließen.

Betrachten wir als Beispiel einen Fall von Kündigungsschutz: Ein Angestellter mit gutem Verdienst verliert seine Arbeit, weil es der Firma schlecht geht. Arbeitslos und ohne Geld erinnert er sich an die vergangenen »fetten« Jahre. An seinen Freunden und Bekannten sieht er, was es für ein Vorteil ist, gut zu verdienen und eine sichere Arbeit zu haben. Verständlich für uns alle die (promethische) Reaktion, sich nun auf die Suche nach einer neuen Firma zu machen, die sicherer und zuverlässiger ist als die alte Firma. Am besten bietet sich hierfür Vater Staat an. Nehmen wir weiter an, unser früherer Angestellter bekommt nun die Chance seines Lebens und wird Beamter. Der Staat »hängt« nun an ihm und wird ihn nie mehr loslassen – und genauso fest hängt er selbst am Staat. Der Fisch ist an der Angel, Fischer und Fisch kommen nicht mehr voneinander los, und bald darauf wird der Fisch auch nicht mehr leben. Für unseren Beamten heißt es nun: Nie wieder arbeitslos und geldlos! – aber auch: Nie wieder Erneuerung! Wenn ihm morgen ein toller Job, eine interessante Tätigkeit oder einfach eine andere Arbeit angeboten wird, er wird sie nicht einmal beachten, noch weniger wird er danach suchen. Er sitzt im wahrsten Sinn des Wortes fest – auf seinem Sessel – und kann sich nicht mehr rühren. Kündigen und weggehen ist ausgeschlossen.

An diesem Punkt lohnt es sich, genauer hinzusehen: Sind Kündigung und Weggehen ausgeschlossen, so heißt dies, daß wir keine Botschaft mehr hören und keinen neuen Weg mehr gehen. Der Götterbote Hermes dringt mit seinen Botschaften zu uns nicht mehr durch, so daß ein Einfluß von Geist, den wir zur Lebenserneuerung brauchen, nicht mehr stattfindet. Wie Prometheus sind wir an den Felsen geschmiedet und haben die Verbindung zum Himmel verloren. Ist es soweit gekommen, beginnt jetzt die Seele, die den Geist mit dem Körper verbindende Instanz (im Mythos der Adler), auf die Unterbrechung zu reagieren: Sie bringt uns zuerst seelisches Leid, später durch Krankheit auch physischen Schmerz, damit wir uns den Botschaften des Hermes wieder öffnen.

Es fällt nicht schwer nachzuvollziehen, daß es immer Leid und Krankheit sind, die uns zur Besinnung bringen. Alle Pläne und Vorhaben, unserem prometischen Denken entsprungen, zählen plötzlich nicht mehr und werden losgelassen. Das einzige, was uns bewegt, ist die Frage, wie wir jetzt und sofort aus dem Leid wieder herauskommen. Wir ruhen uns aus und sind wieder einmal ganz bei uns selbst. Eine höhere Macht wird uns bewußt, die jederzeit in unser Leben eingreifen und alles verändern kann. Trifft es uns besonders hart, sprechen wir von einem Schicksalsschlag, der nicht selten die sorgfältig geplante Zukunft über den Haufen wirft und uns zur wirklichen Erneuerung zwingt.

Ahnen wir jetzt, woher das Unheil kommt, so bleibt noch die Frage offen, wie wir uns davon lösen können. Absicherungen ebenso wie ständige Wiederholungen lassen Seele und Schicksal auf Dauer nicht zu. Die Tatsache, daß Hermes der Götterbote ist, kann uns in dieser Frage weiterhelfen. Vielleicht können wir das Unheil auflösen, indem wir wieder lernen, die Botschaften der Götter zu verstehen, damit wir entsprechend darauf reagieren und antworten können.

Wie aber erkenne ich solche Botschaften und wo finde ich sie? Nichts leichter als das: Hermes ist der Herr der Möglichkeiten und Gelegenheiten. Unermüdlich begegnet er uns in der äußeren Welt und will mit uns Kontakt aufnehmen. Ob Anregung eines Freundes oder Zeitungsinserat, ob mitgehörtes Gespräch oder Prospekt im Briefkasten, ob zufällige Begegnung oder falsch verbunden am Telefon – in allem und jedem steckt Hermes. Wir müssen nur lernen, wieder aufmerksam und hellhörig zu werden, um seine Botschaften zu empfangen. Lernen wir sie auch noch richtig zu deuten, wird er uns stets den »Weg der Seele« weisen – um unsere Zukunft brauchen wir uns nie mehr sorgen. Sind wir einmal festgefahren, ist er es, der uns andere Möglichkeiten eingibt, andere Gelegenheiten anbietet. Er ist der Wanderer, der uns gern die andere Seite des Lebens zeigt und uns darauf aufmerksam macht, damit wir nicht einseitig bleiben.

So mag uns zum Abschluß ein Satz eines anderen Götterboten – Jesus von Nazareth – zum Nachdenken anregen. Auf die Bitte eines seit 38 Jahren bettlägrigen Kranken, ihn zu den heilender Wassern zu tragen, spricht Jesus jene berühmten Heilsworte: »Steh auf, nimm dein Bett und geh!« Nicht irgendein Zauber, wie uns gerne weisgemacht wird, bringt den Kranken unverzüglich dazu, aufzustehen, sein Bett zu nehmen und davon zu gehen. Nein, etwas ganz anderes vermochte diese Wirkung zu erzielen: Der Kranke – er steht hier für uns alle – war 38 Jahre lang darauf fixiert, er könne nur heil werden mit der Hilfe einer anderen Person, die ihn trägt. Jesus löst diese einseitige Fixiertheit auf, indem er dem Kranken eine andere Möglichkeit zeigt, an die er bisher weder dachte noch glaubte. So floß neuer Geist in den Kranken, und sofort war er gesund.

So bedeutet gesund sein die innere Bereitschaft, sich vor nichts zu verschließen, stets wach zu sein und auf die »Stimme des Götterboten« zu hören. Wohl unumgänglich wird es sein, daß wir uns von unserer »bequemen Liegeposition« erheben, unser Bett selbst tragen und unseren eigenen Weg gehen.

Astrologische Zusammenhänge im Zeichen Zwillinge

Zuordnung

Planet	Merkur (griechisch: Hermes), der Götterbote Gott der Händler und Diebe, Herr der Wege, Seelenführer
Haus	3. Haus, Umwelt und Geschwister
Mythologisch	Alle Zwillingsmythen, insbesondere Kastor und Polydeukes
Eigenschaft	Beweglichkeit, Flexibilität, Unvoreingenommenheit, Kontaktfreudigkeit
Körperteil	Lunge, Hände

Das Prinzip Zwillinge

Zwillinge gilt als Zeichen der Beweglichkeit und Flexibilität. Symbol der Zwillinge ist das »Niemandsland« – das ewige Dazwischensein, das Inter-esse. Vorherrschend in den Zwillingen ist die Neugier, die jede Abgrenzung, Beschränkung und/oder Angst überwindet. Die wirkliche und echte Teilnahme am Leben ist Voraussetzung für die Entfaltung der Zwillingskraft. Die Sprache als Mittel der Kommunikation ist diesem Zeichen daher zugeordnet.

Die dritte Heraklesaufgabe im persönlichen Horoskop

Zwillinge ist ein Synthesezeichen. Es verbindet durch die Gegenwart die Vergangenheit mit der Zukunft. Sowohl Rückschau ist nötig, um vergangene Fehler nicht zu wiederholen, als auch Vorschau, um stets wach und bereit zu sein. Dementsprechend ist dem im Zeichen Zwillinge herrschenden Merkur (griechisch: Hermes) auch das Element Quecksilber zugeordnet – er gilt in der Mythologie als der Immerwachende und Unermüdliche.

Befindet sich im Horoskop der Aszendent im Zeichen Zwillinge, heißt die Botschaft der dritten Heraklesaufgabe, wieder beweglich werden. Alte Verkrustungen und Rost, der sich angesetzt hat, gilt es zu erkennen, weil sie in der Lebensdynamik beschränken und einengen. Indem der Blick in die bunte Vielfalt der Welt gelenkt wird, können allmählich wieder die Gelegenheiten und Möglichkeiten für die eigene Entwicklung herausgelesen werden. Sie beim Schopfe zu packen und die eigene Neugier zur leitenden Kraft zu machen, gehört zu den Lernaufgaben eines Aszendent Zwillinge.

Besondere Bedeutung erhält die dritte Heraklesaufgabe für Menschen mit Aszendent Krebs, da das 12. Haus (äquale Häuser!) – das Haus der Lösung und Meisterung – sich im Zeichen Zwillinge befindet. Hier mag lange Zeit Unklarheit über den eigentlichen Lebensweg bestehen und dennoch heißt die Devise: Weitermachen, nicht aufhören! Besonders wichtig wird eines Tages die Erkenntnis werden, daß nun lange genug gelernt worden ist. Hier heißt es, sich von falschen Lehrern und Vorbildern zu lösen, um selbst eigene Entscheidungen zu treffen und Verantwortung für den eigenen Weg zu übernehmen. Besonders zu durchschauen sind Ausflüchte und Scheinargumente, die einen immer wieder vom vorgesehenen Weg abbringen. Mehr und mehr kann dann das ängstliche in-die-Zukunft-Schauen verbunden mit der Eile, sich seinen Vorteil zu sichern, abgelegt werden. Das Hier und Jetzt wird erobert, das Innere bestimmt das Äußere. Die Bestrebungen, eine ungewisse Zukunft abzusichern, können langsam aufgegeben werden, weil sie immer mehr als entwicklungshemmend empfunden werden. So wachsen gerade bei dieser astrologischen Konstellation Freiheit und Unabhängigkeit; die Überlebenskämpfe und -krämpfe in der Welt ebenso wie innere Zweifel und Zerissenheit werden geringer, am Ende verschwinden sie gänzlich und machen einem Leben in Muse Platz – die »Äpfel der Weisheit« sind erobert!

Vierte Aufgabe im Zeichen Krebs

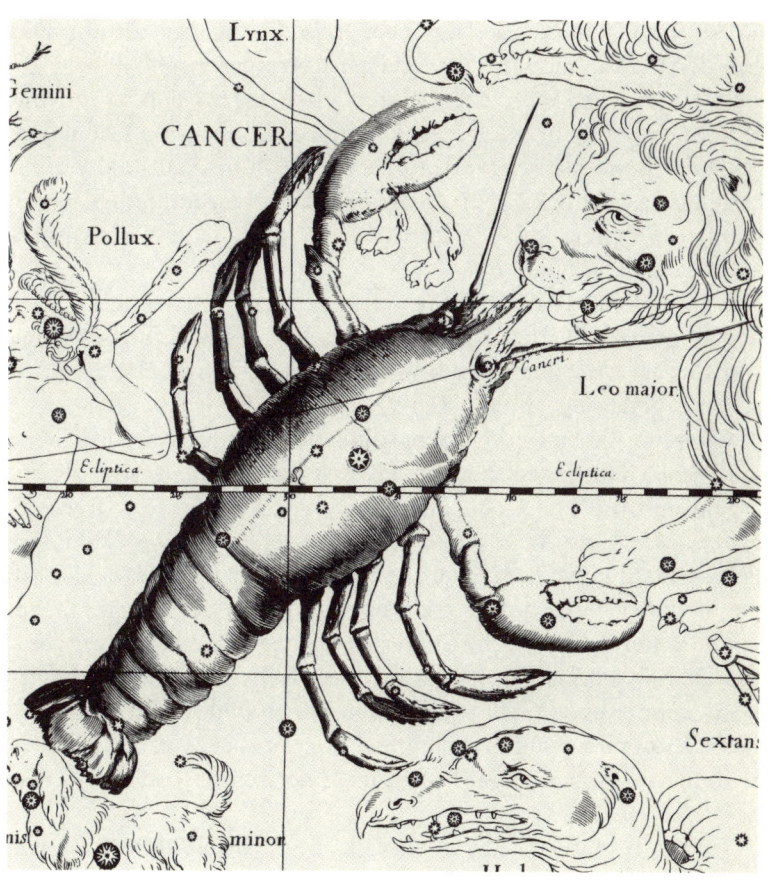

Das Fangen der Hindin von Keryneia

Die Hindin ist ein Reh – manche sagen aber auch eine Hirschkuh – mit goldenem Geweih. Sie ist der Göttin Artemis geweiht.

Von diesem magischen, göttlich-tierischen Wesen wird erzählt, daß es seit je her auf alle Jäger eine große Faszination ausübt. Die von der Hindin ausgehende Gefahr ist weniger ihre Wildheit, als vielmehr die Tatsache, daß sie stets allen Jägern entkommt, die Verfolger aber nicht mit der Jagd aufhören können, weil sie unbedingt das Reh erbeuten wollen. Die Hindin führt dabei die Verfolger jenseits aller bekannten Jagdreviere in ein fernes, unbekanntes Land, von dem es keine Wiederkehr gibt – die Jäger verirren sich und kommen kläglich um.

Während eines ganzen Jahres verfolgt Herakles, der außer Pfeil und Bogen alle Waffen zurückgelassen hat, das Reh. Er folgt ihm von Ort zu Ort, doch er wird immer wieder durch eine List der Artemis getäuscht, die ihr Reh so schützt.

Während dieser Jagd vernimmt Herakles die Stimmen von verschiedenen Göttinnen, die alle das Reh beanspruchen und als ihr Eigentum ansehen. Doch unermüdlich verfolgt er das Reh ein ganzes Jahr. Eines Tages, nach ausdauernder Suche über Wald und Feld, findet Herakles das Tier nahe eines ruhigen Teiches schlafend vor, in voller Länge ausgestreckt und müde von der langen Flucht.

Mit sicherem Auge schießt Herakles einen Pfeil ab und verwundet das Reh am Fuß. Er nähert sich dem Reh – es rührt sich nicht. Dann hebt er es auf, hält es in seinen Armen und drückt es an sein Herz. Er nimmt es auf die Schulter, bringt es zurück in den heiligen Schrein von Mykene und legt es im Innersten des heiligen Ortes nieder.

Schweren Herzens läßt er dort das Reh zurück, da er es selbst gern behalten würde. Als er zurückkehrt, sieht er, einen Blick zurückwerfend, das gefangene Reh wieder – frei gelassen – am Horizont stehen.

> *Und Gott sprach:*
> *»Es sammle sich das Wasser unter dem Himmel*
> *an einem Ort und das Trockene werde sichtbar!«*
> *Gott nannte das Trockene Erde und*
> *die Wasser nannte er Meere!*
> Genesis 1,9

Deutung des Mythos

Wollen wir uns der symbolischen Deutung der Hindin nähern, werden wir schnell feststellen, daß es weit schwieriger ist als etwa in der ersten Aufgabe mit dem Pferd oder in der zweiten Aufgabe mit dem Stier. Auch die uns überlieferte Übersetzung des Wortes »Hindin« als »das, was ergriffen werden soll« bringt uns zunächst nicht weiter. Offensichtlich gerade deshalb, weil wir etwas begreifen sollen, was ebenso flüchtig und scheu zu sein scheint wie die Hindin selbst. Daß die Hindin, wie übrigens alle wilden Tiere des Waldes, der griechischen Göttin Artemis geweiht ist, löst das Rätsel ebenfalls nicht, da gerade Artemis, die Unnahbare, sich von den Menschen fernhält und im Mythos nur undeutliche, verschleierte Konturen zeigt. Menschen, die ihr zu nahekamen und ihre Gestalt erblickten, waren dem Tod geweiht und konnten schon von daher kein Zeugnis von ihr ablegen.

So bleibt uns bei der Deutung nur, den Spieß umzudrehen: Alles Außergewöhnliche und Rätselhafte, Unfaßliche und Traumhafte, Unbegreifbare und Schleierhafte wird symbolisiert von der Hindin. Alles, was wir ahnen, aber nicht wissen, gehört ebenso zu ihr wie alles, was uns fasziniert und magisch anzieht, ohne daß wir das »Warum?« begreifen oder genauer deuten können. Dennoch ist es da – und nicht selten Triebfeder außergewöhnlicher Leistungen, zu denen wir Menschen imstande sind. Ob es der einsame Weltenumsegler oder Himalayabergsteiger, der Autorennfahrer oder Tiefseetaucher ist, alle jagen sie nach der Hindin, ohne sie je ganz zu ergreifen oder ihr Rätsel zu lösen. Aber auch im kleineren Maßstab erstrebt jeder Mensch einen Traum – etwas Außergewöhnliches, von dem er sich Glück und Freude verspricht. Wir alle sehnen uns nach den kleinen und großen Höhepunkten dieses Lebens, um am Glück dieser Welt ein wenig teilzuhaben. Und doch – einige Augenblicke später – entzieht es sich; das »Reh«, das wir ergriffen zu haben glauben, ist wieder entschwunden, da es sich nie wirklich auf Dauer festhalten läßt. Anfänglich enttäuscht, setzen wir alsbald die Jagd fort. Herakles ist es, der diese endlose Jagd nach dem Glück beendet. Er erreicht das Reh, ergreift es und drückt es an sein Herz. Was soll das für uns heißen?

Beleuchten wir einmal näher jenes seltsam-geheimnisvolle Empfinden, das wir Freude nennen. Oftmals im Leben freuen wir uns – in netter Runde mit Freunden, in einem gelungenen Urlaub oder bei einer außergewöhnlichen Arbeit, die uns gefällt. Hier sehen wir bereits einen Zusammenhang zwischen »gefallen« und »sich freuen«, zwischen Schönheit und Freude. Man könnte sagen: Gefallen ist etwas Äußeres, sich freuen ist eine innere Regung oder Resonanz, die scheinbar durch das Außen hervorgerufen wird. Aber gerade hier liegt unsere große Täuschung, die uns immer wieder, oft ein Leben lang, antreibt, die »Hindin« zu verfolgen, ohne sie je wirklich zu ergreifen. Unsere Jagd ist nämlich von vorneherein zum Scheitern bzw. zur Enttäuschung verurteilt, weil wir in der Außenwelt etwas zu erjagen versuchen, was wir nur im Innern, im Herzen, finden können. Es lohnt sich hier, das Thema »Schönheit und Gefallen« genau anzuschauen.

Nehmen wir als Beispiel ein Kunstwerk, ein schönes Bild eines berühmten Malers in einer Galerie. Wir stehen davor und sagen: »Das gefällt mir außerordentlich!« oder: »Es ist ungewöhnlich schön!« oder: »Es fasziniert mich!« Nimmt jemand das Bild weg, z.B. ein reicher Kunstsammler, der es kauft, ist dieser Effekt verschwunden. So kommt es, daß wir glauben, die Schönheit ist an das Bild gebunden. Wollen wir den schönen Genuß wiederholen, müssen wir das Bild – so glauben wir – wieder herbeischaffen. Daß es nicht so ist, erkennen wir jedoch bereits am nächsten Bild in der Galerie, das uns gefällt: Der gleiche Genuß stellt sich ein, verändert hat sich nur das Bild.

Schönheit ist nur abhängig vom Betrachter, nicht vom betrachteten Gegenstand. Nur wir Menschen besitzen dieses Empfinden und

Erkennen von Schönheit. So ist nicht das Bild schön, sondern das Bild erzeugt in uns eine Resonanz im Sinne des Gefallens – eine Resonanz, die Freude auslöst. Deshalb gefallen auch unterschiedlichen Menschen unterschiedliche Bilder. In letzter Konsequenz können wir sogar sagen, daß ein Bild nur schön ist, solange es die Aufmerksamkeit eines Betrachters auf sich zieht und in ihm jene Faszination als Resonanz erzeugt. Wird ein Bild in Besitz genommen und eingesperrt – z.B. in einem Banksafe – kann es nicht mehr schön sein, da ihm die Möglichkeit genommen ist, im Betrachter Gefallen und Freude auszulösen. Wer solchermaßen Aphrodite, die Göttin der Schönheit und Liebe, aussperrt und der Menschheit entzieht, darf sich eines Tages nicht wundern, wenn sie ihrerseits sich zurückzieht und den Menschen der Lieblosigkeit überläßt.

Wenn aber nun alles äußere Gefallen ein mehr oder weniger verzerrter Spiegel dafür ist, was wir im tiefen Inneren lieben, so wäre es klüger, herauszufinden, was uns wirklich am Herzen liegt, ehe wir in die Welt hinausziehen, um dort das Glück zu erobern.

Herakles erkennt dies urplötzlich. Jetzt erst hält das flüchtige Reh inne und legt sich zur Ruhe nieder. Herakles schießt den »Pfeil des Amor« ab, trifft das Reh und nimmt es an sein Herz. Das echte Glück, so mögen wir dies deuten, gewinnt der Mensch dann, wenn er zuerst herausfindet, was er liebt, um dann den Pfeil der Liebe auf das äußere Ziel zu richten. Ein innerer Prozeß soll dem äußeren vorausgehen, da sonst die Gefahr besteht, stets dem falschen Glück nachzulaufen. So zeigt Herakles uns, daß wir uns auf die Suche nach unserer inneren Heimat – und mit ihr verbunden unserer inneren Stimme – machen sollen. Die Suche ist dann am Ende, wenn wir finden, was wir lieben. Immer wieder müssen wir alles, was uns in dieser Welt gefällt, nach innen nehmen, an unser Herz legen und uns fragen, ob wir es innig lieben oder ob uns der Schein trügt. Nur so erhalten wir im Laufe der Zeit die innere Sicherheit, die es uns ermöglicht, außen treffsicher zu entscheiden, damit unsere angestrebten Ziele sich nicht in Enttäuschungen verwandeln. Gleichzeitig werden Enttäuschungen für uns wertvoll, weil wir durch sie alle ursächlichen Täuschungen in uns Schritt für Schritt erkennen können. Die Folge könnte sein, daß Schuld nicht mehr nach außen projiziert, sondern im Innern gesehen wird.

Betrachten wir ein Beispiel zum Thema »Traumberuf«, um diese schwer greifbaren Zusammenhänge zu verdeutlichen: Ein Mensch – sagen wir ein Abiturient – wählt als Traumberuf Arzt. Er studiert und ergreift diesen Beruf. Genau jetzt zeigt sich, ob seine Wahl die rechte war. Liebt er es tatsächlich, anderen Menschen zu helfen, ihnen in Krankheiten zur Seite zu stehen und sie im Genesungsprozeß zu begleiten, darf er, so wird er empfinden, den ganzen Tag seiner Lieblingsbeschäftigung nachgehen. Er wird nicht fragen, wieviel er verdient, noch wie lange er zu arbeiten hat. Jeder Tag bringt ihm aufs neue sein Glück – die Arbeit ist ihm ein Segen. Da er mit dieser Einstellung sicherlich von den Patienten anerkannt ist, wird es ihm auch materiell an nichts fehlen.

Hat sich unser Arzt aber bei der Berufswahl getäuscht, weil er in Wahrheit nicht den Beruf, sondern nur das damit verbundene Ansehen eines »Herrn Doktor« liebt, beginnt nun ein seltsam verrücktes Spiel: Für das Ansehen muß unser Arzt nun arbeiten – die Arbeit wird zum »Muß«. Arbeitet er längere Zeit unter diesem »Muß«, wird die Arbeit schwer, und allmählich wird sie zur Last. Als Ausgleich dafür wird er die Arbeitszeit reduzieren – Dienstag und Donnerstag nachmittag keine Sprechstunde – oder einen jungen Arzt in die Praxis nehmen, der ihn von der Last befreien soll. Doch auch dies kann auf die Dauer nicht funktionieren, da sich bald im Äußern eine neue »Hindin« melden wird, der er gerne nachjagen möchte. Vielleicht – mit Unterstützung der Herakleskraft in ihm – gelingt es ihm eines Tages, die Praxis abzugeben, um geläutert die neue Jagd zu beginnen. Ansehen wird dabei sicher nicht mehr eine so ausgeprägte Rolle spielen, da er die Erfahrung gemacht hat, wohin das führen kann; und auf die Stimme des Herzens wird er deutlicher hören als zuvor.

So können wir die Bedeutung des »goldenen Geweihs« vielleicht an dieser Stelle ahnen. Das Geweih symbolisiert unsere Antennen, mit denen wir die Welt empfangen. So viele Bilder empfangen wir, eine gewisse Anzahl davon gefällt uns und regt uns zur Jagd an. Dennoch gehört vielleicht nur ein einziges zu uns. Zu ihm hin sind wir ge- und berufen, weil nur dort unsere ganze, ungeteilte Liebe zum Ausdruck kommt. Nur dort finden wir Erfüllung, Freude und Herzlichkeit und nur dort sind wir mit ganzem Herzen dabei.

Seit alters ist in der Astrologie das Herz ebenso wie das Gold dem Tierkreiszeichen Löwe zugeordnet. Insofern hat diese vierte Aufgabe besonders große Bedeutung für alle Menschen mit Aszendent Löwe (siehe: Astrologische Zusammenhänge). So symbolisiert das »goldene Geweih« auch die »Antenne unseres Herzens«. Gemäß der Verwandlung von Blei in Gold – die große alchimistische Tat – gilt es in der vierten Aufgabe für uns alle, die Antennen zur Außenwelt zu reinigen und uns zu läutern, damit wir am Ende nur noch empfangen, was zutiefst zu uns gehört und in uns als Resonanz die Kraft der Liebe erweckt. So nur kann der sprichwörtliche Löwenmut entstehen, der Basis und Voraussetzung der nachfolgenden fünften Heraklesaufgabe im Löwen sein wird.

Die wahre Aufgabe im Zeichen Krebs

Der Mythos hat uns gezeigt, daß vor der Selbstverwirklichung in der Außenwelt und dem Finden der eigenen Berufung, ein Weg nach Innen zu gehen ist. Ohne im Innern sich zu erkennen, wird die äußere Jagd nichts anderes als eine Aneinanderreihung von Enttäuschungen – Enttäuschungen deshalb, weil wir uns über uns selbst getäuscht haben. So sollen wir lernen, all unsere Täuschungen aufzugeben und von uns zu lösen. Vermeintlich eine einfache Aufgabe, zumal uns als Lohn erwartet, nie wieder enttäuscht zu werden. Doch der Ablauf der Aufgabe im Krebs zeigt uns die besondere Schwierigkeit. Viele Stimmen sind es, die unser Held hört – die richtige, die »eine« aber soll er herausfinden.

Genau so ist es in unserem Leben. Vor jeder Entscheidung, ob Beruf oder Ehe, ob Kündigung oder Veränderung, ob Neuanfang oder Trennung, tausendfach melden sich innere und äußere Stimmen. Wohl ist die Stimme unseres Herzen auch dabei, doch wie und wo wollen wir sie finden? So heißt es auch, Stück für Stück die Stimmen zum Schweigen zu bringen, die sich aus Angst oder dem Wunsch nach materiellen oder emotionalen Wohlbefinden melden. Herakles zeigt uns hier, daß der Mensch in diese Welt kommt, um höhere Aufgaben zu erfüllen. Jeder von uns ist Teil eines göttlichen Planes. Seinen Platz zu erkennen, heißt seine Berufung finden; ihn auszufüllen ist zutiefst Sehnsucht unseres Herzens. Liebe ist die

Kraft, die uns mit unserer Berufung in Verbindung bringen will, damit am Ende Erfüllung und nicht Versagen steht. Tief in uns, verschüttet und vergessen, sitzt eine Göttin der Weisheit, die zu uns spricht und danach trachtet, uns mit dem eigenen Wesen zu verbinden, damit wir mit uns selbst eins werden. Denn nur wer innerlich mit sich selbst eins ist, kann einverstanden sein mit allem, was war, ist und sein wird. Dabei heißt es für uns, zu lernen, wieder sensibel und empfindsam zu werden. Jede Grobheit, der Mangel an Einfühlungsvermögen und alle Unsensibilität werden abgeworfen.

Wie in der abgeschiedenen Natur der Mensch wieder Stimmen und Geräusche hört, die sonst im Lärm des Alltags untergehen, so führt auch die vierte Aufgabe Herakles in die Abgeschiedenheit der Wildnis, wo er der scheuen, unberührbaren Artemis begegnen kann. Dies mag für uns ein Hinweis sein, daß auch wir Wege finden sollen, unsere tägliche Hektik zu verlassen, um, wie wir so schön sagen, wieder zu uns selbst zu finden. Das Feinsinnig-Musische, das Zart-Empfindliche, das Künstlerisch-Liebliche ordnet auch die Astrologie dem Tierkreiszeichen Krebs zu. Lernen wir, uns wieder damit zu beschäftigen – nur so wird Artemis sich uns nähern, um uns ihre höhere, ganzheitliche Schau des Universums zu vermitteln. Mit Hilfe ihrer Stimme werden wir den Platz auf der Erde finden, der bereits von Beginn des Lebens uns bestimmt ist und all unsere Sehnsüchte erfüllt.

»Artemis« heißt übersetzt soviel wie »gesund, unversehrt«. Dies mag uns zu dem Schluß führen, daß damit auch unsere Gesundheit angesprochen ist. Herakles erobert sich in dieser vierten Aufgabe die Gesundheit und löst sich damit von all dem, was zu Krankheit führen kann. Unter diesem Aspekt können wir Krankheit auch verstehen als Ausdruck der Verfremdung unseres inneren Wesens, der Mißachtung unserer inneren Stimme oder der Abtötung unserer Sensibilität. So verlieren wir die innere Heimat, um, krank geworden, die Suche nach ihr wieder aufzunehmen. Gesunden müßte dann heißen: Alle Verkrustungen und Verschüttungen abzutragen, damit darunter unser Wesenskern zum Vorschein kommen kann. Zusätzlich würde »gesunden« im Sinne von Artemis auch heißen, eine höhere, übergeordnete Schau zu entwickeln, in der sich jeder einzelne von uns als Zelle und Funktion im Ganzen sehen und empfinden kann. Dieses intuitive Gespür, eine höhere Form des Instinktes, zu entwickeln, käme dann einer Art inneren Heilung gleich – wir haben unsere Unversehrtheit im Innern zurückgewonnen.

Diesen inneren Heilungsprozeß drückt der christliche Mythos aus mit den Worten: »So ihr nicht werdet wie Kinder, gelangt ihr nicht in das Himmelreich!« Hier sei besonders darauf hingewiesen, daß »rein und lauter« sein nicht meint und niemals meinen kann, daß wir uns einem äußeren Ideal annähern oder irgendwelche äußeren Gebote erfüllen sollen. Unsere Bedeutung, unser Gesetz und unsere Wahrheit liegt in uns selbst, eine Erkenntnis, die Herakles bereits in der dritten Aufgabe gemacht hat – wir sollen lernen, sie freizulegen, damit wir sie in Leben verwandeln können. So kann uns auch kein Bild in der Außenwelt als Wegweiser dienen. Wir alle sind »nach dem Bilde Gottes« geschaffen; an uns ist es, dieses Bild zu suchen, zu erspüren und uns – von der Liebe gelenkt – daran heranzutasten. Alles, was uns in der Welt gefällt, ist lediglich das, was zu diesem inneren Bild eine Resonanz hat. So lernen wir in der vierten Aufgabe, die Jagd aufzugeben nach dem, was uns in der Welt gefällt und uns von dort anspricht. Wir kehren diesen Prozeß um, indem wir alles, was uns gefällt, auf uns selbst beziehen. Dann wandeln sich alle Dinge, die uns gefallen, zu Puzzlesteinen und kleinen Wegweisern, die zu unserem Selbst – dem innersten Kern – führen werden. Alle unsere Zuneigungen und Abneigungen, Vorlieben und Unliebsamkeiten, alles Anziehende und Abstoßende, das wir empfinden, dient – richtig verstanden und genutzt – dazu, unsere Mitte zu finden, aus der heraus wir uns selbst verwirklichen können. Nur so werden wir, wie wir einst als Kinder schon waren: Spontan, frei und in jeder Phase des Lebens mit uns selbst identisch.

Artemis, die Unversehrtheit und das scheue Reh

Bereits in der ersten Heraklesaufgabe war die Rede von den »scheuen Pferden«. Hier soll kurz der Unterschied gezeigt werden. Wenn der Volksmund sagt: Mach doch nicht gleich die Pferde scheu!, so ist ein Scheuwerden aus Angst gemeint – bei den Pferden wie bei den Menschen. So kann z.B. die Vorstellung, seinen Job zu verlieren, einen Menschen nervös machen. Wir denken dann an das Schlimmste – Arbeitslosigkeit, kein Geld usw. – und lösen damit ähnliche Reaktionen aus, wie wir es bei Pferden beobachten können, die durch irgendwelche Geräusche oder fremde Umstände scheuen und in Panik geraten.

Sagen wir hingegen von einem Menschen, er sei »scheu wie ein Reh!«, meinen wir etwas ganz anderes. Wir wollen damit nicht ausdrücken, daß dieser Mensch gleich in Panik verfällt, sondern vielmehr, daß er sich zurückhält und vorsichtig ist im Umgang mit der Welt. Dieses »sich Fernhalten« von der Welt, das ja auch ein Attribut von Artemis ist, sollte jedoch nicht als Angst verstanden werden. Vielmehr ist es ein Fehlen der Anziehungskraft, die nötig ist, um sich auf das Leben einzulassen. Wir fühlen uns zu einem Menschen oder zu einer Sache einfach nicht stark genug hingezogen und verhalten uns passiv. So sagt uns der Mythos von der Hindin, daß ein tieferer Sinn darin steckt, wenn eine Tätigkeit, eine Arbeit oder auch ein Mensch uns nicht genügend anzieht. Die Anziehung ist ein Aspekt der Liebe; ist sie zu schwach, werden unsere Motivationen nicht genügend aufgeladen, so daß als Folge die sogenannte Halbherzigkeit entsteht. In diesen Zustand geraten, beginnen viele, sich zu einer Aktivität zu zwingen, die sie in letzter Konsequenz nur selbst verletzt – sie verlieren die Gesundheit und werden krank. Scheu zu sein wie Artemis will uns sagen, daß es vielleicht gesünder (griechisch: artemis) ist, uns von etwas fern zu halten, als unserem Wesen Gewalt anzutun, um eine Vorstellung oder ein Bild zu erfüllen, das am Ende mit uns gar nicht identisch ist. Da wir trotz unseres freien Willens eine Zelle im größeren Ganzen sind, dienen wir so nicht dem Ganzen, sondern schaden ihm auch noch, weil unsere wirkliche Funktion und Berufung unerfüllt auf der Strecke bleibt.

Besonders sollten sich diesen Zusammenhang die Menschen zu Herzen nehmen, die ständig etwas tun, oft sogar für andere, dabei aber permanent krank sind. Gerade sie gehören möglicherweise zu denjenigen, die sich niemals in ihrer Mitte befinden und stets am eigenen Wesen vorbeileben. Sie sollten sich vor Augen führen, daß die Bestimmung eines Menschen mit der Geburt festliegt. Der Schöpfer ruft uns zu einem bestimmten Zweck – dieses und nichts anderes ist unsere Berufung. Finden wir sie nicht, ist alles umsonst, überflüssig und wie alles Überflüssige für die Menschheit auch noch schädlich. Es ist dann so, als wollten wir mit dem Staubsauger die Haare föhnen, mit dem Föhn das Geschirr spülen und mit dem Schwamm den Teppichboden saugen. Chaos ist die Folge: Unsinniges wird erledigt, während das Wesentliche ungetan bleibt – und wer Augen hat, zu sehen, wird allerorten in der heutigen Welt gerade diese Vorgehensweise ausgiebig beobachten können. So darf es nicht wunder nehmen, wenn unsere Welt im kleinen wie im großen krank ist. Einzelne wie die ganze Menschheit haben sich weit entfernt von ihrer Bestimmung – ein göttlicher Ruf wird ebensowenig vernommen wie eine innere Stimme. Vor nichts mehr scheuen wir zurück, alles, was uns machbar erscheint, ist dadurch schon gerechtfertigt und wird realisiert – Pragmatismus ersetzt Sinn und Bestimmung. Heiligkeit und Unversehrtheit sind Begriffe, die aus unseren Wörterbüchern gestrichen wurden. Im Denken der alten Griechen müßten wir uns fragen, wie lange die Götter – insbesondere Artemis – dem Treiben der Menschen noch zusehen und wann sie Einhalt gebieten.

Das goldene Geweih der Hindin

Wir haben bereits gesehen, daß das Geweih unsere Antennen zum Kosmos symbolisiert. Auf unser Inneres bezogen, bedeutet das Geweih auch unser verzweigtes Denken. Gold symbolisiert die Sonne (im Tierkreis auch dem Löwen zugeordnet) und gilt als reines und edles Metall. So steckt hierin auch ein Hinweis darauf, unseren Denkprozeß zu reinigen und zu veredeln. Die Sonne zeigt uns dabei wie: Sie ist Zentrum des ganzen Sonnensystems, scheint auf alle Menschen ohne Unterscheidung und steht symbolisch für Mitte, Strahlung und Licht. So bedeutet »das Denken reinigen« auch, unser Denken zu befreien aus seinem irdischen Zwergendasein und überzugehen zu einem ganzheitlich bezogenen, kosmischen und allumfassenden Denken. Wir Menschen sind nicht begrenzt – in jedem Fall nicht geistig – und sollten unsere festgefahrenen, selbstbeschränkten und kleinlichen Denkstrukturen verlassen, um übergreifend und universal zu werden.

Solange unsere Schulsysteme nur das »kleine Einmaleins« bieten, ein wenig seichtes Wissen vermitteln und einen Mensch als »reif« deklarieren, der weder mit Philosophie, noch mit irgendeiner Weisheitslehre oder einem Mythos je in Berührung gekommen ist, darf und muß es erlaubt sein, zu fragen, wer dort das Sagen hat. Nicht lange wird es dauern, und wir werden fündig: Alles was gelehrt wird, wie könnte es anders sein, ist Spiegel nur des gleichen Geistes: Kleinkariert, beschränkt und ohne Zugang zur Weisheit. Dieses Denken muß wieder gereinigt werden. Den Weisheitslehren wie den Mythen muß wieder ein ihnen entsprechender Platz in unseren Schulen und Universitäten eingeräumt werden, damit unsere Kinder lernen, in großen und menschlichen Dimensionen zu denken. Wir müssen durchschauen lernen, daß Mythos, Märchen und Weisheitslehre nicht dumm sind, sondern wir selbst, weil wir ungeübt sind in der Sprache der Symbole.

Wie würden wir einen Menschen nennen, der eine wichtige physikalische Formel liest und felsenfest behauptet, es sei der höchste Unsinn und alle Erklärungen der Physiker dazu seien erfunden und erlogen, obwohl er sich niemals mit Physik befaßt hat. Alle würden wir sagen, jener Mensch solle erst einmal Physik studieren, bevor er darüber abfällig urteilt. Doch wurzeln die Vorurteile gegenüber den Weisheitslehren nicht im gleichen Sumpf? Unser Denken prägt unsere Vorurteile, es bedarf dringend der Reinigung.

In Anbetracht der vierten Heraklesaufgabe im Krebs, traditionell das astrologische Zeichen des Kindes und des Reifens, müssen wir Erwachsenen uns fragen lassen, wessen Eltern Kind wir sind, woher unsere Beschränktheit kommt und warum wir in eine Bedeutungs-losigkeit abgesunken sind. Es mag im Innern schmerzen, dies alles einzugestehen, aber es ist besser, der Wahrheit ins Gesicht zu schauen, als weiterhin uns selbst zu täuschen und zu betrügen.

Die Hindin als Symbol des rechten Maßes

»Nichts im Übermaß!«, so lautete einer der sieben weisen Sprüche im Tempel zu Delphi. Meist beziehen wir diesen Spruch auf ein Zuviel im Materiellen: Zuviel essen, zuviel arbeiten, zuviel ausgehen. Hier mag er seine Gültigkeit haben, doch erscheint diese

Sichtweise zu beschränkt und zu wenig umfassend. »Nichts im Übermaß« deutet erst einmal darauf hin, daß es offensichtlich ein rechtes Maß geben muß, ohne das sich ein Übermaß ja gar nicht feststellen läßt. Geht man mit dem Wort »Hindin« in die Ursprache zurück, so stoßen wir auf Begriffe wie »rechtes Maß« oder »Ebenmaß«; auch finden wir einen Zusammenhang zu »Anmut«, was aber – unschwer zu erkennen – einen Bezug zum »Ebenmaß« hat. Vermuten wir einmal, daß die Jagd nach der Hindin auch die Suche nach dem rechten Maß bedeutet, so offenbart sich ein Zusammenhang zu der früheren Übersetzung von Hindin als »das, was ergriffen werden soll«. Denn das rechte Maß zu ergreifen, ist ebenso schwer wie ein scheues Reh zu fangen. In allem, was wir tun, befinden wir uns nie in der Mitte. Ja, manchmal kommen wir ihr nahe, wie Herakles der Hindin, aber schon beim nächsten Mal sind wir wieder weit weg. Beim rechten Maß geht es nämlich um eine Proportion – ein Verhältnis. Mathematisch kennen wir das rechte Maß als den »goldenen Schnitt«, wobei durch ihn eine Strecke in einem ganz bestimmten Verhältnis geteilt wird. Unseren Ahnen war dieses rechte Maß so wichtig, daß ganze Bauwerke (z.B. die Cheopspyramide) exakt danach konstruiert und gebaut wurden. Wäre der goldene Schnitt jedoch nur beim Bauen interessant, müßten wir uns fragen, ob ihm nicht doch viel zu viel Bedeutung beigemessen wird. Aber der Bezug zur Hindin und zu den sieben weisen Sprüchen im Tempel zu Delphi deuten darauf hin, daß mehr dahinter steckt.

Versuchen wir, mehr darüber zu erfahren. Der goldene Schnitt ist ein bestimmtes, festgelegtes Verhältnis. Nun sehen wir, daß im Wort Verhältnis der Begriff »Verhalten« steckt. So müßte der goldene Schnitt auch das rechte Maß für unser Verhalten der Welt und anderen Menschen gegenüber angeben. Tatsächlich tut er dies auch, wenn wir es verstehen, ihn zu übertragen auf die zwischenmenschliche Beziehung. Das rechte Maß, ebenso wie das Ebenmaß und die Anmut sind der Göttin Aphrodite zugeordnete Begriffe. Wie wir gehört haben, ist sie Göttin der Schönheit, Liebe und Vollkommenheit, aber auch der Beziehungen. Beginnen wir, dem rechten bzw. dem vollkommenen Maß im zwischenmenschlichen Beziehungsverhalten nachzuspüren.

Wer noch ein wenig Mathematik in Erinnerung hat, weiß vielleicht, daß der goldene Schnitt als folgende Proportion definiert ist: Nimmt man eine ganze (beliebige) Strecke und teilt sie in zwei ungleiche Teile, einen größeren und einen kleineren Teil, so ist die Teilung dann im goldenen Schnitt, wenn das Ganze sich zum größeren Teil wie der größere Teil zum kleineren Teil verhält.

Übertragen wir dies einmal auf den Menschen: Jeder Mensch baut mit seiner Geburt ein Verhältnis auf zur Welt und zu anderen Menschen. Eines Tages empfindet er sich als Individuum, also als kleiner, eigenständiger Teil der Schöpfung. Durch diese Bewußtseinstellung ergibt sich nun ein geteiltes, unterscheidendes Verhalten: Mein Verhältnis zu mir selbst, und mein Verhältnis zur Welt bzw. zu anderen Menschen bzw. zum Du allgemein. Im goldenen Schnitt stehen diese beiden Verhaltensmuster dann, wenn ich mich zu mir selbst ebenso verhalte, wie ich mich zum Du verhalte. Diese goldene Mitte zu finden und in ihr zu bleiben, ist eine der schwierigsten Aufgaben für uns Menschen überhaupt – auch Herakles, der in der vierten Aufgabe lediglich das Prinzip des goldenen Schnitts erkennt, benötigt dazu noch bis zur neunten Aufgabe im Schützen. Voraussetzung wäre nämlich eine vollständige Auflösung aller Egoismen, Projektionen und Ängste, weil durch sie subjektive Bewertungen entstehen. Werten wir aber subjektiv und machen somit Unterschiede, kann das rechte Maß nicht gefunden werden.

Ein Beispiele dazu: Ich will eine Party feiern. Voraussichtlich wird es laut, die Nachbarn könnten gestört werden. Wo wäre das rechte Verhalten zu finden? Genügt es, die Nachbarn zu informieren, daß es laut wird; oder sollte eine kleine Aufmerksamkeit daran geknüpft werden, um sie positiv zu stimmen; oder ist es besser, nichts zu tun, um »schlafende Hunde« gar nicht erst zu wecken?

Versetzen wir uns in die Lage eines Außenstehenden und betrachten das Verhalten des Ich zu sich selbst und das Verhalten des Ich zum Du: Das Ich möchte einen schönen Abend bei sich zu Hause mit Freunden feiern und dabei genießen. Im goldenen Schnitt zum Du befindet sich das Ich dann, wenn es das Du genauso behandelt wie das Ich. Was die Freunde betrifft, verhält sich das Ich im wesentlichen im rechten Maß, vorausgesetzt es gestattet den Freunden auch, eigene Freunde mitzubringen, da das Ich ja ebenfalls seine Freunde einlädt. So könnte man – kurz ausgedrückt – für den goldenen Schnitt sagen: Gleiches Recht für alle!

Doch was ist mit den anderen, den Nachbarn? Da sie auch zum Umfeld und damit zum Du gehören, verhält sich das Ich zu ihnen offensichtlich nicht mehr im goldenen Schnitt. Für sie gilt plötzlich nicht das gleiche Recht wie für die Freunde: Sie sind nicht eingeladen, dürfen nicht mitfeiern und auch keine Freunde mitbringen. Wer aber ausschließt, verläßt bereits hier den goldenen Schnitt, weil er den »Boden der Liebe (Aphrodite!)« verläßt. Er beginnt die Welt subjektiv in Gut und Böse zu unterscheiden und sich gemäß einer subjektiven Bewertung zu verhalten.

Für uns heutige Menschen, die wir schon lange den goldenen Schnitt vergessen und damit das rechte Maß und die menschliche Anmut verloren haben, erscheint das Beispiel eher unwirklich, manchem sogar verrückt. Sofort wird es als barer Unsinn hingestellt, da schließlich auf eine Party nicht jeder eingeladen werden kann.

Doch wer flüstert uns dies eigentlich ein? Welcher Teil in uns behauptet, dies sei barer Unsinn? Wir alle, die wir einen Weg der Selbsterkenntnis gehen wollen, sollten solche Argumente durchschauen als Versuche unseres Egos, seine feste Position zu halten. Unser Ego ist es, das uns reitet und keinerlei Interesse am goldenen Schnitt hat – im Gegenteil, der goldene Schnitt wäre sogar sein Tod, weil wir lernen würden, nichts und niemanden zu bevorzugen oder zu benachteiligen, uns selbst dabei miteingeschlossen. Nur so kann sich persönliche Zuneigung, die wenige ein-, aber viele ausschließt, verwandeln in eine umfassende, aphroditische Liebe, die überall, in allem und bei jedem das Gute erkennt. In diesem Zusammenhang sei daran erinnert, daß die Menschen der Antike, die den goldenen Schnitt und das rechte Maß der Beziehung noch achteten, gerade die Gastfreundschaft als heiliges Gut betrachteten; philoxenia (griechisch: Gastfreunschaft) aber bedeutet – wörtlich übersetzt – soviel wie der »fremde Freund«.

Der Pfeil und die Achillesferse

Als Herakles den Pfeil auf das Reh abschießt, beweißt er im wahrsten Sinn des Wortes das richtige Augenmaß. Wir haben bereits davon gehört, das die Hindin ohnehin das rechte Maß symbolisiert, doch betrachten wir ein wenig genauer unser Augenmaß. Seit alters her erzählen uns die verschiedensten Mythen, daß die Probleme der Menschen anfingen, als ihnen – so drückt es die Bibel aus – die »Augen aufgingen«. Diese »Verheißung der biblischen Schlange« war verbunden mit der Erkenntnis von Gut und Böse in der Außenwelt, und gerade hier entstehen die Probleme. Seit wir mit unseren Augen die Außenwelt sehen, haben wir begonnen, sie in gut und böse aufzuteilen. Genau dort aber wurzeln alle Probleme, hier liegt die Achillesferse, die schwache Stelle der gesamten Menschheit, da uns eben an dieser Achillesferse die Schlange der Versuchung immer wieder trifft.

Herakles beweist hier wahrhaftig Augenmaß. Er hat den Schwachpunkt erkannt und darauf abgezielt – und das Reh getroffen und mit ihm seine innere Stimme – sein »drittes Auge« wiedergefunden.

Ab der vierten Aufgabe steht er nun in innerem Kontakt mit den Göttern, kann wieder wie einst Adam im Paradies in allem das Göttliche erschauen, während die äußeren Augen an Macht und Bedeutung verlieren.

Wir sind uns zu wenig bewußt darüber, wie sehr all unsere Aktivitäten und Reaktionen von dem abhängen, was wir in der Außenwelt sehen. Ob es der rote Sportwagen ist, den ein Bekannter fährt und der uns reizt, oder ein Beruf, den ein angesehener und wohlhabender Freund hat und den wir auch gerne ergreifen möchten – alles sind Reaktionen auf äußere Reize! Lassen wir unser Leben davon bestimmen, verlieren wir dabei völlig den Zugang zu uns selbst, ähnlich den Jägern, die vor Herakles die Hindin jagten, sich verirrten und zu Tode kamen. Wir rennen Schattengebilden nach, an die Stelle der Selbstbestimmung tritt Fremdbestimmung und ganz allmählich und heimlich opfern wir unsere Freiheit. Bald darauf empfinden wir die Welt als Gefängnis: Der falsche Beruf, der falsche Partner, das falsche Haus.

Herakles zeigt, wie wir wieder ein rechtes Augenmaß gewinnen. Diesen Schwachpunkt – unsere Achillesferse – gilt es zu erkennen und darauf unser Augenmerk zu richten. Alle Reize von außen sollen wieder den richtigen Platz und den rechten Stellenwert bekommen, den sie verdienen: Sie sind eine innere Anregung, damit wir mehr und mehr uns selbst bewußt werden und eines Tages wirklich wissen, wer wir sind und was wir in dieser Welt zu tun haben. Jagen wir aber den Reizen nach, weil wir unser Glück daran binden, verlieren wir uns in der Vielfalt dieser Welt und werden zu Glücksrittern, die – immer wieder enttäuscht – aufs neue ihr Glück versuchen. Das Glück des Menschen liegt weder im Erreichen noch im Besitzen der »Hindin«, sondern im Verfolgen und Suchen. Dies mag wohl die letzte Erkenntnis des Herakles gewesen sein, als er – schweren Herzens – das Reh wieder frei gibt, damit es weiterhin der Jagd und den Jägern dienen kann.

ASTROLOGISCHE ZUSAMMENHÄNGE IM ZEICHEN KREBS

Zuordnung

Planet	kardinales Wasserzeichen, Planet Mond
Haus	4. Haus, Heim und Familie
Mythologisch	Selene, Endymion
Eigenschaft	Identifikation, Anhaftung, Reifung, Geburt
Körperteil	Magen

Das Prinzip Krebs

Krebs gilt als Zeichen der »inneren Heimat«. Das eigene Gefühl ist vorherrschend und tonangebend. Auf inneres Ahnungsvermögen und Spüren wird mehr gegeben als auf äußere Tatsachen und Gegebenheiten. Daraus ergeben sich Tendenzen zur Vorsicht und zum Rückzug, gute wie schlechte Laune und Stimmung wechseln sich ab.

Die vierte Heraklesaufgabe im persönlichen Horoskop

Krebs ist das Zeichen der Reife. Da alle Reifungsprozesse viel Zeit benötigen, sind wir in diesem Zeichen gut beraten, wenn wir uns viel Zeit nehmen und uns in Geduld üben. Dem herrschenden Planeten Mond ist das Metall Silber zugeordnet, das als Spiegel verwendet wird. So ist Reflexion über sich und die Welt eine Notwendigkeit in diesem Zeichen, um zu einer Erfüllung im Leben zu kommen.

Befindet sich im Horoskop der Aszendent im Zeichen Krebs, lautet die Botschaft der vierten Heraklesaufgabe, sich mehr nach innen zu orientieren. Zu erkennen gilt, daß Leid stets dort entsteht, wo die innere Stimme nicht gehört oder mißachtet worden ist. Da viele Entscheidungen im Leben nicht auf Anhieb als stimmig erspürt werden, heißt es Geduld entwickeln und Voreiligkeiten allmählich abbauen – nur so können wichtige und grundlegende Entscheidungen wirklich reifen und der rechte Zeitpunkt gefunden werden.

Die vierte Heraklesaufgabe hat besondere Bedeutung für Menschen mit Aszendent Löwe, da das 12. Haus (äquale Häuser) – das Haus der Lösung und Meisterung – sich im Zeichen Krebs befindet. Lange Zeit im Leben mag hier nach der inneren Stimme gesucht werden. Die Heraklesaufgabe zeigt, daß es über eine Vielfalt von Versuchen eines Tages doch dazu kommt, daß das Rechte gefunden wird. Vorurteile führen bei dieser Suche leider immer wieder auf den falschen Weg, so daß es uns ähnlich gehen kann wie den Jägern der Hindin: Wir befinden uns zwar mitten im Leben, doch erscheint es uns wie ein tiefer, undurchdringlicher Dschungel – wir wissen nicht mehr, wie es weitergeht oder weitergehen soll.

Hier gewinnt die Stimme des Herzens große Bedeutung – alles sollte zur Herzensangelegenheit werden. Die Frage lautet: Wer oder was liegt mir wirklich am Herzen? Die Antwort darauf erfordert Geduld! Haben wir sie gefunden, bedarf es nur ein wenig Mut zu sich selbst, die Tore zum Leben öffnen sich, und Freude und Heiterkeit kehren wieder ein. Wir sollten uns vor Augen führen, daß Anmut eine Art innere Schönheit ist. Diese Schönheit kann und soll jeder Mensch mit Aszendent Löwe anstreben. Diese Form der Ausstrahlung wird alle Beziehungen wie von selbst ins rechte Lot bringen. Alle Grenzen, Beschränkungen und Ausgeschlossenheiten werden so zu Fall gebracht – der Mensch wird unwiderstehlich.

Eines Tages kann der erfüllende Zustand erreicht werden, indem wir uns scheuen, etwas zu tun. Wir halten uns fern von vielen Dingen des Lebens: Aber nicht die Angst hält uns zurück, sondern eine innere Gewißheit, weil wir in unserer Tiefe keine Resonanz dazu verspüren – die Jagd nach dem Glück ist zu Ende!

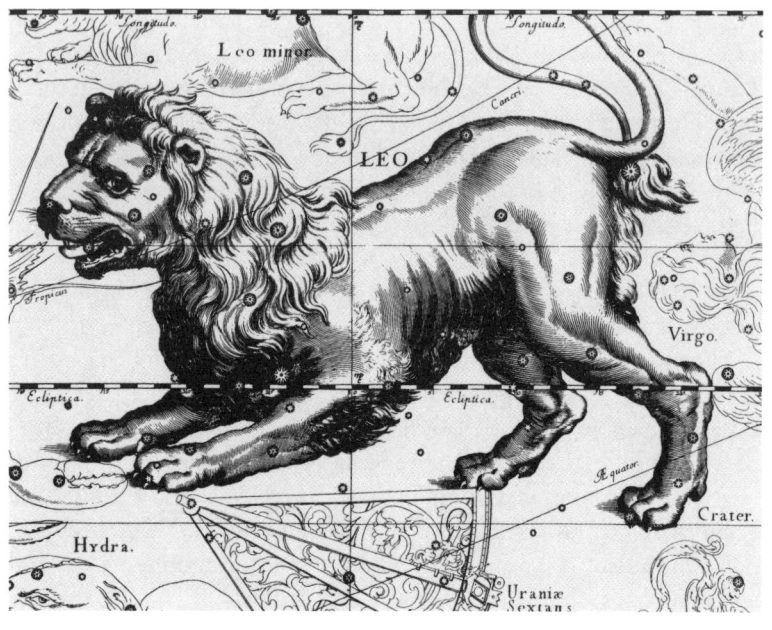

Fünfte Aufgabe im Zeichen Löwe

Das Töten des Nemeischen Löwen

Herakles erlebt mit dieser Aufgabe seine große Mutprobe. Der Löwe verwüstet das Land Nemea und reißt dort viele Menschenopfer. Das ganze Land ist in panischer Angst, keiner wagt sich mehr auf die Straße, alle Türen sind verriegelt.

Herakles geht von Ort zu Ort, den Löwen zu suchen. Ein jeder, der ihm auf der Straße begegnet, erzählt seine Version, wo sich der Löwe im Augenblick aufhält bzw. wo er das letzte Mal gesehen worden ist. So kreist Herakles den Standort des Löwen langsam immer mehr ein. Plötzlich sieht Herakles den Löwen am Rande eines Dickichts. Der Löwe brüllt, als er den Feind wahrnimmt, daß alles erbebt. Doch Herakles läßt sich nicht einschüchtern. Er schießt Pfeil um Pfeil nach der Schulter des Löwen, doch keiner kann eindringen. Dann kommt der Löwe auf ihn zu, wild vor Zorn, aber Herakles wirft Pfeil und Bogen zu Boden und stürzt sich, nur mit seiner Keule bewaffnet, mit wildem Schrei dem Löwen entgegen, der ihm den Weg versperrt. Erstaunt über die unerwartete Tapferkeit seines Gegners, wendet sich der Löwe, verschwindet im Dickicht und ward nicht mehr zu sehen.

Herakles sucht nach allen Seiten. Schließlich gelangt er an eine Höhle, aus der er das Brüllen des Löwen vernimmt. Er geht in die Höhle, ohne den Löwen anzutreffen, denn die Höhle hat einen zweiten Ausgang. Als er zum zweiten Ausgang hinausgehen will, hört er den Löwen plötzlich hinter sich, nicht mehr vor sich brüllen. Herakles überlegt, was zu tun ist, da immer, wenn er den Löwen in die Höhle hineingetrieben hat, der Löwe zur anderen Öffnung entkommt. Er sieht einen Holzstoß, schließt damit zuerst die eine Öffnung, verfolgt den Löwen weiter und jagt ihn durch die zweite Öffnung wieder in die Höhle. Jetzt schließt er die zweite Öffnung von innen und sperrt sich mit dem Löwen in der Höhle ein. Dann greift er den Löwen an, packt ihn mit bloßen Händen und würgt ihn. Obwohl der glühendheiße Atem des Tieres ihn fast versengt, drückt er dem Löwen solange die Luft ab, bis dieser tot zu Boden fällt. Dann zieht er ihm das Fell ab und zeigt es den Leuten von Nemea als Zeichen, daß der Löwe tot ist. Jetzt können sie wieder ihre Häuser verlassen und ohne Furcht ihrer Arbeit nachgehen.

Er übergibt das Löwenfell König Eurystheus, erhält es aber zurück und trägt es seither anstelle seines alten Löwenfelles.

Ergänzungen zum Mythos

Herkunft des Löwen von Nemea

Mutter ist die Schlangengöttin Echidna (griechisch: echidna = Natter). Damit ist der Löwe von Nemea der Bruder der thebanischen Sphinx. Hera brachte den Löwen aus dem Osten in den nördlichen Peleponnes. Nach einer anderen Geschichte war der Löwe zuerst bei der Mondgöttin Selene zu Hause.

Der Bauer Molorchos

Bevor Herakles den Kampf mit dem Löwen aufnimmt, kehrt er bei dem Bauern Molorchos ein (griechisch: molos = Arbeit, Kampf; orchos = Reihe, Rebengelände). Da der Löwe seinen Sohn getötet hat, will er seinen einzigen Widder zu Ehren des Gastes opfern. Herakles hält ihn jedoch davon ab und bittet ihn, dreißig Tage zu warten. Sollte er nach dreißig Tagen aus dem Kampf mit dem Löwen nicht zurückgekehrt sein, so möge der Widder ihm als Helden geopfert werden, ansonsten dem rettenden Zeus.

Von Molorchos, so sagt man, erfuhr Herakles auch von der Höhle mit den zwei Eingängen und von der Art und Weise, wie der Löwe zu besiegen sei. Genau am dreißigsten Tag, gerade als Molorchos den Widder opfern wollte, erschien Herakles – und so wurde der Widder Zeus geopfert.

Und Gott sprach:
»Die Erde lasse junges Grün wachsen,
alle Arten von Pflanzen, die Samen tragen,
und von Bäumen, die Frucht sind und Frucht machen,
jeder nach seiner Art wie sein Same in ihm!«
Genesis 1,11

Deutung des Mythos

Daß der Löwe Mut symbolisiert, ist für uns sicher keine Frage – bekundet dies doch schon der Volksmund, wenn er von »Löwenmut« spricht.

Aber was ist Mut? Wann ist ein Mensch mutig? Ist ein Rennfahrer mutig, wenn er in engen Kurven mehr wagt wie alle anderen und gewinnt? Ist ein Bergsteiger, der die überhängende Wand und damit seine Angst bezwingt, mutiger? Oder ist vielleicht die Mutter, die einem Kind das Leben schenkt, obwohl sie die Schmerzen der Geburt kennt, noch mutiger?

Eben waren wir noch sicher, zu wissen, was Mut ist, doch ein paar Fragen, und wir beginnen zu schwanken. Betrachten wir Rennfahrer, Bergsteiger und Mutter einmal näher: Der Rennfahrer wagt, um zu gewinnen. So ist der Gewinn sein Motiv. Nennen wir aber einen Menschen deshalb mutig, weil ihn ein starkes Streben nach Gewinn antreibt? Der Bergsteiger erklettert den überhängenden Fels, um sich (und möglicherweise anderen) zu beweisen, daß er seine Todesangst bezwingt. Aber ist ein Mensch mutig, weil er mehr Selbstbeweise oder -bestätigung braucht als ein anderer?

Die Mutter trägt das Kind unter dem Herzen und bringt es zur Welt, weil es der Natur ihres Wesens und dem Ruf des Lebens entspricht. Ist es mutig, seinem Wesen zu folgen und auf den Ruf des Lebens zu hören, auch wenn Schmerz, Leid und Mühsal damit verbunden sind?

Vielleicht spüren wir an den gewählten Beispielen, wo der wahre Mut sich verbirgt. Ein fähiger, vor Kraft strotzender Mensch ist nicht mutig, wenn er seine Fähigkeiten zeigt. Ebensowenig ist ein Löwe mutig, wenn er in schneller Jagd die Gazelle reißt. Seine Kraft ist es, die er uns zeigt – ein prächtiges Schauspiel, aber nichts anderes. Und wenn Tausende Beifall und Anerkennung zollen, es wird dennoch keine mutige Tat daraus.

Woher nun kommt der Glaube, solcherlei imposante Taten seien mutig? Um diese Frage zu beantworten, müssen wir einen Blick in die Seele der Schwachen und Ängstlichen, der weniger Fähigen und Unbegabten, der Zitternden und ewig Zaudernden werfen. Dort erwecken Heldentaten und sogenannter Löwenmut Ehrfurcht und Hochachtung – und nur für jene selbst wäre es ein wirklich mutiger Akt, das gleiche zu tun. Und werfen wir noch einen Blick in die Seelen der Starken und Heldenmütigen, so werden wir ähnliches finden: Der Rennfahrer, der Angst vor dem Fernsehinterview hat, der Bergsteiger, der Angst vor dem Fliegen hat. Auch sie haben ihre Schwächen und auch sie haben ihre Helden – der Rennfahrer den gewandten Redner, der Bergsteiger den Piloten.

Mutig sein bedeutet demnach eher, sich mit den eigenen Schwächen auseinandersetzen als eigene Stärken zu demonstrieren. Symbolisch zeigt dies auch die Löwenmutter, die ihre schwachen, noch überlebensunfähigen Kinder beschützt, für ihr Gedeihen sorgt und, wenn es sein muß auf Biegen und Brechen, auch gegen überlegene Angreifer verteidigt. Sie kämpft um das Leben ihrer Kinder wie um ihr eigenes.

Es lohnt sich hier, näher hinzuschauen. Das Verhalten der Löwenmutter hat den Begriff »Löwenmut« geprägt, nicht die Kraft und der Stolz des männlichen Löwen. Und der Name der Mutter ist es, in dem wir das Wort Mut noch vorfinden. Der wahre Mut liegt darin, unverbrüchlich zu den eigenen Kindern zu stehen – von der Zeugung über die Geburt bis zu dem Zeitpunkt, wo sie groß und stark sind.

Nun dürfen wir die »eigenen Kinder« nicht nur äußerlich und wörtlich, sondern auch im übertragenen Sinne verstehen. Die »eigenen Kinder« symbolisieren all das in uns, was schwach und unreif ist, jedoch das Potential in sich trägt, eines Tages groß und stark zu sein. Ihm sich zuzuwenden, heißt mutig sein wie ein Löwe. Es zu hegen und zu pflegen, es zu verteidigen und zu ihm zu stehen, heißt mutig sein wie ein Löwe. Jeder erste Gehversuch ist gleichzeitig der mutigste, dies ist für jeden leicht einzusehen.

Doch können wir wirklich von Mut sprechen, wenn ein Mensch bereits perfekt gehen kann? Schauen wir uns in der Welt um: Wo ist unser Mut? Warum bauen wir – oft feige und ängstlich geworden – immer nur auf unsere Stärken, zeigen sie überall und prahlen damit. Wie oft entsteht in uns die Idee, ganz andere Dinge zu tun, aber wir würgen sie ab, weil wir darin (noch) unfertig sind und uns unfähig und schwach fühlen. So siegen in uns meist die Kräfte, mit denen wir uns stark und überlegen fühlen – unsere Stärken wachsen, jedoch bleiben unsere Schwächen immer weiter zurück. So entsteht im Laufe der Zeit eine gewaltige Kluft in uns, die uns in jene Einseitigkeit führt, die wir allerorten erfahren können: Jeder beherrscht nur sein Fach, ist Spezialist, aber für ein anderes Fachgebiet braucht er einen dafür zuständigen Fachmann – denn dort hat er, so sagt man, zwei »linke Hände«. Diese Einseitigkeit zeichnet den Rennfahrer ebenso aus wie den Bergsteiger, den Politiker ebenso wie den Lehrer, den Chef ebenso wie den Angestellten: Auf ihrem Gebiet sind sie die Größten und Besten, doch im Schatten der Größe finden wir Schwäche und Unvollkommenheit. Was immer wir in dieser Welt Großartiges leisten, es macht uns einseitig und führt zum Verlust der Ganzheit – und der Identität mit uns selbst. Denn unsere Schwächen sind gleichermaßen Bestandteil von uns; lehnen wir sie ab, werden wir sie bald unterdrücken und verbergen. Doch wer die Schwächen in sich haßt und unterdrückt, wird bald in der Welt den Schwachen bekämpfen, weil dieser ihm die eigenen Fehler vor Augen führt. Und der Kampf – wir alle wissen es – erzeugt Feindschaft und Haß.

So bringt uns die fünfte Heraklesaufgabe an die Wurzeln von Ablehnung und Haß: Der Ehrgeiz treibt uns zur Stärke. Stärke aber bedeutet Einseitigkeit. Einseitigkeit unterdrückt auftauchende Schwächen. Aus dieser Unterdrückung entsteht Kampf, Feindschaft und Haß.

Die Welt ist voller Beispiele dafür: Das Land mit dem Ehrgeiz, das Größte und Edelste, das Freiheitlichste und am meisten Entwickelte zu sein, ist gleichzeitig das von weiten Teilen der Welt – den schwachen und unterdrückten – am besten gehaßte. Jedem ergeht es so, wenn er von kaltem Ehrgeiz getrieben wird und ihm Verständnis und Wärme des Herzens fehlen: Er wird verehrt und bejubelt von den einen und gehaßt und abgelehnt von den anderen – aber geliebt wird er von keinem.

So zeigt uns Herakles, wie dieses Dilemma zu lösen ist. Die größte und gewaltigste seiner Taten geschieht in der Verborgenheit der dunklen Höhle; alle Zugänge sind versperrt, alle Waffen und Kampfmittel sind zurückgelassen, niemand kann ihm zusehen. Auge in Auge steht er dem »inneren Löwen« gegenüber, stellt und erwürgt ihn. Der wahre Kampf mit dem Löwen findet also in uns selbst statt. Jeder Mensch, will er seine Löwenkräfte entfalten, steht vor der Wahl, den Blick in die Welt zu richten und das zu tun, was ihm in der Welt Ruhm und Anerkennung, Größe und Gewinn bringt, oder den Blick nach innen zu richten, um mit sich selbst identisch zu werden. Jede Großartigkeit und Stärke geht, wie wir gesehen haben, Hand in Hand mit einer Einseitigkeit, die es nicht zuläßt, sich um das »schwache Kind« im Innern zu kümmern – es wird verdrängt und verkümmert, die Psychologie spricht von Schattenbildung und der dunklen Seite im Menschen.

Wir kennen es alle: Der Held darf nicht weinen, noch seine Gefühle zeigen. Der Selbstsichere darf nicht zaudern, noch Nervosität zeigen. Der Hauptdarsteller darf nicht stottern, noch mitten im Text steckenbleiben.

Mutig sein aber heißt, sich der eigenen Schwäche und Unvollkommenheit zuzuwenden, sie anzunehmen, zu lieben und zu integrieren. Nur so werden wir heil, gelangen in unsere Mitte und müssen der Welt kein Schauspiel mehr bieten. In dem Augenblick, wo wir unser Rollenverhalten ablegen – dies ist das tiefere Geheimnis der fünften Aufgabe – gewinnen wir die große Freiheit: Die wahre Identität mit unserem eigentlichen Wesen. Nie mehr sind wir in dem, was wir tun, darauf angewiesen, ob und von wem wir gesehen oder beachtet werden. Beifall und Anerkennung sind nicht länger Ziel unseres Handelns – sie werden im positiven Sinn des Wortes für uns gleichgültig. Das Löwenfell, das Herakles am Ende für sich behalten kann, mag ein Symbol dafür sein. Im Kampf des Löwen mit Herakles hat es bereits seine Schutzfunktion erwiesen: Die Pfeile des Herakles sind abgeprallt. Weder Lob noch Tadel können in Zukunft Herakles etwas anhaben. Alle Verlockungen und Reize der Außenwelt erreichen den Helden nicht mehr.

Gewinnen wir diesen inneren Kampf, überwinden wir den Glorienschein der Welt in uns und werden frei wie Herakles. Dann sind wir in allem, was wir tun, mit vollem Herzen und freiem Willen dabei. Die Liebe zu dem, was wir tun, ist zur Grundlage unseres Wirkens in dieser Welt geworden – kein äußerer Schein blendet uns mehr.

Die wahre Aufgabe im Zeichen Löwe

Jeder Mensch ist, so sagt ein Volksausspruch, einzigartig, aber dennoch nichts Besonderes. Dies will heißen, daß unsere wahre Größe und Bedeutung in unserer Einmaligkeit liegt und nicht darin, daß wir – in den Augen anderer – etwas Besonderes darstellen. So gibt es Herakles in der fünften Aufgabe ein für allemal auf, seine Stärke zu demonstrieren, nur um im Bewußtsein anderer einen besonderen Platz einzunehmen. Er tötet den Löwen nicht, um den Einwohnern von Nemea zu imponieren, sondern weil er, zurückgezogen in die »Höhle des Löwen« und ohne Verbindung nach außen, erkennt, daß diese Tat zu seiner Bestimmung gehört – und weil er den Löwen liebt. Denn in der liebenden Umarmung verschmelzen Herakles und der Löwe: Der Löwe ist unschädlich gemacht – tot.

Hier lohnt es sich, ein wenig zu verweilen. Der Löwe symbolisiert alle Bilder von Großartigkeit, die uns im Leben begegnen. Überall werden wir auf Menschen aufmerksam, die in unseren Augen Gewaltiges und Großartiges leisten: Wir nennen sie »Meister ihres Fachs«, bewundern und verehren sie, ja manchmal beten wir sie sogar an. Sie stehen als Bild vor uns und werden so in unserem Innern zum Vorbild. Diesen Vorgang beschreibt der Mythos, wenn er davon spricht, daß der »Löwe in das Innere der Höhle« geht: Das Bild von weltlicher Größe nimmt unser Innerstes in Beschlag.

Und nun beginnt der alles entscheidende Kampf: Lieben wir unsere äußeren Vorbilder wirklich, dann gönnen wir ihnen alles – Ehre, Erfolg, Reichtum. Aber wehe, wenn wir sie nicht lieben: Jetzt neiden wir ihnen alles. Im Grunde unserer Seele gönnen wir ihnen weder Ehre, noch Erfolg, noch Reichtum. Aus diesem inneren Geiz heraus entsteht – nomen est omen – der Ehrgeiz. Wir selbst möchten zur selben Ehre, zum selben Erfolg und, wenn möglich, zum selben Reichtum kommen wie unser Vorbild. So treten wir in die Fußstapfen dessen, den wir lange vorher im Innern zum Meister erkoren haben. Indem wir uns – bildhaft gesprochen – Schuhe, Kleidung und Habitus des Vorbilds überstülpen und versuchen, ihm zu gleichen, geraten wir aus unserer eigenen Mitte. Wir verlieren unsere Identität und Kraft.

Sollten wir, auch wenn uns der Schuh uns drückt und die Kleidung nicht paßt, dennoch zu Ruhm und Ehren kommen, dann nur auf Kosten des Verlustes von Liebe, Wärme und Menschlichkeit, da alle Teile in uns, die zum Vorbild nicht passen, geopfert und ausgesondert werden müssen. Das Besonderssein braucht das Aussondern, um existieren zu können. Es lebt von der Trennung, nicht von der Vereinigung, es erzeugt Ablehnung, nicht Zuwendung, es nährt den Haß, nicht die Liebe.

Auch Herakles ist diesen Weg gegangen. Mit 18 Jahren, so sagt der Mythos, hat er bereits seinen ersten Löwen erlegt. Hier begann in ihm die Idee zu reifen, zu den ganz Großen dieser Welt zu gehören. Wir dürfen annehmen, daß er – ohne dieses innere Bild und den Glauben daran – die ersten vier Aufgaben nicht hätte erfolgreich bewältigen können. In der fünften Aufgabe zeigt er uns, daß er das Bild von weltlicher Größe für seine künftige Entwicklung nicht weiter benötigt. Von nun an kann seine Seele wachsen – er entwickelt innere Größe.

Wie ist für uns dieser gewaltige, löwenhafte Entwicklungssprung durchführbar? Wie schaffen wir es, nach Seelengröße anstelle von weltlicher Größe zu streben?

Lassen wir Herakles selbst auf diese Fragen antworten. Er holt den Löwen in die Höhle zurück und stellt ihn zum Kampf. Er versperrt die zwei Ausgänge, einen nach dem anderen, und findet in der Vereinigung mit dem Löwen seine wahre Identität und Einzigartigkeit. Für uns kann dies nur heißen, die zwei Pforten der Wahrnehmung weltlicher Vorgänge zu schließen. So wie über die zwei Höhleneingänge das Licht der Welt in das Innere der Höhle dringt, so drängen die Bilder und Geschehnisse der Welt über unsere Augen zu uns.

Solange wir unsere innere Stimme noch nicht gefunden haben (Heraklesaufgabe im Krebs!), haben wir noch keinen Zugang zu unserem eigentlichen Wesen. Die Folge ist, daß wir die Flut der äußeren Bilder, der weltlichen Möglichkeiten und Gelegenheiten, benützen, um dort das für uns Richtige zu suchen. Das Bild, das uns die Entfaltung unserer Größe und Stärke am ehesten verspricht, machen wir zum Vorbild. Wir alle kennen diesen Vorgang: Wer gut handeln kann, wird Händler; wer gut lehren kann, wird Lehrer; wer gut malen kann, wird Maler. Daß dies zu Einseitigkeit und Fachwissen führt, haben wir bereits gesehen. Daß die Einseitigkeit den Verlust der Mitte bedeutet, wissen wir auch.

Diese Betonung der eigenen Stärke finden wir alle völlig in Ordnung. Auch ist nichts daran anstößig oder gar schlecht. Natürlich gibt es daran auch nichts auszusetzen – außer wir wollen auf dem Weg der Seele fortschreiten. Wenn ja, gilt es für uns zu erkennen, daß das Prinzip des äußeren Vorbildes, verbunden mit einseitiger Kraftentfaltung, eines Tages überwunden werden will. Indem wir uns an unseren innersten Wesenskern (astrologisch die Sonne) wenden, gewinnen wir unsere Mitte wieder. Gelingen wird es, so sagt der Mythos, wenn wir den Blick von der Welt abwenden, d. h. symbolisch die Augen schließen, und im Innern den Löwen, das weltliche Bild von Größe, besiegen. Oft nennen wir jenen inneren Löwen das Ego eines Menschen. Sicherlich, eine Ähnlichkeit ist unbestreitbar. Auch unser Ego ist darauf bedacht, seine mühsam eroberten Positionen zu verteidigen. Zu diesem Zweck unterstützt und nährt es unsere Stärken und unterdrückt unsere Schwächen. Doch es ist nicht identisch mit dem inneren Löwen; es bedient sich lediglich dieses Prinzips und macht es sich zu Nutzen.

Folgen wir dem Mythos weiter, so sagter uns, daß der Löwe mehrfach durch die Hintertür dem Herakles entkommen ist, bevor beide Höhleneingänge verschlossen wurden. Wir müssen also darauf gefaßt sein, daß wir am Anfang bei unseren Kämpfen mit dem inneren Löwen vermutlich nur Scheinsiege erringen. Wir glauben, den Löwen bezwungen zu haben – doch wenig später entdecken wir die Hintertür. Obwohl wir uns ganz sicher waren, nur das Gute und einzig Richtige zu tun, beweist uns das Ergebnis der Tat, daß sie für uns weder gut noch richtig war. Herakles ist es, der in der fünften Aufgabe jene gewaltige Kluft zwischen gutgemeint und wahrhaft gut überbrückt. Nur sein tiefes Inneres kann Antwort geben auf die Frage nach dem rechten Tun, dem richtigen Handeln. Viele von uns vollbringen tagtäglich gute Taten. Viele dieser Taten halten andere Menschen nicht für gut, im Gegenteil, sie halten sie oft für falsch, ja gefährlich, manchmal sogar verbrecherisch. Wer also bestimmt, was gut ist? Ich, der andere oder die Mehrzahl? Oder müssen es alle Menschen gut finden? Vergangenheit und Geschichte der Menschheit zeigen, daß es in der äußeren Welt keinen Gradmesser für »gut« gibt. Herakles verweist uns auf unser Inneres. Hier sollen wir suchen und nur hier können wir das Gute finden – dazwischen liegt ein langer Weg der Selbsterkenntnis, der uns immer mehr zu unserem inneren Kern führt. Verschmelzen wir, wie es in Analogie die Sonne tut, alle unsere Teile zu einem einzigen Wesen, handeln wir von diesem Zeitpunkt an gut – im höheren, schöpferischen Sinn der Bedeutung von »gut«. Herakles gibt somit sein kleineres, subjektives Gut und mit ihm seine alten Bewertungen auf, um Zugang zu einem höheren, objektiven und allumfassenden Gut zu gewinnen. Sein Weg ist nun frei bis zum Zeichen des Schützen, in dem Herakles sein wahres, göttliches Wesen vollständig entfaltet hat.

Als Abschluß bleibt festzustellen, daß Herakles nach der Bewältigung der fünften Aufgabe nur noch sich selbst verantwortlich ist. Er hat erkannt, daß in ihm göttliche Gesetzte gelten. Niemand wird ihm in Zukunft mehr sagen können, was er zu tun oder zu lassen hat. Er ist zu sich selbst offen und ehrlich geworden, muß aber auch mit allem, was er tut, vor sich selbst und seinem inneren Gewissen Rechenschaft ablegen. Er hat niemanden und nichts mehr, auf den er Verantwortung oder Schuld abladen kann, und es gibt keine Wahrheit mehr, vor der er die Augen verschließen darf.

Die Sonne, so heißt es, bringt es an den Tag; sie ist in der Astrologie dem Zeichen Löwe zugeordnet. Ihrer unerbittlichen, alles ans Licht zerrenden Kraft ist er von nun an ausgesetzt. Keine Halbheiten, keine Scheinwahrheiten, keine Notlügen – alle Scheinheiligkeiten fallen von Herakles ab. Jede Hoffnung auf Schonung oder Erleichterung ist aufgegeben.

Der äußere Schein und die dunkle Höhle

Das astrologische Zeichen des Löwen, so hören wir gelegentlich, sei dem Löwenschwanz nachempfunden. In Wahrheit symbolisiert es aber die Schlange, die wir von vielen Mythen her kennen.

»In Wahrheit gehen dir die Augen auf und du wirst wie Gott erkennend gut und böse!« verspricht sie im biblischen Mythos dem Menschen. Unschwer finden wir in dieser Aussage das Bild von Größe, den Löwen, das uns Menschen motiviert und zum Handeln treibt. Zu »werden wie Gott« – einzigartig, groß, gewaltig, schöpferisch, gestaltgebend – ist seit jeher unsere Triebfeder, zumal wir ohnehin »nach dem Bilde Gottes« geschaffen sind.

Nun berichtet uns der biblische Mythos im weiteren Verlauf der Genesis, daß die Schlange tatsächlich die Wahrheit gesprochen hat. Dies kann nur heißen – die fünfte Heraklesaufgabe bestätigt dies –, daß das Göttliche, das Gewaltige und Schöpferische im Menschen in erster Linie in seiner Selbsterkenntnisfähigkeit liegt. Jede Erkenntnis, die wir haben, gleicht einem inneren Schöpfungsakt. Unsere mögliche Größe liegt, so ist anzunehmen, unsichtbar im Innern, nicht sichtbar im Außen. Tun und Wirken in der Welt dienen lediglich dazu, alles in uns Verborgene, Dunkle und Unsichtbare ans Licht zu bringen, damit es durch uns selbst erkannt werden kann. Deshalb sterben mit dem Tod des Löwen alle unsere Vorbilder, damit wir nicht auf Dauer einen Prozeß in Gang setzen, der alles Schwache in uns unterdrückt. Alles so Verdrängte und Abgelehnte (biblisch das »Böse«) entzieht sich dadurch nämlich dem Erkenntnisprozeß. Weil wir es in unserer »inneren Höhle« verbergen und damit unsichtbar machen, heißt dies aber nicht, daß es verschwindet. Im Gegenteil, es wirkt aus dem Verborgenen – zwar sehr subtil, aber um so effektiver.

Ein Beispiel dazu: Angenommen, wir lehnen Geiz und Kleinlichkeit ab – für uns sind diese Eigenschaften »böse«. Unser Vorbild, dem wir nacheifern, heißt somit Großzügigkeit – für uns ist es »gut«. Die Folge ist, wir möchten ja schließlich gut sein, daß wir jede Art von Geiz und Kleinlichkeit in uns unterdrücken. Um den Geiz auszulöschen, werden wir wie von selbst über alle Maßen großzügig. So entsteht die Einseitigkeit: Wir legen automatisch auf das Gegenteil ein größeres Gewicht, die Waage schlägt zur Großzügigkeit aus, doch in Wirklichkeit sind wir bereits weit aus dem Gleichgewicht geraten – unsere innere Mitte ist verloren. Wo immer wir uns befinden, wir sind spendabel und pflegen alle großzügigen Gesten. Um nicht den Anschein des Geizes zu erwecken, haben wir dafür den Anschein des Großzügigen eingetauscht, beides aber ist Schein und trifft weder die Wahrheit noch die Mitte. Genau besehen umgeben wir uns ständig mit dem Anschein dessen, was wir für gut befinden, angestachelt und genährt von dem, was wir als böse verdrängen möchten. Wären wir ehrlich – und dies fordert die fünfte Heraklesaufgabe – müßten wir zugeben, daß in vielen Fällen nicht der gewünschte Heiligenschein von uns ausstrahlt, sondern eher eine Scheinheiligkeit.

Herakles zeigt uns, daß es im Leben um das Sein, nicht um den Schein geht. Wollen wir in der Welt wirkliche und echte Größe erreichen und uns zur mit sich selbst identischen Persönlichkeit entwickeln, müssen wir uns zuerst nach innen wenden, um uns selbst zu erkennen. Wissen wir, wer wir sind, können wir das werden, was wir von Beginn an sind. Nur so können wir zeigen, daß wir »nach dem Bilde Gottes« geschaffen sind.

Herakles – und mit ihm wir alle – sind in der fünften Aufgabe an einem großen Wendepunkt angelangt. Ab jetzt kommt Selbsterkenntnis vor Selbstverwirklichung. Der Wunsch zur Erkenntnis wird die Triebfeder zum Handeln. Nicht mehr länger schauen wir in die Welt, um zu fragen: Was kann und möchte ich erreichen?, sondern wir schauen nach innen und fragen: Was fehlt mir? Was unterdrücke ich? Wo bin ich schwach und unreif? Was muß ich entwickeln?

Die Zahl Fünf – Mensch, Pyramide und Sphinx

Wenn wir gemäß dem Pyramidenprinzip (siehe auch die Heraklesaufgabe in Zwillinge) die ersten fünf Aufgaben des Herakles abschließend betrachten, so entsprechen die ersten vier Aufgaben den vier Pyramidenseiten – sie bilden also die Basis bzw. Voraussetzung. Die fünfte Aufgabe entspricht der Pyramidenspitze – sie bildet somit den Gipfel und gleichzeitig die Synthese der vier vorangegangenen. Das Wort »Pyramide« setzt sich zusammen aus »pyr«, Feuer, und »midos«, Gedanke, so daß es naheliegt – auf den Menschen bezogen – vom »erleuchteten Denken« zu sprechen. Die fünf vergangenen Aufgaben gipfeln darin, daß unser Denken durch ihre Lösung erleuchtet wird.

Wenn wir den traditionellen Sitz unseres Denkens, den Kopf, nehmen, so mag symbolisch die »Höhle des Löwen« unseren Kopf meinen, der ebenfalls zwei Öffnungen besitzt, nämlich die Augen, mit denen wir die Außenwelt wahrnehmen. Erleuchtet ist unser Denken, wenn der »Augenschein«, der Blick nach außen, symbolisch verschlossen wird, damit das innere Auge sehen kann. So erlaubt uns dafür der Mythos eine weitere Interpretation: Der Löwe, Symbol der Sonne und der eigenen Kreativität, dient, von Herakles in die dunkle Höhle gelockt und festgehalten, als Lichtbringer. Nur so ist es dem Helden möglich, alles Verborgene und Dunkle zu erleuchten und anzuschauen. Indem wir mit unserem äußeren Bild von Größe versuchen, identisch zu werden, ja zu verschmelzen, säen wir die Saat der Selbsterkenntnis. Denn erst der mißlingende, am Außen orientierte Versuch bringt die Wendung nach Innen. Von nun an suchen wir die Antwort auf die Frage: Wer bin ich? So erfüllt der Löwe seinen Zweck. Das Denken ist nun erleuchtet – der Löwe stirbt und wird als orakel- und wahrheitsprechende Sphinx in uns wiedergeboren.

Hier wird deutlich, daß Löwe, Schlange und Luzifer (der »Lichtbringer«) in unterschiedlicher Gestalt dasselbe Prinzip meinen: Indem wir das scheinbar Böse verteufeln und ins Dunkle verdrängen, wollen wir das scheinbar Gute nähren und steigern. So geraten wir in die Polarität – wir unterscheiden die Welt in eine gute und eine böse Hälfte. Dabei verlieren wir unsere Mitte, geraten ins Ungleichgewicht, werden krank und leiden. Das Leid aber bringt die Wende: Wir besinnen uns, suchen nach dem Grund und werden Erkennende. Auf diesem Rückweg, den Herakles uns lehrt, befreien wir wieder das Böse, das wir verteufelt und verbannt haben, und erlangen das Heil. Wir erreichen – gut und böse erkennend und liebend – den Ausgangspunkt. Der Kreis hat sich geschlossen. Dabei vereinen sich gut und böse wie die zwei Seiten einer einzigen Medaille: Wir sehen daß sie zusammengehören, schon immer zusammengehört haben und in Wahrheit nie voneinander getrennt waren. Die Trennung von Gut und Böse fand nur in unserem Bewußtsein statt, damit wir gemeinsam den Weg der Selbsterkenntnis gehen. Die uns auf diesem Weg begleitende Kraft der Liebe ist es, die alle in uns noch getrennten und unterschiedenen Teile binden und miteinander verschmelzen kann.

Herakles und Molorchos

Herakles, so sagt uns eine Ergänzung zum Mythos, kehrt vor der Suche nach dem Löwen beim Weinbauern Molorchos ein. Von ihm erfährt er von den zwei Ausgängen der Höhle und der Form, wie der Löwe zu besiegen sei. Vom Wein wissen wir, daß er seine bestimmte Zeit braucht, um zur vollendeten Reife zu gelangen. Auch die Tatsache, daß zum Widderopfer eine Frist von dreißig Tagen zwischen Herakles und Molorchos vereinbart wird und Herakles diese Frist bis zur letzten Sekunde nützt, deutet uns an, daß das Ausfüllen und Ausnützen der vollen Zeitspanne eine wichtige Rolle in der fünften Aufgabe spielt. Noch mehr erkennen wir dies, wenn wir uns bewußt machen, daß jedes der zwölf Zeichen im Tierkreis genau dreißig Grad hat und jedem Grad ziemlich genau ein Tag entspricht. Ein Mondumlauf von Neumond zu Neumond dauert ebenfalls etwa dreißig Tage. Wir dürfen daher annehmen, daß die Erfüllung einer Aufgabe zusammenhängt mit dem gänzlichen Ausfüllen der Aufgabe. Herakles zeigt uns damit in der fünften Aufgabe, daß der von Erfüllung träumende Mensch sich daran messen lassen muß, inwieweit er die ihm gestellten Aufgaben wirklich voll und ganz ausfüllt.

Wir haben bereits gesehen, daß es im Leben darum geht, das zu finden, woran wir mit allen Fasern unseres Herzens hängen. Oft glauben wir, diese alles erfüllende Tätigkeit gefunden zu haben, wissen es aber nicht genau. Die kleine Geschichte mit dem Weinbauern gibt uns möglicherweise das »Maß der Erfüllung« an: Erst wenn wir, Tag und Nacht, einen Mondenlauf lang, eine Tätigkeit ganz ausfüllen und am Ende noch die gleiche Freude wie am Anfang empfinden, ist das Maß erreicht. Jetzt wissen wir, ob sie uns erfüllt oder nicht. Und jetzt entscheidet sich – so sagt der Mythos – ob der Widder dem Zeus oder dem Herakles geopfert wird.

Das Prinzip Widder gilt traditionell als Zeichen des Neubeginns; nicht umsonst ist Widder auch das erste Zeichen im Tierkreis. Das Widderopfer können wir so verstehen: Schaffen wir es, eine Aufgabe gänzlich so auszufüllen, wie Herakles es geschafft hat, finden wir in ihr unsere Erfüllung, und wir können aufhören, nach Neuem Ausschau zu halten – die Kraft des Widders benötigen wir nicht mehr, er kann dem Zeus geopfert bzw. zurückgegeben werden. Schaffen wir es aber nicht, so erfüllt uns die gestellte Aufgabe nicht gänzlich, und wir sollten nach Neuem suchen – die Kraft des Widders und mit ihm die Kraft des Neubeginns benötigen wir weiterhin selbst.

Herakles, der Sonnenheld, ist der erste, der den Löwen bezwingt. Durch seine Tat will er uns den Mut geben, immer wieder Neues zu versuchen, um am Ende das Ersehnte zu finden. Denn eines ist gewiß, Herakles ist das Symbol des sich entwickelnden Menschen. Folgen wir seinen Fußspuren, gibt es für jeden von uns Erfüllung. Die ganze Schöpfung ist so angelegt, daß jeder Mensch in ihr einen vorbestimmten Platz besitzt, der ihn erfüllt und den er, hat er ihn gefunden, gänzlich ausfüllen wird. Jeder von uns ist dazu berufen und aufgefordert, diesen Platz zu suchen und zu finden. Daß es unter allen Berufenen dennoch nur wenige Auserwählte gibt, liegt nicht an den Widrigkeiten des Schicksals, sondern an unserer Halbherzigkeit, mit der wir dem Leben begegnen. Wir haben verlernt, die Liebe zur obersten Handlungsinstanz zu machen, als Ersatz haben wir Vorbilder, denen wir nicht und die uns nicht genügen können. Zu wachsen und zu werden wie Wein – je älter je reifer – könnte die Garantie sein, daß wir eines Tages nicht nur auf ein erfülltes Leben zurückblicken, sondern auch jene Weisheit und Aufrichtigkeit erworben haben, die den Auserwählten auszeichnet.

ASTROLOGISCHE ZUSAMMENHÄNGE IM ZEICHEN LÖWE

Zuordnung

Planet	Sonne
Haus	5. Haus, Kreativität, persönlicher Ausdruck
Mythologisch	Helios, Phaethon
Eigenschaft	Mut, Beherztheit, Ausdruckskraft, Strahlung, Zentrierung
Körperteil	Herz

Das Prinzip Löwe

Löwe gilt traditionell als Zeichen von Pracht und Größe. Die Verwirklichung der inneren Potentiale, der Drang zu handeln, ist vorherrschend. Kraftentfaltung wird zur Notwendigkeit, um nicht innerlich zu verbrennen. Geben und Verausgabung sind stärker ausgeprägt als Nehmen und Ruhe, so daß niemand geschont wird, am wenigsten die eigene Person. Der Wille, sich im Leben einzubringen, überstrahlt alles. Die Suche nach dem Zentrum und Mittelpunkt ist unablässig vorhanden.

Die fünfte Heraklesaufgabe im persönlichen Horoskop

Löwe ist das Zeichen der Sonne. Licht und Erkenntnis sind ebenso wichtige Faktoren wie Wärme und Liebe. Das Geben wird zur Lebensnotwendigkeit in diesem Zeichen.

Befindet sich im Horoskop der Aszendent im Zeichen Löwe, heißt die Botschaft, wenigstens mit der fünften Aufgabe anzufangen. Gemäß dem Thema »Löwe« hieße dies, sich auch einmal Großes vorzunehmen, um es schließlich eines Tages zu wagen. Nur die Tat zählt, und nur der Mutige wird hier belohnt – wer nicht wagt, der nicht gewinnt!

Besondere Bedeutung jedoch hat die fünfte Heraklesaufgabe für Menschen mit Aszendent Jungfrau, da das 12. Haus (äquale Häuser!) – das Haus der Lösung und Meisterung – sich im Zeichen Löwe befindet. Hier mag lange Zeit im Leben danach gestrebt werden, Großartiges zustande zu bringen. Die Gefahr besteht dabei, immer wieder nach dem Muster eines Vorbildes zu handeln: Wir schauen in die Welt, orientieren uns danach, wer dort Großes erreicht hat – und versuchen es nachzumachen. Die Folge ist oft eine haarsträubende Diskrepanz, weil wir uns selbst für unschlagbar und groß halten, während Außenstehende uns oft milde belächeln: Wir selbst halten uns für wahnsinnig groß, die anderen jedoch halten uns lediglich für größenwahnsinnig.

Diese Kluft zu überwinden hilft der Aszendent Jungfrau – traditionell das Zeichen der Bescheidenheit und Wiedereinordnung. Deshalb wird es im Laufe des Lebens wichtig, seine eigene, selbstgebastelte Weltordnung zugunsten der wahren, einen Ordnung aufzugeben. Der Verzicht, nach Beachtung in der Welt zu schielen, bringt erst die wahre innere Größe zum Vorschein. So heißt es mit Aszendent Jungfrau, das eigene, innere Licht anzuzünden. Jetzt können Erkenntnis und erleuchtetes Denken ihren Platz einnehmen und wahre Liebe ausströmen – die Verwandlung vom Saulus zum Paulus hat stattgefunden. Vorher aber haben wir zu lernen, das Tun und Handeln an den Maximen des inneren Erfülltseins zu messen. So ist mit Aszendent Jungfrau besonders darauf zu achten, wenn uns etwas mißfällt oder wir verärgert sind. Dies ist zusammen mit Krankheit und Umwohlbefinden ein sichtbar und erkennbar gewordener Hinweis, daß wir uns wieder einmal nicht in der einen Ordnung befinden. Hier heißt es, unabläßig die eigene Mitte wieder suchen, dabei den Blick von außen nach innen wenden – mit einem Wort: Meditieren.

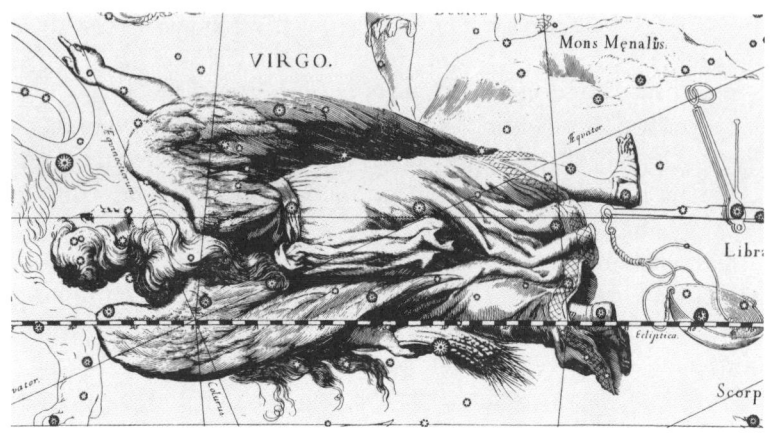

Sechste Aufgabe im Zeichen Jungfrau

Das Ergreifen des Gürtels der Hippolyte

Die sechste Aufgabe des Herakles besteht darin, den Gürtel der Amazonenkönigin Hippolyte, Tochter des Kriegsgottes Ares, zu holen. Den Gürtel hat Hippolyte von Aphrodite, der Göttin der Liebe erhalten. Auch wird gelegentlich behauptet, dieser Gürtel stamme von ihrem Vater Ares selbst.

Die Amazonen werden im allgemeinen als Töchter des Kriegsgottes Ares (im Tierkreis dem Widder zugeordnet) und der Liebesgöttin Aphrodite (im Tierkreis zugeordnet zu Stier und Waage) betrachtet. Hippolyte erfährt von der Absicht des Herakles. Sie berät mit den anderen zwei Amazonenköniginnen, was zu tun sei. Sie kommen zu der Einsicht, den Gürtel dem Herakles freiwillig zu überlassen. Als die Ankunft des Helden im Reich der Amazonen gemeldet wird, geht Hippolyte Herakles entgegen, um den Gürtel zu übergeben.

Herakles jedoch ahnt nichts davon. Er kämpft sofort mit der Amazonenkönigin, entreißt ihr mit Gewalt den Gürtel – und tötet sie dabei. Neben der Sterbenden wird ihm sein schreckliches Versagen bewußt. Herakles macht sich voller Reue auf den Heimweg. Nahe einem felsigen Meeresstrand sieht er plötzlich ein riesiges Meeresungeheuer und vernimmt die Hilferufe von Hesione, Tochter des Laomedon, die eben diesem Ungeheuer auf Anraten des Orakels geopfert werden soll. Ohne zu zögern stürzt sich Herakles ins Meer. Als er das Ungeheuer erreicht, ist Hesione bereits verschlungen. Herakles dringt durch den weit geöffneten Schlund in den Bauch des Ungeheuers ein. Dort findet er Hesione; er nimmt sie mit seiner linken Hand und hält sie fest, während er mit dem Schwert in der rechten sich den Weg nach außen freikämpft. So rettet er – zum Ausgleich für sein Versagen – das Leben von Hesione. Der Tod Hippolytes wird durch die Rettung Hesiones ausgeglichen und wieder gut gemacht.

Ergänzungen zum Mythos

Herakles auf Kos

Es wird erzählt, daß Herakles auf der Insel Kos einen Zwischenaufenthalt einlegt. Dabei kommt es zum Kampf mit den dortigen Einwohnern, den Meropern. Herakles muß weichen. Er verbirgt sich bei einer Sklavin, verkleidet in Frauengewänder, bis er die Meroper besiegen kann.

Herakles und Hesione

Laomedon, der »Volksbeherrscher«, Vater von Hesione, hat die Götter um ihren Lohn betrogen. Er ist stolzer Besitzer berühmter Pferde, die ihm Zeus geschenkt hat. Er verspricht, sie den Göttern zurückzugeben, wenn sie ihm bei der Erbauung Trojas helfen würden. Die Götter helfen, doch Laomedon hält sein Versprechen nicht. Poseidon, der Erbauer der Festung, schickt ihm daher ein alles verschlingendes Seeungeheuer. Das befragte Orakel gibt Laomedon den Rat, seine Tochter Hesione dem Ungeheuer zu opfern. Herakles ist es dann, der sie aus dem Schlund des Riesenfisches befreit.

Und Gott sprach:
»Es werden Lichter an der Ausdehnung des Himmels,
um Tag und Nacht zu scheiden.
Sie sollen werden zu Zeichen und Zeiten
und zu Tagen und Jahren;
sie sollen werden zu Lichtern
an der Ausdehnung des Himmels,
um auf die Erde zu leuchten!«
Genesis 1,14

Deutung des Mythos

Die sechste Aufgabe des Herakles ist von ganz anderer Art als die vorangegangenen. Hatte er es bis jetzt in vier von fünf Aufgaben mit Tieren – Pferd, Stier, Hindin, Löwe – zu tun, trifft er nun zum ersten Mal auf ein weibliches Wesen. Er soll den Gürtel der Aphrodite holen, den die Amazonenkönigin Hippolyte trägt.

Betrachten wir zuerst die Symbolik des Gürtels genauer: Der Gürtel stellt einen Kreis dar, der geöffnet werden kann, um am Ende wieder geschlossen zu werden. Der Sinn eines Gürtels liegt darin, Unverbundenes miteinander zu verbinden, so daß ein »geschlossener Zusammenhang« entsteht. Astrologisch ist diese Symbolik leicht nachzuvollziehen: Der Gürtel meint nichts anderes als das Wechselspiel von Mars/Ares und Venus/Aphrodite, das gelegentlich als der Energiekreislauf im Horoskop bezeichnet wird. Ares, die »Aktio«, öffnet den Tierkreis (Gürtel). Er ist dem Zeichen Widder zugeordnet und verkörpert das Prinzip des Neuanfangs, verbunden mit der Trennung vom Alten. Aphrodite, die »Re-Aktio«, schließt den Tierkreis. Sie gleicht die »Aktio« von Ares angemessen aus, so daß am Ende wieder vollkommenes Gleichgewicht herrscht – als Prinzip der Vollendung ist sie es, die den offenen Gürtel wieder schließt. Unter diesem Gesichtspunkt wird verständlich, warum das mythologische Bewußtsein der alten Griechen den Gürtel der Hippolyte mal Ares, mal Aphrodite zuordnet. Diesen Zusammenhang finden wir auch in der Herkunft von Hippolyte, sagt uns doch der Mythos, sie sei Tochter von Ares und Aphrodite bzw. von Ares und Harmonia (Tochter von Aphrodite).

Herakles, der in der sechsten Aufgabe diesen Gürtel erhält, erkennt damit gleichzeitig das große kosmische Gesetzt der Harmonie: Aktio und Reaktio stehen immer im angemessenen Verhältnis. Dieses Gesetz ist Grundlage dafür, daß es im Leben nur, im großen wie im kleinen, Kreisläufe gibt – alles Begonnene wird zum Ausgangspunkt zurückgeführt, alles Geborene muß wieder sterben, alles Gewordene muß eines Tages vergehen – jedes Öffnen des »Gürtels« erzwingt das Schließen.

Um dieses Gesetz zu verstehen, muß sich Herakles auf das Du, das andere Wesen einlassen. Zum ersten Mal begegnet ihm das Weibliche, das andere Geschlecht. Verallgemeinert können wir sagen, daß er in dieser Aufgabe mit der »anderen Art« schlechthin konfrontiert wird. Und sofort werden seine Schwächen offensichtlich. Die fünfte Aufgabe hat ihm zu verstehen gegeben, daß er sich von nun an seinen Schwächen zuwenden muß, um ganzheitlich zu werden. Er tut es, doch wie zu erwarten war, ohne Ruhm und Beifall dafür zu ernten. Hippolyte, die ihm freiwillig den Gürtel anbietet, wird angegriffen und getötet. An diesem Punkt wendet sich das Blatt: Was gestern noch die Stärke des Herakles war, zählt heute bereits zu seinen Schwächen. Er hat sich unangemessen verhalten, und er lernt – zum ersten Mal – den aphroditischen Weg der Heilung und Wiedergutmachung. Seine aktiven, kämpferischen Kräfte hat Herakles bereits vorher geschult, seine reagierenden Kräfte bedürfen nun der Vervollkommnung.

Versetzen wir uns einmal in die Lage des Helden: Fünf schwierige Aufgaben haben seine ganzen kämpferischen Kräfte gefordert. Die Erfahrungen von Kampf haben ihn geprägt. Bereitschaft zur Auseinandersetzung, gewaltige Kräfte und der Wille zum Sieg haben ihn gelenkt, und seine Haltung zur Welt bestimmt. Diese innere Einstellung aber macht für ihn die Welt zum Gegner. In seiner Vorstellungswelt ist noch kein Platz für Freiwilligkeit und Entgegenkommen. Seine eigene »feindliche« Grundeinstellung projiziert er auf Hippolyte, um dann zu kämpfen und zu töten. Erst jetzt gewinnt er die Einsicht: Die Tat beruht auf seinem eigenen Mißverständnis. Dennoch lernt Herakles seine Lektion. Indem er sich bewußt wird, daß er das aphroditische Gesetz der Harmonie verletzt hat, rettet er Hesione und stellt so die »kosmische Ordnung« wieder her.

In dieser sechsten Aufgabe wird offensichtlich, daß alles uns Begegnende dem vollkommenen Prinzip der Aphrodite unterliegt. Sie knüpft Beziehungen und Verbindungen so, daß sie in unterstützender Weise uns im wahrsten Sinn des Wortes entgegenkommen – wie Hippolyte dem Herakles. Dieses Gesetz der Harmonie zu durchschauen, heißt begreifen, daß die Welt unserer Beziehungen stets in idealer Weise unserer Entwicklung dient – mit allen sich daraus ergebenden Konsequenzen. Integrieren wir diese Erkenntnis, können wir alles Entgegenkommende mit in unser Leben einbeziehen. Abwehr und Kampf, Widerstand und Verweigerung haben ein Ende – wir werden ruhig und ausgeglichen.

Für uns alle ist dies schwer einzusehen, sind wir doch zutiefst überzeugt, daß wir in diesem Leben ohne Kampf zum baldigen Untergang verurteilt wären. So ist es für uns zur Gewohnheit geworden, für unsere Rechte einzutreten und zu kämpfen, ohne den eigentlichen Sinn zu hinterfragen. Die Angst, etwas nicht zu bekommen oder nicht zu erreichen, treibt uns an. Nun zeigen uns die ersten fünf Aufgaben, daß tatsächlich zuerst der Kampf kommt, ehe eine wirkliche Verbindung zu Aphrodite hergestellt werden kann. Wir sollten das deshalb nicht mißverstehen und voreilig alle unsere Kämpfe abbrechen, nur weil uns die Jungfrauaufgabe lehrt, Aktio und Kampf zugunsten von Reaktio und Ausgleich aufzugeben. Dennoch sind wir für die kosmische Harmonie blind geworden in unserer einseitigen Ausrichtung auf Mars/Ares, den Gott des Kampfes. Das weiblich passive Prinzip der Reaktio erscheint uns schwach und unterlegen gegenüber dem männlich-aktiven Prinzip der Aktio. So konnte es dazu kommen, daß wir zu »Machern« geworden sind. Dabei werden tausend Dinge angefangen und ausprobiert, doch nichts wird wirklich beendet und zu seinem Ursprung zurückgeführt.

Aufgeschoben, so sagt das Gesetz der Harmonie, ist jedoch noch lange nicht aufgehoben. Im großen ist es für uns leichter zu sehen, aber es gilt ebenso im kleinen. Wann immer wir eine Aktion starten, so teilt uns der Mythos mit, begegnet uns die Welt genau so, wie es unserer Aktion angemessen ist. Der Maßstab hierbei ist Aphrodite, die Göttin der Vollkommenheit. Des weiteren erfahren wir, daß die Welt unserer Aktion auch noch entgegengekommt, d. h., wir erhalten von außen Unterstützung, damit unsere Aktion auch vollendet werden kann. Dieses Ende allerdings unterliegt nicht unseren persönlich-subjektiven Willen noch unseren Wünschen und Bedürfnissen, sondern erfolgt nach objektiv-ganzheitlichen Kriterien. Dies ist der Grund, warum wir immer wieder mit Beziehungen und Begegnungen konfrontiert werden, die uns offensichtlich Widerstand leisten bzw. unsere Aktionen gänzlich zunichte machen. Das Problem liegt aber in Wirklichkeit weder im Außen noch bei Aphrodite, sondern in uns selbst: Unsere eigenen Unvollkommenheiten, unsere Schwächen und Fehler, erzwingen die äußere Reaktion. Adäquat – also angemessen – ist die Reaktion, die uns hilft, das Angefangene zu beenden. So ist es zu verstehen, wenn bei ähnlichen Aktionen völlig unterschiedliche Reaktionen hervorgerufen werden: Jeder von uns erhält genau das, was er verdient. Hier lohnt es sich, genau hinzuschauen: Verdienen hat mit dienen zu tun. Wir bekommen sozusagen im »gleichen Verhältnis« wie wir bereit sind, der Welt und dem Ganzen zu dienen. So wie Herakles müssen wir erst lernen, daß die Welt – und mit ihr Aphrodite – uns wohlgesinnt ist. Projizieren wir unser kampfbetontes Weltbild auf den anderen, so wird es uns genau so ergehen, wie es der Mythos beschreibt: Aus Entgegenkommen wird Gegnerschaft – wir »töten« die Amazonenkönigin und mit ihr all das, was uns die helfende Hand reicht. Bleiben wir in jener fatalen Projektion stecken, sind wir niemals imstande, aus unseren Beziehungen zu lernen. Die Folge sind fehlgeschlagene Beziehungen und Trennungen, ohne je die wirklichen zwischenmenschlichen Probleme gelöst und die »geöffneten Gürtel« geschlossen zu haben.

Betrachten wir dazu ein Beispiel: Zwischen zwei Ehepartnern kommt es zum Streit. Der Mann wirft der Frau vor, sie sei ständig mit Freundinnen unterwegs und nie für ihn da. Die Beziehung gerät in eine Krise und steht kurz vor der Trennung.

Analysieren wir: Der Mann hat dort eine Schwäche, wo seine Frau bereits eine bestimmte Qualität verkörpert. Er ist weniger kommunikationsfähig als seine Frau, hat daher weniger Freunde und muß öfter allein sein. Bei der Partnerwahl gefällt ihm (Aphrodite!), wie könnte es anders sein, eine Frau, die seine Schwäche bereits als Qualität bzw. Stärke entwickelt hat. Freiwillig und ungezwungen – wie Hippolyte – zeigt die Frau nun tagtäglich dem Mann durch ihr Verhalten und Auftreten, was ihm fehlt. Genial, wie die Göttin der Liebe dies eingerichtet hat. Jetzt brauchte der Mann den »freiwillig angebotenen Gürtel« nur noch anzunehmen und zu übernehmen, dann hätte sich der Sinn der Beziehung erfüllt. Aber was tut der Ehepartner? Er dreht den Spieß um, bis alles verdreht ist. Statt von der Frau zu lernen und von ihren ihm »entgegenkommenden« Fähigkeiten zu nehmen, möchte der Mann plötzlich, daß sie von ihm lernt. Da er selbst öfter zu Hause ist, liest und allein ist, legt er ihr nahe, mehr zu Hause zu bleiben und nicht immer und überall dabeizusein. Lesen, so wird er hinzufügen, könnte ihr ebenfalls nicht schaden. So projiziert er seine eigene Einstellung und Lebenshaltung bedenkenlos auf die Partnerin – der Kampf beginnt. Der Mythos sagt uns, daß es nicht lange dauern wird, bis das Ende der Beziehung erreicht ist – die Trennung erfolgt, »Hippolyte« ist tot.

Der Kreislauf jedoch ist noch lange nicht geschlossen. Ruhe und Frieden lassen noch ein Weilchen auf sich warten. Da die Schwäche unseres Ehemanns nicht behoben ist, beginnt dasselbe Spiel mit der nächsten Partnerin von neuem.

Herakles zeigt uns, wie wir aus diesen Teufelskreis herauskommen. Er hat zwar getötet, aber er bereut und ist bereit, wieder gutzumachen. Das Geschehene ist nicht rückgängig zu machen, aber es kann und sollte so ergänzt werden, daß eine Heilung eintreten kann. Hier gilt es, den Mythos genau anzuschauen. Er spricht von einer »Tat« des Herakles: Er stürzt sich ins Meer, um die hilferufende Hesione zu befreien. Dies mag uns andeuten, daß Wiedergutmachung, wie immer wir dazu stehen, nur durch die Tat und durch nichts anderes geschehen kann. Wiedergutmachung heißt, Geschehenes in Ordnung bringen. Es kann aber nur dort in Ordnung gebracht werden, wo die Unordnung ihren Ausgangspunkt hatte. Es muß sich also auch hier ein »Kreis« bzw. ein »Gürtel« schließen.

Betrachten wir als einfaches Beispiel ein Buch. Wenn wir es zum Lesen von seinem Platz im Bücherregal nehmen und auf den Tisch legen, ist die »Ordnung« noch nicht wieder hergestellt. Stört uns das Buch auf dem Tisch und legen wir es an einen anderen Ort, ist die anfängliche Ordnung immer noch nicht hergestellt. Erst wenn das Buch seinen Platz im Regal wieder einnimmt, stimmt die Ordnung. Was uns hier im kleinen, überschaubaren Bereich einfach erscheint, läßt sich für uns, wenn die Dimensionenen größer werden, wesentlich schwieriger erfassen.

Dazu ein Beispiel, das in uns allen immer wieder Emotionen auslöst – in Wirklichkeit deshalb, weil wir es bis heute noch nicht richtig – richtig im Sinn des Mythos – gelöst haben:

Nach dem zweiten Weltkrieg war »Wiedergutmachung« zum Schlagwort geworden. Das Verhältnis zwischen Juden und Deutschen war gewaltig in Unordnung geraten. Wie aber kann Ordnung wieder hergestellt werden. Nun, die erste Frage muß lauten: Wo hatte die entstandene Unordnung ihren Ursprung? Wiedergutmachung müßte dann heißen, alles wieder in die ursprüngliche Ordnung zurückzuführen. Auf der Suche nach dem (unbekannten) Ursprung hilft uns der Mythos: Herakles projiziert und tötet. Oder umgekehrt: Wer tötet, der projiziert vorher auf den anderen! Demzufolge müssen es kollektive Projektionen auf die Juden gewesen sein, die zu Mord und Ausrottung geführt haben. Im Bild des Mythos wird nun das jüdische Volk durch die Königin der Amazonen verkörpert, die dem starken und kampfbereiten Herakles – also den Deutschen – gegenübersteht.

»Amazon« heißt in der ersprünglichen Bedeutung soviel wie »Stärke durch Geschlossenheit«. Diese Geschlossenheit (Gürtelsymbolik!) wird im Mythos auch dadurch unterstrichen, daß die Königin Hippolyte in Abstimmung und Übereinstimmung mit dem ganzen Volk der Amazonen den Gürtel dem Helden entgegenbringt. So ist die Geschlossenheit des jüdischen Volkes der wahre Dorn im Auge des deutschen Volkes gewesen. Den Deutschen, die bis heute noch um innere Geschlossenheit ringen und dennoch ständig Gefahr laufen, zu zersplittern und in ihre Bestandteile zu zerfallen, mußte ja die »andere Art« der Juden ins Auge stechen. Es ist Aphrodite, die Göttin der vollkommenen Beziehungen, die den

Deutschen das jüdische Volk schickte, um von ihm Geschlossenheit zu lernen. So zeigt in dieser Begegnung das jüdische Volk, wo die eigentliche Schwäche liegt: Die Deutschen haben keinen bzw. wenig inneren Zusammenhalt, weil sie keine gemeinsame, alles verbindende Religion besitzen, die gleichzeitig Basis für Staat, Kultur und Erziehung sein könnte. Statt nun diese freiwillig angebotene Gabe anzunehmen und davon zu lernen, den eigenen Zusammenhalt zu fördern und zu stärken, wurde – wie im Beispiel vorher – der Spieß umgedreht: So, wie Herakles Hippolyte in einen Kampf mithineinzieht, so geschah es mit den Juden: Die Deutschen forderten die Auflösung dieser Geschlossenheit und die Integration des jüdischen Volkes im eigenen Volk, obwohl sie in Wirklichkeit keine innere Geschlossenheit besaßen. Sie verlangten von den Juden, ihre eigene Qualität aufzugeben, anstatt diese Qualität anzuerkennen und daraus Nutzen zu ziehen. Dieser Mangel an innerer Geschlossenheit ging schließlich soweit in die »Projektion«, daß die Deutschen am Ende glaubten, anstelle des inneren Zusammenhalts könne die Demonstration äußerer Stärke, Macht und Größe die Geschlossenheit erwirken – doch aus den erhofften »tausend Jahren« wurden nur wenige. Die Geschichte hat gezeigt und wird immer wieder zeigen, daß jede äußere Größe zerfällt, wenn der innere Halt nicht vorhanden ist. Deshalb dürfen wir den »Gürtel« auch als Symbol für Zusammenhalt und innere Geschlossenheit betrachten.

Doch wie könnte in dem gewählten Beispiel Wiedergutmachung aussehen? Lassen wir auch hier den Mythos antworten: Herakles, so haben wir bereits gehört, bereut und wird aktiv. Diese Reue ist aber nichts anderes, als die Erkenntnis der Qualität des Entgegengekommenen und des Entgegengebrachten. Denn der Mythos berichtet, daß er jetzt erst erkennt, daß die Gabe der Amazonenkönigin freiwillig war und sie zur schnelleren Lösung seiner Aufgabe beitragen wollte. So verkörpert Hippolyte das, was Herakles im Unbewußten sich zwar zutiefst ersehnt, aber nicht zu hoffen gewagt hat. Für uns bedeutet dies in letzter Konsequenz, daß alles uns Entgegengebrachte und Entgegenkommende immer das zutiefst Ersehnte beinhaltet – dies ist das Geheimnis der Liebe und das Gesetz von Aphrodite.

Auf unser Beispiel übertragen hieße dies: Das von allen Deutschen zutiefst Ersehnte ist der innere Halt und die innere Geschlossenheit, die auf einer allen gemeinsamen Religion basiert. Diese unterentwickelten Fähigkeiten wollen eine höhere Stufe der Entwicklung erklimmen. Das als inneres Anliegen zu erkennen, wäre gleichbedeutend mit dem ersten Schritt der Wiedergutmachung. Tief in der Seele eines jeden Deutschen ist (noch verborgen) eine starke Sehnsucht nach einer »tragenden« Religion im biblischen Sinn, die alle streitenden und widerstreitenden Teile verschmilzt und zu einer wirklichen Einheit führt. So wäre der nächste, folgerichtige Schritt der Wiedergutmachung, diese Sehnsucht zu fördern und eine einheitliche Religion wieder zur tragenden Basis von Politik, Kultur und Erziehung zu machen. Weil die Deutschen in einer Religionsspaltung leben, haben sie die Geschlossenheit verloren und können nie zu einer wirklichen Einheit kommen. Sie wird daher in Gestalt des jüdischen Volkes von außen geschickt.

Wiedergutmachung heißt: Am Ende das Fehlende zu integrieren, um heil zu werden. Religion aber heißt, sich wieder verbinden mit den Wurzeln (Anm.: religio = Rückverbindung) unserer Herkunft. Dies will jedoch keineswegs heißen, in Vergangenes zurückzufallen – mit diesem Mißverständnis könnte dabei ebenfalls aufgeräumt werden. Vielmehr meint Rückverbindung: Das Alte mit dem Neuen zu verbinden und zu einer Synthese zu bringen. Alle Weisheitslehren der Menschheit – und dazu zählt auch die Torah (= die Fünf Bücher Moses) der Juden – sind alt und gehören zu unseren Wurzeln. Nur wer das Neue gut verwurzelt im Alten, dem wird Festigkeit und Geschlossenheit gelingen – vom jüdischen Volk kann man es lernen. Und nur auf diese Art und Weise ist der »Gürtel der Hippolyte« zu erringen.

Die wahre Aufgabe im Zeichen Jungfrau

Der Drang, zu erobern, ist verbunden mit der Ungeduld des Kämpfers. Dies gibt Herakles in der sechsten Aufgabe als erstes auf. Er lernt, was es heißt, Beziehungen einzugehen, und macht die Erfahrung, daß alles Andersartige und Andersgeartete dennoch unauflöslich und auf geheimnisvolle Weise mit ihm verbunden ist. Erfüllt er seine Bestimmung, kommt ihm die Welt entgegen. Indem er dies erkennt, kann er alle Projektionen aufgeben: Alles, was ihm begegnet, ist von nun an gut; weder in seinem Bewußtsein noch in seinem Leben gibt es einen Raum für Feind und Widersacher, Gegnerschaft und Ablehnung.

Unendlich viel können gerade wir von dieser Aufgabe lernen, ist uns doch Lebenskampf und Auseinandersetzung so tief eingeprägt, daß es für viele bereits um das nackte Überleben zu gehen scheint.
Beobachten wir doch einmal genauer unsere Auseinandersetzungen. Nehmen wir als Beispiel zwei Kontrahenten, sagen wir Nachbarn, die sich gerichtlich auseinandersetzen. Der Eine hat einen schönen, großen Baum in seinem Garten stehen, der aber den ganzen Tag Schatten auf die Terrasse des anderen wirft. Der Erste sagt, daß der Baum schon stand, bevor Haus und Terrasse des anderen gebaut wurden. Der Zweite aber sagt, ihm stünde das Recht auf eine sonnige Terrasse zu und sein Anspruch sei höher zu bewerten als der des Nachbarn.
Wie kommt es bei dieser Ausgangslage zur gerichtlichen Auseinandersetzung? Warum setzen die zwei sich nicht ruhig zusammen? Warum können sie sich nicht einigen?
Das tiefere Problem der beiden Nachbarn ist, daß sie nicht erkennen, daß es Aphrodite war, die sie – Grundstück an Grundstück – zusammengeführt hat. Beiden fehlt nämlich angemessenes Verhalten im Umgang mit dem Du, aber schon lange bevor sie aufeinandergetroffen. Beide besitzen kein Verständnis für die Andersartigkeit des Nachbarn – jeder hat seine eigene Einstellung und ist bereit, sie durch Kampf zu verteidigen. Um ihr Verhalten zu wandeln, müssen sie erkennen, was in der eigenen Person »nicht in Ordnung« ist.
Betrachten wir diese Situation – vor allem in Hinblick auf den Schatten – symbolisch-psychologisch: Der Erste ist sich seines eigenen Schattens nicht bewußt, der so groß ist, daß er jenseits des eigenen Bereichs andere tangiert, ihnen das Licht wegnimmt und Ärger auslöst. Der Zweite ist sich nicht bewußt, daß er dem Ersten zu nahe kommt, so daß er vom übergreifenden Schatten ge- und betroffen ist. Er hindert sich somit selbst, zum Licht zu kommen.

So übertragen und verallgemeinert gewinnt die Situation archetypischen Charakter und zeigt, daß jede Auseinandersetzung auf diesem Prinzip aufbaut. Der »Schatten« eines Menschen, so hat die fünfte Heraklesaufgabe im Löwen gezeigt, ist derjenige Teil in uns, den wir nicht leben, weil wir uns auf unsere Stärken konzentrieren. Wir lehnen unsere Schwächen in der Regel ab und verdrängen sie – so gelangen sie in den »Schattenbereich«; und alles, was im Schattenbereich liegt, fehlt uns jetzt zum Heil. Dort, wo viel Licht ist, sagt ein alter Spruch, ist auch viel Schatten. Aber gerade dieser ungelebte Teil – der Schatten – in uns ist die Grundlage dafür, welche Begegnungen und Beziehungen uns Aphrodite bringt. Stets erfüllt sich das große Gesetz der Harmonie: Das Eine und das Fehlende müssen sich immer und überall begegnen, damit jede Beziehung den Ausgleich bereits in sich trägt und jeder Mensch seine Qualitäten voll entfalten kann. Anders ausgedrückt liegt in jeder Beziehung eine (vorerst verborgene) Qualität, die durch Entwicklung, Wandlung und gegenseitiges Zusammensetzen sichtbar werden will.

Wenn wir auf das vorherige Beispiel nochmals zurückgreifen, so könnte uns klar werden, daß es unser Schatten ist, an dem sich die Außenwelt, mit der wir in engerer Beziehung stehen, stößt. Wann immer wir Ärger bekommen, waren wir selbst der Stein des Anstoßes. Hier hilft es wenig, genauer gesagt gar nichts, wenn wir in die Projektion gehen und dem anderen vorwerfen, es sei sein eigenes Problem. Schließlich ist er es ja, der sich ärgert, so sagt unser rationaler Verstand, also liegt das Problem auch bei ihm! Wer so denkt und reagiert, mißversteht gründlich den Sinn der Beziehung. Der »Ärger« des anderen ist nämlich die aphroditisch-vollkommene Reaktion auf unser Verhalten. Wie sonst könnten wir je unsere Fehler erkennen – außer im Spiegel der Außenwelt. Dieser Zusammenhang ist mehr als offensichtlich, doch wir verschließen die Augen und stellen uns blind. Im kleinen ist es der Nachbar, der den »Schatten wirft«, im großen ist es die zerstörte und verschmutzte Umwelt, die auch nur Reaktion ist, und zugleich zum Spiegel unserer kollektiven Fehler und Schwächen wird.

Durchschauen wir das Gesetz des gerechten Ausgleichs nicht und gehen in die Projektion, entstehen jene Vorwürfe und Schuldzuweisungen, die keinerlei Sinn machen. Im Gegenteil, sie hemmen sogar die Entwicklung. Dringend notwendig für uns ist es, statt sich auseinanderzusetzen, sich wieder zusammenzusetzen und alle verfahrenen Situationen in Ruhe zu betrachten, um unsere eigenen, inneren Fehler anzuschauen. Dort, so haben wir gesehen, liegt der Ursprung, nicht draußen.

So mag der Tod der Amazonenkönigin Hippolyte seine besondere Bedeutung haben. Denn erst jetzt, im Frieden des Todes, ist auch Herakles friedlich geworden, so daß er den Blick weg von Hippolyte auf sich selbst lenken kann. Sein Versagen wird ihm bewußt – in Ruhe kann er die Fehlerhaftigkeit seines Tuns erkennen, denn die »Projektionsfläche« im Außen ist tot.

Wollen wir wie Herakles unsere Fehler sehen, müssen auch wir zur Ruhe kommen. Sind wir verletzt oder verärgert, ist ein Erkennen nicht möglich. Ehe wir nicht selbst wieder ausgeglichen und friedlich sind, können wir Einsicht in eigene Fehler und Schwächen, Verdrängungen und Schattenseiten nicht gewinnen. Der Abendstern, Venus/Aphrodite im Tierkreiszeichen der Waage, mag uns dies verdeutlichen. Er steht als Symbol für jene erkennende Intelligenz in uns, die am Abend, nach vergangener Aktivität zur Ruhe gekommen, mit kühler Distanz und klarer Vernunft die vergangenen Geschehnisse des Tages beleuchtet. Nur so erreichen wir jenen Grad der Objektivität, der es uns ermöglicht, in der Abwägung das Vergangene wie von einem dritten, neutralen Punkt aus anzuschauen und zu bewerten. Erkennen wir unsere Fehler, werden wir eines Tages, falls die Erkenntnis genügend schmerzt, bereit sein, aus ihnen zu lernen. Venus/Aphrodite im Zeichen Stier symbolisiert als Morgenstern dann jene vorausschauende und planende Intelligenz in uns, die es uns ermöglichen wird, gereift und verwandelt in den werdenden Tag zu schreiten. So schließt sich der »Gürtel der Aphrodite« zu einem Kreislauf der Vollkommenheit.

Ein für alle mal, so lehrt uns die sechste Heraklesaufgabe, sollten wir den Glauben daran aufgeben, daß wir bereits »vollkommen« oder »gut« oder »in Ordnung« sind, denn von jetzt an geht es nicht mehr um unsere Stärken, sondern um unsere Schwächen. Wir dürfen davon ausgehen – und unsere Umwelt als Spiegel unseres

Selbst zeigt es überdeutlich –, daß wir von jeder Art menschlicher Vollkommenheit weit entfernt sind. Dies anzuerkennen ist kein Akt der Dummheit, vielmehr ist es dumm und töricht, es nicht zu sehen. Voraussetzung aber für diese Einsicht wird sein, daß wir alle, jeder einzelne ebenso wie Gesamtheiten, endlich aufhören damit, uns in jeder Phase des Lebens als den Gipfel der Schöpfung zu betrachten. Bescheidenheit, traditionell in der Astrologie eine Jungfrauqualität, wäre dringend nötig. Es sind die Wissenschaften, die uns ständig vorgaukeln, wir alle seien doch heute »wesentlich weiter« als vor ein paar Jahren oder Jahrzehnten. Für die Wissenschaft, die sich mit der sichtbaren äußeren Welt befaßt, mag es stimmen, doch dies gilt keineswegs für die Weisheit, die sich der unsichtbaren Welt im Innern des Menschen zuwendet. In den Weisheitslehren finden wir den Maßstab, an dem Menschsein gemessen wird, aber von ihnen haben wir uns mehr denn je entfernt.

So verlangt die sechste Aufgabe, den Blick nach Außen aufzugeben, um wieder frei zu sein für den Blick nach Innen. Das Gleichgewicht zwischen Wissenschaft und Weisheit muß wiederhergestellt werden. Die Tragik – und vielleicht auch der Untergang – des Menschen ist es, wenn er in seiner inneren Unvollkommenheit verharrt, während er danach trachtet, außen eine »heile Welt« zu schaffen. Wir handeln wie ein schlechter Maler, der seine mißlungenen Bilder durch einen schönen Rahmen aufwertet, aber nicht bereit ist, seine ihm innewohnenden Fähigkeit zu vervollkommnen. Die tiefgründige Frage: Was fehlt dir? müssen wir wieder an uns selbst richten. Nur so können wir unsere kleinen und großen »Krankheiten« lösen. Krankheit ist ein Symbol unserer Zeit geworden. Sie macht das uns Fehlende sichtbar – denn Kranksein heißt, seine Schwächen am eigenen Leib erfahren. Lernen wir sie anzunehmen, anstatt zu bekämpfen. Alle Mittel des Kampfes, so teilt uns der Mythos mit, führen zwangsläufig zum Fehlschlag. Jede Krankheit – ob bei Menschen oder bei Systemen – ist durch Aphrodite zu uns gekommen und dient in Wahrheit dem Erhalt der Harmonie im Ganzen. Jeder Kampf um Beseitigung von Krankheit in der äußeren Welt ist der Versuch, dieses unabänderliche kosmische Gesetz von Harmonie und Liebe zu zerstören. Gemäß diesem Gesetz aber erfährt eines Tages der Zerstörer die angemessene

Reaktion: Er oder zumindest seine Absicht wird selbst zerstört werden. Dies erkennen, daraus zu lernen und sich zu wandeln heißt: Wiedergutmachung!

Die Amazonenkönigin Hippolyte

Der Begriff »Amazone« meint in der Urbedeutung soviel wie »Stärke durch Geschlossenheit«. Hier finden wir eine Analogie zum Gürtel, dessen Kraft und Stärke sich ja ebenfalls erst im geschlossenen Zustand zeigt.

Gleich Müttern, wenn es um ihre Kinder und Familien geht, halten die Amazonen zusammen, wenn von außen Not und Bedrängnis auf sie zukommen. So berichtet uns der Mythos, daß die Amazonen erst nach Beratung den gemeinsamen Beschluß faßten, Herakles den Gürtel der Aphrodite zu übergeben. Auch wird berichtet von drei Königinnen, die gemeinsam regierten. Hippolyte, eine dieser drei Königinnen, ist die Erwählte, die dem Helden entgegenkommt. Unschwer erkennen wir das Aufeinandertreffen zweier Gegensätze: Hier Herakles, bis jetzt nur Einzelkämpfer, und dort Hippolyte, eine von drei Königinnen, die nur in gemeinsamer Beschlossenheit mit allen anderen handelt. Hier der Eroberer dort die freiwillig Gebende.

Herakles wird mit der Andersartigkeit schlechthin konfrontiert, um angemessenes Verhalten zu lernen. Der Begriff »Artigkeit« hat bis heute seine Bedeutung erhalten, verstehen wir doch unter einem »artigen« Menschen gerade denjenigen, dessen Verhalten die Zustimmung aller anderen hat.

Unter diesem Aspekt betrachtet, können wir uns der Bedeutung von Hippolyte nähern: Übersetzt heißt »Hippolyte« soviel wie »vom Pferd gelöst«. Die »Pferde« sind uns in der ersten Heraklesaufgabe im Widder begegnet. Sie symbolisieren die individuelle Triebkraft, wobei wir erkannten, daß es sich hier auch um die individuelle, ich-bezogene Denkkraft des einzelnen handelt. Dieses Denken hat noch keinen Bezug zum Du, weil es im Innern aus der Welt der eigenen Ideen schöpft. Dieser mangelnde Bezug ist es, der uns Menschen zu Einzelkämpfern macht nach dem Motto »Jeder erst einmal für sich«, was das »Jeder gegen jeden« zur Folge hat.

Wir haben gesehen, daß es letztlich zur Feindprojektion führt, die Herakles verleitet, Hippolyte zu töten.

Sich von den »Pferden zu lösen« meint also, das reine Einzeldenken aufzugeben und nach der allgemeinen Zustimmung zu suchen. Unser marsisch-individueller Geist wird sicherlich sofort einwenden, daß dies unmöglich sei. Schließlich können wir doch nicht jeden fragen, ob er einverstanden sei, bevor wir zu handeln beginnen. Jeder hat eine eigene Meinung, und die Erfahrung zeigt uns, daß viele Meinungen fast nie zu einen sind. Aber so ist es nicht gemeint. Sich vom »Pferd lösen« heißt lediglich, in sein eigenes Denken soweit wie möglich die Belange aller miteinzubeziehen und dabei den fremden Belangen die gleiche Wertigkeit beizumessen wie den eigenen. Gehen wir nach diesem Prinzip vor, so verheißt uns der Mythos ein Entgegenkommen der Welt. Wir müssen unsere so abgestimmten und angepaßten Belange und Bedürfnisse nicht mehr durchsetzen und mühevoll erkämpfen, sondern sie werden uns wie von Zauberhand entgegengebracht – Gegenwehr und Widerstand entfallen, die Beziehungen bleiben »am Leben«.

Hier ist es wichtig, genau hinzusehen: Spricht der Mythos vom »Tod« der Hippolyte, so meint er keineswegs irgendeinen physisch-körperlichen Tod. Dies wäre zu einfach, außerdem könnte jeder von uns die Ausrede benutzen, daß er mit Sicherheit noch niemanden getötet hat – die sechste Aufgabe ihn somit gar nicht betreffen kann. Mit dem »Tod« ist das »Ende einer Begegnung oder Beziehung« gemeint. Im gleichen Sinne ist auch das biblische »Du sollst nicht töten!« aufzufassen. Fortwährend nämlich geht die Welt mit uns Beziehungen ein. Menschen, Tiere, Pflanzen und Dinge begegnen uns. Sie gefallen uns, und wir verbinden uns mit ihnen. Dahinter steckt der Sinn, uns auf unserem Weg zu ziehen, ähnlich wie Pferde, die vor unseren Wagen gespannt sind. Nehmen wir vom Du dieses Ziehen an, entwickeln wir uns kontinuierlich. Verweigern wir aber die Beziehung, wird daraus ein gegenseitiges unfruchtbares Zerren: Jeder will den anderen (er-)ziehen, doch keiner läßt sich vom anderen wirklich beeinflussen. Der Sinn der Beziehung bleibt unerfüllt, Stagnation und Frustration treten ein – die Beziehung ist tot.

Der Gürtel der Aphrodite

Im Gürtel der Aphrodite, den Herakles am Ende doch gewinnt, liegen aber auch Trost und Gnade. Deutet uns doch der Mythos an, daß »Tod« und »Ende« nur so lange bestehen, bis wir wie Herakles zu Besinnung kommen und den Willen entwickeln, in unserem Innern für Ordnung zu sorgen. Anstelle von Hippolyte lebt im Mythos Hesione, die Beziehung ist wiederhergestellt und kann ihren Sinn doch noch erfüllen. Das große Gesetz des gerechten Ausgleichs, das der Gürtel symbolisiert, sollte uns nachdenklich stimmen. Bedeutet es unter anderem auch, daß alles Angefangene beendet werden muß. Dem Öffnen des Gürtels hat das Schließen zu folgen.

Wann aber ist im Sinn von Aphrodite etwas vollkommen abgeschlossen? Jede Beziehung, die wir im Leben eingehen, öffnet den Kreislauf (Gürtel!), den wir eines Tages wieder zu schließen haben. Im östlichen Denken wird dies das »Gesetz des Karma« genannt. Alles, was in unserem Innern in Unordnung geraten ist, führt zur äußeren Unvollkommenheit; es muß wieder in Ordnung gebracht werden. In den ersten fünf Aufgaben zeigt uns Herakles, wie wir uns selbst wieder »in die Ordnung« bringen. In der sechsten Aufgabe lehrt er uns, wie wir unsere Beziehungen zum Du und unser Verhältnis zu anderen Menschen in Ordnung bringen können. Jede Beziehung, so erfahren wir, muß abgeschlossen werden. Tun wir dies nicht, wird uns Aphrodite in immer wieder gleiche oder ähnliche, in jedem Fall angemessene Situationen versetzen, bis wir gelernt haben. Erst dann sind wir frei.

Viele von uns klagen über Beziehungsprobleme, die aber alle dem gleichen Grund entstammen: Wir weigern uns, unsere eigenen Fehler und Schwächen anzuschauen. Daß jedoch Fehler und Schwächen zu Problemen werden, liegt an der Projektion von Schuld. Wie einst Eva im Paradies für ihr eigenes Verhalten die Schlange beschuldigte, so geben wir für unser Verhalten dem Partner die Schuld. Unser Motto heißt: Würde mein Partner sich anders verhalten, wäre ich nicht so, wie ich bin. Fazit: Die Schuld für mein Verhalten liegt eindeutig beim anderen. Wenn er sich ändert, dann ist auch das Problem weg.

Da ist in einem Fall der Partner zu ungeduldig oder aggressiv, im anderen Fall zu behäbig und langweilig. Egal was wir nehmen, das Problem und die Schuld liegen immer beim anderen. Niemals kommen wir auf den Gedanken, die Schwäche könnte bei uns selbst liegen. Und doch liegt es offen auf der Hand, nur wir schauen nicht hin: Ist der Partner zu ungeduldig, macht womöglich immer Druck, so bin ich es selbst, der damit Schwierigkeiten hat. Mein Mangel besteht darin, daß ich Druck nicht vertrage oder mich von der Hektik des anderen nicht abgrenzen kann. Ist der Partner zu behäbig oder langweilig, bin es wiederum ich selbst, der den Anspruch stellt, vom anderen unterhalten und aufgemuntert zu werden. Mein Mangel ist, daß ich allein mit mir nichts anzufangen weiß und deshalb auf die Lebendigkeit des anderen angewiesen bin.

So ist es auch im biblischen Mythos. Eva wird schwach im Anblick des Apfels, die Schlange erfüllt nur ihre Aufgabe. Hier ist auch die Lösung zu finden: Die Schlange, Vertreterin der sichtbaren Welt schlechthin, erfüllt als das listigste aller Tiere nur ihre Aufgabe. Ebenso erfüllen all unsere Partner nur ihre Aufgabe, wenn sie uns durch ihr Verhalten auf unsere eigenen Unvollkommenheiten hinweisen.

In diesem Sinn gilt, daß all unsere »Schulden« nichts anderes sind, als die Gesamtheit unserer Schuldzuweisungen an andere – aus Vergangenheit, Gegenwart und Zukunft. Sie alle nach und nach zu tilgen, bis keine mehr übrig ist, bedeutet die Schlange zu erhöhen und sich vom Gesetz des Karma zu befreien. Voraussetzung dafür ist, sich diesen Zusammenhang bewußt zu machen, ihn anzunehmen, alle Geschehnisse in der Welt als Spiegel des eigenen Ich zu erkennen und sich von der Erkenntnis bewegen zu lassen. Das letztere heißt, den »Gürtel der Aphrodite« zu erobern.

Herakles im Walfisch

Um die sechste Aufgabe vollständig zu lösen und damit den Gürtel der Aphrodite zu gewinnen, rettet Herakles Hesione aus dem Bauch eines großen Meeresungeheuers. Hier werden wir an die biblische Parallele im Buch Jonah erinnert.

Das Wasser steht als Symbol für das Leben in der Zeit, aber auch für unsere innere Gefühlswelt, die das Leben in der Zeit empfindet und uns bewußt macht. Die Urbedeutung von Hesione ist »Vision«. Hier mögen wir vielleicht einen Augenblick innehalten. Herakles ist es, der aus dem Bauch des Walfisches die Vision rettet. Was könnte der Mythos damit meinen?

Wagen wir einen Vergleich zur biblischen Geschichte von Jonah: Jonah war dazu berufen, die Stadt Ninive vor dem drohenden Untergang zu warnen. Jedoch wollte er diesem Ruf nicht folgen, bestieg ein Schiff und segelte davon. Ein großer Sturm kam auf, die Seeleute entdeckten, daß es wegen Jonah so stürmte, und sie warfen ihn kurzerhand ins Meer. Dort nahm ihn ein Walfisch auf, der ihn nach drei Tagen ans Ufer spuckte. Jonah folgte daraufhin seinem Ruf und warnte Ninive: Die Leute von Ninive bereuten – und die Stadt ward gerettet.

Natürlich hat die biblische Geschichte viele Hintergründe. Aber eines ist deutlich: Der Walfisch bringt Jonah zu seiner Berufung zurück – zu dem Ruf, der an ihn ergangen ist. Und eben dies tut die Vision auch, die Herakles aus dem Bauch des Walfisches rettet. Immer ist es der »große Fisch«, der alles in seinem »Bauch« speichert, was im Laufe der Zeit in das »Meer der Vergessenheit« absinkt. Wohl treten wir mit unserer Geburt in diese Welt ein, um unsere Berufung zu suchen, zu finden und zu erfüllen – doch je älter wir werden, um so mehr vergessen wir, weshalb wir auf diese Erde gekommen sind. Unsere Abstammung ist göttlich, wir sind unendlich und ewig, aber wir verirren uns in der äußeren Welt der Erscheinungsformen und Illusionen. Zuerst verlieren wir, oft schon im Kindesalter, unsere Vision – jenen inneren Leitstrahl, der das tiefe innere Wissen um unsere Berufung als Umriß auf die äußere Welt projiziert. Dann verlieren wir den Glauben an das Göttliche in uns, und am Ende verlieren wir den Glauben an uns selbst. Deshalb gehören heute nur wenige Menschen zu jenen Auserwählten, die ihre wahre Berufung finden.

Herakles gibt uns wieder Mut. Widergutmachung heißt also auch: In das Meer der Vergangenheit tauchen, um von dort unsere verlorene Vision wieder heraufzuholen. Alle auch noch so schlimmen Taten der Vergangenheit – selbst der Tod von Hippolyte –

erhalten ihre spätere Rechtfertigung und Heilung, wenn sie dazu beitragen, daß wir umkehren und unsere Berufung finden. So dürfen wir daraus schließen, daß das Prinzip, auf dem dieser Kosmos gebaut ist, Gnade heißt. Nicht was wir getan haben zählt und nicht wer wir gewesen sind zählt, sondern es zählt einzig und allein, wann wir uns auf den Weg machen, unsere Berufung zu erfüllen. Doch ohne unsere verlorenen Visionen drehen wir uns im Kreis und treten auf der Stelle. Finden wir aber zu unseren Visionen, lösen wir uns damit von der äußeren Welt der Erscheinungsformen. Von nun an unterscheiden wir in unserer Welt der Beziehungen nicht mehr nach guten und bösen Begegnungen. Im Gegenteil, wir lernen den »Entgegenkommenden« zu begreifen als bestmögliche Unterstützung für den eigenen Weg. Aphrodite, die Göttin der Liebe und der Beziehungen, will stets das Schwache und Kranke in uns heilen, damit es sich als das Gute in uns offenbaren kann.

Herakles hat es mit der sechsten Aufgabe, am Ende der ersten Hälfte des Tierkreises, geschafft, sein Handeln frei zu machen von seiner Subjektivität. »Gut« und »böse« als Beurteilungs- und Entscheidungskriterium sind endgültig überwunden – er ist im höheren Sinn objektiv geworden. Die Welt der Erscheinungen und mit ihr die Beziehungen zum Du sind nun wertfrei. Auch in Beziehungen und Begegnungen bleibt er »in seiner Mitte« und läßt sich nicht mehr zu fehlerhaften und vorschnellen Handlungen und Reaktionen hinreißen – das »Töten« hat ein Ende.

Die Welt der Erscheinungen

In der Jungfrauaufgabe lernt Herakles die Wechselwirkung zwischen dem Außen, der Welt der Erscheinungsformen, und seiner inneren Denk- und Gefühlswelt zu durchschauen. Tief, bis in den Bauch des Walfisches, muß er dazu vordringen, um eine neue Lebenshaltung zu gewinnen.

Wir alle sind uns nur wenig bewußt über dieses Zusammenspiel. Eine zentrale Problematik ist dabei noch hervorzuheben: Obwohl wir fünf (oder sechs) Sinne haben, die uns mit der Welt verbinden, bevorzugen wir im allgemeinen das Auge. Dem, was wir sehen, gilt unser Hauptaugenmerk. Oft genug werden wir zwar auf andere

Sinne hingewiesen. Man sagt uns »Wir sollen genau hinhören!« oder »Wir sollen es probieren!« oder »Wir sollen es einmal in die Hände nehmen!«, doch in erster Linie verlassen wir uns auf das, was wir sehen. So haben wir uns daran gewöhnt, an den Schein der Dinge zu glauben. Die Folge ist, das wir nach »Gutdünken« bewerten und uns damit zufriedengeben. Ohne daß wir davon Kenntnis nehmen, baut sich in uns eine subjektiv verzerrte Welt auf. Wir ahnen dabei nicht, wie weit wir von Objektivität und Wahrheit tatsächlich entfernt sind.

Die Tragik, aber auch Komik, beginnt dann, wenn wir unsere selbstgebaute Welt als die zweifellos einzig gültige und wahre Welt hinstellen. Jetzt sind wir dem trügerischen Schein vollends zum Opfer gefallen – wir leben in der Welt der großene Illusion, dem Maya, wie es der Osten nennt. Der Satz »Traue deinen Augen nicht!« erhält hier besondere Bedeutung, teilt er uns allen doch mit, daß es nicht gut – weil einseitig – ist, wenn wir unter Vernachlässigung der anderen Sinne unsere Wahrnehmungen allein auf das Gesehene und das Sichtbare beschränken.

»Alles ist eitel!« sagt ein weiterer weiser Spruch im Tempel zu Delphi. Genau dies ist richtig: »Alles hat einen Anschein«. Zu bedenken gilt aber, daß zu jedem »Anschein« immer auch etwas Verborgenes gehört, das eben gerade nicht »angeschienen« wird, dadurch nicht offensichtlich ist und sich unserem Auge entzieht. Haben wir das erkannt, können wir uns eines Tages von dem lösen, was der Anschein in uns an Gedanken und Gefühlen weckt. Dieses auf den Augenschein bezogene Denken und Fühlen bringt uns nämlich immer wieder aus dem inneren Gleichgewicht und der inneren Neutralität heraus. Es beinflußt Entscheidungen und ruft am Ende Handlungen hervor, die – wie bei Herakles – zum »Tod« von Beziehungen führen. Im kleinen beginnt es damit, daß wir sogenannte Spione in unsere Haustüren bauen, um je nach »Gefühl« zu entscheiden, ob wir öffnen, und endet im großen damit, daß wir Menschen töten oder ihre Ermordung zulassen, nur weil sie uns nicht liegen.

Wir alle, die wir am Ende des Fischezeitalters und am Beginn des Wassermannzeitalters uns nach einer neuen Menschlichkeit sehnen, müssen erst in uns selbst Klarheit schaffen. Wenig Sinn ergibt es, so hat der Mythos gezeigt, in die Projektion zu gehen, indem wir Gott und die Welt für alles Menschenwidrige beschimpfen, das sich tagtäglich ereignet. Die Schuld – das sollte nach der sechsten Heraklesaufgabe uns allen dämmern – liegt nicht im Außen. Alle Probleme liegen in uns. Solange nicht jeder von uns damit anfängt, den Weg des Herakles, den inneren Weg der Menschwerdung, zu beschreiben, kann und wird es keine Lösung der Probleme in der Welt geben. Hier heißt es wirklich, den Mythos ernst nehmen.

Oder drücken wir es umgekehrt aus: Jeder Versuch, Ordnung in der Außenwelt zu schaffen, unterliegt von Anbeginn an dem Schein und der Illusion. Wir vertrauen auf unser Auge – Politik und Politiker sprechen von Augenmaß –, machen uns so vom Sichtbaren abhängig und versuchen auf dieser einseitigen Basis, ganzheitlich zur Lösung von Schwierigkeiten zu kommen. Dies jedoch ist von vorneherein zum Scheitern verurteilt. Übertragen ist es so, als würde wir einem Unkraut die Blätter abschneiden in der Annahme, es damit ausgerottet zu haben.

Der Mythos empfiehlt uns, in die Tiefe zu tauchen, um den verborgenen Hintergrund zu finden und dort die Probleme zu lösen. Wir alle wissen, daß nur eine entwickelte Menschheit, bestehend aus universal denkenden und einsichtigen Menschen, die sich noch verstärkenden Schwierigkeiten der Zukunft meistern kann. Wollen wir daran gehen, müssen wir dort anfangen, wo der Mensch gebildet wird. Eltern, Lehrer und Schulen sind dann aufgefordert, radikal umzudenken – statt Wissen muß Weisheit überall wieder Einzug halten.

So mögen wir dem Mythos noch einen Hinweis entnehmen: Herakles bereut seinen Fehler und stürzt sich freiwillig in die Fluten des Meeres, um Hesione zu befreien. Niemand gab Herakles den Auftrag dazu, noch gehörte diese Tat zur ursprünglichen Aufgabe. Für uns alle mag es bedeuten, das Freiwilligkeit, geboren aus höherer Einsicht, höchsten Vorrang hat. Der Mythos erteilt damit allen Systemen, die Gesetze bevorzugen und zwischenmenschliche Zwänge erzeugen, eine Absage. Alles, was im Menschen per Gesetz und Ordnung erzwungen wird, erweckt nur im Verborgenen den Widerstand, der jede nur erdenkliche Gelegenheit sucht und wahrnimmt, um sich vom Zwang zu befreien. Alles von außen Erzwungene, mag es sich noch so den äusseren Anschein von Ordnung geben, trägt stets in sich den Keim und das Potential zur Befreiung. Politische Geschehnisse der Vergangenheit sind ein beredtes Beispiel dafür. Wird der freie Wille angetastet und durch Zwang vergewaltigt, kann ein innerer Frieden niemals dauerhaft entstehen. Aus dieser Erkenntnis heraus müssen unsere Überlegungen weggehen von dem Gedanken, Gesetze und Verordnungen könnten Frieden sichern oder herstellen. Bestenfalls gelangen wir auf diesem Weg zu einem Scheinfrieden, der aber immer mehr oder weniger kurzfristig sein wird. Viel wichtiger ist es, wirkliche Freiheit und Freiwilligkeit zur Grundlage allen Handelns zu machen. Zwar werden die Pragmatiker und Rationalisten unter uns, denen längst jegliche Beziehung zum Mythos abhandengekommen ist, einwenden, daß dies niemals funktionieren wird. Doch sie haben in Wirklichkeit den Glauben an den Menschen und an die Menschlichkeit verloren. Sie sind es, die den Drang nach menschlicher Entwicklung in sich nicht mehr spüren und das ihnen Fehlende in den Rest der Menschheit hineinprojizieren. Dadurch bleiben sie weiterhin an der Macht und schaffen Zwänge, ohne die sie selbst nicht auszukommen imstande sind. Hier gilt es – vom Politiker bis zum Lehrer – wieder Freiwilligkeit und Ungezwungenheit zu fordern und zu fördern. Eine neue Welt kann nicht darauf aufgebaut werden, daß die bedeutendsten Berufungen eines Menschen – Politiker und Lehrer – heruntermen zu Berufen, in denen es um Macht und öffentliches Ansehen oder gesicherte Position oder einfach um viel Ferien geht. Der freie Wille des Menschen ist eine göttliche Gabe und zugleich sein höchstes Gut. Er zeichnet ihn aus und erhebt ihn über diese Welt. So lebt am Ende der Mensch erst dann in seiner Ordnung, wenn er in allem aus freien Stücken handelt. Das ist der Grund dafür, daß wir Menschen unsere Berufung nur dort finden können, wo wir von innen heraus, losgelöst vom äußeren Schein und gebunden an die eigene Vision, freiwillig tätig werden.

Zum Abschluß soll uns zu denken geben, daß auch, wie der Name sagt, das Geld nur »Schein« ist. Astrologisch ist es das Erdzeichen Jungfrau, das den Menschen zur materiellen Bescheidenheit aufruft, wohl wissend, daß jeder Verführer uns stets mit dem »Schein« auf Abwege führt.

Astrologische Zusammenhänge im Zeichen Jungfrau

Zuordnung

Planet Merkur (griechisch: Hermes), der Götterbote Herr der Wege, Seelenführer
Haus 6. Haus, Anpassung, Dienen, Einordnung
Mythologisch Demeter, Kore
Eigenschaft Bescheidenheit, Genauigkeit, Einteilung, Gewissenhaftigkeit, Unberührbarkeit
Körperteil Darm, Verdauungstrakt

Das Prinzip Jungfrau

Nach der Kraftentfaltung im Löwen ist Jungfrau das Zeichen der Bescheidenheit. Die äußere Welt gewinnt an Bedeutung, die Notwendigkeiten des Lebens haben Vorrang. Die persönliche Ausdrucksweise wird an andere angepaßt, damit keine unnötigen Reibungsverluste entstehen. Das Bewußtsein über die eigenen, zur Verfügung stehenden Kräfte und Fähigkeiten ist gesteigert, damit Einteilung und Haushaltung möglich wird. Der Lebensernst gewinnt die Oberhand über das Spielerische – der Mensch ist bereit, allen Verpflichtungen gerecht zu werden. Gesundheit und ein ruhiges Gewissen sind Grundlage des Lebens.

Die sechste Heraklesaufgabe im persönlichen Horoskop

Jungfrau gilt als Zeichen der Makellosigkeit. Ständiges Bestreben ist, innen wie außen, alles in Ordnung zu halten. Es gilt in der esoterischen Tradition als das Zeichen, in dem das »innere Licht« geboren wird.

Befindet sich im Horoskop der Aszendent im Zeichen Jungfrau, gewinnt die Welt der Beziehungen große Bedeutung. Kampf und

Auseinandersetzung mit Partnern deuten stets auf eigene Unfähigkeiten hin, das wirkliche Entgegenkommen des anderen wahrzunehmen und es für den eigenen Weg zu nutzen. Der Dienst am anderen ist keine Schwäche, sondern dient der Entwicklung – dies einzusehen heißt, von Herakles zu lernen.

Besondere Bedeutung hat die sechste Aufgabe jedoch für Menschen mit Aszendent Waage, da das 12. Haus (äquale Häuser!) – das Haus der Lösung und Meisterung – sich in der Jungfrau befindet. Lange Zeit im Leben wird Halt und Ausgleich angestrebt, ohne je die Sicherheit zu bekommen. Alle Beziehungen zur Welt stehen ständig auf dem Prüfstand, um Gelegenheit zum Lernen zu geben. Dennoch werden immer wieder Bindungen zu anderen Menschen an einen Punkt geführt werden, an dem wir glauben, nicht mehr weiter machen zu können. Trennung und Ende der Beziehung sind oft die Folge. Treten diese Ereignisse gedrängt auf, wird eines Tages das Gefühl keimen, auf der Beziehungsebene völlig blockiert zu sein. Entweder entstehen keine wirklich neuen Beziehungen mehr auf der Grundlage von Aphrodite, der Göttin der Liebe, oder wir stecken in der Sackgasse total verfahrener Partnerschaften. In beiden Fällen scheinen sich Liebe und Zuneigung aus dem persönlichen Leben zurückgezogen zu haben. Um sich aus dieser Situation zu befreien, ist es als erstes notwendig, alle alten Bindungen noch einmal zu überprüfen. Sie sind nicht im Sinne von Aphrodite beendet und erzeugen auf der Seelenebene die Blockaden. Haben wir diese alten, angefangenen und doch nie zu Ende geführten Beziehungen geschlossen (Gürtelsymbolik!), stellt das Leben wie von selbst wieder neue und erfrischende Begegnungen her. Freiwillig und ohne Zwang, locker und leicht, können wir wieder auf alles zugehen, was uns gefällt. Mit dem neuen Wir-Gefühl kehren auch neues Leben und neue Liebe zurück. Dennoch heißt es auf der Hut sein, um nicht gleich in alte Fehler zurückzufallen. Diese Tendenz bleibt stets latent im Hintergrund, an uns selbst liegt es, sie nicht zu aktivieren. Im Laufe der Zeit lernen wir, die eigenen Projektionen zu durchschauen. Damit kann das schwankende Vertrauen, der Grund für fehlende Harmonie in Beziehung und Partnerschaft, sich festigen und stabilisieren – mein Partner kommt mir auf einmal in allen Lebenslagen entgegen.

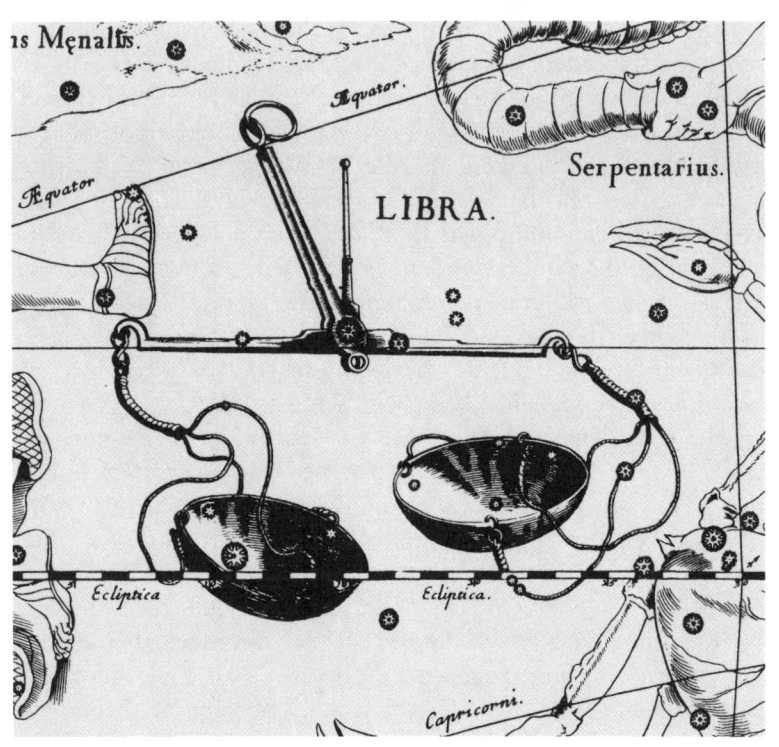

Siebte Aufgabe im Zeichen Waage

Das Einfangen des Erymanthischen Ebers

In der siebten Aufgabe hat Herakles den Erymantischen Eber/ Keiler lebend zu fangen und zu zähmen. Der Erymanthos ist ein Gebirgsstock im Norden des Peloponnes. Auf der Suche nach dem Eber steigt Herakles immer höher den Berg hinauf. Dabei begegnet er einem alten Freund, dem Kentauren Pholos. Er hält in seiner Suche inne und spricht mit ihm. Dabei vergißt Herakles eine Weile sein Ziel. Pholos läd ihn ein, ein Weinfaß anzustechen. Dieses Faß jedoch gehört Pholos nicht allein, sondern einer ganzen Gruppe von Kentauren. Sie haben den Wein vor langer Zeit von Dionysos, dem Gott des Weines und der Ekstase, geschenkt bekommen, um ihn zu trinken, wenn der große Held Herakles vorbeikommt. Herakles und Pholos stechen jedoch das Faß allein an, holen noch den Kentauren Cheiron dazu und vergnügen sich.

Der Duft des Weins und der Lärm, den sie machen, ruft jedoch die anderen Kentauren herbei, die sofort, wutentbrannt ein Handgemenge anfangen. Dabei tötet Herakles mit einem vergifteten Pfeil aus Versehen die beiden Kentauren Pholos und Cheiron, mit denen er zuvor den Wein getrunken hat. Während die anderen Kentauren mit lautem Jammer trauern, entkommt Herakles und macht sich weiter auf die Suche nach dem Erymanthischen Eber.

Er folgt den Spuren des Tieres bis an die Schneegrenze. Trotz bitterer Kälte setzt er seine Suche fort, bekommt den Eber aber nicht zu sehen. Jetzt erst bedenkt Herakles die Situation und kommt auf eine List: Er legt eine tiefe Grube als Falle an, tarnt sie gut und wartet im dunklen Schatten der Nacht auf das Tier. In der Morgendämmerung treibt der Hunger den Eber aus seinem Lager – und er tappt prompt in die Falle.

Nach angemessener Zeit holt Herakles den Eber aus der Falle. Er ringt mit dem wilden Tier, meistert ihn und zwingt ihm seinen Willen auf. So treibt Herakles den gezähmten Eber vor sich her den

Berg hinunter. Er hält ihn an den Hinterbeinen hoch, so daß der Eber nur auf seinen zwei Vorderbeinen gehen kann.

Beim Anblick des vergnügten Herakles, der den ganzen Weg lacht und singt, freuen sich alle: Es ist ein ungewöhnliches Gespann.

Ergänzungen zum Mythos

Erymanthos

Der Berg Erymanthos hat seinen Namen von einem Sohn des Apollon. Er wurde von Aphrodite geblendet, weil er sie nackt badend beobachtet hat. Erzählt wird, daß in diesem Zusammenhang Apollon sich aus Rache in einen Eber verwandelt hat, um seinerseits Aphrodites Liebhaber Adonis zu töten. Der Berg Erymanthos selbst aber ist Artemis geweiht.

Kentauren

Die Kentauren sind Kinder von Kentauros – halb Mensch, halb Pferd –, dessen Vater Ixion und Mutter Nephele war. Nephele, die Wolkenfrau, war eine täuschende Nachbildung der großen Göttermutter Hera. Zeus hatte sie aus einer Wolke geformt, als der angetrunkene Ixion Hera verführen wollte. So stillte dieser seine Lust an Nephele, die ihm daraufhin den Kentauros gebar. Ixion galt als Frevler, der ähnlich seinen Söhnen, den Kentauren, der Gewalt und dem Kampf mehr zugetan war als den Göttern.

Als einzig gerechter Kentaur gilt Cheiron. Er erzog viele Helden zum Kampf und lehrte Asklepios die Kunst des Heilens. Von Cheiron wird auch berichtet, ihn habe der große Kronos in Roßgestalt mit der Okeanostochter Philyra gezeugt.

Die Pfeile

Es wird erzählt, daß ein giftiger Pfeil, abgeschossen von Herakles, einem Kentauren gänzlich durchbohrt und Cheiron am Knie verwundet habe. Umsonst versucht Herakles seinen Freund und

Kampflehrer Cheiron zu retten: Das Gift war zu stark. Von Pholos wird erzählt, daß er den aus der Wunde gezogenen, giftigen Pfeil in die Hand nimmt, um ihn zu betrachten. Er kann nicht glauben, daß ein so kleines Ding einen Kentauren töten kann. Dabei fällt ihm der Pfeil aus der Hand, verletzt ihn am Fuß und tötet ihn ebenfalls durch das Gift.

Dionysos

Der Gott des Weines und der Ekstase, ist Sohn von Zeus (oder Hades) und Persephone. Sein Beiname ist Chthonios, der Unterirdische. Er wird auch Zagreus, der »große Jäger« genannt. In menschlicher Form dargestellt trägt er in der Regel eine bärtige Maske; er wird auch verknüpft mit der griechischen Tragödie. In der alten Bedeutung des Wortes heißt »Zagreus« soviel wie »der, der über die Stränge schlägt«.

Die Mythologie kennt aber auch einen späteren Dionysos, Sohn von Zeus und Semele, einer Tochter des mythischen Königs Kadmos.

Und Gott sprach:
»Es errege sich das Wasser,
so daß es wimmle von lebendigen Wesen,
und Vögel sollen über dem Land
an der Himmelsausdehnung fliegen!«
... und Gott sagte zu ihnen:
»Seid fruchtbar und mehret euch!«
Genesis 1,20

Deutung des Mythos

Der paradiesische Adam, sagt eine alte Erzählung, konnte von einem Ende der Welt bis zum anderen schauen. Sein Bewußtsein war allumfassend. In diesem Sinne ist es auch zu verstehen, wenn der biblische Mythos davon berichtet, daß »Adam mit Gott sprach« und allen Tieren und Lebewesen ihre Namen gab. Er kannte und beherrschte alle Gesetze dieses Kosmos – er verkörperte den ursprünglichen, vollkommenen Zustand des Menschen.

Mit dem Verlust des Paradieses ging der Verlust jener ganzheitlichen Schau der Dinge Hand in Hand. Ehemals weise, verlor der Mensch seine Weisheit, seine geistigen Fähigkeiten gerieten in Vergessenheit, und mehr und mehr verstrickte sich der Mensch in die irdisch-materielle Welt.

Unter diesem Blickwinkel wird verständlich, warum alle Weisheitslehren alt sind. Wer genau hinschaut, wird erkennen, daß alle modernen, philosophischen Ideen nichts anderes sind als wiederentdecktes altes Gedankengut. Ob Goethe, Kant oder Nietzsche – sie alle haben ihre Weisheit von den Alten. Oder anders ausgedrückt: Sie sind erst wirklich Philosophen, also Freunde der Weisheit, geworden, als sie begannen, sich mit Weisheitslehren zu befassen.

Herakles zeigt den archetypischen »Weg des Jüngers«, der zurück zur Weisheit führt. Er selbst ist ihn in mythischer Vorzeit gegangen, und seine Taten sind uns überliefert – wohl aus dem alten Wissen heraus, daß eine Zeit kommen wird, die seine Taten dringend als Vorbild und Lebensorientierung braucht.

In der sechsten Aufgabe (Jungfrau) eroberte Herakles den »Gürtel der Aphrodite«. Durch ihn erhielt er Kenntnis vom universalen Gesetz der Harmonie – Aktio gleich Reaktio. Ihm wurde bewußt, daß alles in dieser Welt miteinander zusammenhängt. Durch das große Gesetz der Liebe werden alle existierenden und entstehenden Gegensätze so miteinander verknüpft, daß nichts wirklich verlorengehen kann und alles am Ende in den Ursprung zurückkehrt.

Mit dieser Erkenntnis geht Herakles in die siebte Aufgabe, im Tierkreis dem Zeichen Waage zugeordnet.

Betrachten wir an dieser Stelle einmal als erstes den Tierkreis. Im Zeichen der Waage beginnt die obere, zweite Hälfte des Kreises. Wir könnten fast sagen, daß im Zeichen der Waage die Rückkehr in den Ursprung beginnt. Untersteht die erste Hälfte (Widder bis Jungfrau) dem Prinzip Mars (griechisch: Ares) und damit dem Kampf und der Aktion, so schließen wir, daß die zweite Hälfte (Waage bis Fische) dem Prinzip Venus (griechisch: Aphrodite), also der Reaktion und dem Bemühen nach Ausgleich, untersteht.

Anders formuliert: Im Übergang von der Jungfrau zur Waage polen die marsischen Energien um und wandeln sich in venusische Qualitäten und Fähigkeiten. Gehen wir mit dem Gedanken der Umpolung auf den Mythos zu, so ist auf Anhieb unschwer nachzuempfinden, daß vieles im Mythos auf Umpolung hindeutet: Ist Herakles zuerst hinter dem Eber her und verfolgt ihn bergauf bis zur Schneegrenze des Erymanthos, so verwandelt sich dieses Bild plötzlich. Herakles überlegt, baut eine Falle, läßt den Eber auf sich zukommen und treibt ihn bergab. Auch in der Begegnung mit den befreundeten Kentauren Pholos und Cheiron geschieht eine ähnliche Wendung: Zuerst Freude und Fröhlichkeit, ein herzhaftes Trinkgelage, und auf einmal ein Umkippen der Situation. Die anderen Kentauren riechen den Duft des Weines, eilen herbei, fühlen sich hintergangen und ein wildes Handgemenge entsteht, in dessen Verlauf Herakles sich mit Pfeil und Bogen wehren muß und einige Kentauren, darunter seine Freunde Pholos und Cheiron, tötet.

Wir finden aber noch weitere Polaritäten und Gegensätze im Mythos. Das Erymanthische Bergmassiv gilt als Bollwerk (griechisch: eryma = Bollwerk, Schutzwall). Er liegt im Nordwesten des Peloponnes und schützt den südlich-warmen Teil vor dem kalten, unfreundlichen, aus dem Norden kommenden Schlechtwetter. Auch die Kentauren selbst – halb Pferd, halb Mensch – vereinen in sich einen Gegensatz.

Noch deutlicher wird die Gegensätzlichkeit, wenn wir den Eber, das männliche (Wild-)Schwein betrachten. Allein der Sprachgebrauch des Wortes »Schwein« zeigt einen schier unlöslichen Widerspruch, gilt doch das Schwein gleichzeitig als großer Glücksbringer (»Schwein gehabt!«) und als böses Schimpfwort.

Wie ist dies alles zu deuten? Werfen wir zuerst einen Blick in die indische Mythologie. Dort finden wir den Eber als Aspekt bzw. Inkarnation des großen, den Menschen besonders zugewandten Gottes Vishnu. Vishnu erscheint auf Erden in verschiedenen Gestalten (»Avatare«). Als Eber rettet er die Erde, die völlig überladen unter die kosmischen Gewässer abgesunken war, indem er sie mit seinen Klauen bzw. Hauern ergreift und wieder an die Meeresoberfläche zieht.

In diesem Mythos verdeutlicht sich das Wesen des Ebers. Er symbolisiert jene Kraft im Menschen, die das Vergangene, Vergessene und in die Tiefen des Unbewußten Abgesunkene wieder ans Licht bringt. Jetzt können wir ahnen, weshalb es zur siebten Aufgabe des Herakles gehört, den Eber zu zähmen und für den persönlichen Gebrauch abzurichten. Wenn wir uns die vergangenen sechs Aufgaben ansehen, stellen wir fest, daß Herakles mit vielen Tieren zu tun hatte: Die Pferde, die zu bändigen waren; der Stier, der zu beherrschen war; die Hindin, die einzufangen war; und zuletzt der Löwe, der zu töten war. Keines dieser Tiere war zu zähmen und abzurichten, ausgenommen jetzt der Eber. Herakles zwingt ihm seinen Willen auf, damit er – zweibeinig – seinem Herrn dient und nützlich ist.

Für uns heißt dies, daß jene wilde und rohe Kraft des Ebers, die stets bemüht ist, Unbewußtes, Vergessenes und Dunkles in uns ans Licht zu bringen, gezähmt und für unseren Weg zurück zur Ganzheit genutzt werden kann. In uns nämlich gibt es eine düstere Welt des Schattens – die alten Griechen bezeichneten sie als Hades. Ihnen war diese Welt noch bewußt, ja sie war göttlicher Teil dieser Schöpfung, und Hades, der Bruder von Zeus, wurde ebenso als Gott verehrt wie die anderen Götter. Sein Beiname »Pluton«, der

»Reichtum Spendende«, mag uns an den positiven Aspekt des Ebers (Glück!) erinnern. So dürfen wir daraus entnehmen, daß gerade das Verborgene und Vergessene, das Dunkle und Unbewußte, die Schatten und das Unerledigte in uns das ist, was unseren eigentlichen Reichtum – den Schatz in uns – ausmacht.

Doch kehren wir zum Mythos zurück, um zu untersuchen, wie die »Schatten der Vergangenheit« immer wieder uns einholen und, oft vehement und urplötzlich, in unser Leben eingreifen.

Wir alle haben wie Herakles einen »Erymanthos«, einen Schutzwall in uns. In der äußeren Welt manifestiert er sich als trennende Mauer zwischen den Menschen, die wir lieben und zu denen wir uns hingezogen fühlen, und dem »Rest«, den wir zu lieben nicht imstande sind. In unserem Innern existiert dazu analog eine Barriere im Denken und Fühlen: Irgend etwas in uns sagt »ja« zu allem diesseits, und irgendetwas in uns sagt »nein« zu allem jenseits dieser Barriere. Dabei erscheint uns diese Barriere als fester Bestandteil von uns, der unauflöslich zu uns gehört und gar nicht überwunden werden soll. Wie selbstverständlich gehen wir gegen alles an, das wir mit einem Nein belegen, geben ihm keinerlei Existenzberechtigung, ja wir geben uns höchste Mühe, es zu verbergen und zu unterdrücken, falls es doch einmal aus unserer eigenen Tiefe auftauchen sollte. Diesen Widersacher in uns aber gilt es, in der siebten Aufgabe auf die Spur zukommen. Er ist es nämlich, der uns davon abhält, göttlich zu werden.

Unser Schöpfer hat uns alles in die Wiege gelegt, was wir brauchen, um so glücklich zu werden wie Herakles am Ende der siebten Aufgabe. Doch nur einen geringen Teil unserer Begabungen leben und nutzen wir tatsächlich, während wir die anderen Teile nur gelegentlich oder gar nicht zum Vorschein kommen lassen. Wohl machen wir Versuche und Experimente, vor allem in jungen Jahren, doch vieles gerät wieder in Vergessenheit, sinkt ab ins Dunkel der Vergangenheit und wartet darauf, eines Tages aus dem Dornröschenschlaf aufgeweckt zu werden. Im Streben nach Ganzheit, Vollkommenheit und Glück ist es unsere eigene Seele, die alle verfügbaren Kräfte mobilisiert, das Versteckte und Zurückgedrängte aufzuwecken und zum Licht und Leben zu bringen. Die angewendeten Mittel sind dabei unserem inneren Widerstand angemessen: Je höher der Widerstand, um so stärker die »Kräfte des Ebers«, der Barrieren und Blockaden, Hemmschwellen und Grenzen niederreißt, um unser Leben reicher und reichhaltiger zu gestalten. Er führt uns heraus aus einer Scheinwelt angefüllt mit Freundlichkeiten, Nettigkeiten und Höflichkeiten, um den Forderungen des Schicksals gerecht zu werden. Tiefe verlangt das Leben vom Menschen, nicht Oberflächlichkeit.

Daher ist es in hohem Maß symbolisch, wenn Herakles, um den Eber zu fangen, eine tiefe Grube gräbt. Er weist uns darauf hin, daß das Dunkle – und damit auch das Glück – nur gefunden werden kann, wenn wir bereit sind, uns mit dem Unterbewußten und Unbewußten zu konfrontieren. Wir müssen lernen, tief in uns zu schürfen, um an die versunkenen Schätze wieder heranzukommen. Von Adam, dem ersten Menschen, der von einem Ende der Welt bis zum anderen schauen konnte und höchste Einsichten besaß, bis zu uns heute, ist vieles, ja fast alles verlorengegangen. Unsere überladene, materiell orientierte Welt der tausend Möglichkeiten hat dazu geführt, daß wir kaum noch Zugang zu unserem wahren Wesen haben. Hier gilt es wieder, fündig zu werden, denn das Verlorene schlummert nach wie vor in uns.

So ist es wiederum bedeutsam, daß Herakles gerade die sternenhelle Nacht, gewöhnlich die Zeit des Schlafens, nutzt, um sich tiefe Gedanken zu machen. Der dramatische Kampf mit den Kentauren hat ihn ernüchtert. Er wird gewahr, daß er die Erkenntnisse der sechsten Aufgabe – fast – vergessen hat, anstatt sie für seinen künftigen Weg zu verwenden.

Als er den Gürtel der Hippolyte holte, erging der Ruf nicht nur an ihn, sondern auch an die Amazonenkönigin. Sie kam ihm entgegen, um ihm den Gürtel freiwillig zu reichen. Wenn dieses Gesetz der Harmonie Allgemeingültigkeit hat, warum sollte nicht jetzt, in der siebten Aufgabe, der Ruf auch an den Eber ergangen sein? Mit diesen Gedanken im Hintergrund baut er eine dem Eber angemessene Falle und wartet ab bis zur Morgendämmerung. Und es geschieht genau das, was geschehen mußte: Herakles hat sich exakt dem Gesetz, dem Logos gemäß, verhalten; nun kann der Eber ihm entgegenkommen und in die vorbereitete Falle gehen.

Hier lohnt es sich, genauer hinzuschauen. Herakles (er-)findet eine völlig neue, überraschende Form, um seine Aufgabe zu lösen. Er benützt sein Wissen um kosmische Gesetzmäßigkeit und innere Zusammenhänge – und auf einmal erübrigt sich der Kampf. Er schafft lediglich die richtigen Voraussetzungen und den Rest der Arbeit, so könnte man fast sagen, nimmt ihm der Kosmos ab. Deshalb besteht ein wesentlicher Teil der siebten Aufgabe darin, den Logos zu durchschauen und entsprechende Vorkehrungen zu treffen. Kampf und Aktion in der Außenwelt verwandeln sich, gehen nach innen und werden zu Konzentration und Überlegung. Er findet am Ende eine Lösung, die im wahrsten Sinn des Wortes anderen »überlegen« ist – eine aphroditisch vollkommene Lösung, die allen, Mensch wie Tier, Freund wie Feind, gerecht wird.

Herakles lehrt uns in dieser Aufgabe, die Gesetze des Kosmos zu studieren, damit auch wir unsere täglichen, kleinen wie großen Schwierigkeiten und Probleme vollkommen (auf-)lösen können. Der nächtliche Sternenhimmel mag uns mitteilen, daß seit alters her der Sternenhimmel der Astrologie als Grundlage dient. Und ebenso verhält es sich: Die Astrologie stellt das große Gesetz der Harmonie symbolisch im Tierkreis dar. Deshalb ist und sollte der eigentliche Sinn einer Beschäftigung mit Astrologie immer sein, Schritt für Schritt tiefer einzudringen in die Urgesetze des Universums, um Einsicht zu gewinnen in die uns verborgene Logik. Herakles zeigt uns, daß er die Zeichen wirklich zu deuten verstanden hat. So mögen im Dunkel der Nacht seine Gedanken nicht nur dem Eber gegolten haben, sondern auch dem vorausgegangenen Trinkgelage mit tödlichem Ausgang. Er hat Cheiron, den Kampflehrer vieler Helden, getötet – deutliches Zeichen für ihn, ein für alle Mal den Kampf aufzugeben und nach anderen Lösungsmöglichkeiten zu suchen. Hier erkennen wir die Notwendigkeit der tödlichen Feier: Die entstandene Dramatik ist es, die unseren Helden wachrüttelt, damit er sein altes Muster abwirft und nach neuen Formen sucht, jenseits des inneren »Erymanthos«. Verbunden damit ist immer ein Abstieg in das Reich der Schatten. Wir alle tragen in uns für alles die vollkommene Lösung, wir müssen sie nur suchen. Helfen dabei kann uns die Deutung der äußeren Zeichen, die zu entwickeln dringendst erforderlich ist.

Jetzt wird auch offensichtlich, wo der Reichtum in uns liegt. Gerade die dramatischen Ereignisse im Leben, hervorgebracht durch die »Kraft des Ebers«, wollen uns dazu anregen, nach neuen und ungewöhnlichen Lösungen zu graben, bis wir fündig werden. Denn, so sagt uns die Karma-Lehre, alles Unvollkommene und Ungelöste kehrt zu uns solange zurück, bis wir es im Sinn der kosmischen Harmonie gelöst haben. Dann sind wir frei – und genau dies ist die wahre Freiheit des Menschen, weil er sich von allen inneren Knoten und Verwicklungen befreit hat. Alle anderen Freiheiten sind nur vorübergehend, weil sie auf Verdrängung und Verdunklung beruhen. Wir haben lediglich einen »Erymanthos«, einen Schutzwall, in uns errichtet, zeigen und geben uns locker und gelöst, sind nett, lieb und freundlich. Dabei tun wir so, als gäbe es in uns keine jenseitige, dunkle, nördlich kalte Seite. Dieser Scheinfriede wird durch die göttliche Kraft des Ebers immer wieder gebrochen.

Vorwiegend können wir dies – in Analogie zum Mythos – an Menschen beobachten, die bereits einige Gläser Alkohol zu sich genommen haben. Plötzlich meldet sich eine andere, völlig unbekannte Seite. Ein braver Ehemann, glücklich verheiratet, bricht plötzlich in einen Weinkrampf aus und gesteht, daß seine Ehe zerrüttet ist. Oder ein besonders rücksichtsvoller Autofahrer, immer ordentlich und nie mit dem Gesetz in Konflikt, rast plötzlich mit Tempo 150 durch die Stadt, Verletzte und Tote hinter sich lassend. Oder, eine subtilere Variante, ein Mensch, verbeamtet und stets linientreu, wird unter Alkoholeinfluß zuerst erkennend, dann mutig und am Ende erfüllt er sich seinen alten Jugendtraum: Frau und Kind zurücklassend, entschwindet er in die Südsee. In all diesen Fällen ist es die Kraft des Ebers, der Verborgenes, Schlummerndes und Halbwaches in uns zutage fördert, damit es sichtbar wird und uns den Weg zu einem reicheren und erfüllteren Leben weisen kann.

Natürlich – hier sollten wir den Mythos nicht mißverstehen – liegt die Lösung nicht in gewaltsamen Befreiungsakten. Die Dramen des Lebens sollen uns zu denken geben, denn mit uns stimmt offensichtlich etwas nicht. Für uns geht es darum, unserem Leben, das in Wirklichkeit an der Oberfläche dahinplätschert und nur ein Scheinleben ist, mehr Sinn und Tiefe zu verleihen, damit wir es in seiner ganzen Fülle erfahren. Dazu aber gehören die Höhen, wie auch die

Tiefen, die Liebe wie auch das Leid, das Lachen wie auch die Tränen – im Mythos in vielen Varianten wiederzufinden.

Die wahre Aufgabe im Zeichen Waage

Die erdrückende Vielfalt des Lebens, aber auch Bequemlichkeit, Trägheit und Lustlosigkeit, sind immer wieder der Grund dafür, daß wir uns mit wichtigen Lebenserfahrungen nicht wirklich befassen und auseinandersetzen. Oft erkennen wir Zusammenhänge im Ansatz, aber diese Erkenntnisse führen nicht wirklich zu Wandlung und Veränderung. Im Gegenteil: Die Erkenntnisse sinken zusammen mit den Erfahrungen in uns ab, werden immer schwächer und gelangen über kurz oder lang in das Reich der Vergessenheit, den Hades, um dort ein Schattendasein zu fristen. Ähnliches gilt auch für astrologisch-esoterische Lebenswegberatungen, Selbstfindung- und Selbsterfahrungskurse. Sie fördern Selbsterkenntnisse, ohne Zweifel. Wir sind beglückt, glauben bereits auf dem Weg zu sein, aber bald ist der anfängliche Schwung dahin – zuviel, so meinen wir, müßte in unserem Leben geändert werden. Da äußere und innere Widerstände und Schwierigkeiten uns als zu großes Hindernis (Erymanthos) erscheinen, belassen wir es beim Versuch und fallen bald in unsere alten Lebensmuster zurück.

Dieser Rückfall birgt aber in sich eine Tragik: In Wahrheit nämlich sind wir nicht mehr dieselben wie vorher. Erkenntnis kann nicht rückgängig gemacht werden und fordert eines Tages die nötigen Konsequenzen. Sind wir noch »geistige Kinder«, also unschuldig, unbewußt und ohne entsprechende Erkenntnisse, läßt uns der Eber unbehelligt. Haben wir jedoch erkannt und vergessen, sorgt der Eber auf jede erdenkliche Art und Weise, daß die versunkenen und verdrängten Inhalte immer wieder in unser Bewußtsein geholt werden, damit wir sie verarbeiten und integrieren können. Dabei geht der Eber, ganz seiner Natur gemäß, nicht gerade zimperlich ans Werk. Wie Herakles werden wir von ihm in Streit und Zank, Hader und Auseinandersetzung, Unfall und Verletzung hineingezogen. Hier nützt es uns wenig, wenn wir uns der Illusion hingeben, der große Zufall habe uns da hineingeführt. Nein, die Kraft des Ebers ist es, der unsere Erinnerungen aufhellen will, damit die vergangenen Lebenserfahrungen nicht umsonst waren. So »wühlt« der Eber im Staub unserer Vergangenheit, weil – egal was und egal wie – stets Verborgenes dabei zum Vorschein kommt und dadurch das Wühlen bereits gerechtfertigt ist. Könnten wir in unserer Betroffenheit auch die Schönheit und Anmut dieser Kraft sehen, würden sich viele Tragödien unseres Lebens in Lehrstücke, später sogar in tragische Komödien verwandeln. So mag im Zeichen der Waage unsere wichtigste Aufgabe darin bestehen, ein für alle Mal unsere Vergeßlichkeit und die Lust zu Vergessen und zu Verdrängen aufzugeben. Nur so, indem wir hellwach bleiben, am Abend zu allen Geschehnissen des Tages Bezug herstellen, darüber nachdenken und uns dabei nicht vom scheinbaren Zufall täuschen lassen, verwandeln wir die wilde, unberechenbare Kraft des »vierbeinigen« Ebers in eine zahme, dem Entwicklungsweg dienende und dem Menschen angemessene »zweibeinige« Kraft.

Als weiteres mahnt uns die siebte Heraklesaufgabe, unvollkommene Lösungen ebenso aufzugeben wie Unüberlegtheiten und Torheiten. Wir haben eine tief in uns sitzende Instanz von aphroditischer Qualität. Sie weiß um das Vollkommene und erkennt daher das Unvollkommene. Deshalb, wenn wir willens sind, ist es für uns nicht schwer, eigene Fehler zu schauen und das Geschaute bewußt in unser Leben einfließen zu lassen. Dabei meint der Begriff »Fehler« weniger eine Schwäche, sondern vielmehr das, was uns zur Ganzheit fehlt. So gesehen sind unsere Fehler der Sammelbegriff für alles, was wir – sei es aus Hemmung, sei es aus Angst oder sei es aus Selbstbeschränkung – nicht leben und dadurch zum Schattendasein verurteilen.

So heißt es auch, unser »Nichtwissen« über Bord zu werfen und aufzugeben. Oft ist zu hören: »Ach, wenn ich das früher gewußt hätte!« Dabei tun wir höchst unschuldig, weil für uns das Nichtwissen zu einer großartigen, überall akzeptierten Entschuldigung geworden ist. Aber Nichtwissen bedeutet nichts anderes, als fortwährend Augen und Ohren zu verschließen, um ja nicht ins Schattenreich eintreten zu müssen. Wir selbst hindern uns nämlich daran, das Richtige zur rechten Zeit zu wissen.

»Wo viel Licht ist, da ist viel Schatten!«, sagt ein alter Volksspruch. Betrachten wir diese Aussage genauer. Wir wissen: Fällt

Licht auf eine Seite, befindet sich die andere Seite im Schatten. Aus dieser Einsicht dürfen wir schließen, daß Licht und Schatten, hell und dunkel, bewußt und unbewußt, sichtbar und unsichtbar miteinander verschmolzen sind wie die zwei Seiten einer Münze, wobei beide Seiten zusammen das Ganze ergeben. Diese Dualität des Lebens sollte Bestandteil unserer Überlegungen und unseres Nachdenkens werden.

Als wir einst unwissende Kinder waren, richteten wir unsere Augen in die Welt und glaubten an alles, was wir sahen. Sind wir einem friedlichen Menschen begegnet, nannten wir ihn friedlich, sind wir einem agressiven Menschen begegnet, nannten wir ihn agressiv. Später, als Erwachsene, bei entsprechender esoterisch-psychologischer Weiterbildung, hörten wir von »Projektion«: Der andere ist nur dein Spiegelbild, alles was wir in ihm sehen, sind wir selbst, so lernten wir. Diese Wahrheit bestätigte sich für uns scheinbar schnell: Denn warf uns ein anderer vor, wir seien viel zu friedlich, erkannten wir dies sofort als dessen Projektion auf uns; warf er uns vor, wir seien zu agressiv, war es ebenso – denn schließlich waren wir ja nur sein Spiegel. Dies gab uns die Möglichkeit, alle Probleme, die andere Menschen mit uns hatten, zurückzuweisen und als deren eigene Probleme abzutun. Doch dieser Egotrip war nur von begrenzter Dauer. Bald sahen wir ein, daß die Projektion nicht nur für den anderen, sondern für uns selbst auch gilt: Alles, was wir dem anderen vorwerfen, hat mit uns selbst zu tun und zeugt von einer verborgenen Problematik.

Aber erst sehr viel später, als Weise, werden wir erkennen, daß beide, der Erwachsene und das Kind recht haben: Alles, was wir erkennen im anderen, ist gleichzeitig unsere Projektion und betrifft auch den anderen. Dies ist das Gesetz der Aphrodite, das Menschen immer so zusammenführt, daß beides stimmt: Was mich betrifft, betrifft auch den anderen, der mit mir in Beziehung steht – und umgekehrt: Alles, was den anderen betrifft, hat auch Bezug zu mir. Begreifen wir dieses aphroditische Gesetz, können wir es für unsere Selbsterkenntnis nutzen. Wir können den anderen fragen, wer wir sind, wann immer sich Gelegenheit dazu ergibt – und der andere sieht uns immer richtig, wenn auch durch seine persönliche Brille bzw. von seinem persönlichen Blickwinkel aus.

Nun gibt es keinen Grund mehr, unsere »erymanthische Abwehrmauer« aufrechtzuerhalten, die wir normalerweise errichten, wenn wir mit der Meinung des anderen über uns nicht einverstanden sind. Vielmehr ist zu vermuten, daß der andere eben von meiner Schattenseite spricht, die ich selbst nicht sehe.

Der Berg Erymanthos und die Kentauren

Wir haben erfahren, daß der Erymanthos in uns eine Art Barriere symbolisiert. Betrachten wir ihn psychologisch, so könnten wir von einer inneren Blockade oder Hemmschwelle sprechen.

In unserem Leben gibt es viele Heimlichkeiten: Zurückgedrängte Lüste, ungelebte und versteckte Bedürfnisse, verbotene Wünsche. Im Laufe der Zeit lösen sich diese Heimlichkeiten jedoch nicht auf, vielmehr verbleiben sie in uns als Schatten, halb bewußt, halb unbewußt. Die Kentauren, die im Mythos auf dem Erymanthos leben, symbolisieren bereits durch ihre Gestalt dieses Dilemma, in dem wir Menschen uns befinden: Ein Teil in uns ist Mensch, den versuchen wir so gut wie möglich zu leben, ein anderen Teil in uns ist – noch – Tier bzw. Pferd, voller Triebhaftigkeit und Begehren. Den letzteren Teil verbergen wir vor dem Licht des Tages. Niemand, vor allem nicht unsere Freunde und Bekannten, dürfen von unserer rohen Tiernatur erfahren.

Diese innere Grenzziehung, berühmt geworden in der Geschichte von Dr. Jekyll und Mr. Hyde, hat jeder von uns, auch wenn wir uns gerne einreden möchten, daß dies gerade bei uns persönlich nicht zutrifft, da wir unsere Tiernatur bereits besiegt haben. Gerade hier ist es wichtig, Sieg mit Verdrängung nicht zu verwechseln. Schenken wir lieber dem Mythos mehr Glauben und vertrauen wir lieber etwas weniger unserer Selbsterkenntnis. Denn die Symbolik des Berges ist es ja, die uns darauf hinweist, daß sich etwas vor unseren Augen verbirgt. Wie also sollen wir es erkennen? Es wäre klüger, sich zu öffnen für alles, was es noch zu erkennen gilt. Gerade dies muß ja gegenwärtig noch verborgen sein. Allein diese Offenheit für das Unsichtbare, Dunkle und Jenseitige schafft die Voraussetzung dafür, daß wir eines Tages den Eber fangen und zu unserem Ursprung, der Ganzheitlichkeit, zurückkehren.

Herakles zeigt uns dies deutlich im Mythos: Er öffnet die Erde, wühlt dem Eber gleich in der Erde, um die Falle zu graben, und schafft so die Voraussetzung für die Gefangennahme des Ebers.

Dionysos und der Wein

Welche Möglichkeiten haben wir, um einen Weg zum Reich der Schatten zu finden? Der Mythos zeigt zwei gegensätzliche Varianten: Einen passiv unbewußten Weg in Form der Tragödie, in die wir hineingezogen werden, und einen aktiv bewußten Weg, in dem wir Regisseur und Mitgestalter unseres Schicksals sind. Die erste Variante erleben wir im Mythos in Form des Trinkgelages mit tödlichem Ausgang. Herakles wird hier »zufällig« hineingezogen, wobei der Eber von außen als unberechenbare Kraft auf ihn zukommt. Die Geschehnisse zwingen Herakles zum Nachdenken – und es kommt zur zweiten Variante: Herakles fängt und zähmt den Eber, nimmt ihm dabei die Unberechenbarkeit und kontrolliert selbst diese Kraft – im Mythos geht der Eber auf zwei Beinen. Aus Unbewußtheit und Zufall wird so Absicht und bewußtes Handeln.

Hier lohnt es sich, die Rolle des Weingottes Dionysos und des Alkohols näher zu untersuchen. Ein Beiname des Dionysos ist Zagreus, der »über die Stränge Schlagende«, ein weiterer Lyaios, der »Lösende«. Wer von uns hat nicht schon diese Erfahrungen unter dem Einfluß von Wein oder Alkohol gemacht. Ist es nicht so, daß gerade der Alkohol dazu beiträgt, unsere Hemmschwellen aufzulösen, damit Verborgenes und Verdrängtes in uns sich befreien kann? Nach einigen Gläsern Wein zeigt plötzlich der Ängstliche seinen Mut, der Starke seine Schwächen, der Harte seine Gefühle, der Liebende seinen Haß, der Großzügige seinen Geiz, der Mitleidvolle seine Gnadenlosigkeit, der Heilige seine Scheinheiligkeit. Doch ist der befreiende Rausch vorbei, fallen wir zurück in den Alltag, als wäre nichts gewesen. Sollte eine Schuldfrage entstanden sein, weil es Verletzte oder Scherben gegeben hat, verweisen wir in aller Regel auf den Alkohol – der nimmt uns gerne die Schuld ab und läßt sich zum Sündenbock stempeln.

Wenn wir so mit unseren Erlebnissen umgehen, haben wir endgültig das Glück verspielt, das uns der Eber, das (Wild-)Schwein, überbringen wollte. Das Sichtbargewordene verdrängen und vergessen wir wieder, anstatt es tags darauf vollends aus dem Schattendasein zu befreien. Nicht das, was wir bis heute gelebt haben, kann unser Morgen erfüllen, sondern nur das, was wir aus dem Schattendasein befreien und ins Leben bringen, macht uns reich und glücklich. Alles, was wir heute sind, ist immer nur Teil von dem, was wir morgen sein können. Deshalb sollten wir lernen, den Eber zu zähmen und unserem Weg dienlich zu machen, damit wir immer wieder – ob im Rausch der Sinne oder bewußt bei klarem Verstand – hinabsteigen in unseren Hades, um von dort wie Persephone gereifter und erwachsener wieder zu Licht und Leben emporzusteigen.

Die giftigen Pfeile

Der Mythos berichtet uns, daß Herakles, um sich zu wehren, mehrere Kentauren mit seinen giftigen Pfeilen getötet hat. Auch seine Freunde Pholos und Cheiron starben aus Versehen am Gift der Pfeile, obwohl die vom Pfeil selbst hervorgerufenen Verletzungen eher harmloser Natur waren. Da keine andere Heraklesaufgabe die tödliche Giftwirkung zum Thema hat, dürfen wir annehmen, daß darin eine tiefere Bedeutung verborgen liegt.

Nun verwenden wir den Begriff »Gift« gerade im zwischenmenschlichen Beziehungsbereich häufig. Da gibt es Menschen, die mit ihren Bosheiten und versteckten Anspielungen die ganze Atmosphäre »vergiften«. In politischen Parteien kennt man den »Brunnenvergifter«, der durch Bekanntmachung verborgener und geheimer Praktiken der eigenen Partei sozusagen das Wasser abgräbt. Andere Menschen wiederum, haben wir sie gereizt, spucken plötzlich »Gift und Galle« in ihrer Wut. In allem können wir die Kraft des Ebers erkennen, der den Menschen so lange reizt, bis Verborgenes enthüllt wird. Suchen wir im negativen Aspekt den positiven, daß nämlich Dunkles und Schatten ans Licht gefördert werden, könnten wir sagen, daß das Gift, das uns reizt und krank macht, gleichzeitig auch das Gift ist, das der Heilung und Vervollkommnung dient.

So finden wir im Mythos der siebten Aufgabe die Bestätigung des Grundsatzes der Homöopathie: Gleiches kann nur durch Gleiches geheilt werden (lateinisch: similia similibus curantur). Ebenfalls beinhaltet der Mythos bereits die homöopathische Lösung, denn alles hängt von der Dosierung bzw. Potenzierung des Giftes ab. Das, was in der ersten Variante die ungezähmte, wilde Eberkraft weckt und beim Trinkgelage zum tödlichen Ausgang führt, ist letztendlich nichts anderes als eine zu hohe, unverträgliche Dosis des Giftes. Der Mythos selbst gibt uns hier einen schönen Hinweis: Streit und Kampf während des Trinkgelages entstehen im wahrsten Sinn des Wortes aus Unverträglichkeit. Herakles, Pholos und Cheiron haben ein besonderes Faß Wein angestochen, ja vielleicht schon geleert, obwohl es allen Kentauren gehörte. Es war eine Gabe des Gottes Dionysos, wurde bereits seit langem gehütet und sollte geöffnet werden, wenn Herakles kommt. So wird verständlich, daß die anderen Kentauren aufs höchste erregt und gereizt waren, die freundschaftliche Atmosphäre war vergiftet, weil Herakles, Pholos und Cheiron zu weit gegangen waren. Der Eber (Keiler!) zeigt nun seine wilde, ungebändigte Kraft – es kommt zur Keilerei.

Versuchen wir eine Lösung zu finden, indem wir annehmen, Herakles hätte den Eber bereits gezähmt. Hätte er nicht als erstes die Einladung des Pholos überdacht und hinterfragt, um den darin verborgenen Sinn zu finden? Müßte nicht seine erste Frage nach dem »Woher« des Weinfasses sein, da nur diese Frage den Hintergrund aufhellen kann? Und könnte er dann nicht ahnen, wohlwissend daß Dionysos der Gott des Rausches und der Raserei ist, wie das Trinkgelage ausgehen wird, zumal es obendrein unzählige Berichte gibt von den Untaten der Kentauren, die sie allesamt im Rausch des Weins begangen haben?

Fragen, die Herakles sich nicht gestellt hat. Deshalb wird er ein letztes Mal mit der wilden, vierbeinigen Eberkraft konfrontiert, um sich seiner Gedankenlosigkeit bewußt zu werden, ehe er ihn zähmt und auf zwei Beinen vor sich herführt. So lehrt uns der Mythos auch, nicht immer dem Eber in die Falle zu gehen. All unsere Rückfälle sind nichts anderes: Indem wir unüberlegt, aus dem momentanen Impuls heraus handeln, stehen wir am Ende vor einem Trümmerhaufen, sind vielleicht selbst der Verletzte, Gekränkte oder gar Kranke. Wenn wir unsere menschlichen Qualitäten der Überlegung und des Nachdenkens nutzen, überwinden wir die Wildheit des Ebers. Jetzt sind wir der wahrhaft Überlegene, der Eber kommt uns entgegen und geht uns in die Falle. Der ursprüngliche, alles vergiftende Reiz, der nur Tod und Verletzung bringt, wird durch unseren Geist »potenziert« (entmaterialisiert), transzendiert und in vorausschauendes, kluges, alles und alle miteinbeziehendes Handeln transformiert.

Weiterhin fällt im Mythos auf, daß am Kentauren nur die untere Hälfte, also das Pferd verletzt wird, während die obere Hälfte, also der Mensch offensichtlich heil bleibt. Hier drückt der Mythos auf wunderschöne Art und Weise eine tief verborgene Wahrheit aus. Wir selbst sind ja dem Kentaur vergleichbare Wesen: Ein Teil in uns ist bereits Mensch; dieser Teil ist heil und kann in Wirklichkeit nicht verletzt werden. Der andere Teil in uns ist (noch) Tier; nur dieser Teil kann verletzt und krank werden. Aber – und hier heißt es den Mythos genau anschauen – das durch die Verletzung eindringende Gift vergiftet am Ende auch den Menschen, der Kentaur ist tot. Auf uns übertragen bedeutet dies, daß alle Lebenssituationen und Geschehnisse, die uns verletzen, kränken oder beleidigen, immer nur das Tier bzw. die Tiernatur in uns treffen. Alles, was in uns sich zum Menschen entwickelt hat, kann zwar nicht mehr getroffen werden, aber aus der Tiefe unseres Unterbewußtseins heraus vergiftet werden.

Dieser Zusammenhang ist deshalb wichtig, weil er uns den Umkehrschluß erlaubt und dadurch eine Entwicklungschance gibt: Denn sind wir gekränkt/verletzt/beleidigt, so deutet dies darauf hin, daß tief in uns noch ein Instinktwesen sein Schattendasein führt, von dessen Vorhandensein wir erst durch die Kränkung/Verletzung Kenntnis erhalten. Suchen und finden wir dieses verborgene Wesen, so können wir verhindern, daß es unser Denken (die obere Hälfte des Kentauren!) vergiftet. Suchen wir nicht, werden wir die Schuld an unserer Kränkung/Verletzung unweigerlich auf den scheinbaren Verursacher projizieren, wir werden uns von ihm abwenden und nichts mehr mit ihm zu tun haben wollen – der Tod einer Beziehung ist eingetreten.

Tragödie und Komödie im Leben

Wir alle wiegen uns in der heimlichen Hoffnung, in allen Lebenssituationen unbeschadet davonzukommen. Doch immer wieder, den einen mehr, den anderen weniger, trifft uns ein harter Schlag. Wir werden hineingezogen in das Drama des Lebens, dem wir sonst so gern von außen zuschauen, das Unglück bricht über uns herein, und am Ende spielen wir selbst für einige Zeit eine tragische Rolle auf der Bühne des Lebens.

Aus der Sicht ganzheitlicher Entwicklung beginnt die eigentliche, weil allzumenschliche Tragik erst später. Statt das fruchtbare Wirken des Ebers zu erkennen, ziehen wir uns zurück auf einen nichtssagenden Zufallsbegriff. Wir tun so, als gäbe es einen »Teufel«, der auf willkürliche, unberechenbare und absichtlich böse Art und Weise in unser Leben eingreift. Hier könnten wir verstehen, das Luzifer, der Lichtbringer, und der wilde, vierbeinige Eber ein und dieselbe Kraft meinen, die die Dramen und Tragödien des Lebens benutzen, um uns wachzurütteln. Sind wir erwacht, liegt es in unserer Hand, diese Kraft zu zähmen. Dabei bedeutet zähmen nicht, der Finsternis aus dem Weg zu gehen, sondern meint vielmehr, dosiert Licht in unser Schattenreich zu bringen, so daß wir dem Druck der Erkenntnisse gewachsen sind und daraus einen freudigen, seligmachenden Weg gehen können. Tragödie verwandelt sich so in Komödie, dem Gift wird seine ätzende Schärfe genommen, der Erymanthos in uns wird langsam, Stein für Stein, abgetragen.

Versuchen wir dem Sinn und der Bedeutung der Tragödie näherzukommen. Wir kennen die Tragödie als dramatisches Geschehen, das über einen oder mehrere Menschen wie ein Gewitter hereinbricht. Dabei können wir Betroffener, Zuschauer, gelegentlich auch nur Zuhörer oder Leser sein.

Das Wort Tragödie setzt sich zusammen aus »tragos« und »odes«. In der ursprünglichen Bdeutung heißt »tragos« soviel wie »Unterweisung in dem, was abgeschoren wird«; »odes« bedeutet »Zeuge sein«. So legt die Tragödie ein Zeugnis von dem Menschen ab, der nicht ungeschoren davonkommt. Unvollkommenheit und Unwissenheit, Verdrängtes und Vergessenes binden ihn in tragische Umstände ein, bis er »nackt« und »geschoren« vor sich selbst und den Beteiligten steht. Den Zuschauern selbst dient die Tragödie dabei als Unterweisung, damit sie daraus lernen mögen.

Mit dem Verlassen des Paradieses erhielt der Mensch ein Fell, eine Hülle. Darin steckt bereits die Symbolik des Erymanthos: Die Hülle trennt das von außen Sichtbare vom Unsichtbaren im Innern. Auf dem Rückweg zum Paradies lernen wir, die Hüllen zu durchdringen, damit das Verborgene offenkundig werden kann. Unter diesem Blickwinkel gesehen kommen wir alle eines Tages nicht ungeschoren davon. Herakles jedoch, dies ist die Besonderheit der siebten Aufgabe, zeigt uns, daß es einen sanften und zahmen Weg gibt, unser struppiges Fell zu scheren, damit wir uns nackt und hüllenlos im Spiegel unseres Bewußtseins erkennen können. Nur so werden wir sehen, daß wir als Menschen doch alle gleich sind – ein Ebenbild des biblischen Adam, geschaffen nach dem Bild Gottes.

Die alten Griechen haben die Tragödie als Bühnendarstellung geschaffen. Sinn solcher Aufführung war es, dem Zuschauer das tragische Erleben nahezubringen, damit er, ähnlich Herakles nach dem Trinkgelage, zum Nachdenken angeregt wird. So kann er die tragischen Ereignisse zu sich in Bezug bringen, als wären sie ihm persönlich geschehen, um Zusammenhänge zu seinem gegenwärtigen Leben herauszufinden. Findet er sie, weiß er auch, wo das Verborgene zu suchen ist – der Eber geht ihm in die Falle, und das Erleben der Tragödie am eigenen Leib wird überflüssig. Dies ist unsere Chance, Tragödien in Komödien zu verwandeln.

Um Mißverständnissen vorzubeugen: Es geht hierbei niemals um Vermeidung! Im Gegenteil, es geht um die vollkommene Lösung im Sinne Aphrodites. Werden wir nämlich tatsächlich in tragische Ereignisse verwickelt, lösen die Erlebnisse und Eindrücke in der Regel heftige Gegenreaktionen aus, so daß am Ende mehr Angst und Verdrängung als Einsicht und Erkenntnis zurückbleiben. So ist es Herakles, der sich in der nachfolgenden achten Aufgabe gerade mit diesen Resten alter Verletzungen auseinanderzusetzen hat.

Die Tragödie heute

Tagtäglich berichten die Medien von Tragödien, die sich weltweit ereignen. Ohne es zu ahnen, bietet sich für uns dadurch eine großartige Möglichkeit, daraus Nutzen zu ziehen für unsere eigene Entwicklung. Daß wir es nicht mehr tun, ist in unseren Tagen die eigentliche Tragödie. Das, was uns die Medien bieten, wird somit sinnentleert und zur reinen, nichtssagenden Information degradiert. Dabei sitzen wir doch, den alten Griechen im Amphitheater gleich, als Zuschauer und Zeuge vor, ja fast mitten in den dramatischen Ereignissen, die vor unseren Augen hautnah ablaufen. Doch zu den Bildern, die vor unseren Augen flimmern, nehmen wir keine persönliche Beziehung mehr auf, ja wir besitzen nicht einmal mehr die Fähigkeit, diesen Bezug herzustellen. Das Wertvolle an der Tragödie – die persönliche Information, die unseren Lebensweg beinflussen kann – können wir deshalb nicht mehr extrahieren und für unsere Selbsterkenntnis nutzen.

Dabei wäre es gar nicht so schwierig, wenn wir anerkennen, daß zwischen unserer äußeren Welt und ihren Geschehnissen ein Zusammenhang zu unserer inneren Welt besteht. Dies wiederum aber ist nicht schwer einzusehen, weil gerade alle äußeren Geschehnisse Ausdruck dessen sind, was in uns Menschen vorgeht.

Betrachten wir dazu ein Beispiel aus der Vergangenheit. Eine klassische Tragödie wurde uns als Lehrstück in allen Phasen und Einzelheiten vor Augen geführt: Der Krieg einer Großmacht – hier stellvertretend für uns alle Amerika – gegen einen widerspenstigen Staat – hier der Irak –, der sich am Ende, ausgebombt, als der hoffnungslos Unterlegene erweist.

Wollen wir uns diese Tragödie im Sinn der siebten Heraklesaufgabe anschauen, müssen wir als erstes jede Schuldzuweisung außer acht lassen – ohnehin wäre sie subjektiv und würde uns keinen Schritt weiter bringen. Niemals geht es in einer Tragödie um Schuld, es geht nur um Unterweisung, die Verborgenes ans Tageslicht fördern will (Eberkraft!).

Fragen wir uns also, was vor dem Krieg verborgen war und nach dem Krieg für jeden offensichtlich geworden ist. Um daraus zu

lernen, genügt es, unsere westliche Seite anzuschauen, da wir selbst zum Westen gehören und somit der Krieg nicht nur kollektiv Unbewußtes, sondern auch individuell Unbewußtes deutlich sichtbar macht. Immerhin besteht das Kollektiv aus der Summe der jeweiligen Individuen.
Rückwirkend betrachtet macht der Krieg sichtbar:
1. Die Bereitschaft des Westens, zu töten, ohne selbst in wirklicher Notwehr zu sein.
2. Die Bereitschaft, unschuldige Opfer in Kauf zu nehmen, um seine eigenen Vorstellung durchzusetzen.
3. Die Bereitschaft, hemmungslos Überlegenheit so lange einzusetzen, bis der Gegener zur Aufgabe gezwungen wird.
4. Der Begriff Menschlichkeit wird nicht umfassend angewendet, sondern nur für die eigene Seite in Anspruch genommen. Im Widerspruch zum Begriff der Menschlichkeit aber steht, der gegnerischen Seite das Recht auf Menschlichkeit abzusprechen.

Fassen wir diese Punkte zusammen, so könnte deutlich werden, was die »Eberkraft« wirklich ans Licht gebracht hat: Wir im Westen, kollektiv wie individuell, nehmen seit langem in Anspruch, das Wesen des Menschen zu achten. Wir behaupten in unseren Grundsätzen und -gesetzen, daß Menschenwürde eines unserer höchsten Ziele ist. »Freiheit, Gleichheit und Brüderlichkeit«, niemals Unterdrückung des anderen, geschweige denn Gewaltanwendung gegenüber Mitmenschen haben wir auf unser Banner geschrieben. Doch genau besehen hat sich hier ein riesiger Schatten in uns allen manifestiert, den der Krieg uns allen als Spiegel vor Augen hält. Alles Geschehene, wenn wir ehrlich sind, steht im krassen, unvereinbaren Widerspruch zu diesen Grundsätzen der Menschlichkeit. Denn Menschsein bedeutet ja gerade, das Unmenschlich-Tierische in uns zu überwinden und darüber hinauszuwachsen (Kentaur!). Fallen wir zurück in die Muster der Macht, der Unterdrückung und des Totschlags, kann dies nur heißen: Der Unmensch lebt noch in uns – den Menschen in uns haben wir selbst noch nicht verwirklicht. So befreit uns auch nicht die scheinbar vernünftige Ausrede, daß uns schließlich ein Unmensch dazu gezwungen hat, als Unmenschen zu handeln. In Wahrheit hat der

Unmensch dem angeblichen Menschen seine täuschende Maske der Menschlichkeit abgerissen.

Lernen wir alle aus dieser Tragödie. Jeder von uns möchte ja so gerne »ganz Mensch« sein. So geben wir uns bei jeder Gelegenheit »menschlich«, zeigen unsere gute Gesinnung und treten ein für Brüderlichkeit und Frieden in dieser Welt. Doch was geschieht, wenn unser Gegenüber nicht mitmacht. Wenn er uns seine »böse Gesinnung« zeigt, unfreundlich und unfriedlich mit uns umgeht. Verstehen wir ihn dann auch noch, ist unser Verständnis für ihn dann noch vorhanden, oder verwandeln wir uns vom liebenden Freund zum hassenden Feind, wechseln die Maske und zeigen das wahre Gesicht?

Die göttliche Kraft des Ebers ist es, die uns alle Masken und Scheinheiligkeiten herunterreißt, damit wir zur Wahrheit vordringen und Zeuge unseres eigenen Wesens werden können – nur über ihn führt unser Weg zur Ganzheit und zum Heil.

ASTROLOGISCHE ZUSAMMENHÄNGE IM ZEICHEN WAAGE

Zuordnung

Planet	Venus (griechisch: Aphrodite), die Schaumgeborene, Göttin der Liebe und Erkenntnis, Göttin der Vollkommenheit
Haus	7. Haus, Partnerschaft und Beziehungen
Mythologisch	Uranos, Persephone, Hades
Eigenschaft	Ausgleich, Abwägen, Harmonie, Liebe, Gesetzmäßigkeit, Anmut, Schönheit
Körperteil	Nieren, Venen

Das Prinzip Waage

Nach der Priorität der äußeren Welt in der Jungfrau ist Waage das Zeichen der Verbindung und Beziehung. Ausgewogenheit in allen Lebenslagen erhält den Vorrang vor Kampf und Durchsetzung um jeden Preis. Das Denken, wie bei allen Luftzeichen, ist verstärkt, dabei stets ausgerichtet auf den Partner, das Du. Es wird versucht, bereits im Vorfeld die Probleme und Schwierigkeiten zu erkennen, um Fehler schon im Ansatz zu beseitigen. Es besteht ein hoher Anspruch auf Vollkommenheit, der, wenn er in die Projektion geht, sich als hoher Anspruch an den Partner richtet. Deutlich ist im Innern Resonanz zu spüren auf alles, was um einen herum vorgeht. Deshalb kann der eigene innere Friede nicht vom Du losgelöst erreicht werden. Nur wenn das richtige Maß, der goldene Schnitt gefunden wird, stellt sich Harmonie innen wie außen ein.

Die siebte Heraklesaufgabe im persönlichen Horoskop

Waage gilt als Zeichen des Ausgleichs. Die engen Beziehungen zu anderen Menschen werden ebenso ernst genommen wie die Liebe selbst. Dem Zeichen Waage ist Venus/Aphrodite zugeordnet. Am kosmischen Sternenhimmel entspricht sie dabei unserem Abendstern, jenem hell leuchtenden Stern, den wir nach Sonnenuntergang als ersten Stern am Abendhimmel wahrnehmen. In uns Menschen entspricht Venus einer erkennenden Intelligenz, die es uns ermöglicht, in der Stille des Abends auf den vergangenen Tag zurückzuschauen, um im Spiegel unseres Bewußtseins – frei von Emotionen – unsere eigenen Unvollkommenheiten liebevoll anzuschauen. Nur so ist es uns möglich, Projektionen und Schuldzuweisungen zurückzunehmen, und dadurch die eigentliche Schönheit und geheimnisvolle Hintergründigkeit zwischenmenschlicher Beziehungen zu verstehen. Gleichzeitig gewinnen wir – Tag für Tag ein wenig mehr – Einblicke in unsere verborgenen Seiten, versteckten Wesensanteile und verschütteten Potentiale.

Befindet sich im Horoskop der Aszendent im Zeichen Waage, so gewinnt das Anschauen der eigenen Schattenseiten an Bedeutung. Tragödien, Verletzungen und Kränkungen, scheinbar verursacht durch andere Menschen, dienen dazu, in uns Verdrängtes und lange Vergessenes hochzuholen. Alles, was nicht gesehen werden will oder kann, erhält Licht und taucht irgendwann an der Oberfläche auf. Jetzt kann es von uns erkannt werden und auf unser künftiges Leben verwandelnd einwirken: Nur so kann die unberechenbare Eberkraft von uns gezähmt und beherrscht werden.

Besondere Bedeutung hat jedoch die siebte Aufgabe für Menschen mit Aszendent Skorpion, da das 12. Haus (äquale Häuser!) – das Haus der Lösung und Meisterung – sich im Zeichen Waage befindet. So streben wir lange Zeit im Leben danach, Harmonie und Liebe zu finden. Die Menschen, mit denen wir zu tun haben, ebenso wie die Umgebungen, in denen wir wohnen oder arbeiten, sollen Frieden ausstrahlen. Doch immer wieder zeigt sich das Gegenteil: Waren wir selbst auch noch so liebevoll, großzügig, herzlich und tolerant, die anderen verhalten sich dennoch wie Störenfriede. Vom Drama zu Hause mit den Eltern bis zum Streit mit dem Partner oder Kollegen – immer wieder zieht eine dunkle, obskure Kraft genau dort hinein, wo wir so liebend gern nur Zuschauer, aber nicht Verwickelter wären. Dies kann sehr weit gehen, je nach persönlicher Horoskopsituation. Höhen und Tiefen des Lebens werden, zumindest vom subjektiven Standpunkt aus betrachtet, deutlicher erfahren als bei anderen Aszendent-Konstellationen. Der Glaube ist lange Zeit vorherrschend, daß stets die anderen die Harmonie stören und wir selbst lediglich immer dafür sorgen (oder sorgen müssen!), daß die ursprüngliche Harmonie wiederhergestellt wird. Dabei vergessen wir, daß die »eigene Vorstellung« von Harmonie nicht der des Partners entspricht. Die Folge ist häufig, daß am Ende in einer engen Beziehung beide Partner um ihren Harmonieanspruch kämpfen – ein wahrer Kampf für den Frieden, der oft tragische Züge annimmt.

Die Heraklesaufgabe zeigt uns, daß besonders bei Aszendent Skorpion der Eber aktiv ist, damit alle Schatten ans Licht geholt werden. Um den Eber zu zähmen, wäre es gerade für diese Konstellation wichtig, das Leben als ständigen Selbsterkennungsprozeß aufzufassen und den Alltag konkret danach auszurichten. Ob Tagebuch, um über die Geschehnisse zu reflektieren und die gewonnenen Erkenntnisse festzuhalten, oder kontinuierliche Kurse zur Schulung des Gedächtnisses, alles was geeignet ist, einmal gewonnene Erkenntnisse nicht beim nächsten Mal wieder vergessen zu haben, dient dem persönlichen Weiterkommen. Nur so wird es möglich sein, die Neigung zu Rückfällen zu überwinden und aus allen Verstrickungen, in die hineinzugeraten eine ständige Tendenz vorhanden ist, eines schönen und freudigen Tages herauszukommen. Im Sinne des Mythos wäre hier zu empfehlen, alle Vorhaben und Entschlüsse gründlich und tief zu hinterfragen, ehe zur Tat geschritten wird. Nur so kann der Eber gefangen, die Angst vor ständig drohendem Verlust abgebaut sowie wirklich fester Boden unter den Füßen und Sicherheit in sich selbst gewonnen werden. Die Frucht dieser Entwicklung ist eines Tages eine echte Einigungsfähigkeit. Weil wir von nun an keine falschen Kompromisse mit dem Du mehr eingehen müssen, stabilisieren sich unsere Beziehungen – der innere Friede ist erobert.

ACHTE AUFGABE IM ZEICHEN SKORPION

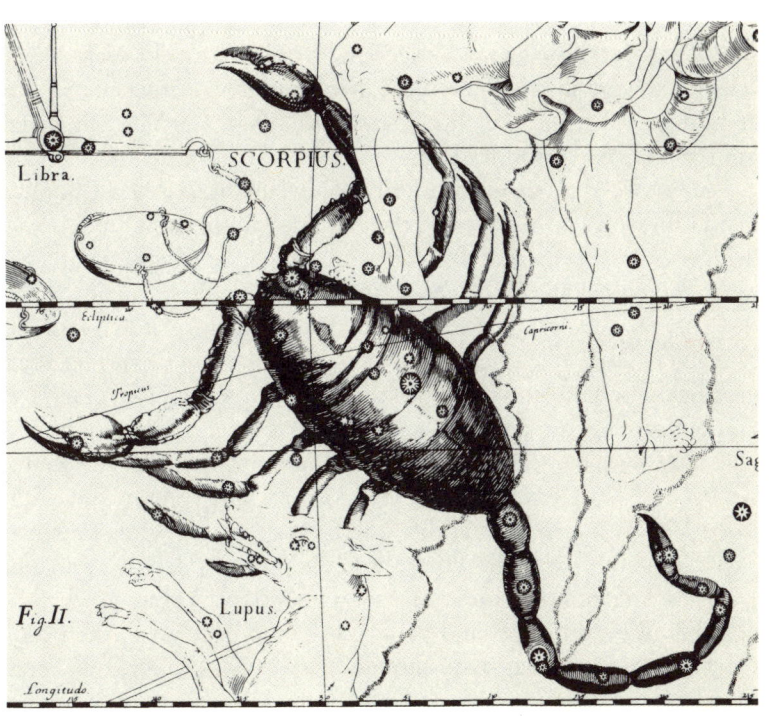

Die Tötung der neunköpfigen Hydra

In den Sümpfen von Lerna lebt die Hydra, eine Wasserschlange. Sie ist ein Ungeheuer mit neun Köpfen, von denen einer unsterblich ist, die anderen aber die Eigenschaft haben, doppelt nachzuwachsen, wenn jemand sie abschlägt. Die Hydra verbreitet furchtbaren Gestank, verpestet die ganze Umgebung damit und zieht viele Menschen mit sich in die Tiefe der unergründlichen Sümpfe. Sie ist außerdem so giftig, daß ihr Atem oder allein der Geruch ihrer Spuren Leben zerstören kann.

Die Hydra haust in einer unterirdischen, unzugänglich verborgenen Höhle mitten im Moor, in die es keine Möglichkeit gibt einzudringen. Herakles streift um das Moor, doch die Hydra zeigt sich nicht. So schießt er in Pech getauchte, brennende Pfeile in die Höhle der Hydra. Das Ungeheuer kommt wütend hervor und versucht schlangengleich die Füße des Herakles zu umfassen. Er springt aber geschickt zur Seite und trennt ihr mit einem einzigen Hieb eines der Häupter ab; sofort wachsen zwei neue nach.

Immer wieder greift Herakles die Hydra an, aber sie wird nicht schwächer. Jetzt erinnert sich Herakles an einen guten Rat, daß nicht Mut, sondern Demut ihn zum Sieger machen wird. Er kniet sich nieder und hebt die Hydra hoch heraus aus dem Sumpf. Im gleichen Augenblick schießt ein riesiger Krebs, von Hera geschickt, aus dem Wasser hervor und beißt mit seinen Scheren in die Ferse des Helden. Er erträgt den Schmerz, läßt die Hydra nicht aus den Händen, und langsam beginnt die Kraft des Ungeheuers zu schwinden, da es keinen Kontakt mehr zum Wasser hat. Sonne und Wind trocknen die Hydra aus. Als die Hydra tot ist, erkennt Herakles das unsterbliche, mystische Haupt – er trennt es vom Rumpf ab und vergräbt es unter einem Felsen.

Ergänzungen zum Mythos

Die große Dürre

Erzählt wird, daß einst im alten Argos große Dürre herrschte. Die Danaide Amymone fleht Poseidon an, bis dieser befiehlt, an einen Felsen zu schlagen. Sie tut es und im Nu entspringen dem Felsen drei kristallklare Bäche, die das Land zu Lerna bewässern. Doch bald läßt sich dort die Hydra nieder und verwandelt alles in einen stinkenden Morast.

Typhon

Die Hydra ist dem Typhon und der Schlangengöttin Echidne geboren. Typhon gilt als das größte Ungeheuer, das je das Licht der Welt erblickt hat. Er besteht aus zahllosen sich windenden Schlangen.

Es wird erzählt, daß er im Kampf Zeus vorübergehend besiegt und ihm dabei die Sehnen aus Arm und Bein entfernt, so daß Zeus kein Glied mehr bewegen kann. Hermes, gemeinsam mit Pan, findet die Sehnen wieder und bringt sie Zeus zurück. Daraufhin tötet Zeus den Typhon mit seinem Blitz.

Die Häupter der Hydra

Die Anzahl der Häupter der Hydra wird oft unterschiedlich genannt: von sieben, über acht und neun bis zu 50. Anzunehmen ist, daß acht sterbliche Häupter und ein unsterbliches Haupt zur Zahl neun führen.

Der Kampf des Herakles

Kampf und Sieg des Herakles werden auch anders erzählt: Zur achten Aufgabe nimmt Herakles seinen Neffen Iolaos mit. Iolaos ist Sohn von Iphikles, dem (weltlichen) Zwillingsbruder des Herakles, als dessen Vater Amphitryon gilt. Während Herakles der Hydra die Köpfe abschlägt, brennt Iolaos die Wunden mit lodernden Holzscheiten bzw. Baumstämmen aus, damit keine neuen Köpfe nachwachsen können.

Und Gott sprach:
»Die Erde bringe lebende Wesen hervor,
jedes nach seiner Art,
von Vieh und von Kriechtieren und von wilden Tieren,
jedes nach seiner Art!«
Genesis 1,24

Der Mythos von der Schlange

Einst war die paradiesische Schlange ein wunderschönes Wesen, geschaffen von Gott als das klügste aller Tiere. Sie war Zauberin und gute Fee, die es verstand, in die Zukunft zu sehen, die Vorzeichen zu erkennen und auszusprechen. Wie kam es dazu, daß sie heute aus Sicht vieler Menschen eine böse, alles verpestende und verschlingende Hydra geworden ist, deren teuflische Worte als üble Lüge und Verleumdung gelten – gedacht uns Menschen ins Verderben zu führen?

Betrachten wir als erstes den biblischen Mythos von der Schlange und vom Sündenfall näher. Hier spricht die Schlange zum Menschen: »Wenn du vom Baum der Erkenntnis ißt, werden dir die Augen aufgehen, und du wirst wie Gott erkennen Gut und Böse!«

Dieses Versprechen hat die Schlange gehalten – es gibt keinen Grund, ihr Lüge zu unterstellen, noch einen Grund, sie zu verteufeln, denn offensichtlich ist sie ja gerade als klügstes Tier ausersehen gewesen, sich dem Menschen in dieser Weise zu nähern. Viel eher läßt der Mythos den Schluß zu, die Schlange sei geschaffen, um den Menschen auf den Erkenntnisweg zu bringen.

Doch befassen wir uns mit den Folgen der Tat. Uns Menschen gehen als erstes »die Augen auf«. Dies kann aber nur heißen, daß Adam noch die Augen geschlossen hatte, bevor er durch die Schlange mit der Welt in Berührung kam. Vielleicht finden wir im Öffnen der Augen den ursprünglichen Grund aller menschlichen Schwierigkeiten und Probleme.

Versetzen wir uns also in die Lage des blinden Adam, der die äußere Welt noch nicht sehen kann. Was unterscheidet diesen Zustand von unserem gewöhnlichen Leben? Auf Anhieb werden wir sagen: Klar, jetzt erkenne ich nichts mehr – mit geschlossenen Augen!

Genau genommen verbleiben uns aber noch vier Sinne, um die Welt zu erfahren, nur der Sehsinn ist ausgeschaltet. Tasten wir uns einmal probeweise blind durch die Welt, dann werden wir schnell einen bedeutenden Unterschied feststellen, vor allem dann, wenn wir Erfahrungen im Sinne von Gut oder Böse machen.

Nehmen wir im ersten Fall ein »gute« Erfahrungen: Unseren tastenden Händen bietet sich ein köstlicher Apfel, wir wagen es hineinzubeißen und genießen ihn. Was unterscheidet uns Sehende vom Blinden? Wir Sehende speichern in uns das Bild des Apfels zusammen mit dem Gefühl des köstlichen Geschmackes, der Blinde nicht. Wann immer nun in Zukunft sich in Sichtweite ein Apfel befindet, werden wir uns darauf stürzen, möglicherweise um ihn kämpfen und, falls wir gerade nicht hungrig sind, den Apfel als Vorrat aufheben. Der Blinde aber wird ungerührt seinen Weg fortsetzen, ohne Hast und Eile, ohne Kampf und Konkurrenz, frei von Besitz und Besessenheit. Bereits hier ahnen wir, wohin es führt, wenn uns Menschen die Augen aufgehen.

Doch schauen wir uns auch den zweiten Fall an, wir machen eine »böse« Erfahrung. Wir tasten uns vorwärts und treten dabei in einen spitzen Gegenstand, wir haben heftige Schmerzen und können nicht mehr weiterlaufen. Der Blinde wird warten, bis der Schmerz sich lindert – und wird vorsichtig weitergehen. Nicht so der Sehende. Als erstes werden wir der (scheinbaren) Ursache nachgehen und den Gegenstand suchen, der uns verletzt hat. Wir finden – nehmen wir an – einen Nagel, den ein Kind dort beim Basteln liegen ließ. Doch nicht genug, wir werden das Kind zur Rede stellen, vielleicht bestrafen und alles beseitigen, was in Zukunft ähnliche Vorfälle auslösen könnte. Ebenso wie im ersten Fall verbinden wir mit der »bösen« Erfahrung ein Bild in der Außenwelt – ob Gegenstand oder Lebewesen –, das als scheinbare Ursache der Erfahrung in uns mit dem Schmerz gespeichert wird. Auch hier ahnen wir, was kommen wird: In allen schmerzlichen Fällen, die von außen auf uns zukommen, suchen wir die sichtbare Ursache, um in Zukunft solche Erfahrungen zu vermeiden oder möglichst ganz aus unserem Leben zu verbannen. Es entsteht Voreingenommenheit der Welt gegenüber und, falls die Erfahrung drastisch war, Angst, eine ähnliche Erfahrung noch einmal machen zu müssen.

Aus dieser Voreingenommenheit und Angst heraus wächst ein »Zwerg« in uns, zu dessen einzigem Lebenszweck es wird, Leid und Schmerz zu vermeiden. Er strebt nach Absicherung, hüllt sich ein und wird unempfindlich gegenüber seinen Mitmenschen. Am Ende tötet er – ganz Egoist geworden – alle Liebe in sich ab, weil an sie stets Leid und Mitempfinden gebunden sind – der gepanzerte, ganz auf sich bezogene und auf seinen Vorteil bedachte Krebs ist geboren.

Vielleicht können wir alle an diesem Beispiel die Problematik nachvollziehen, mit der wir Menschen uns zu befassen haben, wenn uns die Augen aufgehen. Doch es ist noch nicht alles. In der Folge berichtet der biblische Mythos, daß Adam seiner Frau und sie der Schlange die Schuld zuweist. Diese Schuldzuweisung beinhaltet vielleicht die größte menschliche Tragik, weil sie uns permanent von unserem Entwicklungsweg abbringt und uns in Krankheit und Unheil verstrickt. Beißen wir nämlich – bildlich gesprochen – im Leben in einen sauren Apfel, glauben wir, daß Ursache und Problem beim Apfel liegen. Dabei übersehen wir, weil wir nicht nach innen, sondern nach außen schauen, daß alle Ursachen in uns liegen, niemals außerhalb von uns. Schließlich sind es immer wir selbst: Wir, aus welchem Grund auch immer, haben uns entschieden, in den Apfel zu beißen. Wie könnte da je eine Schuld beim Apfel liegen? Daß der Apfel sauer schmeckt, ist seine Eigenart – was soll es daran auszusetzen geben. Daß er uns nicht schmeckt, ist unsere Eigenart – mit ihr können wir uns auseinandersetzen.

Was wir gegebenenfalls beim sauren Apfel noch einsehen, erscheint uns aber im täglichen Leben anders. Da geraten wir mit dem Auto von der Fahrbahn, verlagern die Schuld und somit die Ursache auf die Fahrbahn, die glatt war, oder auf die Behörden, die nicht gestreut haben. Am Arbeitsplatz geraten wir mit dem Chef aneinander, es gibt Streit – Schuld und Ursache liegen jedoch eindeutig im Wesen des Chefs begründet, aus unserer Sicht. Da bauen wir ein Haus, beauftragen Handwerker und nach kurzer

Zeit stellen sich die ersten Mängel ein – selbstverständlich liegt die Schuld am schlechten Handwerker. Nicht einmal in diesem Fall erkennen wir, daß wir selbst es waren, die den schlechten Handwerker ausgewählt und beauftragt haben.

Seit dem Sündenfall hat sich durch das Öffnen der Augen etwas vertauscht. Zu allen im Leben auftauchenden Schwierigkeiten finden wir nicht mehr die Ursache in uns. Ob Krankheit, Unglück oder Widerstände, wir projizieren und verlagern damit Schuld nach außen, verwechseln und vertauschen die Ursachen und verlieren so den wahren Bezug zu den Ereignissen des Lebens. Wir täuschen uns und unterliegen so der großen Kraft der Illusion – die Folge sind Beziehungslosigkeit und Verwirrung.

Deutung des Mythos

Aus dieser Verlagerung und Projektion der Schuld heraus wird erst verständlich, warum sich das einst herrlich edle Schlangenwesen in eine morastig böse Hydra verwandelt hat. Die Schlange selbst nämlich ist Opfer dieser Projektion geworden. Ihr haben wir alles nur erdenklich Böse in die Schuhe geschoben, haben sie verteufelt und zum Menschenfeind Nummer eins deklariert. In Wirklichkeit aber ist nicht sie unser Feind, sondern wir sind ihr Feind. Die Schlange verkörpert die Kraft der Entwicklung, die den Menschen auf dem Weg der Erkenntnis begleitet. Wir selbst jedoch sind entwicklungsfeindlich geworden. Wir sind es, die in Wahrheit Angst haben vor wirklicher Erkenntnis, weil in letzter Konsequenz jede Erkenntnis uns zur Änderung unseres bequemen Lebens zwingen würde. Um diesem Erkenntnisdruck zu entgehen, sind wir es, die der Schlange den Kopf zertreten. Was wundert es uns, daß sie uns dabei »in die Ferse beißt«, damit wir Täuschung und Selbstbetrug durchschauen und zurückgeworfen werden auf unsere eigene »Achillesferse«, den Fehler und Schwachpunkt in uns selbst, den wir so gern bei anderen suchen und finden.

Herakles ist es, der uns in der achten Aufgabe im Zeichen des Skorpions zeigt, wie wir aus unserem verwirrenden Sumpf von verwesenden Erfahrungen und Erlebnissen – Ängste und Projektionen, Täuschungen und Verwechslungen, Lüste und Sehnsüchte, alle ineinander und miteinander auf undurchsichtige Art und Weise verschlungen – herauskommen, ohne uns darin zu verstricken und unterzugehen. In der siebten Aufgabe erkannte Herakles den Erymanthos in sich, jenen trennenden und schützenden Wall in jedem Menschen, den wir aufgerichtet haben, um die sensible Welt unserer Gefühle und Empfindungen vor Verletzung und Schmerz zu bewahren. Jedoch das Erkennen des Verborgenen in uns ist nicht gleichbedeutend mit Erlösung von all diesen Ängsten. So ist es Herakles, der sich in der achten Aufgabe mit den tiefsitzenden Ängsten hautnah auseinandersetzt, um ihnen für alle Zukunft ihre Kraft und Macht über uns zu rauben.

Die Hydra, so sagt der Mythos, hat das ehemals kristallklare Wasser verschmutzt und in einen stinkenden Morast verwandelt. Wasser steht seit jeher symbolisch für die ständig fließende und sich bewegende Welt unserer Gefühle. So wird es in diesem Zusammenhang für uns wichtig werden, in uns das zu finden, was unsere einst reine und edle, kindlich unvoreingenommene und naive Gefühlswelt getrübt und in Morast verwandelt hat, um so der Bedeutung der Hydra näherzukommen.

Wir sahen bereits, daß das Essen vom Baum der Erkenntnis uns Menschen in problematische Schuldprojektionen verwickelt. Problematisch vor allem deshalb, weil sie zu Vermeidung und in der Folge zu Abgrenzung und Verlust von Liebe und Ganzheitlichkeit führen. Wir verlieren den paradiesischen Zustand und werden schuldig. So hinterläßt die Erfahrung heftiger Schicksalsschläge einen starken Ein- und Abdruck in unserer Seele, den wir ganz unbewußt in unmittelbare Beziehung bringen zu dem Geschehnis in der Außenwelt, das wir in unserer inneren Bilderwelt abspeichern: Bild und Angstgefühl werden miteinander gekoppelt. Begegnen uns in Zukunft nun neue Bilder, die den alten ähneln, werden zuerst die alten Gefühle von Angst und Schrecken wieder wach, wir empfinden Bedrohung und reagieren instinktiv heftig, um uns vor einer Wiederholung schrecklicher Erlebnisse zu schützen. Dabei ist oft weder wirkliche Gefahr noch Bedrohung vorhanden, dennoch überwältigt und überschwemmt unsere Gefühlswelt die Vernunft, wir fallen auf die Täuschung herein und beginnen einen sinnlosen, zerstörerischen Abwehrkampf.

Dieses Verhaltensmuster hat dem achten Zeichen im Tierkreis, das früher den Namen »Weißer Adler« trug, die Bezeichnung »Skorpion« eingebracht. Ähnlich dem Stachel des Skorpions vergiftet dieser Abwehrkampf zwischenmenschliche Beziehungen derart, daß nicht selten Trennung und Kampf bis zum bitteren Ende das Ergebnis ist. Was als Zuneigung und reine Liebe begann, endet als Abneigung und abgrundtiefer Haß.

An dieser Stelle sei darauf hingewiesen: Wer immer einen anderen Menschen haßt, will seine eigene Schwäche nicht sehen, projiziert Schuld in den anderen und vertauscht die Ursachen. Dieser Zusammenhang ist im biblischen Mythos belegt und betrifft ohne Ausnahme jeden Menschen. Lösung kann nur bringen, sich dieser Vertauschung und der sich daraus ergebenden Täuschung bewußt zu werden, die Projektion zurückzunehmen und sich mit seiner eigenen Schwäche zu konfrontieren. Deshalb ist Haß nichts anderes als »pervertierte Liebe«. Alles, was ein Mensch haßt, ist er gleichzeitig auch bereit zu lieben. So gehört es zum Weg der Erkenntnis, alle Vertauschungen, Täuschungen und Perversionen, die durch das »Aufgehen der Augen« ausgelöst werden, zu durchschauen, umzukehren und zurechtzurücken. Aller Haß verwandelt sich so wieder in Liebe, alle Trennung in Verbindung, alle Feindschaft in Freundschaft. Dies zu erkennen und danach zu handeln heißt, die Hydra aus dem Sumpf zu ziehen und ihr im Licht der Sonne und mit der Fähigkeit der Erkenntnis (Wind!) die Kraft zu entziehen. So geläutert und im Sonnenfeuer gereinigt, erhält die Hydra ihre goldglänzende Haut und ihr faszinierend schönes Aussehen zurück, um von jetzt an – im menschlichen Bewußtsein wieder aufgerichtet – als Kraft der Entwicklung verehrt und geliebt zu werden. Die vielköpfige Hydra ist tot, die edle Schlange mit dem einen unsterblich mystischen Haupt hat ihren Platz als das »klügste der von Gott geschaffenen Tiere« in uns wieder eingenommen – die Zeit des Leidens ist vorbei.

Wiedergeburt im Zeichen Skorpion

In der Astrologie gilt Skorpion als das Zeichen der Transformation und Metamorphose. Der Mensch gerät in die Hölle, um wie Phönix aus der Asche zu steigen. Hier liegt es nahe, den Gedanken der Reinkarnation, der Wiedergeburt der menschlichen Seele, dem Skorpion und somit der achten Heraklesaufgabe zuzuordnen.

Die Lehre der Reinkarnation sagt uns, daß viele unserer tiefen Ängste und Schrecken aus früheren Inkarnationen stammen können, vielleicht sogar in archaische Zeiten zurückreichen, wo wir annehmen, daß unsere Seele extremen Erfahrungen ausgesetzt war. So hängt die Tiefe einer Angst ebenso wie die Größe eines Schreckens auch damit zusammen, inwieweit wir imstande sind, das Erlebte ein- und zuzuordnen. Diese Zuordnung wiederum hängt ab von unseren Erkenntniskräften, die es uns ermöglichen, Zusammenhänge zu sehen und Erlebtes in einen sinnvollen Bezug zu uns zu bringen. Das Schreckliche verliert an Schrecken, wenn wir seinen Sinn herausfinden und es dadurch verstehen lernen.

Als Beispiel mag hier das Erdbeben stehen. Von Natur aus ein dramatisches Schauspiel, das Entsetzen und Angst im Menschen auslöst. Seit sich jedoch Wissenschaft und Technik damit befassen, Zusammenhänge mit Spannungen in der Erdkruste aufdeckten und die Vorgänge plausibel machen, sind Angst und Schrecken weniger geworden. Wir sind vorbereitet und können es als Bestandteil unseres Lebens akzeptieren.

So symbolisiert die Hydra den Teil in uns, der von Angst und Schrecken überlagert in die Finsternis zurückgedrängt und bis heute noch nicht an das Licht des Tages hervorgeholt ist, um es – sichtbar geworden – aufzulösen. Der Gedanke der Wiedergeburt wird damit zu jener Hoffnung in uns, daß es eines ferneren Tages möglich sein wird, aus unseren Tiefen das zu befreien, was uns im täglichen Leben immer wieder in die gleichen Muster und Verstrickungen führt. Denn die eigentliche Seelenqual ist weder Leid noch Schmerz, sondern die Unfähigkeit, Muster und Blockaden zu verwandeln, damit endlich unser Weg zurück zum Licht möglich wird.

Die Befreiung von dieser Seelenpein lehrt uns Herakles. Wohl wissend um die Gefahr der Hydra und des Sumpfes, schickt er seine brennenden Pfeile der Erkenntnis in die dunkle Höhle, um die Hydra aus ihrem Versteck zu locken. Dies mag bedeuten, daß mutiges Hineingehen in den Sumpf unserer Ängste, bekannt als tollkühnes Draufgängertum oder männlich dreister Mutbeweis, weder eine Lösung bringen noch von wahrem Heldentum zeugen. Vielmehr wird jene Heldenspezies bald untergehen und im eigenen Sumpf versinken – am Anfang langsam, am Ende jedoch unaufhaltsam. Hier heißt es, auf sicherem und festem Boden sich bewegen. Nicht Zeichen von Mut, sondern von mangelndem Verstehen ist es, wenn der Ängstliche, seine Angst verneinend und verdrängend, versucht, sie mit aller Kraft zu überwinden. Die Folge kann nur heißen: noch mehr Angst und noch größerer Schrecken oder Untergang und Tod. Im Sinn einer kontinuierlichen Entwicklung der Seele ist nichts gewonnen und niemandem gedient.

Auf der anderen Seite erfolgt ebenfalls keine Lösung, wenn wir die Hydra und mit ihr alle Ängste in unserer unbewußten und instinktiven Gefühlswelt hausen lassen, von wo aus sie unsere Reaktionen beherrscht und die Welt der Empfindungen und Identifikationen verunreinigt. So findet Herakles den Weg der Mitte. Bis an den Rand des Sumpfes sich wagend, holt er die Hydra heraus, ohne ihrem verschlingenden Würgegriff zu erliegen. Indem er sie, so mögen wir den Mythos deuten, in das volle Licht der Erkenntnis hebt – sich selbst dabei demütig der Erkenntnis beugend –, schwindet der Hydra Kraft. Sonne und Wind, so heißt es, trocknen sie aus, Angst und Schrecken verlieren ihre heimliche Macht über uns.

Hier lohnt es sich, die Symbolik von Sonne und Wind anzuschauen: Die Sonne kennen wir nicht nur in der Astronomie als Zentrum des Sonnensystems, sondern auch aus der Astrologie und unserem Horoskop. Dort steht sie für das wahre, tiefere Wesen des Menschen, für seine strahlende Persönlichkeit, die ans Licht zu bringen und in der Welt zu entfalten wir geboren wurden. Der Wind ebenso wie das Element Luft schlechthin stehen für jene denkende und planende Instanz im Menschen, die es ihm ermöglichen, Himmel mit Erde, Geist mit Materie, Erkenntnis mit Handeln zu verbinden. Beide zusammen – Sonne und Wind – legen uns nahe, uns mit unserem tieferen Wesen vertraut zu machen und die entdeckten Kräfte und Potentiale zu verwirklichen, damit eine Verwesentlichung des Lebens geschehen kann. Selbstverwirklichung mag hier der Begriff sein, der diesem mythischen Bild von Sonne und Wind am nächsten kommt. In der Erkenntnis, wer wir sind, und in der Umsetzung jenes Wesens, zu dem uns unsere Geburt bereits bestimmt, überwinden wir wie von selbst Angst und Schrecken. Jetzt entwickeln wir jene Kraft der Mitte, die wir einerseits benötigen, um Ängste anzuschauen, uns mit ihnen zu konfrontieren und sie durch rechtes Handeln aufzulösen, die uns aber andererseits jene Besonnenheit gibt, uns nur so weit und so schnell vorzuwagen, daß wir den verschlingenden Armen der Hydra jederzeit auszuweichen imstande sind.

Hier können wir ahnen, warum die esoterische Astrologie davon spricht, daß Herakles Sieg und Triumph im Zeichen des Skorpions errungen hat. Er symbolisiert den Archetyp des Menschen, der seine Bestimmung kennt, dem Ruf der Seele (Hera!) folgt und so Mut, Stärke und Besonnenheit gewinnt, die er für seine zwölf Taten braucht. Wir alle sind gleich ihm Berufene. Finden wir Zugang zu unserem wahren Wesen, erlangen wir dieselben Qualitäten – weder zu tollkühn, noch zu zaghaft werden wir siegreich auf dem Weg der Selbstverwirklichung wandeln.

Der Krebs

Traditionell ist in der Astrologie dem Zeichen Krebs der Mond zugeordnet. Es gilt als das Zeichen der tragenden Mutterkraft – die Basiskraft des menschlichen Daseins auf dieser Erde. Wie der Mond die Erde umkreist, so umkreisen die Gedanken der Mutter das Kind. Sie hüllt das Kind liebevoll ein, schützt es vor Widrigkeiten und nährt es, damit es in Ruhe und Zufriedenheit wachsen und reifen kann. Ihre Hand ist wie das sanfte Licht des Mondenscheins – zart und weich, verständnisvoll und nachsichtig. Ihre Sorge gilt in erster Linie dem Wohlbefinden, weniger jedoch den Anforderungen der Entwicklung nach Vollkommenheit und Ganzheit des Menschen. Deshalb, so steht es im biblischen Mythos geschrieben, verläßt der Mann eines Tages die Eltern, um seine fehlende, weibliche Seite – die Frau – zu suchen und mit ihr sich zu verbinden.

So übernimmt dann in der weiteren Entwicklung eines Menschen Venus/Aphrodite die Führung, er beginnt auf die Stimme des Herzens zu hören und strebt nach dem Selbst, seinem größeren und umfassenderen Ich. Doch der Übergang vom Elternhaus in das Leben vollzieht sich nicht sanft, noch ist er angenehm und leicht. Dabei sollten wir diesen archetypischen Übergang nicht verwechseln mit dem, was wir heute landläufig darunter verstehen. Das Elternhaus verlassen heißt, alle schützenden Hüllen hinter sich zu lassen, sich der brennenden, oft versengenden Kraft der Sonne und den Forderungen des Lebens zu stellen, ohne im Hintergrund Absicherung und Rückzugsbereiche zu schaffen. Ebenso heißt es, der äußeren Welt mit all ihrem Schrecken und der inneren Welt mit all ihren Ängsten zu begegnen, um zwischen Angst und Schrecken, wie einst Odysseus zwischen Skylla und Charybdis, hindurch den Weg zu finden, der ein Zurück aus Angst nicht mehr kennt und nach vorne gerichtet auf ein Ziel zusteuert – ein visionäres Paradies, die geistige Heimat des Menschen.

Was früher den Helden auszeichnete und wovon uns Märchen und Mythen in zahllosen Varianten erzählen – das Ausgesetztsein und Verlassensein von der Mutter – ist jedoch heute nahezu bedeutungslos geworden. Unsere Seelen, sicherlich beeindruckt von Angst und Schrecken, haben sich dem Wesen des Helden verschlossen. Viele von uns suchen nach Geborgenheit, Schutz und Sicherheit. Unsere politischen, sozialen und zwischenmenschlichen Systeme sind Konstruktionen, um diese mütterlichen Schutzhüllen um uns herum zu verstärken, damit alles Böse möglichst draußen bleibt. Ähnlich dem Panzer des Krebses bilden wir Krusten und Abwehrmauern im kleinen wie im großen, um vermeintliche Feinde, die uns zu nahe kommen, abzuhalten. So gipfelt der Glaube an unsere eigene Macht in der doppelten Täuschung, daß zum einen alles Glück machbar und zum anderen alles Unglück ausrottbar sei.

Krankheit ebenso wie Krieg, Unfall ebenso wie Verletzung, Arbeitslosigkeit ebenso wie Einkommensverlust, Kündigung ebenso wie berufliche Unsicherheit – jedes Restrisiko wollen wir ausschließen in der stillen Hoffnung, ein Leben in Wohlbehagen mit Hilfe einer selbstgeschaffenen »großen Mutter« zu führen.

Von den zwölf Aufgaben des Herakles jedoch wissen wir, daß es sich in Wahrheit umgekehrt verhält. Gerade Hera, die »große Seelenmutter«, ist es, die von Herakles die Lösung dieser Aufgaben fordert. So ist es wiederum Hera, die in der achten Aufgabe den gewaltigen Krebs sendet, um sich bei Herakles mit seinen Scheren in dessen schwächster Stelle, der Ferse, zu verbeißen. Im Schmerz und den Schmerz ertragend, trifft unseren Helden die Erkenntnis schwer, daß alle Geborgenheit, alle Hüllen und alle Absicherungen nur Illusion und Täuschung waren. Die Kräfte des Kosmos und die Gewalt der Liebe ziehen uns unweigerlich aus allen Höhlen und schützenden Verstecken heraus, um uns schmerzlich daran zu erinnern, daß wir höherer, geistiger Ziele wegen in diese Welt gekommen sind. Könnten wir den Glauben an die Allmacht unseres kleinen Ichs fallenlassen, würden wir jenseits unserer Grenzen eine viel umfassendere Macht erblicken, die uns unaufhaltsam zur Erfüllung tiefster Sehnsüchte führen will.

Die Astrologie spricht diese Macht dem Planeten Pluto zu, der im Tierkreis traditionell dem Zeichen Skorpion zugeordnet ist. Dem Herakles gleich, der in einem ergänzenden Mythos den Krebs zertritt, drückt die Kraft des Pluto auf unsere Hüllen und Verhärtungen, Gewohnheiten und Verkrustungen, um sie zu brechen. Er gilt als der Zerstörer aller Illusionen und Täuschungen. Dringend ist es geboten, nicht weiter die Augen zu verschließen, sondern mutig der Illusion zu begegnen und ihren Schleier zu lüften. So erweisen sich – und die Zukunft wird es noch deutlicher offenbaren – alle Maßnahmen der Absicherung und Vermeidung auf längere Dauer gesehen als unwirksam.

Die politisch Verantwortlichen bemühen sich, die Probleme der Menschen durch Gesetz und Verordnung zu lösen, doch jedes neue Gesetz, das scheinbar ein Problem löst, ruft alsbald zwei neue Probleme hervor. Es verhält sich wie mit den abgeschnittenen Häuptern der Hydra – es wachsen an deren Stelle zwei neue nach. Analoges gilt in anderen Bereichen: Da versucht ein Heer von Medizinern Krankheit auszurotten, jedoch ohne Erfolg, weil für jede beseitigte Krankheit urplötzlich neue Krankheiten nachwachsen. Immer wieder versuchen wir, etwas Ungeliebtes aus unserem Leben zu verdrängen, scheuen dabei weder Zeit noch Geld, um dann zum Schluß die eigene Ohnmacht vor Augen geführt zu bekommen.

Symbolisch für unsere Zeit steht die Krankheit Krebs. Sie näher zu betrachten könnte noch weiteren Aufschluß bringen. Die Krebszelle, die nur an die eigene Vermehrung denkt und den ganzen Körper des Menschen dabei verseucht und zerstört, wäre Zeichen genug für unser eigenes Verhalten in dieser Welt. Doch wir verstehen die Zeichen der Zeit nicht, oder besser gesagt, wir bemühen uns erst gar nicht. So können wir unsere Illusion beibehalten und weiter nähren, daß wir im großen und ganzen doch gute und nützliche Zellen im Gefüge dieser Erde sind. Die Krankheit Krebs müßte uns sonst eines Besseren belehren: Verlust des ganzheitlichen Denkens und Handelns, Vermehrung um der Vermehrung willen, Fortschritt um des Fortschritts willen tragen in sich die Symbolik von krebsartigen Wucherungen im Gefüge der Menschheit; sie müssen deshalb zwangsläufig eines Tages zum Exitus führen.

Es mag stimmen, daß unser Streben nach mehr und immer mehr einer tiefsitzenden Angst entspringt. Wir möchten unter keinen Umständen in die bedrückende Lage kommen, zu wenig zu haben, den Wohlstand zu verlieren und Hunger zu leiden. Ohne Zweifel symbolisieren die Häupter der Hydra auch das aus diesen Ängsten geborene Denken des Menschen. Aber sind wir wirklich sicher, unsere Ängste überwunden zu haben, wenn wir uns in Wohlstand und Überfluß etablieren?

Khalil Gibran läßt stellvertretend dafür den Propheten die Frage an das Volk richten: »Ist nicht die Angst vor Durst, wenn der Brunnen voll ist, der Durst, der unlöschbar ist?«

Werfen wir einen Blick hinter die äußere Fassade, um die Hydra ins Licht der Erkenntnis zu heben, damit sie ihre Kraft verliert. Betrachten wir die Dinge, die wir als sicher annehmen, um zu schauen, wie sicher sie tatsächlich sind – oder ob diese scheinbare Sicherheit nur Täuschung ist, die in jedem Moment des Lebens Gefahr läuft, sich in Enttäuschung zu verwandeln.

Betrachten wir einmal das Geld. Genau besehen ist es wertloses, bedrucktes Papier. Worauf beruht seine magische Kaufkraft? Doch letztendlich nur auf Vertrauen. Wir vertrauen nämlich darauf, daß wir für das (Papier-)Geld, das wir als Gegenwert für unsere Arbeit erhalten, überall wunschgemäß einkaufen können. Schwindet dieses Vertrauen, ist im Nu die Krise da – die Geschichte ist voller Beispiele dafür. Dabei bedarf es oft wenig: Ein paar Zweifel, einige Unsicherheiten die Zukunft betreffend, und plötzlich steckt einer den anderen an – Panik entsteht, und alles Vertrauen wird sintflutartig weggeschwemmt.

Mit Staat und Politik verhält es sich nicht anders. Die Einhaltung bestehender Gesetze, die öffentliche Ordnung, die herrschenden Parteien – ihr Bestand gründet nur auf Vertrauen, das die Bevölkerung in den Staat hat. Eine kleine Vertrauenskrise und das ganze System geht unter. Aus der Unzufriedenheit mit dem System kristallisieren sich Vordenker und Vorkämpfer des neuen Zeitalters heraus, sie stecken andere an, die Politik spricht vom »Flächenbrand«, und in kurzer Zeit ist das untaugliche, verkrustete und überkommene System weggefegt. In der Astrologie sprechen wir davon, daß die Zeit »reif« war. Die Kräfte des Pluto wirken gleichzeitig in vielen Menschen und schaffen so eine kollektive Kraft der Umwandlung, denen Herrscher wie Politiker machtlos gegenüberstehen.

Auch Herakles macht in der achten Aufgabe die Erfahrung, daß sein Kampf vom Kosmos unterstützt wird. Er ist der Vorkämpfer für alle Menschen, doch in Wirklichkeit ist er nicht allein. Iolaos, sein Neffe, unterstützt ihn und vollendet seine begonnene Arbeit. Iolaos steht hier für den einfachen Mann. Er ist nicht von göttlicher Herkunft wie Herakles. Sein Vater ist Iphikles, der weltliche Zwillingsbruder des Herakles, dessen Vater wiederum nicht Zeus, sondern Amphitryon ist. Iolaos fühlt sich nicht zum Vorkämpfer geboren, dennoch ist er bereit, dem Helden zu folgen, ihn in seiner Arbeit zu unterstützen und das Werk mitzuvollenden. So erfährt Herakles in dieser Aufgabe zum ersten Mal, daß sein Weg und seine Taten Anregung geben. Er verhilft anderen Menschen, die ihre göttliche Abstammung vergessen haben, sich ihrer Kraft und Göttlichkeit bewußt zu werden, um ihn, den Helden, als Spiegel ihrer eigenen Fähigkeiten zu erschauen.

Die Erfahrung und Steigerung seiner Wirkung auf andere Menschen sind die Grundlage der letzten vier Aufgaben des Herakles.

Herakles und Iolaos

In einer Abwandlung des Mythos wird erzählt, daß Herakles seinen Neffen Iolaos zum Helfer hat. Iolaos brennt mit flammenden Holzscheiten die Stellen der von Herakles abgeschlagenen Häupter der Hydra aus, damit keine weiteren Köpfe nachwachsen können. Dieser ergänzende Mythos mag darauf hinweisen, daß bei der Überwindung eigener Ängste uns Hilfe zuteil wird. Hier findet sich ein mythologischer Hintergrund für all das, was wir heute oft unter dem Begriff »Therapie« zusammenfassen. Auch die Therapie versucht, unbewußte Ängste hervorzuholen, dem Klienten zu verdeutlichen und ihn, soweit möglich, davon zu befreien. Wenn dem so ist, sollten wir aufmerksam den Mythos studieren, denn in diesem Fall ist Herakles der Klient, während der Therapeut einen Aspekt des helfenden Iolaos darstellt – niemals umgekehrt. So müßte die Therapie, wollen wir dem Mythos getreu folgen, so gestaltet und konzipiert sein, daß der Klient selbst die Hydra und damit seine Angst aus dem Unbewußten hebt, nicht der Therapeut. Er hätte lediglich die Aufgabe, für geeignete Zeit und angemessenen Raum zu sorgen, damit der Prozeß stattfindet. Sind die Ängste erkannt, könnte er dann im Sinn des Iolaos versuchen zu helfen, damit der Klient in Zukunft mit seiner Erkenntnis so umgeht, daß neue Ängst nicht nachwachsen.

Doch wie wäre dies denkbar?

Anhaltspunkte ergeben sich im ursprünglichen Mythos daraus, daß Herakles sich niederkniet, die Hydra aus dem Sumpf herauszieht und hochhält, um sie in Sonne und Wind auszutrocknen.

Wie wir bereits gesehen haben, symbolisieren Sonne und Wind das Erkennen und Leben des eigenen, solaren Wesens – astrologisch Sonne, Venus und Merkur im Horoskop. So sollte es das Hauptziel eines Therapeuten sein, den Klienten dahingehend zu unterstützen, daß er sein wahres Wesen und seine verborgene Persönlichkeit finden kann.

Erreicht er dieses Ziel, wird der Klient von selbst stark genug, sich mit seinen Ängsten zu konfrontieren und sie bewußt zu überwinden. So sichtbar gemacht, lösen sich die Ängste allmählich auf, ohne (zwei!) neue Ängste zu hinterlassen.

Herakles hat in der siebten Aufgabe gelernt, sich mit dem Sternenhimmel und dem großen Gesetz der Harmonie zu befassen und beides zu verstehen. Für die achte Aufgabe mag dies der Hinweis sein, daß ein Therapeut nur dann wirklich helfen kann, wenn er die Gesetze der Astrologie beherrscht und aus dem Horoskop die Persönlichkeitsstruktur seines Klienten erschaut. Nur so kann er dem Klienten helfen, seinen wahren Lebensweg zu finden. Dies wäre dann die Garantie, daß neue Verletzungen und Ängste nicht mehr entstehen können – der Kopf der Hydra ist ab, neue wachsen nicht mehr nach.

Die wahre Aufgabe im Zeichen Skorpion

Vergangenheit ist die Summe all dessen, durch das unsere Seele bereits hindurchgegangen ist. Unsere Füße, mit denen wir gewöhnlich gehen, verbinden uns mit der Erde, jenem sichtbaren Rund, das allen Menschen gemeinsam ist, ihre Lebens- und Schicksalsbasis bildet und sie geduldig (er-)trägt. So ist Vergangenheit unser durchlebtes Schicksal – vielleicht über Inkarnationen hinweg –, das große und kleine Eindrücke in uns hinterlassen hat. Viel davon ist abgesunken ins Dunkel des Unbewußten, vieles davon auch verdrängt, weil wir im Moment des Erlebens, besonders wenn wir heftig getroffen sind, keine Möglichkeit sehen, das Geschehene zu verarbeiten und zur sinnvollen Erfahrung zu wandeln. Doch alles, was durch Sinn noch nicht geläutert und gereinigt ist, haust in unseren Tiefen als Hydra, haftet an uns, um uns immer wieder in das alte Unglück zu stürzen. Diese Vergangenheit aus der Tiefe zu holen, sie zu heilen und sie damit gleichzeitig aufzugeben, ist die wahre Aufgabe im Skorpion.

Der Mythos zeigt uns dabei viele Aspekte, die zu dieser Aufgabe gehören: Nachdem wir erkannt haben, daß aus der Tiefe unserer Ängste manigfaltiger Einfluß in unser tägliches Leben sich ergießt, machen wir uns daran, die Hydra hervorzulocken. Tollkühnheit und Unbesonnenheit gilt es hier, über Bord zu werfen. Behutsames Vorwärtsgehen, die Festigkeit des Bodens unter unseren Füßen stets kontrollierend, vereitelt vorzeitiges Scheitern. Wenn wir der Ergänzung des Mythos Glauben schenken, sollten wir uns der

Unterstützung des »Iolaos« vergewissern. Iolaos symbolisiert nicht nur speziell den Therapeuten, sondern allgemein die uns umgebenden Menschen in ihrer Gesamtheit, unser sogenanntes Umfeld. Auch wenn sie nicht selbst den Weg des Helden gehen, können sie uns helfen. Ob Verwandter, Freund oder Bekannter, wir sind gut beraten, wenn wir um deren Verständnis und Zustimmung ringen, damit sie uns gegebenenfalls beim schwierigsten Teil der Arbeit unterstützen. Einzelgängertum, aufbauend auf der völligen Losgelöstheit vom Du, sollten wir aufgeben. Wir alle sind über die Erde und ihre verborgenen, aus der Tiefe kommenden plutonischen Kräfte aneinandergebunden. Handeln wir als einzelne gegen alle, weil wir trotz Bemühung keinerlei Zustimmung in unserer Umwelt erreicht haben, zeugt dies lediglich davon, daß die Zeit noch nicht reif für unser Tun ist. Unsere individuelle Kraft, so gut sie auch gemeint sein mag, kämpft nun gegen die plutonisch-kollektive Kraft – Scheitern und Untergang sind bereits besiegelt.

So lernen wir auch in der achten Aufgabe den Umgang mit der Qualität der Zeit. Indem wir Voreiligkeit und Ungeduld aufgeben, entwickeln wir die Kraft des Schweigens. Denn erst im Schweigen ist es uns möglich hinzuhören. Jetzt können wir den Stimmen der anderen lauschen, um daraus die herrschende Stimmung zu spüren. Nur an der Zuneigung und Zugeneigtheit des Du erkennen wir, wann die Zeit reif ist, und, abgestimmt auf das Du, können wir damit rechnen, die in Zukunft noch bitter notwendige Unterstützung zu erhalten.

Konkretisieren wir diesen im Mythos verankerten Zusammenhang, könnte dies heißen: Falls wir auf der Suche nach einer Therapie sind, um zu unserer Hydra vorzudringen und uns von den Gespenstern der Vergangenheit zu lösen, sollten wir Besonnenheit walten lassen. Heute werden viele Therapien angeboten, manche Intensivtherapien wecken in uns sogar die Hoffnung auf einen Sieg über die Hydra in wenigen Wochen, doch sollte uns hier der Mythos nachdenklich stimmen. Der Gefahr, von der hervorgelockten Hydra verschlungen zu werden, entgeht selbst Herakles nur mit Mühe, und ohne Unterstützung des Iolaos kann er keinen Sieg erringen, da für jeden abgeschlagenen Kopf zwei neue nachwachsen. Dies deutet darauf hin, daß die in solchen Therapien ans Licht des Tages geholte Hydra eben gerade jetzt erst zur Bedrohung wird. Von solcher Therapie nach Hause zurückgekehrt, beginnt der eigentliche Kampf mit der Hydra. Damit er erfolgreich bestanden wird und nicht in der Katastrophe endet, bedarf es des Verständnisses und der Hilfe des Partners, der Freunde und Bekannten. Haben wir uns nicht ihrer Unterstützung vergewissert, wird sie uns im entscheidenden Moment fehlen – ein Kampf gegen eine Übermacht beginnt, der wir erliegen müssen.

Im Verborgenen mag hier sogar ein Hinweis stecken, der sich für die heutige Psychologie als bedeutsam erweisen kann. In Zukunft sollten wir Voraussetzungen dafür schaffen, daß die Therapie das Umfeld des Klienten in die Therapie miteinbezieht. Eltern, Partner und Kinder, Freunde und vielleicht auch Bekannte eines Klienten sollten zur Therapie eingeladen werden und dazugehören, um sie mit der inneren Problematik dieses Menschen vertraut zu machen. Aus diesem Vertrautsein heraus entwickelt sich Verständnis und gegenseitiges Aufeinandereingehen – der Therapieerfolg, der sich im täglichen Leben zu erweisen hat, wäre gesichert. Deshalb wird, diese Prognose darf man wagen, in Zukunft die reine Einzeltherapie sterben, vielleicht betrachten sie unsere Enkel bereits als Fehlschlag.

Wir alle sind ohne Ausnahme eingebunden in ein größeres Gewebe. Die Weisheitslehren sprechen davon, daß jeder von uns zu einer bestimmten Gruppe gehört – schon von Geburt an. Finden wir diese Gruppe, haben wir auch unseren Platz und Wirkungskreis in der Welt gefunden. Dann erkennen wir auch das Gemeinsame: Unsere Probleme und Schwierigkeiten, Ängste und Verhaltensmuster sind, von unsichtbaren Kräften gelenkt, aufeinander abgestimmt wie Teile eines Puzzlespiels. Lösen können wir sie nur gemeinsam oder gar nicht. Jeder Vorstoß eines einzelnen, mag er noch so mutig sein, stößt nur auf Widerstand – am Ende gibt er auf, die vielköpfige Hydra hat ihn besiegt.

Die neun Häupter der Hydra

Wir haben gesehen, daß die Hydra in uns geboren wird aus den furchterregenden und schrecklichen Erlebnissen der Vergangenheit. Indem uns die Augen aufgingen, schlichen sich Angst und Furcht bei uns ein. Plötzlich existierten um uns herum tierischwilde, ungebändigte und bedrohliche Kräfte, denen es galt, aus dem Weg zu gehen, um nicht Opfer und sichere Beute ihrer Gewalt zu werden. So bauten wir Häuser wie Festungen, igelten uns ein und rüsteten uns gegen alle erdenklichen Feinde. Die Schattenseite war, daß es für uns selbst dabei immer enger wurde, und ohne es zu merken, befinden wir uns heute in eigenen, selbstgebauten und gut ausgestatteten Gefängnissen. Die paradiesische Schlange der Entwicklung lockt uns zwar immer noch, doch wir sind mißtrauisch und vorsichtig geworden. Die Angst hemmt uns, die Schlange wird getreten und – in den Untergrund verbannt – zur bösen, quälenden Hydra.

Schauen wir uns diese Qualen näher an: Als Menschen kamen wir in diese Welt, um den Weg der Erkenntnis zu gehen. Solange wir diesem Ruf folgen, erfüllen wir den Auftrag unserer großen Seelenmutter Hera. Der Dank dafür sind Sinnhaftigkeit und Erfüllung, Glück und Zufriedenheit, die wir als Seelenqualität erleben. So ist die Schlange selbst ein Aspekt der Hera – der griechische Schöpfungsmythos weiß darum. Dort kommt alle List nicht von der Schlange, sondern von der Urmutter Gaia, Heras Großmutter. Als Vertreterin der Welt ist es die Aufgabe der Schlange, im Menschen durch Wünsche und Hoffnung auf eine bessere Zukunft derart Zweifel an der Gegenwart zu wecken, daß er, Altes und Gewohntes hinter sich lassend, sich mutig ins Leben stürzt. Angestachelt durch äußere Reize sucht er so sein größeres Ich, das Selbst. Denn nur im Spiegel unserer Handlungen ist es möglich, unsere Anlagen und Potentiale zu erkennen, um sie dann zu vollkommenen Fähigkeiten und Qualitäten zu entfalten – der in uns eingepflanzte Same wird so zur reifen Frucht. Die Schlange »Welt« lockt uns mit tausend Lichtspiegelungen, damit wir unablässig weitergehen.

Wenn wir unser Wunschwelt genau betrachten, können wir ein Phänomen feststellen. All unsere Wünsche nehmen keinerlei Rücksicht darauf, mit welchen Schwierigkeiten ihre Verwirklichung verbunden ist. Sie sind wie von Zauberhand geschaffen da, und wir genießen einige Augenblick lang die Vorstellung der Erfüllung. Doch sie befriedigt uns nicht, weil uns diese Augenblicke nicht genügen – den Genuß unseres Geistes möchte unser Körper ebenfalls erleben. Nun aber beginnen die Schwierigkeiten. Was für den Geist ein leichtes war, erfordert vom Körper Tatkraft, Energie und Überwindung von Widerständen.

Ist unsere Angst vor Widerständen zu hoch, schieben wir die Wünsche weg, melden sich die Wünsche dann noch heftiger, verdrängen wir sie, je nach Grad der Angst, und verbannen sie in die Tiefe, wo sie zusammen mit anderen verdrängten Wünschen einen Sumpf bilden, aus dem heraus, der Hydra gleich, der einst reine Wunsch als heimlich-verbotene Begierde wieder auftaucht. So verunreinigt und pervertiert beeinflußt er zuerst unser Denken, dann unser Fühlen und Handeln.

Schauen wir in diesem Zusammenhang die neun Häupter der Hydra an. In der ersten Aufgabe des Herakles sahen wir, daß das Haupt einen symbolischen Bezug zum Denken hat. Suchen wir also nach den neun archetypischen Denkweisen in uns, die, geboren aus Angst und Schrecken, zu Scheinbedürfnissen und Ersatzbefriedigungen führen, obwohl sie für unsere Seele weder Erfüllung noch Sinnhaftigkeit beinhalten. Sie sind es, die uns immer wieder in die Illusion und Täuschung führen, deren Ergebnis am Ende zwangsläufig Enttäuschung sein muß.

1. Die Angst vor dem Du (Ein Leben im Widerstand):
Schmerzliche Erfahrungen von Schwäche, Unterlegenheit und Niederlage erzeugen Feindbilder. Jeder Versuch des Anderen, sich durchzusetzen, erweckt dabei in mir den Anschein, es sei direkt und unmittelbar gegen mich gerichtet. Das Gefühl von Konkurrenz und Gegnerschaft mobilisiert meinen Kampfwillen, um mich und meine Belange zu retten. So kämpfe ich und wehre mich, ohne wirklich angegriffen zu sein. Der andere reagiert darauf entsprechend seiner Art – von erbitterter Gegnerschaft bis zum sofortigen Rückzug. Was übrigbleibt, ist oft eine in Brüche gegangene Beziehung.

Doch solange ich im anderen den potentiellen Feind sehe, wird meine tiefere Sehnsucht nach Liebe und Harmonie unerfüllter Wunschtraum bleiben. Ich kämpfe um Frieden – und scheitere.

2. Die Angst vor Verlust (Ein Leben ohne Freiheit):
Schmerzliche Erfahrungen von Verlust, Zerstörung und Ohnmacht erzeugen in mir die Kräfte der Absicherung. In mir entsteht die Projektion: Der Andere möchte stets Nutznießer der Früchte meiner Schaffenskraft sein!

Schnell fühle ich mich auf irgendeine Art und Weise ausgenützt, ständig wird aus meiner Sicht meine Energie angezapft und von meiner Kraft profitiert, ohne daß scheinbar etwas zurückfließt. Um diesen einseitigen Energiefluß zu unterbinden, beginne ich Dämme und Mauern zu bauen. Ich schotte mich ab vom Du, grenze mich ein und sichere alles doppelt und dreifach. Die Folge jedoch ist, daß bald von außen auch nichts mehr auf mich zufließen kann. Indem ich festhalte und einsperre, erstarre ich selbst. Am Ende bin ich Gefangener meiner gehorteten Besitz- und Reichtümer – ohne wirkliche Freiheit und Beweglichkeit.

Meine tiefere Sehnsucht nach Geselligkeit und Unabhängigkeit bleibt ungestillt und ungelebt – ich selbst bin auf Lebenszeit zum Abhängigen meiner eigenen Projektion geworden.

3. Die Angst vor der Tiefe bzw. vor dem Fall (Ein Leben im Zweifel):
Die schmerzliche Erfahrung, daß es nach allen Höhepunkten des Lebens unwiderruflich abwärts geht, erzeugt ein unstetes und doch angespanntes Verhalten: Scheint die Woge des Lebens nach oben auszuschlagen, möchte ich unbedingt dabei sein. Die Angst, diese Gelegenheit zu verpassen, treibt mich an, beschleunigt und beflügelt mich. Scheint die Woge des Lebens aber am Höhepunkt angekommen zu sein, suche ich nach Möglichkeiten, um abzuspringen. Ob in Beziehungen oder im täglichen Leben: Geht es um Aufbau und Neues, bin ich dabei, geht es um Erhalt oder gar Abbau des Alten, wachsen mir Flügel, und ich mache mich aus dem Staub. Ohne es zu bemerken, entsteht daraus ein Leben in Sprunghaftigkeit, Zerissenheit und Oberflächlichkeit. Am Ende verliere ich die Orientierung, ein wirkliches Ziel kenne ich nicht mehr – langsam beginnt der Zweifel an mir selbst zu nagen.

Mein tiefer Wunsch nach einer Vision im Leben, getragen von meinem Herzen und meinem Verstand, von der mich nichts mehr abzubringen imstande ist, bleibt unerfüllt – ich verzweifle.

4. Die Angst vor Bedeutungslosigkeit (Ein Leben ohne Entwicklung):
Eine tiefe und nachhaltige Erfahrung, den Härten des Lebens zu begegnen und schwere Fehler bitter büßen zu müssen, führt zu übermäßiger Vorsicht und Skepsis auf der einen Seite und zum Streben nach Bedeutung und Bestätigung auf der anderen Seite. In der Projektion wird der andere zum gefährlichen Verführer, der mich – zu meinem Nachteil – dazu verleiten will, Fehler zu machen, um mir dann meine Schwächen vorzuhalten und mich auszulachen. Ich fühle mich gezwungen, einen Schutzpanzer anzulegen, damit das Böse zu mir keinen Zugang mehr hat. Für alles und jeden, der nicht auf meiner Seite steht, töte ich jegliches innere Empfinden ab, damit mich Unangenehmes wie Liebloses, Unmenschliches wie Disharmonisches nicht mehr wirklich (be-)treffen kann. Am Ende bin ich unempfindsam gegen Kritik, außer der Kritik, die ich als positiv und/oder konstruktiv zulasse. Ich umgebe mich mit Gleichgesinnten, weil sie mich nicht angreifen, sondern bestätigen, und begebe mich in die Illusion, ein guter und bedeutender Mensch zu sein.

Doch gerade diese Illusion verhindert eine weitere Entwicklung. Daher wird meine große Sehnsucht nach Erneuerung – denn in der Tiefe meiner Seele möchte ich ein ganz anderer sein – nicht erfüllt. Mein Umfeld lobt mich, nennt mich gut und preist mich – ich selbst aber fühle mich elend und schlecht.

5. Die Angst vor der Wahrheit (Ein Leben in Scheinheiligkeit):
Die tiefgreifende Erfahrung, daß Unmenschlichkeit und Unterdrückung, Quälerei und Zwangausübung in jedem Menschen, auch in mir, heftige Gegenreaktionen der gleichen Art hervorrufen, weckt die Angst vor den eigenen Abgründen. In der Projektion begegnen uns nun eben diese Abgründe in Gestalt von Gemeinheit und Boshaftigkeit anderer. Mit dem Finger auf sie weisend, unterdrücke ich meine eigenen Grobheiten und Rohheiten, gebe mich edel, menschlich und höher entwickelt, um darauf die Illusion

meiner Heiligkeit aufzubauen. Ehe ich mich versehe, wird aus dem Gefühl des Überlegenseins eine Überheblichkeit – der Wolf im Schafspelz ist fertig. In strahlender Scheinheiligkeit stehe ich auf dem Sockel des Übermenschen – bereit dem anderen von meiner Güte abzugeben.

So besehen verwundert es nicht, wenn ständig Ungebetene an diesem Standbild kratzen, um es zum Einsturz zu bringen, damit die nackte Wahrheit zum Vorschein kommt.

Die Sehnsucht nach Ganzheitlichkeit bleibt ungelebt, der Weg zur Wahrheit und zum Heil ist eingeschränkt- ein wirklich gesundes Leben ist mir verwehrt.

6. Die Angst vor der inneren Stimme (Ein Leben ohne Genuß): Schmerzliche Erfahrungen von leidvollen Prüfungen und Krankheiten lösen in der Begegnung mit der Welt stets die fieberhafte Suche nach Problemen und Schwierigkeiten aus. Ich bin davon überzeugt, daß in der Außenwelt Ursache und Schuld für alles liegen. Aus Angst, in einen »faulen Apfel« zu beißen, wird die Beobachtungsgabe geschult: Bereits von außen – sozusagen – möchte ich dem Apfel ansehen, welchen Ärger er mir bereiten wird. Mit der Zeit finde ich überall etwas Negatives. In der Projektion dieser Ängste nach außen, verliere ich jegliche Unvoreingenommenheit – alles Entgegenkommende muß unweigerlich ein Problem beinhalten, wenn nicht, (er-)finde ich eines. Doch eines Tages stehe ich mir selbst im Weg. Alles mir Entgegengebrachte wird seziert, seiner Ganzheit beraubt und in ungenießbare Teile zerlegt. Was als Ganzes noch Genuß gewesen wäre, ist auf diese Art und Weise in eine Reihe kleiner Frustrationen verwandelt – Freudlosigkeit und Unbefriedigtsein bleiben als bitterer Rest zurück.

Die tiefere Sehnsucht, in der Magie des Hier und Jetzt zu leben und völlig der inneren Stimme zu vertrauen, ihr zu gehorchen und die Freuden des Augenblicks zu genießen, kann nie ausgelebt werden – im Denken an das Morgen verliere ich das Heute, in der Verlagerung nach außen, verliere ich mein Inneres.

7. Die Angst vor der Verantwortung (Ein Leben ohne Liebe): Tiefgreifende Erfahrungen der Unauflöslichkeit von Gegensätzen erzeugen die Hoffnung, es gäbe im menschlichen Leben das Ideal.

An dieses Ideal bindet sich die Vorstellung, daß, habe ich es gefunden, alle Gegensätze sich wie von selbst auflösen. So suche ich im Geist nach dem Vollkommenen, finde im Alltag aber nur das Unvollkommene. Ob Partner oder Beruf, verglichen mit meiner Vorstellung schneiden sie mal mehr, mal weniger schlecht ab. In der Illusion, das Ideal gäbe es in dieser Welt, schwindet alle Fähigkeit, sich mit Leib und Seele zu binden und alle Kräfte zu investieren. Ich gehe nie wirklich aufs Ganze. So geht – im Beruf wie in der Partnerschaft – die Liebe verloren, die seit jeher die Totalität des Menschen erfordert.

Die Sehnsucht, sich ganz ins Leben einzubringen, mit allen Fasern seines Herzens dabei zu sein und mit der Kraft der eigenen Liebe alle Gegensätze so innig zu umarmen, bis sie ineinander verschmolzen sind, wird nicht erfüllt. So bleiben die Welt und ich als ewige Gegner getrennt – echte, über die eigene Person hinausgehende Verantwortung wird niemals angenommen.

8. Die Angst vor sich selbst (Ein Leben unter Druck):
Schmerzliche Erfahrungen, daß der Mut zu sich selbst und zur eigenen Überzeugung stets im anderen Angriffslust, Kampf- und Siegeswillen auslösen, bis die Entscheidung gefallen ist, wer der Stärkere ist, erzeugen Angst, die eigene Persönlichkeit in der zwischenmenschlichen Beziehung mit aller Kraft einzubringen. Gesellt sich dazu noch die Erfahrung des Unterlegenseins, beginne ich, mich selbst zu verachten. Jetzt erst wird der Lebenskampf zum Lebenskrampf. In allem scheint es ums nackte Überleben zu gehen. Um dennoch nicht unterzugehen, versuche ich, allen Angriffen von außen die Spitze zu nehmen. Verteidigungsstrategien und Täuschungsmanöver werden entwickelt: Ich nehme mich zurück, wenn mir der andere stärker erscheint, weiche aus und versuche – den offenen Schlagabtausch meidend – durch Hinterlist und Manipulation meine Ziele zu erreichen. Der offene Abtausch wird so zum indirekten Kräftevergleich im Glauben daran, dadurch nicht zum Verlierer zu werden. Solange ich diese Täuschung nicht durchschaue und damit aufhöre, wird mir niemals die alles auflösende Erkenntnis zuteil: Wir alle sind Teil dieser Erde und hängen dadurch aneinander. Wann immer ich das offene Licht des Tages

scheue, um mein wahres Wesen der Welt und mir selbst vorzuenthalten, mobilisiere ich die kollektiv-plutonischen Kräfte gegen mich – Druck und Bedrückung werden nie enden, wie geschickt ich es auch anstelle.

Die tiefe Sehnsucht, in zwischenmenschlichen Beziehungen ganz Ich sein und leben zu dürfen, ohne Lüge und Verstellung, ohne Versteckspiel und Rollenverhalten, ohne Umwege und Hintergehung, bleibt unerfüllter Wunsch – zu groß ist die Angst vor mir selbst und die projizierte Angst, vom anderen nicht angenommen zu werden.

9. Die Furcht vor Gott – das mystische Haupt der Hydra:
Die Erfahrung des Göttlichen vollzieht sich oft in der Begegnung des Menschen mit der Macht des Schicksals. Etwas Allumfassendes umspannt die Welt, greift urplötzlich und unberechenbar in das Leben des Menschen ein und zieht sich wieder zurück. In uns verbleibt Furcht, wir sind erschreckt und verwirrt. Dennoch ist diese Erfahrungen nicht vergleichbar mit anderen, angstauslösenden Erlebnissen. Vielmehr vermitteln sie uns eine Ehrfurcht und geben uns zu verstehen, daß hinter allem etwas viel Größeres waltet. So regt uns diese Furcht an, das Hintergründige zu suchen, seine Gesetze zu begreifen und im Gewebe des Ganzen unseren eigenen Platz zu finden. Die Erfahrung des Göttlichen, auch wenn sie uns erschreckt, empfinden wir stets positiv im Sinn einer Prüfung, die sich uns stellt, um eine neue Stufe der Entwicklung zu erreichen.

Wir mögen vermuten, daß das neunte, mystische Haupt der Hydra dem ursprünglichen Kopf der paradiesischen Schlange entspricht. Es ist unsterblich und ewig. Herakles befreit es von den seit Jahrtausenden währenden Demütigungen und Verunglimpfungen und begräbt es unter einem Felsen, der sich so zum Stein des Weisen wandelt.

ASTROLOGISCHE ZUSAMMENHÄNGE IM ZEICHEN SKORPION

Zuordnung

Planet	Pluto (griechisch: Hades, Beiname Pluton), Gott der Unterwelt
Haus	8. Haus, »Stirb und werde!«, Verwandlung, Metamorphose
Mythologisch	Orion, Artemis, Oedipus, Hippolytos
Eigenschaft	Loslassen, Einigung, Sammlung, Stärkung
Körperteil	Ausscheidungsorgane, Sexualorgane

Das Prinzip Skorpion

Nach Waage, dem Zeichen der Ausgewogenheit, folgt Skorpion als Zeichen der Wandlung und Metamorphose. Sterben und Werden, Vergehen um zu Entstehen sind zentrales Thema. Dies spiegelt sich auch wieder in der Tatsache, daß seit alters her Skorpion ein Doppelzeichen ist: »Skorpion« und »Weißer Adler«. Gemäß dem Bild der Verwandlung des erdgebundenen Skorpions in den hochfliegenden Adler will in diesem Zeichen alles in uns, was in Form und Materie haftet und unsere Entwicklung hindert, sterben. Gelingt es uns, von dieser Erdgebundenheit uns zu befreien – oft ein zäher Prozeß mit vielen inneren Widerständen und äußerem Leid –, steigen wir aus der Asche wie einst Phoenix, um zum weißen Adler, dem Vogel des Zeus, zu werden. Wir gewinnen sowohl seinen Weitblick, als auch seine Fähigkeit, über der Erde zu schweben. Was wir brauchen, holen wir uns von der Erde, ohne mehr Ballast aufzunehmen, als für das tägliche Leben notwendig ist. Ansonsten fliegen wir in luftiger Höhe im Reich des Geistiges und der Erkenntnis – weise geworden und zum tieferen Sinn unseres Daseins vorgedrungen.

Die achte Heraklesaufgabe im persönlichen Horoskop

Skorpion gilt als Zeichen der Extreme, Himmel mit Hölle vereinigend. Deshalb nimmt es nicht wunder, wenn das Leben den Abstieg zur Hölle öfter als gewöhnlich anbietet, ja manchmal erzwingt. Doch in den Tiefen liegt gleichzeitig auch unser Reichtum.

Befindet sich der Aszendent im Zeichen Skorpion, bietet das Leben stets den Kampf mit der Hydra an. Wohl mag lange Zeit Abscheu bestehen vor dem »Sumpf« des Lebens, dennoch führt unaufhaltsam eine verborgene Kraft dorthin. Achtsam sein, ohne vermeiden zu wollen, könnte zu den ersten Schritten dieser Heraklesaufgabe gehören. Nur so besteht die Chance, an den Rand des »Sumpfes« zu kommen, ohne von der Hydra verschlungen zu werden.

Besondere Bedeutung erlangt jedoch die achte Aufgabe für Menschen mit Aszendent Schütze, da das 12. Haus (äquale Häuser!) – das Haus der Lösung und Meisterung – sich im Zeichen Skorpion befindet. So wird lange, ehe die Lebenslinie im Schützen gefunden ist, der Kampf mit der Hydra bestimmend sein. Immer wieder werden wir unseren Täuschungen erliegen. Ob in Partnerschaft oder Beruf – anfangs hoffen und glauben wir, das Richtige gefunden zu haben, doch stetig versinken diese Hoffnungen im Sumpf unserer Wunschwelt. Wir wünschen, doch die Erfüllung des Wunsches birgt bereits den Keim von neuer Unzufriedenheit. Glück und Erfolg scheinen vielen Menschen beschieden, nur uns nicht.

Hier könnte eine sanfte, aufbauende Therapie von großem Nutzen sein, die unserem Leben Vision und Ziel zu geben vermag. Dennoch sollte auch hier der Therapeut nicht überfordert werden. Unseren Weg kann uns niemand abnehmen. Hier sei erinnert, daß Herakles im Schmerz – der Krebs verbissen in seiner Ferse – die Hydra besiegt. Die Erfüllung unserer Vision verlangt von uns den ganzen Menschen. Schmerz und Leid annehmen und ertragen, nur so können wir die Kraft der wahren Liebe erfahren. Indem wir nichts mehr vermeiden, uns im Spiegel der Wahrheit betrachten und mit Besonnenheit unser größeres Ich ansteuern, lösen wir uns von der Macht der Gewohnheit und den Gespenstern der Vergangenheit. Der Pfeil des Schützen weist uns den Weg nach oben.

NEUNTE AUFGABE IM ZEICHEN SCHÜTZE

Die Befreiung von den Stymphalischen Vögeln

Im Sumpfsee von Stymphalos wohnen zahllose mörderische Vögel mit bronzenen Schnäbeln, Flügeln und Klauen. Sie sind dem Kriegsgott Ares geweiht und spalten, so sagt man, im Vorbeiflug den »Männern die Köpfe«. Manche sagen auch, daß die spitzen, geraden Schnäbel Metallplatten durchstoßen können. So fliegen sie gegen die Brust von Reisenden, um sie zu durchbohren. Als Herakles am Sumpf ankommt, erscheint ihm der Sumpf weder fest genug, um hineinzuschreiten, noch flüssig genug, um mit einem Boot hineinzugelangen. So versucht er zuerst, mit seinen Pfeilen die Vögel zu erlegen. Aber vergebens, denn bald hat er seinen Köcher leergeschossen; es waren einfach zu viele. Da gibt ihm Athene, die Göttin der Klugheit und erste Tochter des Zeus, zwei bronze Scheiben – eine Art Zimbeln –, die der göttliche Schmied Hephaistos kunstvoll hergestellt hat. Damit erzeugt Herakles Töne von derartig durchdringender Heftigkeit und Lautstärke, daß alle Vögel aufgescheucht und in die Flucht getrieben werden. Der gesamte Vogelschwarm fliegt davon und kehrt nie mehr zurück.

Ergänzungen zum Mythos

Die Stymphalischen Vögel

Manche Berichte über die Stymphalischen Vögel sehen in ihnen Frauen.

Im Tempel der Stymphalischen Artemis zu Stymphalos stehen hinter dem Gebäude Statuen von Mädchen mit Vogelbeinen.

Pallas Athene

Die erste Frau des Zeus ist Metis, die Göttin der Einsicht und des klugen Rates. Als Metis schwanger ist und die Geburt kurz bevorsteht, versenkt Zeus die Göttin für immer in seinen Bauch. Gaia und Uranos hatten es ihm so geraten, damit er nicht – seinem Vater Kronos gleich – von seinem eigenen Kind entmachtet werde.

Von Hephaistos, dem kunstfertigen Vulkanschmied und Gatten der Aphrodite, wird erzählt, daß er Geburtshelfer ist. In einem mystischen Geburtsvorgang öffnet er das Haupt des Zeus mit einem Doppelbeil und hervor springt Athene in voller Kriegsrüstung, mit einem Schlachtruf auf den Lippen. Gewaltig soll der Olymp unter der Wucht der Erscheinung der »eulenäugigen« Athene gebebt haben. Aus der Sicht der Menschen gilt sie als die Göttin der Vernunft und der klugen Einsicht. Ihr Beiname »Pallas« verrät in der ursprünglichen Beudetung, daß sie für uns Menschen die »den Weg Bahnende« ist.

Und Gott sprach:
»Laßt uns Menschen machen als unser Ebenbild, uns ähnlich;
sie sollen herrschen über die Fische des Meeres
und über die Vögel des Himmels
und über das Vieh
und über die ganze Erde
und über alle Kriechtiere!«
Genesis 1,26

Die Göttin Athene

Seit der Tat des Kronos, mit der er seinen Vater Uranos entmannt hat, lastet ein böser Fluch auf dieser Welt. Das Geschehene kann nur erlöst werden, wenn dem Täter gleiches widerfährt – Auge um Auge, Zahn um Zahn. So ist es Zeus bestimmt, mit Unterstützung seiner Mutter Rhea, den Fluch zu erfüllen und seinen Vater Kronos zu stürzen. Doch nun ist das Gesetz des Karma erfüllt, für die Zukunft der Götter und der Menschen heißt es nach einer hoffnungsvolleren Lösung Ausschau zu halten. Als Metis, die erste Frau von Zeus, schwanger ist und vor der Geburt steht, wird sie von Zeus verschlungen, um für ewig den fluchbeladenen Vatermord zu beenden.

Athene, mit voller Rüstung angetan, wird aus dem Haupt des Zeus heraus geboren, Metis verbleibt im Bauch des Zeus als kluge Ratgeberin, weitere Kinder mit Metis sind nicht mehr möglich.

Was mag uns diese mystische Geburt von Athene, der Helferin des Herakles, berichten? Als lebendiges Wesen verkörpert sie die Vereinigung von Zeus und Metis.

Zeus gilt als Gott der Gegensatzvereinigung. Unermüdlich knüpft er Bindungen unter den Göttern und zwischen Göttern und Menschen, um alle von Kronos verursachten Trennungen zwischen Himmel und Erde wieder aufzuheben. Alle Einzelteile verbindet er zurück mit dem Ganzen – er ist der Stifter der Religionen (religio = Rückverbindung), der Hüter des Ganzen, der Bewirker des Sinns, der Vater der Weisheit und der klugen Einsicht. Mit der Kraft seines

Blitzes tötet er alle Regungen der Absonderung und verschmilzt im Menschen wieder Himmel mit Erde, Vater mit Mutter, Geist mit Materie. In der mystischen Vereinigung mit Metis wird er zum Gott der Liebe und Weisheit. Von nun an, so sagt der Mythos, weiß er unvergänglichen Rat und kann Gutes und Böses weissagen.

Athene hat eine dem Vater ähnliche Kraft, so zumindest behaupten es die alten Griechen, deren geistiges, religiöses und kulturelles Zentrum die nach ihr benannte Stadt Athen geworden ist. Sie gilt als Göttin der Klugheit und der besonnenen Planung. Die nachtsichtige Eule ist ihr Vogel, die »Eulenäugige« wird sie daher oft genannt. Dem klugen Odysseus war sie am meisten gewogen. Seine Irrfahrten und Wege begleitete sie, so daß er sicher und wohlbehalten zu Penelopeia, seiner weiblichen Ergänzung, zurückkehren konnte. Doch niemals hat Athene ihren Günstling Odysseus geschont – daran können wir einen wichtigen Aspekt von ihr erkennen. Sie gab ihm die Klugheit, aber nur als Gegenleistung für seine Bereitschaft zur mutigen und klugen Tat. Weil sie mit ihren Eulenaugen das Verborgene und Dunkle durchdringt, weiß sie, daß jeder Mensch wie ein ungeschliffener Diamant ist, der einen langen Weg voller Mühen und Kämpfe vor sich hat, bis er, strahlend und für alle Welt sichtbar, Widerspiegelung göttlichen Lichts geworden ist. Sie kennt den Wert des Kampfes, denn nur über den Kampf führt der Weg zur Vollkommenheit. Alle Helden sind diesen Weg gegangen, geleitet von dem klugen Rat der Göttin.

So repräsentiert Athene jene voraus- und durchschauende Instanz in uns, die uns zu erkennen gibt, daß wir Teil eines größeren Ganzen sind, in dem wir, eingewoben, eine wichtige Rolle zu übernehmen haben. Gelingt es uns, den vorgesehenen Platz im Gewebe der Menschheit zu finden und auszufüllen, erfährt unser Leben Sinn und unsere Seele Glück. Wir haben den Segen der Götter gewonnen. Wenig wissen wir heute um dieses Wunder des Lebens. Wir sind weit weg davon, uns als Teil eines Ganzen zu sehen. Wir sehen, aber wir hören nicht, wir reden, aber wir vermögen nicht zu schweigen. Das Ohr, so sagt uns eine alte Überlieferung, ist in Wahrheit das dritte Auge des Menschen. Mit ihm können wir nach innen hören, um auf unsere innere Stimme zu lauschen – mit ihm können wir nach außen hören, um zu erfahren, was die Welt von uns verlangt. Wenn wir im Innern und im Äußern das finden, was zusammenpaßt und miteinander harmonisch schwingt – wie die beiden Teile der bronzenen Zimbeln – erleben wir den »einen großen Ton«: Unser Inneres steht in Resonanz zum Außen, unser Tun ist geheiligt, die Götter sind mit uns.

Obwohl Athene dem Kampf zugetan ist, befindet sie sich im starken Kontrast und stets in Gegnerschaft zum wilden, draufgängerischen und oft sinnlos wütenden Kriegsgott Ares. Sie verkörpert intelligente Vernunft und Planung, damit Kampf und Krieg nicht ausarten, sondern mit den geringsten Opfern und Verlusten zur Entscheidung kommen. Sie, die im Dunkeln sehen kann, weiß, daß Vermeidung aus Angst zu Verdrängung, später zur Hydra in uns führt. So unterstützt sie den Kampf und begrenzt ihn dennoch, indem sie Sinnlos-Unmenschliches einschränkt und unterbindet. Dieser Zusammenhang spiegelt sich im Mythos wieder, da Athene auf ihrem Schild das schlangenhaarige Medusenhaupt trägt, das einst der Held Perseus der Medusa abgeschlagen hatte, um es Athene zu weihen.

Athene – auch Pallas, die »den Weg Bahnende« genannt – weist uns den Weg zum Höheren. Zwischen Harm- und Sinnlosigkeit auf der einen Seite und Draufgängertum und Unmenschlichkeit auf der anderen Seite begleitet sie den Berufenen – der Weg ist das Ziel.

Deutung des Mythos

»Im Anfang war das Wort!« Wir alle kennen den geheimnisvollen und vielzitierten ersten Satz des Johannesevangeliums. Was für ein Geheimnis verbirgt sich darin?

Betrachten wir einmal das menschliche Wort, so sehen wir, daß ein ausgesprochenes Wort oder ein Satz unsere Gedanken und Ideen zum Ausdruck bringt, um sie der Welt zu vermitteln. Hört ein anderer unsere Worte, soll er unsere Gedanken und Ideen nachvollziehen können. So gesehen vermittelt das Wort zwischen zwei Gedankenwelten, wobei das Wort eine Art manifestierter Gedanke ist. Die Physik berichtet von Schwingungen, die beim Sprechen entstehen. Das Wort verläßt unser Inneres und fliegt – einem Vogel mit schwingenden Flügeln gleich – in die äußere Welt, bis es Resonanz und Wiederhall im Ohr eines anderen findet oder sich im Unendlichen verliert.

Ebenso sind die Schöpfungsworte der Genesis zu verstehen: Wie Licht sind es Schwingungen, die ausgesendet werden, um Wiederhall und Reflexion zu finden oder sich im Dunkel des Unendlichen zu verstreuen. So sind wir Menschen Empfangende von Schöpfungswort und -licht. Sie brechen und reflektieren sich in unserem Denken und Fühlen und kehren als Antwort zurück durch unsere Taten, die zeigen, ob wir die Worte gehört und verstanden haben. So stehen seit Urzeiten Gott und Mensch in wechselseitiger Verbundenheit. Nach dieser Idee ist das Geschöpf, der Mensch, von seinem Schöpfer geformt – als Spiegelbild Gottes, wie es der biblische Mythos ausdrückt.

Kosmisches Symbol für diese Beziehung sind Sonne und Erde, die in Analogie diesem Prinzip folgen. Die Sonne sendet als Lichtquell ihre Strahlen und Schwingungen aus, die Erde empfängt sie, verwandelt sie und gibt sie reflektiert der Sonne zurück.

Unter diesem Aspekt gesehen wird vielleicht verständlich, warum wir den Begriffen »reflektieren« und »nachdenken« gleiche Bedeutung beimessen. Denken wir nach, verarbeiten wir das von außen Kommende. Licht in Bilder und Farben gekleidet, Töne, Worte und vieles andere mehr empfangen wir mit unseren fünf Sinnen. Nüchtern bezeichnet es die Physik als Schwingungen verschiedener Frequenzen. Doch diese Schwingungen sind bereits gebrochen und reflektiert von anderen Schöpfungen und Geschöpfen.

Zum besseren Verstehen mag das Licht als Beispiel dienen: Direktes Sonnenlicht ist weiß; es beinhaltet noch alle Farben ineinander verschmolzen. Trifft Sonnenlicht die Erde, wird es gebrochen: Ein Teil wird reflektiert, der zweite Teil wird behalten. So entstehen Farben und indirektes Licht.

Für uns stellt sich die Frage: Welche Instanz in uns ist der »Adam«, der das direkte göttliche Licht und Wort noch aufzunehmen imstande ist? Besitzen wir noch weitere Sinne? Ohne Zweifel ja, denn wenn wir uns in einen dunklen, leeren und schalldicht abgeschlossenen Raum begeben, stellen wir fest, daß wir noch andersgeartete »Schwingungen« empfangen: Da gibt es Phantasien und Träume, Ideen und Einfälle, Ahnungen und Vermutungen, die wie von Zauberhand erscheinen. Wir sprechen von »Inspiration« und meinen einen Geist (»spiritus«), der uns etwas einflößt. Wir sprechen von Intuition und meinen Ahnungen, die überraschend zu uns gefunden haben. Wir sprechen von Eingebungen und meinen Ideen, deren Herkunft sich rationaler Erklärung entzieht. Wie arm ist eine Physik, Medizin oder Biologie, die annimmt, das Äußerste eines Menschen sei seine Haut, darüber hinaus gibt es keine weiteren Verbindungen zu einem umfassenden Ganzen. Unter dieser Annahme ist sie gezwungen, Intuition, Inspiration und Eingebung des Menschen als Verquickung einzelner Gehirnzellen zu erklären – der Mensch als Maschine, dem Computer ähnlich. Wie unlogisch das rationale und angeblich logische Denken doch ist. Beim Computer wissen wir, daß der umfassende Geist des Computers der Mensch ist, ohne den er weder existieren noch funktionieren könnte. Warum nehmen wir nicht dasselbe Prinzip für uns Menschen an – einen lebenserhaltenden Geist, der unsere Person umfaßt, ohne den wir weder leben noch richtig funktionieren würden?

Wäre es dann nicht für uns von höchstem Interesse, mit diesem Geist direkte Verbindung herzustellen – ohne Umwege? Dieser Geist ist es, der uns Inspirationen und Intuitionen schickt, doch wir hinterfragen weder Sinn noch Bedeutung, oft stellen wir überhaupt keinen Bezug zu ihm her. Unser kleineres Ich wählt aus nach Gut- oder Schlechtdünken. Gefallen uns unsere Eingebungen, hören wir auf sie, sind sie uns unbequem oder lösen sie gar Ängste aus, weisen wir sie zurück. So bricht sich in uns das schöpferische Licht der Eingebung, wird in Gut und Böse gespalten und nach Lust und Laune zugelassen oder abgeblockt. Was wundert es uns, wenn die direkte Kommunikation mit dem Schöpfer so schwach geworden ist, daß Sinn und Tiefe des Lebens nahezu verlorengegangen sind. Das »Eine« wird durch das »Viele«, das Geistige durch das Weltliche, das Wesentliche durch das Unwesentliche ersetzt – Athenes kluge Eingebungen und Ratschläge erreichen uns nicht mehr.

Mit der Erfüllung der neunten Aufgabe im Schützen führt uns Herakles aus dieser »Ersatzwelt« heraus. Die Vögel vom Stymphalossee, so wird erzählt, verdunkeln die Sonne, wenn sie sich in großen Scharen aus dem Sumpf erheben. So kann das ganze Sonnenlicht, Symbol der Kommunikation des Schöpfers mit dem Menschen, nicht mehr ungehindert zu uns vordringen.

Vogelscharen gleich schwirren unzählige Ideen und Gedanken, Vorstellungen und Ziele, Pläne und Vorhaben in unseren Köpfen herum. Wohl sind wir willens, uns ein Herz zu nehmen, um unser Tun und Schaffen auf dieser Erde – oft in Ermangelung einer Berufung von uns Beruf genannt – so zu gestalten, daß wir mit Liebe und Freude an die Arbeit gehen. Aber nur wenige finden zu jener Tätigkeit, die dem Ruf des Herzens folgt. Zu viele Möglichkeiten bietet die Welt, zu wenig Zeit haben wir, sie alle auszuprobieren, um das »Eine« zu finden.

Der Mythos berichtet, daß die Stymphalischen Vögel dem Kriegsgott Ares geweiht sind. Wir erfahren, daß sie den Wanderern die »Köpfe spalten«. Hier haben wir ein wunderschönes mythisches Bild dafür, was in unseren Köpfen vorgeht. Sind wir Wanderer geworden – eine alte Aufforderung an den Menschen lautet »Werde Wanderer!« – suchen wir nach unserer Bestimmung und Aufgabe in dieser Welt. Vieles reizt uns dabei, doch wo sollen wir anfangen?

Nehmen wir einen Menschen, der sich zu den schönen Künsten hingezogen fühlt. Ihn reizt das Malen. Sein Herz schwingt mit bei dem Gedanken, auf einer Insel im Licht diesem Reiz nachzugehen. Doch auch für Musik entdeckt er eine Vorliebe – Klavier wie Geige. Auch die Idee, zu komponieren, läßt sein Herz höher schlagen – oder vielleicht andere Menschen zur Kreativität anregen, auch dies könnte ihm Freude bereiten. Alles entspringt seinem Sehnen und würde der Stimme seines Herzens folgen, aber im Denken unseres Künstlers bleibt Zweifel, in seiner Seele Zerrissenheit. Ein Vogel von Stymphalos hat seinen »Kopf gespalten«, ein zweiter hat ihm »Brust und Herz durchbohrt«. Seine Kraft erlahmt, die Wanderschaft ist unterbrochen.

Wir finden viele Vorlieben in uns, aber nicht das alles umfassende »Eine«. Um diesen beklemmenden Zustand zu beenden, geht Herakles einen Schritt weiter. Mit Pfeil und Bogen begegnet er den

Vögeln vom Stymphalossee, den Symbolen unserer im Kopf umherschwirrenden, auf die Welt bezogenen konkreten Ideen. Er erlegt viele, scheitert aber am Ende – der Köcher ist leer, die Pfeile sind verschossen, das Heer der Vögel bleibt weiter unzählbar.

Der Mythos mag uns hier unsere ersten Lösungsversuche widerspiegeln: Wir beginnen mit der Verwirklichung dessen, was uns reizvoll erscheint, wo unser Herz mitschwingt und wir in uns eine Vorliebe spüren. Im Beispiel ist es der Künstler, der seine Trauminsel sucht, um Bilder zu malen. Haben wir das erste Ziel erfolgreich erreicht, beginnt die Zerissenheit aufs neue. Weitere Ziele bieten sich an und wollen erfolgreich realisiert werden. So wandern wir von einer Vorliebe zur anderen, erlegen dabei viele »Vögel« und trotzdem bleibt unsere tiefere Sehnsucht ungestillt. Eines Tages ist der Köcher leer, wir wollen weitere Pfeile nicht mehr schießen und weitere Ziele nicht mehr verfolgen. Uns befällt die Erkenntnis, daß jede Vorliebe immer nur einen Anteil an unserem Herzen besitzt, ihr aber niemals das ganze Herz gehört. Da Herz und Liebe aber nach ganzer Erfüllung verlangen, müßten wir immer weiter suchen und kämpfen auf unserem Weg zum inneren Frieden, ohne ihn wirklich zu finden.

In dieser Phase des Mythos angekommen, geschieht das Wunder. Indem Herakles innehält, greifen die Götter helfend ein – zum erstenmal in dieser neunten Aufgabe. Die Zeustochter Athene, die »wegbahnende« Pallas, gibt Herakles bronzene Zimbeln, die aneinandergerieben den »einen Ton« erzeugen, der alle Vögel auf einmal vertreibt. Fast sind wir geneigt, von einer göttlichen Eingebung zu sprechen. Das Licht der Sonne wird nie mehr verdunkelt, Herakles ist mit seinem göttlichen Wesen endgültig verschmolzen – er wird ab jetzt selbst zur Sonne und zum Lichtbringer auf Erden.

Dieser Mythos soll uns Hoffnung machen. Wir alle, so deutet er an, sind »Kinder der Sonne« und können in dieser Welt die Aufgabe und Tätigkeit finden, der unser ganzes Herz gehört. Oft verwenden wir den Ausdruck, bei etwas mit »Leib und Seele« dabeizusein. Hier verspricht uns der Mythos sogar mehr: Für jeden von uns gibt es etwas in der Welt, wo wir nicht nur mit Körper und Seele, sondern auch noch mit unserem Geist dabei sind.

Für den umfassenden Geist steht in der griechischen Mythologie der Göttervater Zeus. Er gilt als Gott der Sinnfindung und deutet uns so die Lösung der neunten Heraklesaufgabe an. Haben wir Freude an unserem Tun und sind mit Leib und Seele dabei, so geht es im Zeichen des Schützen darum, in der Welt die Arbeit zu finden, die einen höheren, auf das Ganze bezogenen Sinn in sich birgt. Diesen Sinn finden heißt aber: Sich aus seiner Ich-Haftigkeit herauslösen und die Welt von höherer Warte – dem Adler des Zeus gleich – zu betrachten. Was wir gerne und von ganzem Herzen tun, ist deswegen allein noch nicht sinnvoll. Zuerst müssen wir Menschen Einblick nehmen in den göttlichen Plan, der hinter dem irdisch-menschlichen Dasein webt und waltet. Ohne diesen Einblick können wir unser Ich in keinen sinnvollen Bezug zum Ganzen setzen. Zu dem »Wer sind wir?« gesellt sich das »Wozu sind wir?«. Haben wir beide Fragen gelöst und die Antworten miteinander verschmolzen, ist die neunte Aufgabe geschafft: Wir wissen, wohin wir gehören und was wir zu tun haben. Alle Spaltungen im Denken und Fühlen sind dann neutralisiert, Zerrissenheit und Zweifel sind beseitigt, und nichts kann uns mehr ablenken – durch uns hindurch tönt das Göttliche; innere Stimme und äußerer Ruf sind im Gleichklang wie die beiden Schalen der Zimbeln.

So wird Herakles als Eingeweihter in den göttlichen Plan zum Diener des Ganzen – die folgenden drei Aufgaben werden davon berichten.

Die Welt der Stymphalischen Vögel

Herakles tötete in der achten Aufgabe die Hydra. Er bewältigt damit seine Vergangenheit. Alle Ängste, entstanden aus schmerzlichen Erfahrungen und Erlebnissen, sind somit für ihn ausgemerzt. Egoismen und Mißtrauen, Gewohnheiten und Verhaltensmuster, die – von den Ängsten ausgelöst – aus der Tiefe des Unbewußten hervorkrochen, ihn mit Hydraarmen umschlangen und sein ursprünglich lauteres Wesen verunreinigten, sind besiegt und überwunden. Die Welt der Illusion, geboren aus den tausend Lichtreflexen der Wasserwelt der Gefühle und pervertiert durch den Glauben an die eigene Größe und Allmacht, ist erobert. Den Ballast der

Vergangenheit abwerfend kann Herakles seinen Blick auf die Zukunft richten.

Das ewig-mystische Haupt der Hydra offenbarte ihm, daß des Menschen höhere Ziele nicht materieller, sondern geistiger Natur sind. So wie der Pfeil des Schützen nach oben, himmelwärts, zielt, wenden sich Sehnen und Wünschen dem Reich des Geistes zu: Herakles strebt von nun an nach Wahrheit und Weisheit.

Doch wie gestaltet sich – dem Mythos folgend – unser Weg zur Weisheit?

Einst erregen die irdisch-materiellen Güter dieser Welt unsere Gefühle, bis unzählige Wünsche und scheinbare Bedürfnisse in uns emporstiegen, unser Denken in Besitz nahmen und nach Verwirklichung drängten. Jetzt, befreit vom materiegebundenen Wesen des Skorpions und bereit zum Höhenflug des weißen Adlers, erregen uns die geistigen Güter dieser Welt. Wir werden Wanderer, Suchende, Jünger. Wiederum steigen Wünsche in uns hoch – den Vögeln vom Stymphalossee gleich – und manifestieren sich als Ideen in unseren Köpfen.

Schier unendlich viele Möglichkeiten in Form von Disziplinen und Wegen bieten uns Weisheitslehren und Religionen an. Ob Astrologie oder Tarot, biblische oder indische Weisheit, Yoga oder Tai Chi, I-Ging oder keltische Runen – alle Lehren erscheinen uns gleichermaßen bedeutsam und sinnvoll. Wir wollen nichts auslassen, denn alles ist aus unserer Sicht einen Versuch wert. Wie Herakles nacheinander mit Pfeil und Bogen die Stymphalischen Vögel tötet, erledigen wir die angebotenen Möglichkeiten, der Reihe nach, eine Disziplin nach der anderen. So werden wir zu esoterisch-weisheitlichen Mehrkämpfern, sind in Yoga ebenso gut wie in Tai Chi, in biblischer Weisheit ebenso beschlagen wie in indischer, in Astrologie ebenso bewandert wie in Tarot. Dabei glauben wir, auf dem Weg zu sein.

Hier könnte uns der Mythos nachdenklich stimmen. Wie wir erfahren, kann Herakles die Unzahl der Vögel mit den Pfeilen nicht erledigen. Im Gegenteil, weiterhin verdunkeln die Vogelschwärme das Licht der Sonne, weiterhin »spalten die Vögel den Wanderern die Köpfe« und weiterhin »durchbohren sie ihr Herz«.

Der Mythos gibt uns einen Hinweis, warum auf diese Art eine Lösung nicht erfolgen kann: Die Vögel, so heißt es nämlich, »spalten den Kopf«! In der ersten Heraklesaufgabe haben wir den Kopf als »Sitz des Denkens« kennengelernt. Übertragen bedeutet dies also, daß unser Denken gespalten wird, wenn wir mehrere gleichwertige Möglichkeiten uns vorstellen können. Wir gehen einer Möglichkeit nach, lassen uns jedoch für die Zukunft eine andere, weitere Möglichkeit offen. In Wahrheit sind wir jetzt zwiespältig im Denken, was sich in der Folge in unserem Fühlen und Handeln fortsetzt, da Denken, Fühlen und Handeln miteinander verwoben sind. Deshalb ist im »gespaltenen Denken« bereits der Same enthalten, daß wir mit gemischten Gefühlen an eine Sache herangehen und am Ende nur einen Teil unserer Kraft in das Handeln hineinlegen. Der daraus resultierende Mangel an Kraft bewirkt, daß wir – gemäß der Symbolik des abgeschossenen Pfeils – keinen wahrhaft durchschlagenden Erfolg erzielen. Ergebnis ist, daß wir von allem etwas können und wissen, jedoch nichts vollkommen beherrschen. Wir erreichen weder im Inneren die notwendige Tiefe, weil wir uns zuwenig vertiefen, noch im Äußeren die Gipfelhöhe, die wir brauchen, um zwischen unserem Wesen und der Welt eine dauerhafte, unauflösliche Verbindung herzustellen. So bleibt unsere Wirkung in der Welt gering, weil wir nicht mit vollem Einsatz und aus ganzem Herzen heraus handeln. Ob Yoga oder Tai Chi, Astrologie oder Tarot, biblische oder indische Weisheit – eines Tages werden sie von uns abfallen. Sie sind in uns schwach und krank geworden, eine Zeitlang siechen sie dahin, bis sie sterben – tot, wie die von Herakles abgeschossenen Stymphalischen Vögel.

Dieses bittere Ende mag der Mythos bereits im Auge haben, wenn er uns erzählt, daß die Vögel den Wanderern das Herz durchbohren. In diesem Sinne ist es zu verstehen, daß wir mit Hilfe der Eingebung Athenes das zu suchen und zu finden haben, was uns im Innern vollkommen erfüllt und gleichzeitig in der äußeren Welt seinen Widerhall findet im Streben nach einer Selbstverwirklichung, die der ganzen Menschheit dient. Beide zusammen, Innen und Außen, in Resonanz stehend, ergeben den alles übertreffenden Ton der Zimbeln. Alle minderen Ziele und Ideen, die sich in letzter Konsequenz nur als Ablenkung vom eigentlichen Weg erweisen, werden so verscheucht wie das Heer der Vögel vom Stymphalossee. Wir sind befreit, weil wir das »Eine« gefunden haben – als Wanderer werden wir unbeirrt und unbehindert unseren Weg zur Weisheit gehen.

Der Weg zur Einweihung

Hat unsere innere Stimme ihren Widerhall in der äußeren Welt gefunden, sind wir wie der vom Schützen abgeschossene Pfeil. Ohne Ablenkung streben wir unaufhaltsam dem Ziel zu und werden es erreichen. Eines Tages sind wir, auf unserem Gebiet, zur Spitzenleistung befähigt. Der Gipfel ist erklommen, wir sind Meister unseres Fachs, die Welt erkennt unsere Qualität. Dies hat Gültigkeit für den materiell wie für den geistig orientierten Menschen. Der materiell orientierte Mensch strebt nach dem Gipfel, um seine irdisch-weltlichen Güter zu vermehren, sein Ansehen zu vergrößern und seine Zukunft zu sichern.

Aber wonach strebt der geistig orientierte Mensch, der Herakles in uns, den am materiellen Leben nur die Deckung notwendiger Lebensbedürfnisse interessiert?

Sind die weisheitlichen Disziplinen dieser Welt nur Selbstzweck für einzelne, um in immer weitere geistige Höhen vorzudringen – einer Art geistigen Weltraumfahrt gleich, die niemandem nützt und nur den einzelnen weiterbringt?

Herakles beantwortet uns diese Frage mit den letzten drei Aufgaben. Indem er seine Vergangenheit hinter sich gelassen hat, gewinnt er den Blick in die Zukunft. In einer klaren Vision erschaut er den Sinn seiner geistigen Reifung und Vervollkommnung: Im Zeichen des Schützen am Gipfel seiner individuellen Entwicklung angekommen, ist er das geworden, was wir einen Eingeweihten nennen. Aufrecht steht er da, sein Blick reicht bis zum Horizont und wandert vom Gipfel hinab. Er sieht die Menschheit im Jammertal, verstrickt in schier unauflöslichen Problemen und Schwierigkeiten. So kehrt er – im Licht der Erkenntnis stehend – zurück zur Welt, um dort als Lehrer und Eingeweihter zu wirken. Seine Worte sind es, die in Zukunft anderen Menschen helfen, ihren Weg zu suchen und zu finden. Was wäre die Menschheit ohne einen Moses, der vom Berg Sinai, dem Gipfel seiner Weisheit, heruntersteigt, um den noch in der Illusion der Materie gefangenen und um das goldene Kalb tanzenden Menschen die Worte der Weisheit und die Lehren des Geistes zu bringen. So steht Moses symbolisch für alle späteren Gottessöhne, die wie er die Gipfel der Weisheit erklettert haben und herabgestiegen sind in das Tal jener Menschen, deren Blick noch kein Überblick, deren Sicht noch keine Weitsicht und deren Sehen noch kein Einsehen ist. Sie sind in ihrem »Weg durch die Wüste« angewiesen auf Führung und Lenkung, um eines Tages den gesenkten, auf die Materie gerichteten Blick zu heben, ihn nach den himmlischen Prinzipien auszurichten und in ein ganzheitlich-geistiges Sehen zu verwandeln.

Die biblische Weisheitslehre erzählt uns von der »herabsteigenden Schlange«, die den Menschen beißt, vergiftet und krank macht. Sie symbolisiert unser auf materielle Erfüllung ausgerichtetes Wunschdenken. Und gerade heute haben wir mehr als genug Beweise dafür, wie sehr wir dadurch in Krankheit und Leid geschlittert sind. Moses, so sagt der Mythos, hat diese Schlange umgepolt und aufgerichtet. Seitdem ist uns Menschen für alle Zeit der Weg zum Heil vorgezeichnet. Wenn wir unser Wunschdenken wieder aufrichten und nach geistiger Erfüllung streben, verlassen wir das irdische Jammertal: Knechtschaft und Unterdrückung werden ebenso aufhören wie Krankheit und Leid. Nur dieser Weg allein führt zur Freiheit, eine Freiheit, die eine göttliche Ordnung zur Basis des Lebens und die Liebe zur Basis aller Beziehungen macht. Wie einst Moses und viele andere Eingeweihte vor ihm erkennt Herakles den Gesamtsinn seiner bisher erfüllten Aufgaben. Er erfährt das Geheimnis der Liebe und wird weise, um die Botschaft von Liebe und Weisheit den Menschen zu bringen.

Unter diesem Aspekt wird verständlich, warum die Lösung der neunten Aufgabe durch den »alles durchdringenden Ton« der Zimbeln erfolgt. Der Ton ist die Grundlage jeder Sprache und damit die Basis zwischenmenschlicher Vermittlung. Herakles lernt mit Ton, Wort und Sprache umzugehen, damit er in Zukunft seine Worte so treffend wählt, daß er als Prophet und Lehrer andere Menschen zutiefst betroffen machen kann. Nur so gelingt es ihm, die Welt vom Sinn und Wert des Geistigen zu überzeugen. Findet er für sich diesen kosmischen Ton, kann er auch in anderen Menschen die »Stymphalischen Vögel« vertreiben, die den Weg zu Erkenntnis und Licht verdunkeln.

Der Ton der Zimbeln

Oft rügen wir jemanden mit dem Satz: Der Ton macht die Musik! und wollen ihn darauf hinweisen, daß wir weder seine Wortwahl noch die Betonung seiner Worte für angemessen empfinden.

Herakles zeigt uns in der neunten Aufgabe, daß der Umgang mit dem Wort ebenso wie der richtige Ton gelernt sein will. Er weiß um die Macht und Gewalt der Worte. In Schöpfungsmythen erfahren wir, daß allein mit der Kraft des Wortes ganze Welten geschaffen werden. Wie wenig sind wir uns doch darüber bewußt. Meist reden wir, wie uns der »Schnabel gewachsen ist«. Diese Redewendung deckt uns einen Zusammenhang mit den Vögeln vom Stymphalossee auf. Wir lassen unsere Worte durch den Äther schwirren – Vogelschwärmen gleich –, ohne zu ahnen, was wir damit in anderen Menschen anrichten. Jedes Wort, jeder Satz löst im Gegenüber etwas aus: Zuerst ein Bild, eine Vorstellung, dann Gedanken und Gefühle, vielleicht sogar Aktivitäten. So mag es seinen tieferen Sinn haben, daß in der esoterischen Astrologie Schütze als das Zeichen der Stille gilt. Wohl wäre es um uns Menschen besser bestellt, hätten wir Einblick in das, was Worte verursachen. So manches würden wir zurückhalten, um es unausgesprochen zu lassen oder um die Wahl von Wort und Ton nochmals zu prüfen und abzuwägen. Der Mythos berichtet in einer näheren Beschreibung der Stymphalischen Vögel, daß sie mit ihren bronzenen Schnäbeln die Herzen der Wanderer durchbohren und ihre metallenen Federn abwerfen, um Menschen damit zu treffen und zu verletzen. Dies ist Hinweis genug, anzunehmen, daß hier auch unsere Worte gemeint sind, mit denen wir andere treffen, sie verletzen und in ihrem Herzen die Liebe zu uns abtöten. Ein einziges falsches Wort am falschen Platz kann töten – wir wissen es genau. Nicht ohne Grund hat unsere Sprache den Begriff des »Rufmordes« geprägt. Bei dieser ungemeinen und doch wunderbaren Kraft, die in jedem Wort liegt, lehrt uns Herakles, mit den Worten zurückhaltender umzugehen.

So ließe sich die neunte Aufgabe auch in den Satz zusammenfassen: Lieber ein Wort, das von Herzen kommend, genau Mitte und Wahrheit trifft, als viele Worte, die aus mangelnder Verbundenheit zum Du in keinerlei Resonanz zum Betroffenen stehen. Ein solchermaßen Getroffener wird, ja muß uns zwangsläufig mißverstehen. Aus Mißverstehen aber erwachsen Mißverständnisse, von denen unsere Welt voll ist. So gesehen überwindet Herakles in der neunten Aufgabe seine letzte große Projektion. Er begreift, daß jedes Mißverstehen seiner eigenen Worte nicht in der Unfähigkeit des Gegenüber, sondern in der eigenen Unvollkommenheit in Wort und Sprache liegt: Er übernimmt von nun an die volle Verantwortung für seine Worte.

Beziehen wir einmal diese Inhalte auf ein Beispiel: Ein Mensch interessiert sich für Astrologie. Er findet Gefallen daran, studiert Bücher, nimmt an Seminaren teil – am Ende ist er Astrologe, gegebenenfalls sogar mit Diplom. Jetzt hält er sich für so weit, sein Wissen zu vermitteln. Beherrscht er sein Metier, hat er den Gipfel der Astrologie erklommen und dabei gelernt, seine Einsichten in die rechten Worte zu kleiden, wird er anderen Menschen in Beratung und Kursen vieles vermitteln und ihnen sogar helfen, den eigenen Weg und die eigene Berufung zu finden.

Doch was ist mit den anderen, den Gelegenheitsastrologen? Es wird nicht schwer sein, ihnen anzuraten, besser zu schweigen und über Astrologie und Horoskope anderer Menschen möglichst kein Wort verlauten zu lassen. Dies sagt uns bereits der gesunde Menschenverstand. Die neunte Heraklesaufgabe vermittelt uns darüber hinaus wesentlich mehr: Falls unsere ganze Kraft, Liebe und Sehnsucht nicht in die Astrologie gehen, werden wir immer nur »Gelegenheitsastrologe« bleiben, für wie gut und befähigt sich der einzelne auch immer hält.

Dem Mythos gemäß wäre es klüger, nach etwas anderem Umschau zu halten, an dem wir eines Tages mit Körper, Seele und Geist, also mit allen Fasern unseres Herzens hängen. Finden wir nichts, heißt dies, daß uns Athene, die Eingebende und Wegbahnende, noch nicht für reif genug hält. Vielleicht haben wir die achte Aufgabe noch nicht vollständig gelöst – zu viele Ängste binden uns dann noch an die Materie, wir sind noch nicht frei wie ein Vogel, um in die Höhe zu fliegen.

Und ein weiteres vermittelt uns der Mythos: Erst nach der Befreiung im Skorpion hilft uns Athene. So wird es für alle Weisheitslehrer und Propheten, vom astrologischen Berater über den esoterischen Lehrer bis hin zum Handleser oder Kartenleger zur Gewissensfrage: Wo liegen die Motive für mein Tun und Handeln?

Folgen sie dem inneren Ruf oder dem materiellen Gewinnstreben? Folgen sie der Sehnsucht ihrer Seele und der Liebe im Herzen oder dem Wunsch nach Ansehen, Aufsehen oder Anerkennung? Macht es ihnen Freude, oder empfinden sie Zwang? Geben und verschwenden sie wie die Sonne ihr Licht, oder nehmen sie nur gerne vom anderen? Diese Fragen kann jeder nur in seinem Innersten beantworten – dort trennt sich Spreu vom Weizen.

Nur eines ist sicher: Den Zug der Sehnsucht und die Kraft der Liebe verspürt der Berufene. Der Berufene unter den Astrologen ist es, der den Tierkreis und die Planeten in sein Herz geschlossen hat und Tag und Nacht mit ihnen verbringt, um sie – widergespiegelt in allen Bereichen des Lebens – permanent zu suchen und zu finden. Der Berufene unter den Kartenlegern ist es, der seine Karten liebt und ehrt, als wären es Teile seiner selbst, um durch sie hindurch die Welt zu schauen. Der Berufene unter den Weisheitslehrern ist es, der die von ihm vermittelte Weisheit über alles liebt und selbst gänzlich in ihr lebt. Jede freie Stunde wird er sich ihr widmen, um täglich tiefer zu dem vorzudringen, was die »Welt im Innersten zusammenhält«.

Für sie alle gilt das gleiche: Stets sind sie bemüht, in die Geheimnisse des Kosmos einzudringen. Für sie gibt es weder Anfang noch Ende ihres Strebens.

Auch hier, auf der Ebene der geistigen Ziele, erfährt der »Himmelsstürmer«, daß es tausend Wege zur Wahrheit gibt. Dennoch hat jedes einzelne Individuum einen einzigen, für ihn richtigen Weg – ein jeder nach seiner Art, ganz wie es geschrieben steht.

Athenes Eingebung

Die »Kunst des Bogenschießens« lehrt uns Menschen, daß das Erreichen des Zieles eine Frage der Konzentration des Schützen ist. Vor allem in der Schule und beim Lernen wird viel Wert auf die Konzentration des Schülers gelegt.

Was steckt hinter diesem Begriff der »Konzentration«? Warum gewinnt sie gerade im Verhältnis von Lehrer und Schüler so große Bedeutung?

In der Konzentration sammeln wir unsere geistigen Kräfte und Energien, um sie auf den Punkt zu bringen. Schaffen wir dies, gelingt uns der Durchbruch: Vorher nicht Verstandenes hellt sich urplötzlich auf und wir erkennen die Zusammenhänge. Wir haben dafür den Begriff »Ein Licht geht uns auf!« geprägt. Es ist, als würden unsere geistigen Kräfte durch ihre Sammlung und Bündelung eine Wolkendecke durchstoßen – und Sonnenlicht dringt zu uns vor, um Verborgenes sichtbar und erkennbar zu machen.

Seit jeher wissen alle Menschen, die die neunte Heraklesaufgabe zu lösen imstande waren, um die Wirkungsweise der Konzentration. Durch sie stellen wir Menschen Verbindung her zu höheren Ebenen des Daseins und gewinnen so tiefere Einsichten. Die Meister und Propheten, Eingeweihten und Erleuchteten aller Traditionen wußten das. Sie nutzten die so entstandenen Verbindungskanäle, um dann die Worte der Götter an die Menschen unmittelbar und direkt weiterzuleiten. Auch heute hören wir viel von »Channelling«, wir staunen, halten es eher für unwahrscheinlich oder unwahr und zweifeln daran. Vielleicht auch deshalb, weil uns der Inhalt solcher Durchgaben zweifelhaft erscheint. Doch grundsätzlich steckt dahinter weder Zauberei noch schwarze Magie, denn jeder Mensch kann bei einiger Übung lernen, diese Verbindung zur geistigen Welt herzustellen.

Schwieriger gestaltet sich eher die Frage, wie wir diese geistigen Einflüsse zu verstehen haben und was wir damit anfangen sollen. Ähnlich unseren Träumen erhalten wir dann Botschaften, denen wir einen rechten Sinn nicht zu entnehmen imstande sind. Daher nützt diese Fähigkeit nichts, bevor die ersten acht Aufgaben bewältigt sind. Diese befreien nämlich zuerst unseren Geist aus seiner

Erdgebundenheit. Jetzt, in der Konzentration auf das Höhere, schaffen wir die Voraussetzungen dafür, daß ein Kanal zwischen dem Himmel und uns entsteht. Uns fließt die Weisheit zu, die wir in Worte gefaßt an andere Menschen weiterleiten können. Diese göttlichen Eingebungen, die wir in der Stille der Konzentration erleben, dienen uns und anderen. Große Meister sind die Vorbilder für uns alle: Moses, der den Pentateuch mit den zehn Worten (Geboten) vom Gipfel des Sinai brachte ebenso wie Jesus von Nazareth, dessen Bergpredigt von eben derselben Wahrheit zeugt, Laotse in seinem Tao Te King ebenso wie Buddha in seinen Lehren. Sie zeigen uns, daß es Wege zur Wahrheit gibt. An uns ist es, einen eigenen Weg zu suchen und zu finden. Wenn wir dem Mythos vertrauen, wird eines Tages, nach einigen Umwegen und Verzögerungen, Athene mit uns sprechen. Ihrer Eingebung werden wir Folge leisten, weil wir durch sie unseren Lebenssinn finden und unser Lebenziel verwirklichen können. Dann tönt der Kosmos durch uns hindurch – unsere Stimme spricht die Wahrheit, und unsere Taten entsprechen unseren Worten.

Die Absichtslosigkeit

Ebenfalls lehrt uns die Kunst des Bogenschießens, daß der Pfeil die Mitte des Ziels bereits trifft, bevor er die Hand des Schützen verläßt. Befindet sich der Schütze ganz in seiner eigenen Mitte, geht der Pfeil unweigerlich ins Ziel. Deshalb besteht die Kunst des Bogenschießens für den Schützen darin, seine eigene Mitte zu finden und beizubehalten. Eine wesentliche Rolle bei diesem Unterfangen spielt die Absichtslosigkeit des Schützen.

Solange wir den Wunsch haben, ein Ziel zu treffen, erzeugt dieser Wunsch in uns die Absicht, so genau wie möglich zu zielen. Aber genau diese Absicht verlagert unser Denken von uns weg: Wir konzentrieren uns auf ein Objekt außerhalb unserer selbst und verlieren dabei – als Subjekt – unsere Mitte. Wahres »in der Mitte Sein« ist somit immer ziellos im Sinn eines äußeren Zieles, das wir erreichen wollen, und als Ergebnis davon absichtslos.

Dies meint daher niemals ziellos im Sinn von orientierungslos, sondern eher umgekehrt: Eine klare Orientierung, ohne dabei ein bestimmtes Ziel vor Augen zu haben. Für den nach irdisch-materiellen Gütern Strebenden ist diese Forderung der Ziel- und Absichtslosigkeit völlig unverständlich, weil er ein konkretes Ziel bzw. eine konkrete Vorstellung als Voraussetzung zum Handeln benötigt.

So gehen wir z. B. nicht los, um rein zufällig irgendein Auto zu kaufen und dann vielleicht das nächstbeste zu erwerben, sondern bilden uns zuerst eine mehr oder weniger klare Vorstellung, um sie danach in die Tat umzusetzen. Mit ähnlicher Einstellung nähern wir uns in der Regel auch dem geistigen Weg: Wir erlernen die Astrologie, mit dem Ziel, Berater zu werden; wir lernen Yoga mit dem Ziel, so und so viel Grundübungen eines Tages zu beherrschen; wir lernen Reiki mit dem Ziel, den Meistergrad zu erwerben, und so weiter und so fort.

Aus unserer Sicht ein völlig legitimes Vorgehen. Auch ist dagegen nichts einzuwenden – in jedem Fall ist es ein Stück auf unserem Weg. So hilft es auch Herakles weiter, wenn er einen Pfeil nach dem anderen verschießt. Denn am Ende ist der Köcher leer, alle Pfeile sind verschossen, und sein Vorgehen stellt sich als nutzlos heraus. Er steht, so berichtet der Mythos, am Rand des Sumpfsees, ratlos, ohne weitere Ziele und ohne wirklich neue Absichten. Dies ist der Moment, in dem ihm Athene die rettenden Zimbeln gibt. Selbst im Benutzen der Zimbeln, so dürfen wir annehmen, liegt keine Absicht, da Herakles durch keinerlei bisherige Erfahrung die Wirkung des erzeugten Tones kennen konnte. Er spielte mit ihnen in der Haltung eines erwachsenen Kindes, der kosmische Ton entstand und die neunte Aufgabe war gelöst.

Hier lohnt es sich, noch ein wenig zu verweilen: Absichtslosigkeit entsteht immer dann, wenn wir spielerisch aus unserer eigenen Tiefe heraus handeln. Wir erfreuen uns an den eigenen, uns innewohnenden Kräften und den von den Göttern uns zur Verfügung gestellten Möglichkeiten, ohne daß wir damit ein konkretes Ziel verfolgen oder gar die Absicht haben, daß etwas Bestimmtes dabei herauskommt. Gerade in dem »nicht Wissen« und »doch Ahnen«, was die Zukunft bringt, zeigt sich unser wahrer Glaube und unser Vertrauen in das Göttliche. Jetzt erst wenden sich uns die Götter zu, und wir erhalten ihre Hilfe und ihr Entgegenkommen, weil wir ihnen den erforderlichen Spielraum geben – das Spiel zwischen Mensch und Gott beginnt.

Die neun Stufen vom Widder bis zum Schützen sind die Stufen der individuellen Entwicklung. Das Ich eines Menschen, seine Einzigartigkeit in Gestalt seiner Eigenart, wird geboren, entfaltet und zur vollen Größe gebracht. Die Astrologie hat hier ihre Entsprechung in dem Weg vom Aszendenten bis zum Ende des 9. Hauses, der Himmelsmitte (Medium Coeli). Als Anfang und Ziel werden sie gelegentlich bezeichnet.

Herakles hat diese Himmelsmitte nun erreicht, all sein künftiges Handeln ist überpersönlich und dient dem Erhalt der Lebensgrundlagen und der Entwicklung der ganzen Menschheit. Er ist ein wahrer Eingeweihter.

Der weitere Weg kennt keine festen und bestimmten Ziele mehr, sondern wird von der Vision getragen, daß wir Menschen alle Teil eines größeren Ganzen sind und unserem Dasein ein göttlicher Plan zugrunde liegt. Ihn zu erfüllen ist unabdingbarer Wille des von nun an überpersönlich handelnden Herakles. Wohin es führen und was dabei herauskommen wird – Herakles kann es nur ahnen und seiner Intuition folgen.

Die wahre Aufgabe im Zeichen Schütze

Wie wir hören, behindern die Vögel vom Stymphalossee die Wanderer auf ihrem Weg. Sie spalten ihnen die Köpfe, bringen Zwiespalt und Zweifel in ihr Denken, so daß sie zum Schluß nicht mehr die Kraft haben, ihren Weg weiterzugehen. So symbolisieren die Vögel jene Worte und Botschaften, die von fremdem Mund an unser Ohr dringen, von uns bereitwillig aufgenommen und in Ziele und Absichten verwandelt werden. Da erzählt uns ein Bekannter von den Wundertaten eines Yogi, ein anderer von der Weisheit eines indischen Guru, wiederum ein anderer von Reiki oder den Möglichkeiten der Astrologie. Wir hören und wollen dem Gesagten nachgehen. So wandeln wir, dem »Hörensagen« nachlaufend, durch die Welt, um nach den Sternen zu greifen – doch am Ende waren es nur Sternschnuppen, die nach kurzem Aufleuchten vom

Dunkel der Nacht verschlungen werden. Wieder haben wir uns von unserem Weg abbringen lassen, sind abgelenkt worden und müssen uns aufs neue orientieren. Diese Ablenkungen zu erkennen und sie aufzugeben, heißt die neunte Aufgabe erfolgreich bewältigen.

Hier vermag uns der gespannte Bogen des Schützen einen Hinweis zu geben: Nur wenn in uns für eine Sache genügend Spannkraft sich aufbaut und alle anderen Dinge unwichtig werden, sind wir geschützt vor Versuchung und Ablenkung. So gesehen könnten wir die neunte Aufgabe auch auffassen als Aufforderungen, alles Unwesentliche über Bord zu werfen, alles Unbedeutende auf die Seite zu schieben, damit in der inneren Stille ein leerer Raum frei wird. Eines Tages wird dieser Raum dann genügend groß sein, daß die Eingebungen Athenes darin Platz haben, und von diesem Moment an werden wir sie erhalten.

So könnte uns die neunte Aufgabe dazu anhalten, mehr und mehr dem Lärm und illusionärem Gaukelspiel dieser irdisch-materiell orientierten Welt zu entfliehen, um die Erfahrung der Stille und der Kommunikation mit den Göttern zu machen. Indem wir das bunte Treiben der Welt aufgeben, verlieren wir nicht, sondern gewinnen: Weisheit an Stelle von Wissenschaft, Liebe an Stelle von Gleichgültigkeit, Sinnesfülle an Stelle von Verschwendung, Freude an Stelle von Zwang, Harmonie an Stelle von Unterdrückung.

Mit der Suche nach der Stille heißt auch verbunden, das Reden aufzugeben. Wir lernen, unsere Worte auf die Waagschale zu legen, weil wir wissen, was sie im anderen anrichten können. Wir lernen zu verstehen, was es heißt, mit anderen Menschen in Resonanz, d. h. in gleicher Schwingung zu stehen. Denn nur in dieser Resonanz erreichen unsere Worte wirklich den anderen. Er hört, was wir sagen, und versteht, was wir meinen – die Grundvoraussetzung dafür, daß keine weiteren Mißverständnisse mehr geschehen. Wir werden es aufgeben, ungefragt und ungebeten zu reden und zu erzählen. Vor allem aber lernen wir, unsere Worte so zu wählen, daß sie auf niemanden und auf nichts mehr persönlich abzielen. Wir haben gesehen, daß Herakles mit der neunten Aufgabe überpersönlich wird. Sein Handeln ist getragen von seiner Einsicht in den göttlichen Plan. Was er von jetzt an zu sagen hat, ist höhere Weisheit und gilt gleichermaßen für alle Menschen. Als geistiger Lehrer und göttlicher Bote sind seine Worte nicht mehr persönlicher Natur. Wohl wendet er sich auch an den einzelnen, doch bietet er ihm lediglich gemäß seiner eigenen Art den für ihn entsprechenden Aspekt aus der unvergänglichen Weisheit an. Es ist so, als wäre die Wahrheit das Zentrum eines Kreises, auf das wir alle von der Peripherie des Kreises her zugehen. Jeder, aus einer anderen Richtung kommend, hat einen persönlichen Weg. So sieht jeder die Wahrheit von seiner Seite – diese wird ihm der geistige Lehrer anbieten – dennoch bleibt es ein einziger Kreis und eine einzige Wahrheit. So gibt Herakles, und wir mit ihm, in dieser neunten Aufgabe auch jede Form der Subjektivität auf. Wir lernen, was es heißt, vollkommen auf den anderen einzugehen, bevor wir zu ihm sprechen. Wie einst Zeus, der sich Metis, die Göttin der Weisheit und des klugen Ratschlußes, in seinen Bauch nahm, versetzen wir uns in die innere Welt und das verborgene Wesen des anderen hinein. Nur so können wir aus unserem Kopf bzw. Denken heraus die klugen Worte der Athene gebären, die dem anderen dazu verhelfen, seinen Weg zu finden – selbst weise geworden, sind wir von nun an Wegweiser für andere.

Die Zahl Neun

Neun ist die Zahl der individuellen Vervollkommnung. Dies meint, daß der Mensch nach neun Schritten die ihm innewohnende Göttlichkeit – seinen vollkommenen, freien Willen – erkannt und zur vollen Reife entwickelt hat. So ist auch Herakles mit der Lösung der neunten Aufgabe zum fertigen Helden, zum Eingeweihten geworden. Die esoterische Tradition nennt daher den Übergang vom Zeichen Schütze in das Zeichen Steinbock das »Tor zur Einweihung«: Herakles betritt eine neue Ebene des Daseins.

Dieser Zusammenhang läßt sich sehr schön in der Symbolik der Zahl Neun nachvollziehen, da sie die letzte der sogenannten »Einerzahlen« ist. Die nachfolgende Zahl Zehn gehört bereits einer neuen Zahlenebene an, da sie sich aus zwei Ziffern zusammensetzt. Dieses alte Wissen findet sich auch im althebräischen Alphabet. Der neunte Buchstabe, dem gleichfalls die Zahl Neun zugeordnet ist, heißt »Teth« und bedeutet soviel wie »vor der Geburt stehend«.

So steht auch Herakles am Ende der neunten Aufgabe vor einem »neuen Leben«. Galten seine Bemühungen bis jetzt der persönlichen Vervollkommnung, als dessen Gipfel sich die Beherrschung von Wort und Ton gezeigt hat, steht er nun im Dienst der Menschheit: Im Zeichen des Steinbock räumt er beiseite, was den Weg zum Licht versperrt, im Zeichen des Wassermann setzt er seine Kräfte ein gegen Unwissenheit und den daraus resultierenden Folgen, und im Zeichen der Fische beschützt und lenkt er als »guter Hirte« alle noch in der großen Illusion verfangenen Menschen.

ASTROLOGISCHE ZUSAMMENHÄNGE IM ZEICHEN SCHÜTZE

Zuordnung

Planet	Jupiter (griechisch: Zeus), der oberste Gott im Olymp
Haus	9. Haus, Religion, Weisheit, Sinnfindung
Mythologisch	Zeus und Hera, Typhon, Giganten, Prometheus
Eigenschaft	Tiefe, Streben, Suche nach Höherem, Wunder
Körperteil	Hüfte, Oberschenkel, Sehnen

Das Prinzip Schütze

Nach Skorpion, dem Zeichen der Wandlung und Metamorphose, folgt Schütze als Zeichen der Sinnfindung. Weisheislehre und Religion sind das zentrale Thema. Die Frage nach dem eigentlichen Sinn seines Lebens bringt hier den Menschen zu der Erkenntnis, daß er sich vom umfassenden Ganzen und damit von Gott getrennt hat, um sich mit der Materie zu verbinden. Die Rückverbindung (»religio«) zum Himmel gewinnt vor allem deshalb an Bedeutung, weil im Zeichen des Schützen uns zum erstenmal bewußt wird, daß wir alle Teile eines größeren Ganzen sind und in Beziehung und Wechselwirkung zueinander stehen. Wir empfinden unser persönliches Gespaltensein durch alle Ebenen – Denken, Fühlen und Handeln – hindurch deutlich, damit wird in uns die Kraft der Liebe und Gegensatzvereinung entfacht. Illusion, vor allem aber Schuldprojektion, finden im Schützen keinerlei Nährboden mehr: Was auch getan wird, was sich auch ereignet, am Ende können wir uns der Erkenntnis des eigenen Fehlers nicht entziehen. Es ist so, als hätte bereits ein Teil in uns die Fähigkeit des »Weißen Adlers«. Dieser Teil erhebt sich als »höheres Ich« über uns hinweg, fliegt in Regionen mit größerem Überblick und beobachtet uns von oben, um sich dann wieder mit unserem »niederen Ich« zu verbinden und ihm von der Vollkommenheit zu berichten. Nicht selten wird dieser Vorgang als ewig schmerzliche Konfrontation mit der eigenen Unvollkommenheit erlebt. Der Geist sieht und erkennt das Zukünftige, doch der Körper lebt und hängt an dem Vergangenen. Daher kommt es, daß die den Geist mit dem Körper verbindende Seele eines Tages zum Schlachtfeld zwischen Geist und Körper wird, bis der Geist siegt und dennoch die entstehende Einheit die Bedürfnisse des Körpers befriedigt.

Die neunte Heraklesaufgabe im persönlichen Horoskop

Schütze gilt als das Zeichen des Strebens und Suchens. So ist es zu verstehen, daß die traditionelle Astrologie dem Schützen sowie dem herrschenden Planeten Jupiter Glück und Erfolg zuschreibt. Diese Zuordnung mag ein wenig voreilig sein, erfahren wir doch vom Mythos, daß gerade Zeus/Jupiter in der Eigenschaft des Blitzes erscheint und damit nicht nur Erkenntnis und Erleuchtung, sondern auch Tod und Verderben bringt. Setzen wir allerdings voraus, daß der Mensch seiner innewohnenden Sehnsucht nach Liebe und Sinnerfüllung folgt, hat die traditionelle Astrologie mit Sicherheit Recht. Nur eine Kraft in uns muß dauerhaft den Zeus/Jupiter fürchten: Es ist jene trennende, ganz auf das Ich bezogene Kraft des Kronos/Saturn. Fehlt ihr der Sinnbezug, die Einbindung in das Ganze, gerät sie stets in die Gefahr, aus Mangel an Weisheit und Einsicht zum Egoismus und zur Unterdrückung zu verkommen. Für sie ist Zeus/Jupiter ein erbitterter Feind.

Befindet sich im Horoskop der Aszendent im Zeichen Schütze, heißt es, sich mehr und mehr mit der Kraft und Wirkung des Wortes auseinanderzusetzen. Genügend Gelegenheiten wird es geben, die eigenen wie die fremden Reaktionen auf das gesprochene Wort zu beobachten, um daraus zu lernen, was Worte auszulösen imstande sind. Daraus ergibt sich die Chance, zu lernen, gezielt das zum Ausdruck zu bringen, was den Bezug zum anderen herstellt und dadurch von ihm angenommen werden kann.

Besondere Bedeutung erlangt die neunte Aufgabe für Menschen mit Aszendent Steinbock, da das 12. Haus (äquale Häuser!) – das Haus der Lösung und Meisterung – sich im Zeichen des Schützen befindet. So wird lange Zeit im Leben die Suche nach dem eigenen

Weg und dem Sinn des Daseins vorherrschen. Wohl einige Male werden wir glauben, den »kosmischen Ton« gefunden zu haben, um dann später festzustellen, daß lediglich wieder ein Stymphalischer Vogel abgeschossen und erledigt worden ist. Nur langsam erkennen wir, daß alles erst zur Herzensfrage gemacht werden muß, ehe Athene den richtigen Rat zu geben bereit ist. So wird die Frage der Liebe von grundlegender Bedeutung, weil die Götter den Menschen sonst in der »Kälte« des Lebens stehen lassen.

Herz und Sonne sind, wie allgemein bekannt, Symbole des Gebens. Doch nur wenn unser Geben vom Selbstzweck gereinigt ist, kommt es »von Herzen«. Liebe, so sagt man, zeigt sich in der sichtbaren Welt als Gnade, Gnade braucht aber das Verständnis. So offenbart sich die Liebe ebenso wie das »Geben von Herzen« dreifach: Im Verstehen des anderen; im Einsehen, daß jeder Mensch seine eigene Art hat, und im Vermögen, sich in Stärken und Schwächen, Ängste und Vorurteile anderer einzufühlen. Allmählich lernen wir, einem Bergführer gleich, andere dort abzuholen, wo sie sich befinden, und dorthin zu führen, wohin es für sie möglich und richtig ist. Kritik und Überstülpen der eigenen Anschauung werden mehr und mehr aufgegeben, weil wir sie als Kräfte des Saturn/Kronos durchschauen, die nur neue Wunden schlagen und die Kluft zwischen den Menschen weiter aufreißen.

So will bei der Konstellation des Aszendent Steinbock gelernt sein, Brücken zu schlagen, anstatt Brücken abzubrechen – ein weiter Weg, den wir nicht gehen können, ohne uns selbst und andere umfassend anzunehmen und zu lieben. Die biblische Aufforderung dazu heißt: »Liebe deinen Nächsten als dein Selbst!«

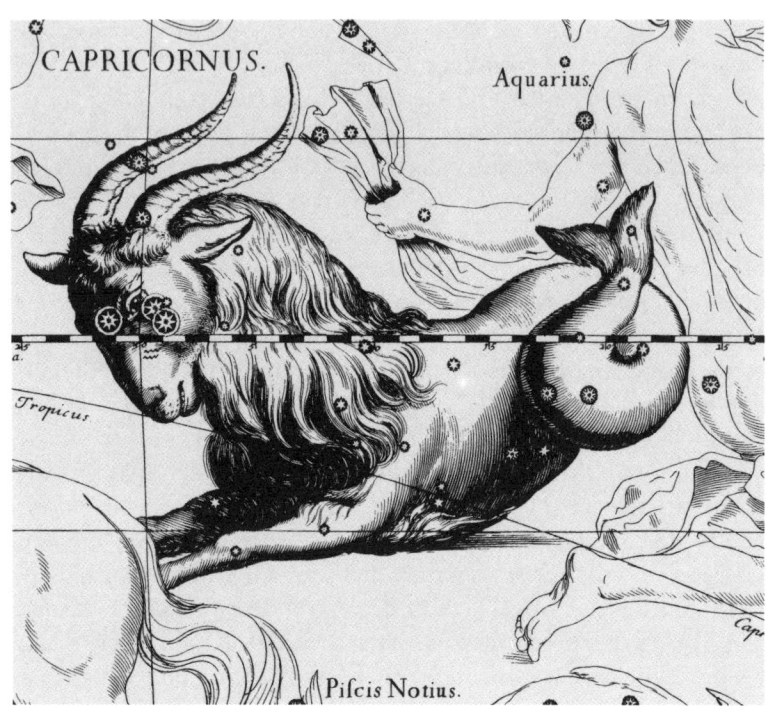

Zehnte Aufgabe im Zeichen Steinbock

Die Gefangennahme des Kerberos

Nachdem sich Herakles vor Beginn der zehnten Aufgabe in die Eleusischen Mysterien einweihen ließ, um sich vom Blut seiner Feinde aus den vorangegangenen Arbeiten zu reinigen, macht er sich auf den Weg in den finsteren Hades.

Als Herakles am unterirdischen Fluß Styx ankommt, ist der Fährmann Charon überaus erstaunt. Ohne zu fragen und ohne Bezahlung setzt er Herakles auf die andere Flußseite über, was ihm später durch Hades eine einjährige Gefangenschaft in Fesseln als Strafe einbringt.

Auf der anderen Flußseite angekommen, befindet sich Herakles im Königreich des Hades (Beiname Pluton), in dem sich nur die Schatten der Menschen aufhalten, gut bewacht vom dreiköpfigen Höllenhund Kerberos. Dieser besteht an Schwanz und Leib aus beißenden Schlangen und hat die Eigenschaft, Ankommende freundlich mit wedelndem Schwanz zu begrüßen. Zeigen sie aber die Absicht, den Hades wieder zu verlassen, wird er zum wilden Tier – er zerreißt und verschlingt sie.

Herakles beginnt mit seinem Schwert auf die ihm begegnenden »Schatten« einzuschlagen, doch Athene und Hermes, seine Begleiter in der Unterwelt, klären ihn darüber auf, daß es sich nicht um menschliche Wesen, sondern um blutleere Schattengestalten handle.

Bei Hades, dem Gott des Schattenreiches angekommen, verlangt Herakles die Herausgabe des Kerberos. Hades gestattet dies ohne Widerstand zu leisten, doch unter der Bedingung, daß Herakles, nur mit seinem Löwenfell als Schutz bekleidet, den Kerberos ohne Waffen bezwinge. Herakles schreitet ohne Zögern zur Tat: Er packt den Kerberos mit einem Würgegriff am Hals, dort wo seine drei Köpfe entspringen, und würgt ihn solange, bis er sich ergibt. Vor dem Biß mit dem Schlangenschwanz des Höllenhundes schützt den Helden sein Löwenfell.

Herakles legt den Kerberos an die Kette, führt ihn hinauf ans Licht und übergibt ihn König Eurystheus.

Ergänzungen zum Mythos

Hades und die Unterwelt

Hades bzw. Aides heißt der »Unsichtbare« bzw. der »Unsichtbarmachende« und steht damit im Gegensatz zu Helios, dem »Sichtbarmachenden«. Seine Beinamen sind u.a. Pluton, der »Reichtumspendende«, Polydegmon, der »viele Gäste Empfangende«, und Eubulos, der »gute Ratgeber«. Einem berühmten Mythos nach raubt Hades Kore, die Tochter Demeters, und macht sie unter dem Namen Persephone zur Mitherrscherin in der Unterwelt. Auf Drängen von Demeter wird zwischen Zeus und Hades ein Vertrag geschlossen: Persephone darf zwei Drittel ihrer Zeit im Olymp verbringen, das restliche Drittel nimmt sie ihren Platz in der Unterwelt an der Seite ihres Gatten Hades ein.

Nach Überquerung des Styx (griechisch: styx = verhaßt) mit Hilfe des Fährmanns Charon gelangen die toten Seelen, unter Geleit des Seelenführers Hermes, zu den Asphodelischen Wiesen. Dort wandeln die Seelen zahlreicher Helden wie geisterhafte Schatten gemeinsam mit den Seelen vieler unbedeutender Toter – ohne Sinn und Orientierung. Ihre einzige Freude besteht in einem Schluck Blut, das sie ab und zu von Lebenden naschen. Am Ende der Asphodelischen Wiesen liegt der Palast des Hades.

Herakles und Prometheus

Es wird auch erzählt, daß Herakles in den Hades absteigt, um dort Prometheus zu befreien. Da der Hund Kerberos Prometheus bewacht, muß der Heros zuerst den Hund überwältigen und an die Kette legen, ehe er Prometheus von seinen Qualen erlösen kann.

Echidne

Die Schlangengöttin Echidne, deren eine Hälfte des Körpers der einer lieblichen Frau, deren andere Hälfte eine gewaltige Schlange war, gebiert dem Ungeheuer Typhon nicht nur die Hydra (achte Heraklesaufgabe), sondern auch den dreiköpfigen Kerberos (zehnte Heraklesaufgabe). Als weitere Kinder gehen aus dieser Ehe hervor: Chimaira, die feuerspeiende Ziege mit dem Kopf eines Löwen und dem Schwanz einer Schlange, sowie Orthos, der Hund des Geryon (zwölfte Heraklesaufgabe).

*Und Gott segnete sie und Gott sprach zu ihnen:
»Seid fruchtbar und mehret euch,
füllet die Erde und erhebt euch über sie
und herrschet über die Fische des Meeres
und über die Vögel des Himmels
und über alles Getier, das auf der Erde kriecht!«*
Genesis 1,28

Der Hades

Im mythologischen Bewußtsein der alten Griechen ist die Welt aufgeteilt in drei Teile: Die »Überwelt«, das Reich des Himmels, symbolisiert durch den Olymp, dessen Herrscher Zeus ist; die »Welt«, das Reich von Wasser und Erde, als dessen Herrscher Poseidon, der »Erderschütterer«, gilt; die »Unterwelt«, das Reich der Schatten, als dessen Herrscher uns Hades, der »Unsichtbare«, überliefert ist.

Von Beginn an sei darauf hingewiesen, daß diese Welteinteilung nicht nur im Makrokosmos gilt und die uns umgebende Welt meint, sondern insbesondere auch im Mikrokosmos gilt und hier vor allem eine Einteilung des Menschen in diese drei Teile anspricht. Jeder Mensch hat somit Anteil an der Überwelt, der Welt und der Unterwelt.

Auch die christliche Tradition kennt eine ähnliche Aufteilung in Himmel und Hölle, wobei sie das Leben auf Erden als »dazwischen« angesiedelt betrachtet: Der Mensch also zwischen Himmel und Hölle.

Für uns alle dürfte es nicht schwer nachzuempfinden sein, daß wir – was immer im einzelnen es auch bedeuten mag – stets zwischen Himmel und Hölle, zwischen Licht und Schatten, zwischen Liebe und Haß, zwischen Freude und Leid unseren Platz einnehmen. Aber suchen wir nach einer genauen Definition des Hades, der »Unterwelt« bzw. der Hölle, scheitern wir. Es ergeht uns ähnlich wie Herakles, als ihn der Fährmann Charon über den Grenzfluß Styx übersetzt. Er beginnt unverzüglich, mit den dortigen Schattenwesen zu kämpfen. Doch sie sind nicht faßbar, lassen sich weder ergreifen noch begreifen, weder beseitigen noch töten. So ahnt jeder von uns, daß irgendwo, im eigenen Innern ebenso wie in der äußeren Welt, diese geisterhaften Schatten existieren, die aus dem Verborgenen mit unsichtbarer Hand immer wieder auf magisch-dämonische Weise in unser Leben eingreifen. Die alten Griechen wußten um jene verborgene Welt, galt doch Hades auf Grund seiner Tarnkappe als der »Unsichtbare«. Oberdrein wurde er als der »nicht Anzuschauende« gewöhnlich mit abgewandtem Gesicht dargestellt. Wegen dieser Eigenschaft opferten die alten Griechen ihm mit abgewandtem Gesicht oder indem sie die Opfergabe über die Schulter nach hinten warfen.

Auch die moderne Psychologie hat das Thema des Schattens und des menschlichen Schattenreichs zum zentralen Therapiethema gemacht. Reinkarnations- und Rückführungstherapien wollen uns Menschen mit unseren unsichtbaren, im finsteren Hades aufbewahrten Schattenseiten konfrontieren, um das Rätsel von Problem und Krankheit, Depression und Disharmonie, Unglück und Verstrickung zu entwirren und damit möglicherweise zu lösen.

Versuchen wir einmal, diesem Schattenreich nachzuspüren. Was sind Schatten und woher kommen sie? Wir wissen, daß Schatten nur dort entsteht, wo Licht nicht hinfällt. Die Schattenseite ist also – physisch wie psychisch – die dem Licht abgewandte Seite. Hier sehen wir bereits den Zusammenhang mit dem Mythos, der uns vom abgewandten Gesicht des Hades erzählt. Offensichtlich gibt es in uns eine Seite, der wir uns nicht zuwenden.

Seit jeher steht in der Sprache der Symbolik Licht für Erkenntnis, denken wir nur an die bereits zitierte Redewendung: Mir geht ein Licht auf! Licht durchdringt die Finsternis und macht uns Menschen das Sehen und Erkennen möglich. Unter diesem Aspekt gedeutet, ist die Schattenseite nichts anderes als die Seite in uns, die wir noch nicht erkannt haben oder die wir nicht erkennen wollen. Wir wenden uns von ihr ab, verschließen die Augen und tun nicht selten so, als wäre sie überhaupt nicht vorhanden.

Umgekehrt könnten wir deshalb auch sagen: In unserem Hades sind alle zukünftigen Erkenntnisse und Erkenntnismöglichkeiten gebunden, die auf dem Weg zur Selbsterkenntnis noch auf uns warten. Vielleicht ahnen wir jetzt, warum Hades auch Pluton, der

»Reichtumspendende«, bezeichnet wird. Andererseits wird durch diesen Zusammenhang deutlich, daß uns unter keinen Umständen der Weg durch dieses Schattenreich erspart bleibt, wenn wir zum Licht gelangen wollen. Alle Gottessöhne und Helden, Berufene und Eingeweihte sind »in die Hölle abgestiegen« und haben uns dies somit durch ihr Beispiel gezeigt.

Wie entsteht nun diese Schattenseite, und warum wenden wir uns von ihr ab, anstatt ihr Existenzberechtigung zu geben, um so ein reicheres und erfüllteres Leben zu führen? Offensichtlich hält uns etwas davon ab – im Mythos ist es der Höllenhund Kerberos, der keinen Schatten ans Licht entweichen läßt.

Die Bedeutung des Wortes Hades, griechisch Aides, und eine alte Bezeichnung des Hades, nämlich Ais, können bei dieser Frage weiterhelfen. In der Urbedeutung heißt Aides soviel wie »Zeuge des Unglücks« oder »Warnung vor dem Unglück«, Ais heißt soviel wie »Schutz« oder »Zuflucht«.

Dies führt uns auf eine urmenschliche Problematik zurück: Werden wir in unserer Außenwelt Zeuge von Unglück und Leid, von Schwierigkeiten und Widerständen, in die andere Menschen geraten, übernehmen wir dies als Warnung für unser eigenes Leben. Das kleinere, unwissende Ich in uns, vom Schöpfer ausgestattet mit dem freien Willen, entwickelt nun im Glauben an die eigene Allmacht eine Gegenkraft, die darauf abzielt, allen zukünftigen Widrigkeiten des Lebens zu trotzen. Mit anderen Worten: Wir suchen nach Schutz- und Zufluchtsmöglichkeiten, damit wir nicht eines Tages »Beute eines unglücklichen Schicksals« werden. Wir setzen alles daran, damit wir nicht in ähnliches Unglück und Leid verstrickt werden: Wir fangen an, alles Erdenkliche zu vermeiden, und wollen jegliches Risiko im Leben ausschließen. Dabei sehen wir nicht, daß wir Potentiale und Fähigkeiten in uns unterdrücken. Wir nehmen ihnen den Lebensraum, weil wir als Folge davon viele Möglichkeiten und Chancen im Alltag ungenützt lassen – unbemerkt verbannen wir Wesens- und Persönlichkeitsanteile in das Reich der Schatten.

Dazu kommt, daß wir es für völlig legitim, ja sogar äußerst klug halten, nach Unglücks- und Leidursachen zu forschen, um bei erkannter Gefahr Gegenmaßnahmen einzuleiten, die weitere Unglücksfälle verhindern sollen.

Das Motto, um es auf ein alltäglich-banales Beispiel zu bringen, lautet: Kommt ein Autofahrer ins Schleudern und prallt mit seinem Auto gegen einen Alleebaum, muß der Alleebaum abgesägt werden, damit der Baum keine weiteren schweren Unfälle mehr verursachen kann.

Unabhängig davon, daß wir ohnehin die Ursache am völlig falschen Platz suchen, glauben wir insgeheim, der gefällte Alleebaum würde ein zukünftiges Unfallrisiko mindern. Und genau dieser Glaube führt auf den schnellsten Weg in den Hades – eine Schattenwelt entsteht, hervorgerufen durch den Irrglauben an die Machbarkeit und Beeinflußbarkeit unseres Schicksals. Statt freudig in die Zukunft zu schauen im festen Glauben, daß Größeres noch auf uns wartet, blicken wir zurück in die Vergangenheit, lassen uns beeindrucken von Vorgängen und Geschehnissen, die längst vergangen sind, um ängstlich und voller Hemmungen nach mehr Sicherheit und weniger Risiko zu rufen.

Hier liefert uns der biblische Mythos eine treffende Beschreibung für dieses Verhalten. »Geh weiter, bleib nicht stehn, schau nicht zurück!« war die kurze und prägnante Aufforderung des Engels an Lot und seine Frau. Doch die Frau des Lot schaute zurück in die Vergangenheit nach Sodom und Gomorra, um dann zur Salzsäule zu erstarren. Alles in uns Erstarrte, dem der Saft des Lebens und die Liebe der Erkenntnis entzogen ist, weilt blutleer im Hades, schmort dort in der Finsternis und sehnt sich gierig nach ein wenig Blut, wie uns der Mythos berichtet.

Doch bleiben wir bei dem oben erwähnten Unfallbeispiel. Was bringt uns zu der Annahme, das Risiko bzw. die Schwere eines Unfalls wäre durch Beseitigung des Alleebaumes zu mindern?

Unser rationaler Verstand geht jedesmal in die gleiche teuflische Falle: Wir sehen im Alleebaum eine Mitschuld, zumindest was die Schwere des Unfalls betrifft, und dadurch eine Mitursache für die schweren Verletzungen des Autofahrers. Als Beweis dafür nehmen wir andere Unfälle mit ähnlicher Ausgangssituation (gleiche Geschwindigkeit ect.), bei denen das Auto nur im Straßengraben landete und der Unfall glimpflich ausging. Eindeutig sagt uns dann die Statistik, daß ohne Baum mit »hoher Wahrscheinlichkeit« die Verletzungen geringer gewesen wären. Doch im Wort Wahrscheinlichkeit steckt bereits die ganze Lösung: Es scheint die Wahrheit zu sein, aber es ist nicht die Wahrheit. Wahrheit ist einzig und allein, daß ein Autofahrer auf seinem Weg einen schweren Unfall hatte. Dieser Unfall war unvermeidbar – er mußte so kommen und kam so. Das Argument: »Wäre an dieser Stelle kein Baum gestanden, dann ...!« ist zum einen dumm, weil völlig irrelevant, zum anderen gänzlich irrational, denn der Baum hat in Wirklichkeit dort gestanden. Und gerade dieses irrationale Argument hat zur Folge, daß wir uns etwas davon versprechen, wenn wir den Baum absägen. Wir begeben uns in die Illusion, Herr unseres eigenen Schicksals zu sein. Obendrein blockieren wir uns den Weg zur Selbsterkenntnis: Je mehr wir die Schuld nach außen verlagern, umso weniger suchen wir nach den Ursachen in uns. Am Ende liegen Ursache und Schuld ganz in der Außenwelt, bei irgendwelchen herbeizitierten Widrigkeiten (Glätte, Regen, Geblendetsein), während sich der Fahrer als Opfer der Umstände empfindet. Langsam aber sicher beginnt so die Talfahrt in den Hades. Die Selbsterkenntnis ist blockiert, aus Finsternis und Unbewußtheit entstehen Schuldzuweisung und Haß.

Würden wir wieder ehrlich und wahrheitgetreu unsere Welt analysieren, könnten wir schnell feststellen, daß all unsere Gegenmaßnahmen und Risikoausschlüsse weder Unglück noch Leid beseitigen, ja nicht einmal lindern. Im Gegenteil, trotz oder gerade wegen all unserer Sicherheits- und Absicherungsmaßnahmen haben sich Leid und Druck, die auf uns Menschen lasten, eher gesteigert. Auch Krankheit, Unglück und Schicksalsschläge sind nicht zu beseitigen, obwohl doch, aus der Sicht des Menschen, überall mit dem Einsatz aller Mittel daran gearbeitet wird. Wie Don Quichote kämpfen wir mit aller Kraft gegen Windmühlenflügel, ohne zu merken, daß es nur Illusionen und Täuschungen aus dem Reich der Schatten sind. Die Ursachen, die wir bekämpfen, sind nicht dort, wo wir sie vermuten. Die Schuld, die wir stets in der Außenwelt suchen, war niemals dort. Deshalb werden wir nie einen Sieg erringen. Alles liegt in uns selbst begründet, so teilt uns die unvergängliche Weisheit mit. Ein Autounfall hat seine Ursache immer nur im Autofahrer selbst, egal ob das Auto im Straßengraben oder am Alleebaum endet, egal ob selbst- oder fremdverschuldet, egal ob leicht oder schwer. Letzteres gibt lediglich den Rahmen für den

Unfall ab. Nicht einen einzigen echten Beweis gibt es, daß eine von Menschenhand erwirkte Gegenmaßnahme irgendein Unglück verringert oder gar verhindert hat.

Daß es so ist, kann jeder von uns gerade am Beispiel eines Autounfalls ganz leicht nachvollziehen: Wir brauchen nur die gesamte von uns bereits auf Straßen zurückgelegte Fahrstrecke vor unserem inneren Auge als Film ablaufen lassen. Sofort erkennen wir, daß ein Unfall – vom leichten über einen schweren bis zum tödlichen – jederzeit geschehen kann. Möglichkeiten dafür können wir unzählige in diesem Lebensfilm finden, und sie werden auch in Zukunft zahllos bleiben. Das Absägen von Bäumen vermindert dabei Gefahr und Risiko ebensowenig wie Leitplanken oder Geschwindigkeitsbeschränkungen. Jeder von uns ist ohne Ausnahme die Ursache für alles, was ihm geschieht – das Schicksal in Gestalt von Erregung, die uns von außen geschickt wird, ist der Rahmen, in dem wir Denken, Fühlen und Handeln – und unsere Erfahrungen und Erkenntnisse sammeln.

»Du kannst deinem Schicksal nicht entfliehn!« war einer der sieben weisen Sprüche im Tempel zu Delphi. Wir hörten bereits davon an anderer Stelle. Vielleicht hatte deshalb der Hades bei den alten Griechen keine besondere Bedeutung erlangt, weil sie von dieser Weisheit überzeugt waren. Das ganze Griechentum war vom Hades abgewandt, der Blick richtete sich zum Licht des Olymp, wobei die Vorbilder Helden waren, allen voran Herakles. So konnte das Reich der Schatten bestehen, ohne magische Anziehung auf die Menschen auszuüben. Viel jedoch hat sich bis heute gewandelt. Nicht nur in der christlichen Religion besitzt die Hölle gewaltige Macht, auch in jedem einzelnen von uns. Dies gipfelt in der Tatsache, daß die Religion, einst entsprungen aus der freiwilligen und sehnsüchtigen Suche des Menschen nach Licht und Erkenntnis, heute den Schrecken der Hölle braucht und benutzt, um die unwillig gewordenen Menschen zum Glauben zu zwingen. Aber die leeren Kirchen zeigen, daß Zwang und Schrecken kein Weg sind, um Menschen aus ihrem Schattendasein zu befreien. Herakles vermag uns darüber in der zehnten Aufgabe mehr mitzuteilen. Er dringt ein in das Schattenreich, um dort zu zeigen, daß der Mensch von göttlicher Natur ist. So macht er den verlorenen Seelen Mut und zeigt ihnen den Weg nach oben. Er selbst ist ein Beispiel dafür, daß Befreiung für jeden möglich ist – die ersten neun Aufgaben sind die zu begehenden Stufen, die aus dem Hades herausführen.

Doch kehren wir noch einmal zurück zum Entstehen des Schattenreiches. Wir haben erkannt, daß der Glaube, wir könnten einem ungünstigen Schicksal entgehen, die Schattenwelt entstehen läßt. Wie unterschiedlich war gerade hier das Denken der alten Griechen. Selbst Zeus, der Höchste der Götter, hatte keinerlei Macht über die drei Moiren, die Schicksalsgöttinnen. Schicksal und damit die Gesamtheit dessen, was von »außen geschickt« wird, war einer Bestimmung gleich unabwendbar. Es galt als unveränderlicher Rahmen, in den wir Menschen hineingestellt werden, um in der Wechselwirkung mit dem Schicksal unser Leben kreativ und frei zu gestalten – oder es zu verlieren.

Versetzen wir uns einmal in diese Denkweise hinein. Was würde sich ändern, wenn wir unser Leben danach ausrichten?

Als erstes könnten wir alle äußeren Anstrengungen aufgeben, Probleme und Schwierigkeiten, Krankheiten und Unfälle zu vermeiden. Vielleicht spüren wir unmittelbar jenes große Stück Freiheit, das wir dabei gewinnen: Alle Ängste, Fehler zu machen, könnten wir über Bord werfen; alle unterlassenen Versuche könnten wir endlich starten; alle Zukunftssorgen wären ebenso überflüssig wie alle Vermeidungen und Absicherungen; alle Bemühungen nach Reichtum und materiellem Glück wären nutzlose Zeitverschwendung. Wir könnten endlich Glück und Zufriedenheit von der Zukunft weg in die Gegenwart, dem Hier und Jetzt, verlagern. Auf einmal würde uns nichts mehr daran hindern, unser ganzes Wesen zu entfalten.

Doch diesen Zustand haben wir verloren. Große Teile unseres Wesens unterdrücken wir, weil sie uns vermeintlich ins Unglück oder Leid führen. Wir geben ihnen weder Licht noch Lebensraum, sondern verdammen sie zu blutleerem und lichtlosem Dasein in unserer eigenen Unterwelt.

Da läßt ein Mensch seine künstlerisch-kreative Ader ohne Blut und Leben, bis sie im Reich der Finsternis verschwunden ist, weil er um seine Zukunft Angst hat. Mit einer brotlosen Kunst, so sagt er, kann er schließlich kein Geld verdienen. Er verdingt sich als Angestellter, während seine Liebe und Leidenschaft zur Kunst in der Hölle schmort. Doch eines Tages ziehen sich auch Liebe und Leidenschaft aus seinem Leben zurück – bis sein Angestelltendasein trotz gutem Gehalt ihm selbst zur Höllenqual wird.

Da gibt es den Ehemann, der nicht die Frau, sondern ihren Besitz oder ihre Erbschaft geheiratet hat, um so einer sorgenfreien Zukunft entgegen zu gehen – bis eines Tages Beziehung und Ehe zur Hölle auf Erden werden.

Oder wir finden den Lehrer, den die vielen Ferien und der gesicherte Berufstand mehr angezogen hat als die Art der Tätigkeit – bis ihm die Schüler das Leben zur Hölle machen.

Die Beispiele sind zahlreich, doch das Ende ist immer das gleiche: Alles, was wir – ob aus materiellen oder anderen Gründen – in die Schattenwelt drängen, wird uns selbst zur Hölle und gereicht uns zum Verderben. Denn daraus entsteht eines Tages der Druck (astrologisch der Planet Pluto), der uns nötigt, hinabzusteigen in den Hades, um jene Reichtümer zu befreien.

Glück findet sich niemals in der Vermeidung von Unglück. Diese Form des Glücks ist weder echt noch zufriedenstellend. Im Gegenteil, in Folge zieht es den Verlust von Liebe nach sich, weil wir uns von wesentlichen Teilen unseres Wesens abtrennen. Besonders darunter zu leiden haben die Schwächen und Fehler: Statt sich mit ihnen zu verbinden, um ihnen Leben und Entwicklungsmöglichkeit zu geben, verdrängen und mißhandeln wir sie. Wir verbieten ihnen ihre Existenz, um unsere Stärken noch strahlender zur Geltung zu bringen. Vor den Augen der Welt wollen wir makellos und vollkommen dastehen. Sind wir uns dieses Verdrängungsprozesses nicht mehr bewußt, gehen unsere versteckten Fehler in die Projektion. Sie begegnen uns ständig in Mitmenschen wie Familienangehörigen, Freunden und Bekannten, wo wir sie in der Regel ebenso heftig bekämpfen wie in uns selbst. Zwischenmenschliche Feindschaft und Haß sind die Folge: Wir trennen uns von Menschen und wollen mit ihnen »nichts mehr zu tun haben«, nur weil sie uns unsere eigenen Schattenseiten ständig vorleben. So mag verständlich werden, warum der Fluß Styx, der Welt und Unterwelt voneinander trennt, übersetzt soviel heißt wie »verhaßt«.

Alles, was wir hassen, hat eine Resonanz zu einer Schattenseite in uns. Gern täuschen wir uns damit, daß wir den Hades in die Außenwelt verlagern. Von uns selbst glauben wir, gut zu sein, lediglich in der Außenwelt gibt es die Dämonen und bösen Geister, wie einem schließlich überall bestätigt wird. Dies führt so weit, daß viele von uns wechselseitig im anderen den Teufel sehen, ohne je auf den Gedanken zu kommen, er könnte, ja er müßte logischerweise auch in uns sein. Dabei ist diese fatale Projektion nicht einmal so schwer zu durchschauen: Alles, und dies kann jeder in sich nachvollziehen, was wir hassen, deutet stets auf einen Mangel bzw. eine Schwäche in uns selbst hin.

Hassen wir z. B. einen »geizigen Menschen«, dann nur, weil wir uns selbst den eigenen Geiz nicht zugestehen. Wir unterdrücken ihn in uns und versuchen, bei allen möglichen Gelegenheiten (fast zwanghaft!) großzügig zu sein. Der Welt zeigen wir unsere spendable Sonnenseite, erwarten natürlich Anerkennung und Lob, und wenden uns von der Schattenseite, dem Geiz, ab. Jetzt ist die Verdrängung perfekt. In unserer übertriebenen Großzügigkeit schieben wir nun den »schwarzen Peter« der Außenwelt zu: Die anderen werden, gemessen an unserer Großzügigkeit und Freigiebigkeit, stets kleinlich und geizig erscheinen – unsere Schattenseite fällt so über die Begegnung mit dem Du auf uns zurück, der Kreis ist geschlossen.

Sehr wohl spüren wir an diesem Beispiel, wie sehr bei diesem Verdrängungsmechanismus unsere Bewertungen von Gut und Böse ausschlaggebend sind. Alles in uns als böse Empfundene und Bewertete hat die Tendenz, von uns ins Schattenreich verdrängt zu werden. Unschwer zu erkennen ist, daß das Böse einen unmittelbaren Bezug zu unseren Fehlern und Schwächen, Unvollkommenheiten und Unschönheiten hat, die wir in uns ablehnen. Nicht selten sogar hassen wir einzelne Eigenschaften an uns selbst. Am liebsten wäre es uns, wenn wir all dies beseitigen könnten, doch mit einer Verbannung ins Schattenreich ist nur kurzfristiger Aufschub gewonnen, sonst nichts. Niemals können Verdrängung oder heftige Ablehnung eine Befreiung sein. Eine Lösung bringt nur der Abstieg dorthin. Das Unvollkommene, Unreife und Häßliche in uns anzuschauen, es ans Licht und zum Leben zu bringen, ist die einzige

Chance, den Haß in dieser Welt zu beseitigen. Und so ist es im höchsten Maß symbolisch, daß stets das Licht die Finsternis vertreibt und stets die Liebe den Haß auflöst – aber niemals umgekehrt.

Ähnliche Zusammenhänge sahen wir bereits in der fünften Heraklesaufgabe:

Um die Hölle auf Erden zu erlösen, müssen wir aufhören, sie zu bekämpfen und zu bekriegen. Durchleuchten wir sie mit dem Licht der Erkenntnis, und wir werden als Schatz die Liebe in ihr finden. Sie ist die allesverbindende Kraft, die eines Tages an Stelle von Kritik Bewunderung, an Stelle von Konkurrenz Gemeinsamkeit, an Stelle von Schadenfreude Mitgefühl, an Stelle von Unterdrückung Unterstützung erzeugen kann.

Herakles zeigt uns in der zehnten Aufgabe im Steinbock, wie Licht in diese Finsternis gebracht werden kann.

Deutung des Mythos

Nachdem wir versucht haben, dem Hades und seiner Schattenwelt nachzuspüren, stehen wir vor der Frage: »Was hält, zum Leidwesen unserer Seele, die Schatten an jenem finsteren Ort fest?«

Wir alle wissen um unsere Seelenqualen in Gestalt unerfüllter Sehnsüchte, ungelebter Bedürfnisse und verdrängter Wünsche, sehen jedoch meist keine Chance, sie aus ihrem »blutleeren« Dasein zu befreien, um sie mit Leben zu füllen. So leiden wir weiter, indem wir Krankheit und Schicksalsschläge über uns ergehen lassen; wir betrachten sie sogar als gegebenen und unauflöslichen Bestandteil unseres Lebens. Zusätzlich vergeuden wir viel Energie, um sie zu bekämpfen und zu beseitigen – ein völlig sinnloses Unterfangen.

Wie wenig wissen wir doch darüber, daß Menschwerdung und Heilwerdung ein und dasselbe meinen. In jedem von uns ist die Möglichkeit, heil und ganz zu werden, angelegt. Dennoch verwechseln wir immer wieder das Heilsein mit einem körperlichem Wohlbefinden. Doch das Heil umfaßt den ganzen Menschen, neben dem Körper vor allem Seele und Geist. So kann ein gesunder Körper ohne eine »geheilte Seele« nicht bestehen, ebenso wie eine geheilte Seele ohne einen heilen, allumfassenden und alles miteinbeziehenden Geist nicht denkbar ist. Und gerade hier scheitern wir, weil unser Geist über unser kleines Ich, das Ego, (noch) nicht hinausdenken und -empfinden kann, um sozusagen von außenstehender, höherer Warte zu erkennen, daß wir eingebundener Teil eines größeren Gesamtgewebes sind. Da wir uns um diese höhere Schau der Dinge nicht bemühen, hindern wir uns permanent daran, unseren persönlichen Heilsweg zu gehen; wir suchen in unserer Hoffnungslosigkeit nicht einmal diesen Weg. Etwas Unbestimmt-Undefiniertes hält uns mit magischer Kraft im Bereich des Hades – eine Art Haßliebe bindet uns an die Hölle, in der wir augenscheinlich lieber schmoren, als den Aufstieg zum Licht anzutreten.

Der Mythos erzählt uns von Kerberos, dem dreiköpfigen Höllenhund, der als Wächter und Hüter den Hades bewacht, damit kein Schattengebilde entfliehen kann. Wohl begrüßt er den in der Unterwelt Ankommenden freundlich, doch den die Hölle Fliehenden zerreißt er in Stücke.

Suchen wir nach diesem Kerberos in uns, jener Kraft also, die Lebendiges in uns unterdrückt, den Erfahrungs- und Erlebnisraum wegnimmt und so zur körperlosen und blutleeren (Schatten-)Existenz verdammt.

In der ursprünglichen Bedeutung des Wortes meint »Kerberos« soviel wie »Aussonderung der Kälte«. Die Bestätigung dieser Bedeutung erhalten wir sogleich in unserer heutigen Anschauung von der Hölle: Sie gilt traditionell als eine Art Schmelzofen, als Ort des Feuers und der Hitze, in der die Seelen im wahrsten Sinne des Wortes schmoren. Damit meint – umgekehrt betrachtet die »Hölle selbstverständlich jenen Bereich, von dem die Kälte ausgesondert ist.

Übertragen wir den Begriff »Kälte« auf unser Leben, fällt es uns nicht mehr schwer, dem »Kerberos« in uns auf die Schliche zu kommen: Er bedeutet das Bemühen und die Anstrengung in uns, Kälte aus unserem Leben zu verbannen. Der Tatsache, daß Kerberos, der Höllenhund, drei Köpfe hat, dürfen wir zusätzlich entnehmen:

1. Die Existenz des Hades gründet in unserem Denken, da der Kopf als Sitz des Denkvermögens gilt (siehe dazu auch die erste Heraklesaufgabe im Widder!).

2. Die Dreiheit der Köpfe symbolisiert Körper, Seele und Geist bzw. ihre Entsprechungen im Leben: die Ebene der Materie und des Materiellen, die Ebene der Gefühle und Beziehungen, die Ebene der Absichten und Planungen.

In unserem Denken hat sich also der Glaube an die eigene Allmacht dergestalt manifestiert, daß wir uns bemühen, Kälte auf allen oben erwähnten Ebenen auszusondern. Den Erfolg, den wir uns dabei versprechen, ist eine Zunahme an Wärme: Unser Leben wird, so stellen wir uns dies zumindest vor, angenehmer, freudvoller und genußreicher.

Die Kälte kennen wir in unseren Breiten als die Zeit des Winters: Das äußere Leben zieht sich zurück; Sonne, Bewegung und Aktivität werden auf ein Minimum reduziert, und wir suchen nach Schutz und Geborgenheit, Wärme und Nähe. Dennoch wissen wir aus dem Kreislauf der Natur, daß die kalte Jahreszeit offensichtlich dem inneren Wachstum dient. Same, Pflanze oder Baum werden oft vor dem Winter in den Mutterboden eingebracht, damit nach dem Winter die Früchte wachsen und im Spätsommer geerntet werden können. Ohne die kalte Jahreszeit der inneren Einkehr ist echte Fruchtbarkeit mit anschließender Fülle und Ernte nicht möglich. Diesen natürlichen Kreislauf versuchen wir Menschen zu durchbrechen, indem wir im kleinen wie im großen eine Welt zu schaffen versuchen, in der es keine kalte Jahreszeit mehr gibt.

Betrachten wir diesen Versuch auf den oben erwähnten drei Ebenen etwas genauer: Das Aussondern der Kälte bzw. des Winters auf der materiellen Ebene kann nur heißen, daß wir stets daran denken, unser Leben so einzurichten, daß für Hunger und Armut, Not und Kargheit, Bescheidenheit und Sparsamkeit kein Raum mehr ist. Wir erklären sie zum Feind des Menschen, wenden uns von ihnen ab, leugnen ihre Sinnhaftigkeit und bekämpfen sie aufs heftigste. Unschwer ist gerade heute zu erkennen, daß trotz materiellem Reichtum und Überfluß in einem Teil der Welt es einen ebenso großen Teil der Welt gibt, der in extremer Not lebt und leben muß. Die Hölle ist nur verlagert, jedoch keineswegs abgeschafft. Durch Verdrängen und Bekämpfen – wir haben es bereits gesehen – ist weder Sieg noch Gewinn zu erreichen. Der »Kerberos« in uns glaubt aber an den Sieg und handelt danach – ihn müssen wir wie Herakles am Hals packen, würgen und an die Kette legen. Zwar reden wir uns alle permanent ein, uns ginge es gut und niemand müsse an materieller Not leiden, doch sehen wir die Kehrseite der Medaille nicht. Denn unsere geistig-seelische Not ist im gleichen Verhältnis gewachsen wie unser materieller Reichtum. Dabei sind hier weniger die Probleme der Überflußgesellschaft gemeint als die seelischen Nöte, in denen sich gerade die Menschen in unserer Gesellschaft befinden. Wir alle leben in tiefer Angst, den Wohlstand zu verlieren – und diese Angst wächst mit dem Wohlstand. In sicheren Zeiten bestreiten wir diese Tatsache vehement, doch kaum wackeln ein wenig die Grundfesten des Wohlstandsstaates – ein wenig Arbeitslosigkeit hier, ein wenig Unsicherheit bezüglich der Altersversorgung dort –, macht sich schnell jene zur Panik neigende Angst breit, die in unserer Hadestiefe schlummert.

Auf der Ebene der Gefühle und Beziehungen gilt analoges: Die Kälte aussondern deutet hin auf unser Streben nach Zuneigung und Zuwendung. Übersteigert wird es zur Gier nach Liebe und Anerkennung, Lob und Beifall, Beachtung und Ehrbezeugung. Dort liegen auch die Ursachen für Lüge und Unwahrheit, vorgetäuschte Gefühle und falsche Freundlichkeiten. Wir sind liebenswürdig nur, um uns der Liebe des anderen würdig zu erweisen. Dabei verlieren wir die eigene Mitte und mit ihr unsere eigene Persönlichkeit, am Ende sogar unser ganzes Wesen. Aus Angst vor Gefühlskälte und Abweisung verbiegen wir den eigenen Charakter, um nie einsam und allein gelassen zu sein. Wir beschneiden uns, indem wir vieles von dem aufgeben und verdrängen, was uns gefällt, nur um anderen zu gefallen. Liebe, einst eine gebende Kraft, die vom Herzen kam, wird unbemerkt pervertiert in Zuneigung, die wir vom anderen erwarten oder fordern. Wir sind unfähig geworden, zu lieben, weil wir immer nur geliebt werden möchten. So steht Lieblosigkeit am Ende unseres Bemühens, eine Welt voll Liebe und Wärme zu schaffen – ein makabres Ergebnis.

Wenden wir uns nun noch der dritten Ebene, der Ebene unserer Absichten und Planungen, zu. Möglicherweise finden wir in ihr die

Ursache wiederum für die Aussonderung der Kälte auf den vorausgegangenen zwei Ebenen. Unsere Absichten und Planungen betreffen stets die Zukunft und das vor uns liegende Leben. Hier Kälte auszusondern bedeutet Vorkehrungen zu treffen, damit wir nicht plötzlich in der Kälte stehen. Unser heutiges Tun und Handeln richten wir bereits daraufhin aus, schon im Vorfeld alles zu vermeiden und auszusondern, was uns eines späteren Tages zum vermeintlichen Nachteil gereichen könnte. Obwohl wir heute nicht wissen, was das Morgen uns bringt, lassen wir uns von unseren Vorstellungen der Zukunft handfest und konkret beeinflussen. Dieses »vorsorgende Denken und Handeln« läßt nochmals vor uns die Gestalt des an den Felsen geketteten Prometheus erstehen.

Herakles hat in der dritten Aufgabe in Zwillinge den Prometheus befreit. Hier tat er es für sich allein: Er befreite sich vom Vorteilsdenken, denn als solches haben wir Prometheus in dieser Aufgabe kennengelernt. In der zehnten Aufgabe befreit er den Prometheus für uns alle, indem er uns zeigt, welche Kerberoskräfte in uns die Schattenwelt nähren und am Leben erhalten. In das Licht der Erkenntnis gehoben, verliert der Kerberos seine Macht über uns – wir sind frei, unseren Weg zu gehen.

Jetzt wird verständlich, warum ergänzende Mythen davon berichten, daß Herakles im Hades den Prometheus befreit, nachdem er den Kerberos bezwungen und angekettet hat. Herakles übermittelt uns die Botschaft, daß wir unser Bestreben und Bemühen, die Kälte aus unserem Leben zu verbannen, an die »Kette legen« sollen. Solange wir dies nicht tun, werden wir Wesensanteile von uns unterdrücken und sie ins Reich der Schatten verdammen, von wo aus sie in ihrer Not immer wieder über Krankheit und Leid, Unglück und Schicksalsschläge sich Gehör verschaffen. Nur im Abstieg in den Hades und in der Vereinigung mit unserer Unterwelt können wir reich und glücklich, erfüllt und zufrieden werden.

Ein jeder von uns hat einen Kerberos in sich. Deshalb glauben wir alle, der eine mehr, der andere weniger, an eine in unseren Händen liegende Macht, die es schaffen kann, Kälte und Frost, Einsamkeit und Stillstand, Schwierigkeiten und Widerstände aus unserem Leben zu entfernen – wir müssen es nur klug und listig genug anstellen. Alle Kräfte mobilisieren wir, um, wie es heute so schön heißt, dem Frust/ Frost zu entgehen. Doch vergebens, jeder kann für sich nachvollziehen, daß alle Maßnahmen auf teuflische Art und Weise nur scheinbaren Erfolg haben: Zum Schluß ist die Frustration, der wir entfliehen wollten, noch gewachsen und größer als zuvor. Je eher wir uns in Absicht und Aktion dabei ertappen, wie wir bei Vermeidung und Aussonderung auf den Teufel« schon wieder hereinfallen, um so schneller entwickeln wir uns zu einer höheren Form von Freiheit, nämlich derjenige zu werden, der wir von Geburt an und dem Wesen nach bereits sind.

Die zehnte Heraklesaufgabe legt uns nahe, unser Wollen und Handeln zu überprüfen und zu hinterfragen: Wann und wo möchten wir Kälte aussondern? Was sind wir bemüht, zu vermeiden? Welche Vorkehrungen für morgen treffen wir schon heute?

Finden wir eine Antwort, korrespondiert sie unmittelbar mit einem ungelebten, in uns nicht zugelassenen Wesensanteil. Bei näherer Betrachtung werden wir auf eine vermeintliche Schwäche oder Unreife stoßen, die wir statt zur Vollkommenheit zu entwickeln in uns ablehnen und angstvoll im Hades verbergen. Gestatten wir uns eine derartige Betrachtungsweise, »würgen« wir bereits den Kerberos in uns. Wir schnüren ihm die Luft ab und im gleichen Maß schwindet unsere Angst vor der Kälte. Entdecken wir die positiven Seiten der Kälte, nämlich die Möglichkeit zum inneren Wachstum, und begreifen, daß diese Zeit der Kälte Voraussetzung ist für Reife, Fülle und Ernte, rauben wir dem Kerberos gänzlich seine Kraft. Wir haben ihn an die Kette gelegt und können ihn – gemeinsam mit unseren Schattenseiten – ans Licht führen, der Sonne unserer Persönlichkeit entgegen.

Jetzt wird für uns deutlich, warum Hades, der König der Unterwelt, dem Herakles keinerlei Widerstand leistete. Zwar ist er Herrscher dieses Reichs mit Persephone an seiner Seite, doch ist er weder Gewaltherrscher noch Unterdrücker, sondern Hüter und Bewacher dieser Welt. Wir Menschen selbst schicken die uns verhaßten Teile unseres Wesens zu ihm, er behütet sie, bis wir den Mut haben, in den Hades zu steigen, um uns mit ihnen wieder zu verbinden. Er gestattet ohne Zögern dem Herakles, mit dem Kerberos zu kämpfen und ihn gefangenzunehmen. Lediglich eine Bedingung, so weiß uns der Mythos zu berichten, stellt er: Herakles muß den Kampf ohne Waffen bestreiten. Herakles akzeptiert es und ergreift den Kerberos, während sein Löwenfell, Symbol für den siegreich bestandenen Kampf mit dem Löwen, ihn vor den giftigen Bissen des schlangengleichen Hundeschwanzes schützt.

Der Hades und die Höhle des Löwen

Der Schutz durch das Löwenfell mag uns darauf hinweisen, daß die Konfrontation mit dem inneren Schattenbereich erst dann erfolgversprechend ist, wenn wir den Löwen in uns besiegt haben. Der Löwe symbolisiert unseren Wunsch nach Größe und Anerkennung in der äußeren Welt. Wir erinnern uns an die fünfte Aufgabe. Herakles hatte jenen Kampf in einer Höhle mit zwei Eingängen zu bestehen. Gewinnen konnte er ihn nur, indem er, beide Eingänge von innen verschließend, sich dem Löwen zum unmittelbaren Zweikampf ohne Waffen stellte. Der Löwe wurde gewürgt, bis er tot war.

Viele Analogien zwischen der fünften und der zehnten Aufgabe lassen auf einen Zusammenhang schließen, der sich nicht zuletzt auch in den Zahlen fünf und zehn widerspiegelt. In beiden Fällen ist es ein hautnaher Zweikampf ohne Waffen, der im Dunkeln stattfindet. Hier will uns der Mythos auf etwas aufmerksam machen, uns möglicherweise sogar warnen: Schattenarbeit – so nennt es die moderne Psychologie – scheint ohne Voraussetzung und Hintergrund weder sinnvoll zu sein, noch kann sie je die beabsichtigten Erfolge erzielen. Wohl führt der Abstieg in den Hades und die Verbindung mit unseren Schattenseiten zu einem reicheren und erfüllteren Leben, doch wehe, wenn wir unser Ego, den Löwen in uns, noch nicht besiegt haben. Denn will unser Ego, unser kleineres Ich, zu Reichtum und Erfüllung gelangen, geschieht gerade das, was zur Bildung des Schattenreiches geführt hat – vom Regen gelangen wir in die Traufe. Unser Ego sieht Reichtum und Erfüllung nicht im Innern, sondern projeziert es in die Außenwelt. So verwandeln sich das Sein und die Fähigkeit zu lieben und zu geben in Haben und den Wunsch zu besitzen und zu (er-)halten. Die gierigen Augen blicken in die Welt und möchten von ihr Glück, Reichtum und Fülle haben. Wer diesen Löwen in sich noch nicht getötet hat, besitzt auch nicht jenes (dicke) Löwenfell zum Schutz gegen die Bisse des Kerberos.

Unser Ego, so erfahren wir in der fünften Aufgabe, benutzt nicht nur einen vorderen Eingang, sondern auch eine Hintertür. Diese Hintertür könnte, auf uns übertragen, etwa heißen: Es ist lohnend, sich mit den Schattenseiten zu befassen, weil wir damit endlich alle zukünftigen Schwierigkeiten und Probleme auf einen Schlag los werden könnten. Wer sich seinen Schattenseiten in dieser Absicht nähert – wiederum mit dem Wunsch, die Kälte aus seinem Leben zu eliminieren – wird bald einen noch größeren Schatten besitzen. Er wird noch mehr Wesensanteile in sich unter Druck setzen und sie als hinderlich auf seinem Weg zum Glück verdrängen, um seinem eigenen Heil zum Spott der Scheinheiligkeit auf den Thron zu helfen. Wahres Glück und wirkliche Erfüllung lassen sich nicht an die äußere Welt oder materiellen Wohlstand binden. Erst wenn wir dies zutiefst einsehen und die Pforten der äußeren Wahrnehmung schließen – im Mythos (fünfte Aufgabe) die zwei Eingänge der Höhle, symbolisch auch zu deuten als unsere zwei Augen, die in die Welt hinausschauen –, ist die Zeit dafür reif, die Schatten in uns aufzusuchen und sie zum Leben zu erwecken. Jetzt ist gesichert, daß nicht neue Schattenanteile entstehen, die die alten Anteile regelrecht »in den Schatten stellen« würden.

Therapie als Abstieg in den Hades

Allerorten wird heute von therapeutischer Schattenarbeit gesprochen. In der Regel ist es der Therapeut, der glaubt, den Schatten des Klienten hochzuholen, damit dem Klienten der Durchbruch zu einem »reicheren« Leben gelingt.

Betrachten wir Therapie unter diesem Aspekt, wäre der Therapeut dem Herakles vergleichbar: Er steigt in den Hades, um für den Klienten den Kerberos gefangenzunehmen. Vom Kerberos wissen wir, daß er im Menschen das Bemühen symbolisiert, die Kälte auszusondern. Im Sinn des Mythos bestünde somit die Arbeit des Therapeuten darin, den Klienten darauf hinzuweisen, wo er aussondert und etwas vermeidet, bzw. die Therapie so zu gestalten, daß der Klient sein Bemühen mit den dazugehörigen Verhaltensmustern erkennt. Gelingt es ihm, dem Klienten die dazu korrespondierenden, verdrängten Schattenanteile zu zeigen und ihn in Richtung »Verwesentlichung« seines Lebens zu lenken, wäre seine Arbeit getan. Der Klient, sein ganzes Wesen erkennend, hat eine Vision dessen, was er werden kann, und wird diesen Weg zum Heil gehen.

Wir ahnen bereits, weshalb Herakles zuvor selbst neun Aufgaben zu lösen hatte, bis er als Eingeweihter für andere in den Hades steigt. Er selbst mußte erst heil werden und dabei seine Schattenanteile integrieren, bis er die Reife hat, anderen Menschen den Weg zu ihrem Heil zu zeigen. Deutlich wird, daß der Mythos einen hohen Anspruch formuliert, sicher zurecht, da »unzulängliche Schattenarbeit« von seiten des Therapeuten letztlich zu neuer Schattenbildung beim Klienten führt.

Die Psychologie wäre gut beraten, ihre Arbeit als Hilfe in psychisch-seelischen Krisenzeiten zu betrachten und nicht als »Schattenarbeit« und »Weg zum Heil« zu deklarieren. Damit würde sie auch dem griechischen Namen »therapeia« wieder gerecht werden, bedeutet er doch eine »Behandlung« im Sinn eines Dienstes bzw. einer Dienstleistung am anderen. Ähnlich dem Mediziner und Arzt ist auch der Therapeut ein Helfer, der vorwiegend den seelisch Leidenden betreut, dessen Leid mindert und vielleicht dazu beiträgt, daß der Klient seine Probleme durch neue Sichtweisen relativiert. Dies ist und bleibt jedoch Hilfe und hat mit einem echten Heilsweg, einem Weg wie ihn archetypisch Herakles geht, wenig zu tun. Hilfe kann Linderung bringen, aber nur im Heilsweg finden wir Menschen Erfüllung.

Die Unkenntnis über diese Zusammenhänge ist es daher, die immer wieder Enttäuschungen geradezu vorprogrammiert: Wir machen eine Therapie, versprechen uns einen Heilerfolg, sind oft euphorisch am Ende der Therapie und wollen auf keinen Fall einen Mißerfolg der Therapie wahrhaben. Dies führt dazu, daß wir, um uns und vor allem der Außenwelt den Therapieerfolg zu beweisen, uns positiv verändert zeigen. Diese positive Veränderung beruht aber leider nicht auf einer wahren, von innen heraus erfolgten Wandlung, sondern auf noch mehr Unterdrückung eigener, negativ empfundener Wesensanteile. Da die positive Veränderung nur

Schein ist, muß es eines Tages zum Rückfall in alte Muster mir allen damit verbundenen Enttäuschungen und Selbstvorwürfen kommen. Was der Therapeut kurzfristig als Therapieerfolg verbucht, ist dann langfristig gesehen ein mehr oder weniger totales Scheitern.

Das Geheimnis des Bösen

In Wahrheit haben wir große Schwierigkeiten, das Wesen des Hades zu durchschauen. Jede Form der Unterdrückung und Verdrängung führt zur Schattenbildung – ob direkt, sozusagen durch die Vordertür, oder indirekt durch die Hintertür. Besonders eng verknüpft, ja verwandt ist das Verdrängte mit all dem, was wir als »böse« definieren. Der Zusammenhang zwischen dem Bösen und dem Unvollkommenen in uns ist bereits angesprochen worden. Er liefert den Grund dafür, daß es ein objektiv Böses überhaupt nicht gibt. Alles Böse in dieser Welt hat immer einen subjektiven Bezug zum Menschen. Weder die Katze, die die Maus jagd, fängt und frißt, noch die giftige Schlange sind böse. Sie leben und handeln ihrer Art gemäß – dies können wir nur gut oder ganz oder heil nennen.

Einzig wir Menschen, jeder einzelne für sich, unterscheiden in Gut und Böse. Wir sind aus unseren Fugen, sprich paradiesischem Zustand, geraten. Seitdem gibt es Himmel und Hölle, Vollkommenheit und Unvollkommenheit, Gut und Böse. Alles, was wir in der Außenwelt als böse bezeichnen, hat seine Wurzeln im Hades, der Schattenwelt in uns. Gelingt es uns, sie aufzulösen, werden wir wieder ganz und vollkommen – das Böse verschwindet, weil es selbst nur ein Schatten, ein Schein, ein Trug, eine Lüge war.

Der Weg der Auflösung der Schattenwelt, dies soll nochmals betont werden, ist keine Therapie im heutigen Sinn, sondern ein Weg wie ihn Herakles uns allen zeigt. Niemand und nichts kann uns diesen Weg abnehmen, dessen Ziel – ein erfülltes Leben – wir bestenfalls ahnen können. Sehr wohl ist es jedoch möglich, daß »Therapeut sein« Ausdruck eines Heilsweges ist, den der Therapeut selbst zur Befreiung seiner eigenen Schattenseiten geht. Tut er dies bewußt, werden ihm plötzlich alle Schwierigkeiten und Probleme seines Klienten zum deutlichen Hinweis auf eigene Verdrängung und Schattengebilde. Beherzigt er die Ratschläge, die er gewöhnlich dem Klienten gibt, auch noch selbst, steht seinem Heil nichts mehr im Weg, sein Beruf wird zur Berufung für ihn, in dem er vollständige Erfüllung findet.

Die wahre Aufgabe im Zeichen Steinbock

Herakles erreicht mit Abschluß der neunten Aufgabe den Gipfelpunkt seiner Entwicklung. Indem er den »kosmischen Ton« beherrscht, steht er wieder in direkter Kommunikation mit den Göttern und genießt deren volle Unterstützung. Liebe und Weisheit sind ihm eigen und werden sich nie mehr von ihm trennen.

Doch was für jedes Erreichen eines Gipfels gilt, trifft auch auf Herakles zu: Der weitere Weg führt abwärts, zurück in die Tiefe menschlicher Niederungen und Erniedrigungen. In den drei Aufgaben vom Steinbock bis zu den Fischen entschleiert er das Geheimnis der Liebe, das sonst nur Zeus, der Allmächtige im Olymp, und Hera, die große Göttermutter, kennen. In der zehnten Aufgabe fordert sie von ihm den Abstieg in den Hades, den er glaubte, ein für allemal hinter sich gelassen zu haben. Die allumfassende Liebe weckt in ihm sein Mitgefühl für diejenigen, die noch in der Hölle schmoren und den Weg aus ihr heraus nicht zu finden imstande sind. In dieser ersten überpersönlichen Aufgabe gibt er die Höhe seines Gipfels auf, verläßt seinen hochgelegenen »Adlerhorst« und steigt hinab, um als Mensch unter Menschen zu wirken.

Mit der Aufgabe des Gipfels läßt er auch jegliche persönliche Wünsche und Bedürfnisse hinter sich. Sein Privatleben wirft er ebenso über Bord, wie sein Einzelkämpferdenken, das ihn bis zur neunten Aufgabe begleitet hat. Von nun ab leistet er seinen Beitrag für die Menschheit immer dort, wo die Schatten sich aufhalten. Das Licht und die Wärme der Sonne und die Tageshelle gibt er auf, um die Lüge und Unwahrheit, die Falschheit und Unvollkommenheit, den Haß und das Vorteilsdenken in den Würgegriff zu nehmen. Jede verlogene Freundlichkeit deckt er ebenso auf wie jede scheinheilige Liebenswürdigkeit, auch wenn er sich dadurch sicherlich nicht allzu viele Freunde macht. So wird zum Opfer seiner Liebe der Verzicht auf Zuwendung und Zuneigung ebenso gehören wie

Zeiten der Einsamkeit und des Alleinseins. Von den Hassern wird er gehaßt, von den Lügnern belogen und von den Betrügern betrogen werden, dies ist sein Los und sein Schicksal in der zehnten Aufgabe.

Im Kampf mit dem Kerberos, dem Höllenhund, muß er Waffen ebenso wie sichere Distanz aufgeben, hautnahes Ringen wird von ihm verlangt, ausgesetzt den Angriffen, Beleidigungen und Verleumdungen seiner Widersacher. Hier wird auch verständlich, warum in der griechischen Übersetzungen »Kerberos« in etwa soviel bedeutet wie die »Bürde des Gipfels«. Seine erreichte hohe Entwicklungsstufe ist keinesfalls eine Erleichterung, wie es sich viele von uns normalerweise vorstellen, nein, seine Verantwortung ist immens gewachsen, und seine Bürde ist schwerer als die der meisten Menschen. Doch er trägt dieses Kreuz, weil er weiß, daß es zum göttlichen Plan gehört, die ganze Menschheit zurück ins Paradies zu bringen, damit die Erde am Ende Vollkommenheit und Befreiung erlangt. Die Höhe des Gipfels vermittelt Herakles und uns die Erkenntnis, daß wir alle miteinander verbunden sind und die Erde unsere große Mutter ist: Der einzelne Mensch allein kann erst frei werden, wenn alle Menschen Befreiung erlangt haben. Wir dürfen annehmen, daß die letzten drei Aufgaben des Herakles die eigentliche Absicht der großen Seelenmutter Hera gewesen sind. Daß Herakles, der zu »Hera Berufene«, während neun Aufgaben erst ein Held werden mußte, war Voraussetzung und Notwendigkeit. Jetzt hat er die Kraft und Fähigkeit, jene letzten, nur der Menschheit und der Erde dienenden Aufgaben zu bewältigen.

Die Astrologie nennt uns das Zeichen des Steinbocks ebenfalls als Zeichen der schwierigen Wegstrecke, verbunden mit Kargheit und Einsamkeit. Persönliche Gefühle, liebgewonnene Gewohnheiten und selbstschützende Verhaltensmuster werden dem überpersönlichen Weg geopfert – der Welt fühlt man sich mehr verpflichtet als der eigenen Familie und den nahen Verwandten. Dem Steinbock verwandt ist der Bergkristall. Herakles hat seine Klarheit und Härte erworben, er selbst ist zum Kristall geworden. Und er benötigt dringend dessen Eigenschaften: Die Klarheit und Lichtdurchlässigkeit beim Aufdecken der Unwahrheit und die innere Härte als Schutz gegen Anfeindung und Haß.

Der Mensch als Zeuge

Bereits erwähnt wurde, daß »Hades/Aides« in der ursprünglichen Bedeutung des Wortes soviel heißt wie »Zeuge des Unglücks«. Zeuge von Leid und Unglück zu werden, erwirkt, wie wir gesehen haben, jene Schattenwelt in uns, der wir heute die Bezeichnung »Hölle« geben. Gerade in unserer Zeit werde wir tagtäglich Zeuge unglücklicher Fügungen, da unsere Medienwelt sich geradezu auf jedes Unglück gierig stürzt, um via Fernsehen den Zuschauern hautnahes Zeugnis zu bieten. Wir sind sensations- und unglückslüstern geworden, ohne zu wissen, wie sehr dadurch unsere Schattenwelt wächst. Spüren wir einmal dem nach, was sich an Veränderung in uns ergibt, wenn wir Zeuge eines Unglücks werden.

Als Zeuge sind wir nicht wirklich Beteiligter. Es entsteht also eine Art Entfremdung, da uns die unmittelbare Betroffenheit fehlt. Wir sehen etwas, ohne es echt – an Körper, Seele und Geist – zu erleben. Mit anderen Worten: Wir sind von der hautnahen konkreten Erfahrung ausgeschlossen. Die Folge ist natürlich, daß wir kein wahres Mitgefühl entwickeln können und deshalb auch keinen echten Bezug zum Unglück bzw. zu allen am Unglück Beteiligten herzustellen imstande sind. Hierin liegt die Wurzel der Lüge, der Unwahrheit und der Schattenbildung. Statt Mitgefühl entsteht das Mitleid, was eine teuflische, hadesbildende Qualität in sich birgt, wie wir noch sehen werden.

Nehmen wir dazu ein Beispiel: Wir werden Zeuge eine Autounfalls, der Fahrer ist schwer verletzt.

Fall 1: Wir sind Beifahrer, ebenfalls verletzt und fühlen im wahrsten Sinn des Wortes mit.

Fall 2: Wir sind außenstehender Zeuge, haben jedoch die ganze Unfallsituation miterlebt. Nun sind wir zum Teil, zumindest entfernt, Beteiligter, zum anderen Teil Zeuge des Unfalls. Nähern wir uns der Unfallstelle, helfen womöglich dem Verletzten und versorgen ihn, kann sich Mitgefühl aufbauen. In diesem Fall sehen wir, daß Mitgefühl die unmittelbare Beziehung zum Opfer des Unglücks braucht. Entfernen wir uns jedoch von der Unfallstelle, bleibt zum Schluß nur Mitleid übrig: Es tut uns leid, daß ein

Mensch, den wir nicht kennen und zu dem wir keine Beziehung haben, zum Unfallopfer geworden ist.

Fall 3: Wir werden Zeuge eines Unfalls durch das Fernsehen. Dramatische Bilder von Blut und Zerstörung flimmern vor unseren Augen, in uns wird etwas aufgewühlt, und wir bekunden unser Mitleid ähnlich dem Beileid, das wir gelegentlich bekunden, wenn ein uns völlig Fremder verstorben ist.

Gerade die Ähnlichkeit von Mitleid und Beileid könnte uns zu denken geben, ist uns doch bei letzterem die Unaufrichtigkeit unserer zum Ausdruck gebrachten Gefühle in der Regel noch bewußt. Und hier genau liegt der »Hades-Punkt«. Regt sich in uns Mitleid, tendieren wir dazu, Gefühle zu heucheln, um dem anderen eine Betroffenheit vorzugaukeln, die gar nicht da sein kann. Betroffenheit setzt nämlich Beziehung voraus. Erst wenn unsere innere Gefühlswelt in einer seelischen Verbundenheit mit dem Du, der Außenwelt, steht, kann sie in Schwingung gebracht werden, und eine Resonanz entsteht. Jetzt fühlen wir mit, sind wirklich erregt, bewegt und aufgewühlt. Die Folge dieser Bewegtheit sollte eine Bewegung sein: Das Erfahrene, unser Schicksal, will uns ein Stück weiter auf unserem Weg verhelfen.

Dementgegen entsteht Mitleid aus der Distanz zu den äußeren Geschehnissen. Der Unfall, dessen Zeuge wir sind, erweckt in uns eigenes, altes Leid. In Wahrheit leiden wir nicht wegen des Unfallopfers, weder für ihn noch um ihn – es wäre ohnehin unsinnig –, sondern vergangenes, noch nicht gänzlich verarbeitetes Leid meldet sich in uns, angeregt durch die äußeren Geschehnisse aus unserem Hades, dem Reich der Vergessenheit, emporsteigend. In uns, nicht außerhalb von uns, leidet also etwas mit. Es möchte nochmals angeschaut, hinterfragt und bearbeitet werden. Ähnlich wie in einer Tragödie, die wir in der siebten Aufgabe kennengelernt haben, sind wir ein weitere Mal Zeuge von vergangenen, selbst erlebten Tragödien, denen wir den Sinn noch nicht vollständig abgerungen haben. Wir leiden nochmals und bekommen dadurch die Chance, den verborgenen Sinn für unser Leben herauszulösen. Jetzt, viele Tage, Monate oder Jahre später, sind wir dazu fähig, weil wir den nötigen Abstand, die erforderliche Gelassenheit und den rechten Grad an Objektivität gewonnen haben.

Wir sollten endlich aufhören damit, eigenes Mitleiden als scheinheilige Mitgefühle nach außen zu projizieren. Tatsächlich arbeiten wir dadurch der Schattenbildung und dem Hades noch zu. Statt die Distanz unserer Gefühlswelt vom gesehenen Unglück einzugestehen und diesen Abstand für eigene Erkenntnisarbeit zu nutzen, heucheln wir Anteilnahme und belügen so zugleich uns selbst und die anderen – der Schatten wächst und gedeiht.

Die Loslösung von der Erlebniswelt

Wir haben gesehen, daß Zeugenschaft eine Distanz zum Erleben beinhaltet. Natürlich ist uns klar, daß hautnahes Erleben eines Unglücks nicht dasselbe ist wie die entfernte, abstrakte und losgelöste Zeugenschaft eines Unglücks. Weniger klar sind wir uns über die Folgen dieser Losgelöstheit. Sie führt als erstes zu Erlebnisschwäche und zu Erfahrungsverlust. Mehr und mehr entfernen sich die Geschehnisse in der Außenwelt von unseren Gefühlen im Innern. Wir sehen viel, übermäßig viel und erleben dabei immer weniger. Am Ende verlieren wir ganz den Bezug und die Verbindung zu Mensch und Welt. Hier liegt die Ursache schlechthin für das, was uns heute überall an Unmenschlichkeit begegnet.

Der Unmensch jedoch sind wir selbst, weil wir es zugelassen haben, daß der Mitmensch, der Mitbürger dieser Erde, in uns nur noch als abstrakter Begriff existiert. Wir erleben und erfahren ihn nicht mehr unmittelbar, das Mitgefühl schwindet, und langsam verwandelt er sich in einen beliebig verwendbaren Begriff. Wer einst als Bruder empfunden wurde und das Wort Brüderlichkeit begründete, ist zur unbekannten und leeren Schattengestalt auf dem Bildschirm geworden – mit einem Knopfdruck, mit einer einzigen Handbewegung löschen wir ihn aus. Unsere Vergangenheit ist voller Beispiele davon. Ist das Wesen Mensch zu einer Zahl auf dem Papier geworden, rauben wir ihm das Leben und trennen unsere Gefühlswelt endgültig von ihm – die Beziehung ist tot. Ob die Zahl eine Eins, eine Zehn, eine Tausend oder eine Million ist, spielt keinerlei Rolle mehr: So abstrahiert und aus unserem inneren Bereich herauskatapultiert wird der Mensch zum Kalkül machtpolitischer Überlegungen.

Wir haben dafür den Begriff des Schreibtischtäters geprägt – ein Strich, eine durchkreuzte Zahl, und das Todesurteil von Tausenden ist gefällt. Es wird Zeit, daß wir unser kaltes, vom Du losgelöstes Trennungsdenken erkennen. Wir alle sind Schreibtischtäter geworden, weil wir im Innern den Machtstrukturen zujubeln und damit das Fundament für Grausamkeit und Widerwärtigkeit, Haß und Lieblosigkeit bilden.

Beachten wir doch die Feinheiten im Ausdruck »Schreibtischtäter«. Nicht ohne Grund kommt es zu einer solchen Wortbildung. Der Schreibtisch ist der Platz, an dem u.a. Briefe geschrieben werden. Hier könnte deutlich werden, warum in der alten, weisheitlichen Tradition das gesprochene Wort so große Bedeutung hatte. Beim Reden war früher die Unmittelbarkeit und Direktheit der zwischenmenschlichen Beziehung noch gegeben, Gefühlsnähe war noch möglich – beides wurde als wichtig erachtet. Doch was geht in den meisten heutigen »Schreiberlingen« und »Bürokraten« vor. Der Adressat wird zur anonymen Figur außerhalb des persönlichen Erlebnisbereiches, Beziehung zu ihm, ja nicht einmal Kontakt mit ihm ist erwünscht. Und es dauert nicht lange, bis der so Angeschriebene zum Feind, Querulant oder Bösewicht abgestempelt ist, der nur Schwierigkeiten und Unannehmlichkeiten macht. In den vertrockneten, unfruchtbaren und seelenlosen Schreibstuben unserer Zeit wird jene Losgelöstheit und teuflische Scheinobjektivität geboren, die den Blick für den einzelnen und das Individuelle verliert, am Ende alles über einen Kamm schert und so das Unmenschliche hervorbringt. Die Statistik, beliebtes Spielzeug unserer Politiker und Wirtschaftler, tritt ihren Siegeszug an. In ihr, nicht ganz unbegründet, sagt der Volksmund, sitzt der Teufel persönlich. Sie entfremdet – mehr als alles andere – den Menschen von seinem eigenen Wesen. Ihren anonymen Zahlen und verwirrenden Listen vertrauen wir mittlerweile mehr als unserer inneren Stimme. Aber gerade diese nichtssagenden Ziffern machen uns zu jener »Masse Mensch«, die wir nie waren, nie sind und nie sein werden.

Ein jeder von uns ist ein vollkommenes Einzelwesen, ein Individualist, und ein jeder von uns ist von göttlicher Natur. Die Astrologie weiß um diese Tatsache, gibt es doch in dieser Welt nicht zwei gleiche Horoskope. Dem haben wir als erstes Rechnung zu tragen.

Die Götter sorgen dafür, daß all unsere Wege aufeinander abgestimmt sind und zueinander passen. Auch das Ziel aller Wege ist ein gemeinsames, was uns zusätzlich aneinander bindet – doch jeder Mensch hat seinen gänzlich eigenen, persönlichen Entwicklungs- und Erkenntnisweg. Daher ergeben sich Schwierigkeiten und Schattenbildungen, wenn wir alle gleich behandeln und damit den einzelnen der Masse opfern.

Herakles zeigt uns besonders in der zehnten Aufgabe, daß einer überpersönlich-kollektiven Entwicklung, die jetzt erst beginnt, unbedingt die persönlich-individuelle Entwicklung vorauszugehen hat. Nur so findet der Mensch zur Gruppe, zum Gruppenleben und Gruppenbewußtsein, weil er in den neun individuellen Entwicklungsstufen zuvor die Einsichten gewonnen hat, die er benötigt, um freiwillig dem Ganzen zu dienen. Jedem erzwungenen Beitrag fehlt das wahre Mitgefühl, es kommt nicht aus unserem Innersten heraus. Deshalb führen viele dieser sogenannten Beiträge zum Wohl des Ganzen mangels Einsicht zur Verdrängung; als Schattenseite entsteht die Lüge. Die Widerspiegelung dessen finden wir am deutlichsten im Verhältnis von Staat und Bürger. Der einzelne Bürger, obwohl Teil des Staates, empfindet den Staat als Gegner, der nichts anderes vorhat, als sich an ihm zu bereichern. So kommt es zu einem widersinnigen Kampf: Jede Bestimmung, jedes Gesetz wird stets nach Umgehungsmöglichkeiten hin untersucht – den sogenannten Schlupflöchern. Wird der Bürger, oder an seiner Stelle der gewiefte Anwalt, fündig, nutzt er gnadenlos die Chance, den Staat zu übervorteilen. Der Staatsapparat wiederum dreht in Analogie den Spieß um, erläßt neue Bestimmungen und Gesetzte, um ja keinen Bürger ungeschoren davonkommen zu lassen. Ertappt er gar einen Bürger, der Gesetz oder Bestimmung übertritt, wird er gnadenlos zur Rechenschaft gezogen. Einer gegen alle und alle gegen einen ist zu einem Gesellschaftsspiel geworden, dessen Ausgang wir zwar noch nicht absehen können, aber dessen möglicherweise dramatisches Ende wir bereits zu ahnen beginnen.

ASTROLOGISCHE ZUSAMMENHÄNGE IM ZEICHEN STEINBOCK

Zuordnung

Planet   Saturn (griechisch: Kronos), der »Hüter der Schwelle«
Haus   10. Haus, Berufung und Öffentlichkeit
Mythologisch   griechischer Schöpfungsmythos, Rhea, Titanen
Eigenschaft   Verwesentlichung, Abgrenzung, Kristallisierung, Überpersönlichkeit, Verantwortung
Körperteil   Skelett, Knie, Haut

Das Prinzip Steinbock

Nach Schütze, dem Zeichen der Rückverbindung (religio!) zu den ganzheitlich-himmlischen Prinzipien, beginnt mit Steinbock das erste der drei überpersönlichen Zeichen (Steinbock, Wassermann und Fische). Die Frage nach dem eigenen, konkreten Weg in der äußeren Welt steht im Vordergrund, die Verwirklichung des eigenen Wesens in der gefundenen Berufung wird vorrangig. So heißt es im Leben, das Wesentliche vom Unwesentlichen zu trennen, damit Verzettelung und Ablenkung keinen Zugriff mehr haben. Die Fähigkeit, Zeiten der Einsamkeit und des Alleinseins hinzunehmen ist vorhanden und will, falls die Lebensnotwendigkeiten es erfordern, genutzt werden. Der von Natur aus vorhandene Abstand zu den Geschehnissen des Lebens ist jedoch nicht gedacht zur Weltflucht; vielmehr verleiht er die innere Reife und Objektivität, die für viele Erziehungsaufgaben gebraucht werden. Persönliche Belange können so in den Hintergrund treten, werden unbedeutend und verlieren ihren Einfluß auf Entscheidung und Handlung. Dadurch wird eine neue, höhere Qualität der Entscheidungs- und Handlungsfreiheit möglich: Frei von den Beschränkungen des kleineren Ich kann ein größeres, umfassend denkendes Ich entwickelt werden.

Die zehnte Heraklesaufgabe im persönlichen Horoskop

Steinbock gilt als Zeichen der Kargheit und Einsamkeit. So wird verständlich, warum dem herrschenden Planeten Saturn alle trennenden und distanzierenden Kräfte zugeschrieben werden. Er gilt als Planet des Karma und als Hüter der Schwelle, weil seine Wirkung in uns Grenzerfahrungen mit sich bringt. Erleben von Tod und Sterben gehen ebenso auf sein Konto wie Krankheit, Trennung und Verlust. Wegen solcher Eigenschaften wurde er in manchen astrologischen Schulen sogar zum Übeltäter abgestempelt. Doch Saturn besitzt auch ein zweites Gesicht. Hat der Mensch seine Prüfungen bestanden, kann er übertreten in ein erfüllteres Leben.

Befindet sich der Aszendent im Zeichen Steinbock, lautet die zehnte Heraklesaufgabe, erst in den »Hades« hinabzusteigen. Dazu ist es von Bedeutung, alles zu konfrontieren, was einem verhaßt (griechisch: styx) ist. In der Überwindung des Hasses erschließen sich Kräfte und Fähigkeiten, die vorher nicht auszumachen waren – die Verbindung zum inneren Reichtum ist hergestellt.

Besondere Bedeutung erlangt jedoch die zehnte Aufgabe für Menschen mit Aszendent Wassermann, da das 12. Haus (äquale Häuser!) – das Haus der Lösung und Meisterung – sich im Zeichen Steinbock befindet. So mag lange Zeit im Leben Zurückhaltung darin bestehen, sich voll und ganz in der äußeren Welt einzubringen. Eher betrachten wir das Treiben der Welt wie von höherer Warte – von Mitmenschen oft als Überheblichkeit angesehen. Gelegentlich lassen wir uns herab in die Niederungen menschlichen Daseins, können ihnen aber nicht die gleiche Freude abgewinnen, wie andere Menschen. Der Lebensgenuß ist vorerst reduziert, um sich nicht in der Welt zu verlieren. Im Laufe der Entwicklung jedoch kristallisiert sich immer konkreter der eigene Weg heraus. Nach vielen Mühen, vielleicht auch einigen Irrwegen, finden wir die Führungsrolle, die unsere ganze Kraft und Konzentration erfordert und mit der wir uns identifizieren können. Indem wir nun ganz der sind, der wir immer sein wollten, haben wir den »Kerberos« in uns »an die Kette gelegt« und können anderen zum Licht und zur Erkenntnis verhelfen – wir wirken überpersönlich.

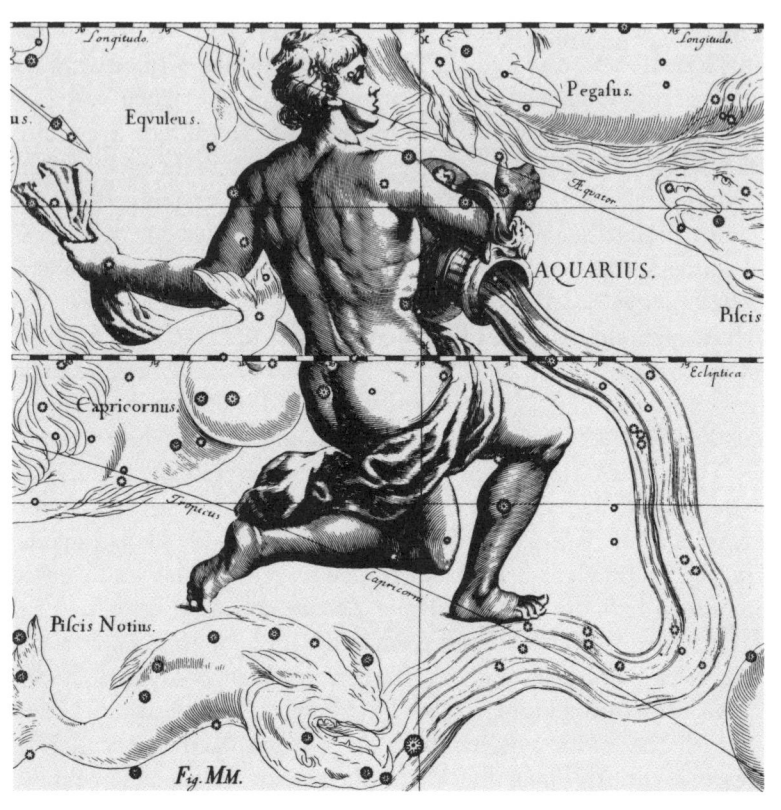

Elfte Aufgabe im Zeichen Wassermann

Die Säuberung des Augiasstalles

Die elfte Aufgabe bringt Herakles nach Elis zu König Augias an die Westküste des Peloponnes, dem Land der untergehenden Sonne. Augias gilt als Sohn von Helios und Iphiboe. Von ihm wird gesagt, daß seine Augen wie Sonnenstrahlen leuchten. Er besitzt die größten Viehherden seiner Zeit, die er in einem riesigen Stall untergebracht hat.

König Eurystheus schickt Herakles zu ihm, weil der ganze Abfall und Schmutz, den die Rinder seit Jahren machen, nicht beseitigt worden ist. Der überfüllte Stall platzt aus den Nähten – der herausquellende Mist und Dung verpestet und verseucht das ganze Land, die Menschen erkranken und sterben daran. Herakles soll deshalb den Stall des Augias reinigen, Entlohnung will er dafür jedoch nicht in Anspruch nehmen.

Der Mythos erzählt, Augias wolle nicht glauben, daß jemand ohne Lohn diese dreckige Arbeit macht. König Augias schlägt daher Herakles einen Handel vor: Falls Herakles in einem Tag die ganze Arbeit vollbringt, erhält er ein Zehntel der ganzen Herde bzw. des ganzen Königreiches, schafft er es jedoch nicht, müsse er für den Rest seines Lebens die Ställe säubern und als Sklave dem Augias dienen. Herakles willigt ohne Zögern in den Handel ein und löst die Aufgabe mit einer genialen Idee: Er durchbricht die Stallmauern an zwei gegenüberliegenden Seiten, staut die beiden Flüsse Alpheios und Peneios auf und leitet sie um, so daß sie durch den Stall hindurchfließen und in kürzester Zeit den ganzen Mist wegschwemmen. So ist die Arbeit rechtzeitig in einem Tag getan; es wird sogar davon berichtet, Herakles sei bereits am Mittag mit seiner Arbeit fertig gewesen. Augias jedoch verweigert den zugesagten Lohn, weil nicht Herakles, sondern die Flüsse die Arbeit gemacht haben und er sich durch diese List getäuscht sieht. Er wirft Herakles Betrug vor und verjagt ihn aus dem Land.

Ergänzungen zum Mythos

Hochzeit der Königstochter

Herakles kommt auf seinem Weg zu Augias in das Haus des Königs von Olenos. Zu jener Zeit wird gerade die Hochzeit der Königstochter mit dem Kentauren Eurytion gefeiert. Dieser hatte sich ihr als Bräutigam gewaltsam aufgezwungen. Herakles erschlägt den Kentauren und rettet das Mädchen.

Herde des Augias

Die Anzahl der Rinder (350 oder 500 Stück) sowie die bewachenden zwölf Stiere der Herde des Augias weisen auf die Mond- und Tierkreissymbolik hin. Es wird auch erzählt, daß die Herde des Augias aus 300 schwarzen Rindern mit weißen Füßen und 200 roten Stieren besteht. Außerdem soll es zwölf besondere Stiere gegeben haben, dem Vater Helios geweiht, die silberweiß waren. Von einem außergewöhnlich strahlenden, aus der Herde hervorleuchtenden Stier ist gelegentlich ebenfalls die Rede.

Helfer des Herakles

Die Stallmauern zu öffnen, so wird auch berichtet, habe Herakles Menedemos angeraten. Iolaos, der schon beim Kampf gegen die Hydra Herakles unterstützte, soll dann beim Niederreißen der Mauern geholfen haben.

Recht und Gerechtigkeit

Als Augias die vereinbarten Bedingungen nicht einhalten will, so wird erzählt, kommt alles vor ein Schiedsgericht. Als Phyleus, der beim Handel anwesend war, die Richtigkeit der Forderung von Herakles bezeugt, verbannt Augias wütend Herakles samt Gericht und Richter aus seinem Land.

Und Gott sprach:
»Hiermit übergebe ich euch alle Pflanzen auf der Erde,
die Samen tragen,
und alle Bäume mit samenhaltigen Früchten;
euch sollen sie zur Speise werden;
und allen Tieren der Erde, allen Vögeln des Himmels
und allem, was sich auf Erden regt, was lebendes Wesen ist,
gebe ich alle grünenden Pflanzen zur Speise!«
Genesis 1,29

Deutung des Mythos

Hatte sich Herakles in der zehnten Aufgabe mit der finsteren, lichtabgewandten Schattenwelt des Hades auseinanderzusetzen, so zeigt er uns in der elften Aufgabe, daß die helle, dem Licht der Sonne zugewandte Seite des Lebens ebenfalls Probleme und Schwierigkeiten hervorruft: Denn, so sagt der Volksmund, es ist nicht alles Gold, was glänzt! Er mag wohl damit zum Ausdruck bringen, daß unter mancherlei glänzender Oberfläche und strahlender Fassade weniger Strahlendes und Glänzendes verborgen ist, als es den Anschein hat.

Augias – dem Worte nach bedeutet er »strahlendes Aussehen« oder »Glanz« – war ein wahrhaft strahlender König. Dies spiegelt sich wider in seiner Abstammung, werden doch als seine Eltern am ehesten der Sonnengott Helios und Iphiboe, die »Geschmückte«, genannt. So ist Augias derjenige, der es versteht, sich der Sonnenseite des Lebens zuzuwenden, sie zusätzlich noch zu schmücken, um ihr Glanz und schönes Aussehen zu verleihen: Alles, was ihn umgibt, soll eine Augenweide sein, an der er sich erfreuen und die er genießen kann – ein echter Vorläufer des modernen Sunnyboys.

Nun werden wir zurecht fragen, wo hier das Problem zu finden sein soll, denn schließlich gibt es an Schmuck und Verschönerung doch nichts auszusetzen. Im Gegenteil, indem wir das Schöne anschauen, erhebt sich unsere Seele, unser Herz schlägt höher vor Freude und wir erhalten jenen strahlenden Blick und jenen Glanz im Auge, für den Augias schon damals so berühmt war. Doch der

Mythos zeigt uns, daß gerade dieser äußere Glanz verheerende Folgen hat, weil eben nicht alles Gold ist, was glänzt. Denn nun, vor unseren Augen verborgen, beginnen Mist und Unrat, Abfall und Elend, Ausgeschiedenes und Weggeworfenes ein Eigenleben zu führen. Sie faulen dahin, fangen an zu schimmeln und zu modern, bis sie eines Tages aus ihren Verstecken und Höhlen hervorquellen, um uns erst zu belästigen und später sogar schwer zu belasten.

Keine der in den zwölf Heraklesaufgaben angesprochenen Problematiken ist in den letzten Jahren uns allen so bewußt geworden wie diese. Gegenwärtig scheinen sich geradezu – rechtzeitig mit Beginn des Wassermannzeitalters – alle Schleußen der über den ganzen Globus verstreuten »Augiasställe« zu öffnen und ihren angesammelten Unrat ins Land zu ergießen, um so nach Herakles und seiner Reinigungskraft zu rufen.

Bevor jedoch Herakles mit der Reinigung beginnt – so sagt uns der Mythos-, bietet er Augias freiwillig an, ohne Lohn zu arbeiten. Erst das Mißtrauen des Königs veranlaßt ihn, einen Handel abzuschließen.

Der Mythos macht uns hier vertraut mit einer wichtigen Voraussetzung für die nachfolgende Säuberungsaktion: Lohn darf weder Anlaß noch Grundlage des Handelns sein. Wir alle haben sicherlich große Schwierigkeiten, dies zu verstehen und nachzuvollziehen. Zu sehr sind wir gewohnt, ja darauf festgefahren, Leistung und Arbeitseinsatz von Lohn und Ertrag, von Mark und Pfennig abhängig zu machen. Unsere Zeit hat den Begriff des »Lohnabhängigen« geprägt, der – den Rindern des Augias nicht unähnlich – tagtäglich in die Arbeit »trottet« und dort dieselbe Arbeit »wiederkäut«. Die Arbeit ist die »Milch« für unsere Arbeitgeber, wir werden und lassen uns Tag für Tag, Woche für Woche und Monat für Monat »melken«, nur um am Wochen- oder Monatsende den ausgehandelten Lohn gierig einzustreichen. So sehr sind wir lohnabhängig, fast lohnsüchtig geworden, daß bei Arbeitssuche und Jobwahl seit langem die Lohnhöhe entscheidend geworden ist. Die Qualität der Arbeit, unser persönlicher Bezug und unsere Liebe zu ihr sind in der Hintergrund getreten. Der »Glanz« des (Geld-)Scheines (Augias!) und die Versprechungen, was wir uns alles dafür leisten können, hat uns überwältigt und zu Mitgliedern einer danach benannten Leistungsgesellschaft gemacht. Bezeichnend dafür ist, daß Jahr für Jahr die Vertreter der Arbeitnehmer und Lohnabhängigen – im Mythos wären es die Vertreter der riesigen Rinderherde – immer nur Lohnerhöhungen fordern, denen von der anderen (Augias-)Seite stets, nach gekonntem Schauspiel versteht sich, nachgegeben wird. Schon längst ist dieses Schauspiel zur Gewohnheit und Farce geworden. Sinn und Unsinn dieser permanenten Lohnsteigerungen werden nicht einmal mehr diskutiert. Wir setzen uns wie Automaten an den Verhandlungstisch und drehen, wie es so schön heißt, an der imaginären Lohnspirale. Was wundert es uns bei diesem Verhalten, daß wir bis zum Hals im augiastischen Unrat stecken?

Wir haben den Blick für die Zusammenhänge verloren. Als der Lohn eines Arbeiters noch nicht ausreichte, um Leben und Familie zu erhalten und Ernährung zu gewährleisten, war es sicherlich sinnvoll, um Lohnerhöhung zu kämpfen. Lebenserhaltung ist für uns Menschen nicht nur Notwendigkeit, sondern auch Pflicht, da die geistige Entwicklung nur auf der Grundlage eines Körpers, dessen notwendige Bedürfnisse gedeckt sind, erfolgen kann.

Doch was wir heute als Lebenshaltung bezeichnen und im dazugehörigen Kostenindex zum Maßstab einer Lohnerhöhung machen, hat mit der Forderung nach Lebenserhaltung meist nicht mehr viel zu tun. So vieles ist in den »Warenkörben« unserer Statistiker gelandet, daß die Angst vor Übersättigung und gesundheitlichen Schäden größere Berechtigung hätte als die Angst vor Hunger und Not.

Eines aber ist ganz sicher: Mit jeder Lohnrunde tragen wir dazu bei, den Augiasstall weiter anzufüllen. Wir sollten erkennen, daß jede Form der Lohnabhängigkeit – und die gilt es überall aufzudecken – zur Mitursache unserer Umweltproblematik beiträgt. Über diesen Zusammenhang klärt uns der Mythos auf. Aber die »Rinderherde« bzw. das »Rind in uns« zu bekehren, ist wegen der Dringlichkeit anstehender Säuberungen kein tauglicher Versuch, auch das teilt uns der Mythos mit. Weder Aufklärung noch Strafe brächte die gewünschten Resultate. Herakles hat nur einen Tag Zeit, so brisant ist die Belastung des Augiasstalls geworden. König

Augias hat wohl – den Blick auf Reichtum und Vermehrung gerichtet – zu viel Zeit verstreichen lassen, als daß die Rinder noch umerzogen oder umgewöhnt werden könnten, um das Ausmaß des Schadens zu begrenzen. Hier bringt der Mythos unserer Zeit eine wichtige Botschaft: Empfindliche Strafen ebenso wie großangelegte Aufklärungen – vom »grünen Punkt« über »Aktion saubere Umwelt« bis hin zur »umweltbewußten Kindererziehung« – sind zwar gutgemeinte Versuche und können auch weiterhin als solche beibehalten werden, verringern aber die Probleme nicht. Weder können wir unter dem gegenwärtigen Zeitdruck – in Wahrheit ist es fünf vor zwölf – das an Erwerb und Lohn orientierte »Rind« in uns umwandeln zu einem umfassend denkenden, bewußten Menschen, der die Folgen seines Tuns kennt, noch können wir die nach Macht und Reichtum strebenden »Augias-Könige« in Politik und Wirtschaft rechtzeitig bekehren. Herakles erkennt, daß nur schnelles und wirkungsvolles Eingreifen den zum Himmel stinkenden Zustand bereinigen kann. Er hat keine Zeit, sich mit langen Belehrungen aufzuhalten. So handelt er als eine Art Feuerwehr: Er sucht weder Schuld noch Ursache, sondern packt das Problem sofort an, bricht mit Gewalt den Augiasstall an zwei Seiten auf und lenkt die Flüsse Alpheios und Peneios durch den Stall.

Not macht erfinderisch – wäre hier anzumerken. Im Nu ist der Stall gereinigt und das vordringlichste Problem zumindest vorläufig gelöst.

Was führt wirklich zur Lösung der elften Heraklesaufgabe?

Als Voraussetzung erkannten wir einen Herakles, dem Lohn nichts mehr bedeutet. Er ist durch zehn Entwicklungsstufen hindurchgegangen. Dabei hat er alle Abhängigkeiten abgelegt und ist so ein wahrhaft freier und unabhängiger Mensch geworden: Seine Liebe zur Wahrheit ließ ihn in der zehnten Aufgabe in den Hades hinabsteigen, um den Kerberos an die Kette zu legen und den Weg zum Licht frei zu machen. Seine Liebe zum Ganzen, zur Erde und zur Menschheit lassen ihn den Augiasstall säubern, um die Lebensgrundlagen der Menschen zu schützen und zu bewahren. Seine Nächstenliebe wird ihn in die zwölfte Aufgabe, dem Zeichen der Fische zugeordnet, führen.

Im Zeichen des Wassermanns mahnt uns der Mythos an den Zusammenhang zwischen Lohn, Wunsch nach Reichtum und Verblendung – das letzte Glied dieser Kette ist die Verschmutzung auf allen Ebenen, im Denken, Fühlen und Handeln. Für die nötigen Reinigungsarbeiten und Säuberungsaktionen müssen wir als erstes Männer und Frauen finden, die – Herakles gleich – frei sind, unabhängig im Leben stehen und nicht Lohn zur Bedingung ihrer Arbeit machen. Hier scheint der Mythos unmittelbar auf die politisch und wirtschaftlich Verantwortlichen in den von Umweltsünden betroffenen Länder und Staaten anwendbar zu sein – und auf alle, die jene in Verantwortung, Regierung und Führung hineinwählen. Wir alle müssen lernen zu prüfen, inwieweit Lohn- und Ertragsabhängigkeit gegeben sind. Insbesondere sollte wohl der Stand der Politiker davon frei werden. Gerade heute spüren wir, wie sensibel das Volk reagiert, wenn Politiker sich ihre Löhne und Gehälter – zweifellos dem Index angepaßt – erhöhen. So wird die Kluft zwischen Volk und Regierung immer größer, der Bürger fühlt sich vom Politiker ausgenommen, und wir können sicher sein, daß im dazugehörigen Augiasstall, dem ganzen Land, der Unrat sich noch weiter anhäuft.

Erinnern wir uns ein weiteres Mal daran, daß der Mythos unvergängliche Weisheit verkündet. Ebenso wie er die Entstehung des »Augiasstalles« beschreibt – und wir dürfen staunen, wie exakt der jahrtausende alte Heraklesmythos den Zustand des jetzt beginnenden Wassermannzeitalters beschreibt – so zeigt er uns ebenfalls exakt die Lösung und Bereinigung dieser Probleme, exakt im Sinn einer mythisch-symbolischen Erzählung.
Erst die Lohnunabhängigkeit unserer Politiker und Verantwortlichen wird die Garantie dafür sein, daß fürs erste die wirklich dringenden und akuten Probleme angegangen und gelöst werden. Die Rangeleien in den Parlamenten um Tantiemen und Steuerbefreiungen, Freibeträge und Zuschüsse, Aufschläge und finanzielle Vergünstigungen, Pensionen und Alterssicherungen zeugen nicht davon, daß der heutige Parlamentarier die vom Mythos geforderten Voraussetzungen erfüllt oder die Seelenreife eines Herakles besitzt.
Wie wäre im Sinn des Mythos eine Lösung denkbar? Wenn wir bei der Idee von Demokratie und Parlament bleiben – ob es auf

dieser Basis überhaupt möglich ist, sei einmal dahingestellt –, dann müßte ein Politiker in leitender und verantwortlicher Stellung ein »kleiner Herakles« sein. Dies kann aber nur heißen, in der persönlichen Entwicklung den Weg des Herakles bis zur elften Aufgabe gegangen zu sein. Von der »Beherrschung des Stieres« über das »Töten des Löwen im Innern« bis zum »Sieg über die Hydra« sollten alle Stationen durchlaufen sein, die einen Menschen zu seiner Berufung führen. Mit anderen Worten: Politik müßte wieder zur wahren Berufung werden. Grundlage einer jeden Berufung sind aber Liebe und Weisheit, nicht Lohn und Gewinn, so hat es uns Herakles in der neunten Aufgabe im Schützen gezeigt. Die Essenz der neunten Aufgabe – der kosmische Ton der zwei Zimbeln, die Athene dem Herakles gab – ist die Erkenntnis des göttlichen Rufs, der uns Menschen in diese Welt gerufen hat. Dies bedeutet aber, daß jetzt erst Herakles wußte, was er in dieser und für diese Welt zu tun hat, vorher nicht.

Viel hören wir in weisheitlichen Traditionen vom weisen Alten, von der Altersweisheit oder vom Rat der Alten. Dies will uns lediglich sagen, daß ein Mensch in jungen Jahren weder seine Berufung kennen, noch die dazu nötige Weisheit erworben haben kann. Wir alle müssen erst durch die Stürme des Lebens gehen, um uns selbst zu erkennen. Daraufhin erst können wir unseren Platz in der Welt finden. Dieses alte Wissen ist uns verlorengegangen.

In Wahrheit ist es unsinnig, einem jungen Menschen zur politischen Laufbahn zu raten oder ihn gar dabei noch zu unterstützen, denn er weiß noch nicht, ob er zum Politiker berufen ist, ob es sein tiefstes inneres Verlangen ist und der Sehnsucht seines Herzens entspringt – und er hat vor allem noch nicht gezeigt, ob er bereit ist, den Weg des Herakles zu gehen. Politiker werden muß wieder das Ergebnis und der Verdienst für erworbene Weisheit sein, nicht die Endstation eines ehrgeizigen Strebens nach Macht und Einfluß, Lohn und Sicherheit, Ansehen und öffentlicher Anerkennung. Nur so kann der Beruf des nach Wahlergebnis schielenden, meinungs- und lohnabhängigen Politikers wieder zurechtgerückt, gereinigt und in Berufung zurückgewandelt werden.

Die zehnte Aufgabe des Herakles, der Abstieg in den Hades, zeigt seine unzerstörbare Liebe zur Wahrheit. Sein ganzer Kräfteeinsatz gilt der Aufdeckung verborgener Schattenanteile und zeigt seine Bereitschaft, Licht in die finstersten Ecken zu bringen. Diese Qualitäten müßten wieder zum Prüfstein für Politik und Politiker werden. Solange es nicht der Wunsch, ja das innigste Bedürfnis eines Politikers ist, sich in alle Karten schauen zu lassen, alles offenzulegen und eigene Schattenseiten statt zu verbergen stets ans Licht der Öffentlichkeit zu bringen, ist er kein Berufener im Sinn eines Herakles. Geht er aber nicht diesen Heraklesweg, verkommt unweigerlich der Stand des Politikers zum lohnabhängigen Beruf: Er wird zum Taktierenden und Kalkulierenden, Mängel und Schwächen werden ebenso wie Fehler und Unaufrichtigkeiten kaschiert und unter den Teppich gekehrt; er handelt und verhandelt nur, wenn es sich lohnt, und er hält sich dort zurück, wo Stimmen-, Stimmungs- oder materielle Verluste drohen. Versprechungen werden gegeben, ohne sie zu halten, Reden werden geschwungen, ohne wirklich hinter den Aussagen zu stehen, und – Augias läßt grüßen – entstandene Schwierigkeiten und krasse Fehler werden verniedlicht, beschönigt und wortgewandt heruntergespielt, um so das Volk – die Rinderherde des Augias läßt ebenfalls grüßen – für dumm zu verkaufen. Wohl »muht« das Volk gelegentlich, manche »blöken« auch mal laut, doch wird ihnen mit »wirtschaftlichen Nachteilen«, »Lohneinbußen« oder gar »Verteuerung der Lebenshaltung« gedroht, ist die Herde schnell wieder gefügig und kehrt in den »Stall« zurück, um weiterhin kräftig »gemolken« zu werden.

Unschwer nachzuvollziehen ist es, daß frischer Wind und neue Einflüsse dringend geboten sind, damit der in vielen Jahren angesammelte Unrat hinweggefegt wird. Herakles reißt die alten Abgrenzungen des Stalles nieder und leitet zwei Flüsse durch. Dies mag uns dazu anhalten, unsere Grenzen und Beschränkungen aufzugeben. Seit wir unsere Häuser aus Stein bauen, symbolisiert die Mauer die Abgrenzung zwischen dem Ich und dem Du. Immer ist es die Mauer, von uns selbst errichtet, die uns vom anderen und von der Welt trennt. Mauern einreißen heißt also, alles Trennende und alle Trennungen zu durchbrechen und eine Verbindung zum Du zu schaffen – nur so können im Anschluß die Flüsse ihre Arbeit verrichten. Da wir in unseren Häusern wohnen, bedeutet Mauern einreißen symbolisch: Gewohnheiten abzubauen und alte, überholte Muster und Strukturen über Bord werfen.

Natürlich denken wir zuerst an Mauern und Grenzen in dieser Welt, wenn wir den Mythos auf unser Leben übertragen. Das Fallen von Mauern und Grenzen erleben wir gerade heute überall auf der Erde. Einige Länder bemühen sich dabei besonders um Einheit und Gemeinsamkeit. Warum aber bleibt der erhoffte Erfolg aus?

Vielleicht wird uns durch diese Frage deutlich, was der Mythos meint. Er verwendet Bilder der sichtbaren Welt, um damit die unsichtbare Welt der Wirkkräfte und ihr Ineinandergreifen sichtbar zu machen. Er erzählt uns von Sachen, um uns zu den Ursachen zu führen. Wenn die elfte Aufgabe vom Einreißen der Stallmauern erzählt, will uns der Mythos zur Ursache von Mauerbau und Trennung führen. Kehren wir zu diesem Ausgangspunkt zurück, können wir Mauern einreißen und Trennungen überwinden. Wir müssen herausfinden, was uns dazu veranlaßt, konkrete Mauern zu bauen, und wir werden es in unserem Denken und Fühlen finden. Dort liegen die Ursachen, greifen wir dort ein, ist die Veränderung von Dauer.

Reißen wir jedoch lediglich sichtbare Mauern ab, kommt dies dem Abtrennen eines Hydrahauptes gleich: Zwei neue wachsen nach, nichts ist gewonnen, aber manches verloren. Deshalb sollten wir nicht nur in uns das »Rind« finden, sondern auch den »Stall«, den wir dafür gebaut haben: In unserem Denken und Fühlen haben wir uns von Himmel, Welt und menschengerechter Lebensweise abgetrennt. Wenige Mitmenschen rechnen wir noch zu unseren Freunden. Für die anderen fühlen wir nichts mehr, wir denken nicht einmal an sie. Wir kümmern uns um uns, unsere Familie und ein paar Freunde. Sie nehmen wir in unser »inneres Haus« auf, und mit ihnen sind wir verbunden. Darüber hinaus bemühen wir uns um ein sorgenfreies, materiell und finanziell abgesichertes, bequemes und angenehmes Leben. Wie Rinder streben wir nach »Stallwärme« – zu Hause, in Vereinen und in der Firma. Damit diese Wärme und Behaglichkeit nicht durch Fremdartiges und Unvorhergesehenes getrübt wird, wählen wir in Politik und Staat diejenigen an die Macht, die sich um unsere Sicherheit bemühen, für den höchsten Lohn sorgen und Wohlstand auf ewig garantieren.

Wir sehen: Rinderherde, Stall und Augias gehören zusammen, denn sie alle stehen für Aspekte und Denkweisen in uns. Unser Trennungs- und Aussonderungsdenken, unser Wunsch nach einem abwechslungs- und genußreichen Leben, aus dem alles Störende und Fremde, Unschöne und Unangenehme entfernt worden ist, schafft erst den Augiasstall, der an Mist, Unrat und Dung überfließt. Vom Überfluß an Mist, der sich am Ende nicht mehr begrenzen läßt und gegen den Verursacher selbst sich wendet, spricht der Mythos. Er will uns begreiflich machen, daß ein jeglicher Überfluß zu Mist wird und stets als Belastung zum Menschen zurückkehrt. Der Indianerhäuptling Seattle, ein weiser Alter, hat es erkannt und ausgesprochen: Nur weil der weiße Mann die großen Zyklen und Zusammenhänge – den Kreislauf des Wassers, den Lauf der Gezeiten und das Gesetz des Lebens und der himmlischen Ordnung – nicht mehr begreift, handelt er so wie er handelt, gerät unter das unerbittliche Gesetz des Karma und wird immer wieder mit den Folgen seiner eigenen Taten konfrontiert. Die von Herakles umgeleiteten Flüsse weisen uns an, den Kreislauf des Wassers und mit ihm den Kreislauf des Lebens zu studieren, um in Zukunft mit erweitertem Horizont und tieferen Einsichten keine Mauern, im Innern wie im Äußeren, mehr zu bauen.

In Alpheios, einem der zwei Flüsse, die Herakles durch den Stall leitet, finden wir das uralte, geheimnisvolle »aleph« wieder, der erste Buchstabe des hebräisch-mosaischen Alphabets. Es symbolisiert nicht nur den Urschöpfer und das vom Schöpfer gesprochene Wort, sondern ist allgemein Symbol einer Leben hervorbringenden, göttlichen Kraft. Neben dem Buchstaben »aleph« gibt es auch das Wort »aleph«, das meist mit »vertraut sein« oder »belehren« übersetzt wird. Für uns ist dies ein Hinweis, daß der Fluß Alpheios uns mit dem Kreislauf des Wassers und dem Lauf allen Lebens vertraut machen möchte. Die Physik als Lehre vom sichtbaren Leben und ihre Gesetze geben uns Aufschluß über den Wasserkreislauf: Das mit Hilfe von Wärme und Wind verdunstete Meereswasser steigt auf, zieht über das Festland und regnet bei stärkerer

Abkühlung herab. Die Wassertropfen sammeln sich, werden zu Bächen, dann zu Flüssen und streben ihrem Ursprungsort, dem wieder Meer, zu.

Auch das menschliche Bewußtsein unterliegt demselben Kreislauf. Einst kam es aus dem großen All, dem Sternenmeer, zur Erde. Die Kälte der Materie brachte es zum »kondensieren«, der Wassertropfen, das kleine Ich-Bewußtsein, entstand, und nun suchen wir den Weg zurück zum allumfassenden Bewußtsein. Doch unser Verhaftetsein im Ich bereitet uns Probleme. Zur Bildung der eigenen Persönlichkeit benötigten wir Abgrenzung und Abtrennung vom Du – deshalb bauten wir Mauern, verschlossen die Türen und sperrten uns ein, ohne zuerst zu merken, daß unsere Sehnsucht nach dem Meer, dem Ganzen, so niemals erfüllt werden kann. Später wurden wir zum Einzelkämpfer, um diese Sehnsucht zu stillen, doch wiederum ohne Erfolg.

Wir kämpften gegeneinander, hemmten uns gegenseitig, verloren unsere Vision vom All und unsere Erinnerung an die einstige Größe und ließen uns in einen Lebenskampf verstricken, der uns – zum Lebenskrampf ausgeartet – Leid, Krankheit und den »Stall des Augias« bescherte.

Würden wir den Wasserkreislauf studieren, sähen wir, daß der einzelne Tropfen, das Ich, niemals allein das Meer erreicht. Nur in der Gemeinsamkeit und gegenseitigen Unterstützung können wir zum Ursprung zurückkehren, unsere Sehnsucht stillen, das Paradies wiederfinden. Weiterhin würde uns dieser Kreislauf lehren, daß Bach und Fluß nur entstehen, wenn die einzelnen Tropfen ihre Grenzen aufgeben. Dem Ich erscheint dies immer als Verlust, denn wir glauben dabei, unsere Identität zu verlieren. Daher bemühen wir uns so sehr, unsere Unterschiede zum Du zu betonen, Grenzen zu ziehen und Mauern zu bauen. Das Ich findet immer nur Bestätigung in der Trennung, niemals in der Einigung. Die Mauern einreißen und die Grenzen aufgeben erzeugt die Vorstellung, etwas herzugeben, ohne dafür etwas anderes zu bekommen. Der Gewinn einer Teilhabe an einem umfassenderen Bewußtsein und die damit verbundene Erfüllung und Zufriedenheit kann aus der vorherigen begrenzten Sicht weder erkannt noch empfunden werden – einzig der Glaube daran kann uns bewegen.

Alpheios, der Fluß, lehrt uns durch die geeinte Kraft aller in ihm verbundenen Wassertropfen, daß vom Stand des eigenen Bewußtseins aus betrachtet jeder Mensch für jeden anderen Menschen ohne Ausnahme eine Bereicherung ist. Dies heißt aber begreifen, daß all unsere Standpunkte und Vorstellungen, weil ich-bezogen, immer nur begrenzt sind und aus Sicht der Entwicklung von Seele und Bewußtsein stets der Ergänzung und Erweiterung durch Du und Außenwelt bedürfen. Solange ein einzelner sich über den anderen erhebt in der Absicht, den anderen zu seiner eigenen Ansicht oder Einsicht zu zwingen, trennt er sich in Wahrheit vom Du und mauert sich ein in sein Haus, das sich bald in einen Augiasstall verwandeln wird.

Die Tatsache, daß Augias ein König ist, mag uns nachdenklich stimmen. Er ist der an Rindern reichste Herrscher seiner Zeit – und gerade er produziert den größten »Mist«. Wer also, dies dürfen wir dem Mythos entnehmen, auf der materiellen Ebene alle überflügeln will, verfällt dem Größenwahn. Dieser Ungeist hat in weiten Teilen der Welt, in Wirtschaft und Politik, Einzug gehalten, die Folgen spüren wir deutlich: Ob Kaufhaus oder Lebensmittelhandel, Bank oder Versicherung, Großunternehmen oder multinationaler Konzern, sie alle streben ungehindert nach Größe, Macht und Reichtum – und der Staat beteiligt sich an diesem Wettrennen. Wir wiederum bewundern dieses Wachstum, feiern mit ihnen Umsatzrekorde und Absatzgewinne – weltweit versteht sich – und sind froh um die gesicherten Arbeitsplätze, die nur wegen des Wachstums, so wird uns gesagt, so sicher sind. Politisch wird das Ganze noch gefördert, weil die Steuereinnahmen für Staat und Gesellschaft, auch dies macht man uns glauben, sich unerhört lohnen, wir alle davon profitieren. Ein weiters mal ist es an der Zeit, daß uns Menschen die »Augen aufgehen«, doch anders als einst im Paradies. Das »innere Auge« der Einsicht, nicht das ständig den Täuschungen der Welt unterliegende Auge der guten (Zukunfts-)Aussichten ist gefragt. Je größer der Stall, je reicher ein König, desto gewaltiger die Verschmutzung – der Mythos kennt die unauflöslichen Zusammenhänge. Ihm sollten wir vertrauen, während große Zweifel berechtigt wären an der von Politik und Wirtschaft betriebenen Augenwischerei. Beschönigung und schmuckes Aussehen sind Attribute des Augias, die darauf hinweisen, daß im Verborgenen es schon zum »Himmel stinkt«. Beginnen wir mißtrauisch zu werden, wenn uns eingeflößt wird, daß nur die Großen die Finanzkräfte besäßen, für die Säuberung der Umwelt wirklich Entscheidendes zuwege zu bringen.

Weisheit und Mythos lehren uns das Gegenteil: Vom Streben nach Größe und Reichtum kommt der Überfluß, im Gigantismus lauert die Gefahr. Jedes große Unternehmen ist beseelt vom Geist des Augias – dazu braucht es weder bösen Willen noch hinterhältige Absichten des Unternehmers. Auch Augias wird uns im Mythos als strahlender König geschildert, von böser Absicht ist keine Spur. Davon ist hier nicht die Rede, denn auch bester Wille führt zur Katastrophe, wenn die Gesetzmäßigkeiten dieser Erde nicht beachtet werden. Augias meinte es gut, hat aber das Gesetz von Ursache und Wirkung negiert. Weil die Stallmauern ihm den Blick versperrten, sah er nicht, was geschah. So sehen auch wir nicht in den Großunternehmen unserer Zeit, daß die Identifikation des Arbeitnehmers mit seiner Arbeit, dem Arbeitgeber und dem Unternehmen immer geringer wird. Wie das Rind im Stall läßt er sich zwar »melken«, gibt aber von seiner Arbeitskraft nur gerade so viel, daß Lohn und Arbeitsplatz erhalten bleiben. Er gibt nicht all seine Kraft, er tut nicht sein Bestes. Auch deshalb entsteht so viel Mist. Was immer wir halbherzig und verdrossen tun, ohne Lust und Interesse, ohne Liebe und Freude, trägt schon den Samen in sich, frühzeitig wertlos und unbrauchbar zu werden.

Wenn der Bäcker sein Brot mit wahrer Liebe bäckt, dann ist gesichert, daß es bis zur letzten Krume gegessen wird – egal wer von uns dieses Brot kauft. Weder wird es schimmeln, noch wird es modern, noch landet es beim Abfall. Dies hat Gültigkeit für alles von Menschenhand Geschaffene. Wir nennen es Qualität – unsere Seele empfindet es und reagiert darauf. Doch der Arbeitnehmer von heute liebt seine Arbeit nicht mehr. So wird er am Arbeitsplatz allmählich lethargisch, dumpf und macht seine Arbeit mehr schlecht als recht. Mit den Gedanken beginnt er abzuschweifen, träumt vom Arbeits- und Wochenende oder sinnt über den längst fälligen Urlaub nach. Daß unter solchen Umständen die Qualität der Arbeit nachläßt, sich immer mehr Fehler und Schwächen einschleichen ist offensichtlich. Damit davon aber nichts öffentlich wird, bauen wir »Ställe« und treffen Vorkehrungen, damit niemand Einblick in diese Geschehnisse und Vorgänge erhält. Tausende unnötiger Dinge – von Formularen über Computerprogramme bis hin zu Aktenordnern – erfinden wir als Beweisstücke unseres angeblich sinnvollen Tuns. Bürokratie und Verwaltung werden aufgeblasen, mangels wirklichen Bedarfs wird so die Arbeit beschafft und künstlich erzeugt.

Für diesen Zusammenhang liefert uns die unvergängliche Weisheit einen Hintergrund: Das althebräische »aleph« aus dem Wort »Alpheios« wird auch übersetzt mit »zu Tausenden hervorbringen«. Hier teilt uns der Mythos mit, daß dieser Fluß der ewigen Vervielfältigungen von uns umzulenken ist. Der Lauf der Dinge darf nicht mehr wie gewohnt weitergehen. Herakles habe, so heißt es, die Flüsse zuerst angestaut und so ihren gewohnten Lauf unterbrochen, ehe er sie durch den Stall lenkte. Dies kann für uns nur heißen, in unserem Lebenslauf einmal innezuhalten, zu verweilen und über die bisherige Lebensrichtung gründlich nachzudenken. Wir sollten unsere Lebensläufe einmal selbst studieren: Wollen wir tatsächlich so weitermachen wie bisher? Hat uns das Leben noch nicht genügend Beweise geliefert, daß wir eine neue Lebenslinie und Lebenshaltung – ein neues Flußbett – brauchen? Sollte nicht die Beseitigung von angesammeltem Mist und angehäuftem Unrat auf allen Ebenen Vorrang haben, statt noch mehr davon zu produzieren und in noch größere Probleme zu schlittern?

Vielleicht bringt uns der zweite Fluß einer Lösung näher. »Peneios« ist verwandt mit dem Wort »penia«, die »Not«. Ist unsere innere seelische Not noch nicht groß genug, um dem gegenwärtigen Lebensfluß Einhalt zu gebieten? Leiden wir nicht alle an der auf Erwerb, Lohn und materiellem Reichtum ausgerichteten Lebenseinstellung? Haben wir nicht (fast) alles und finden doch weder Erfüllung noch Liebe im Leben?

Unsere Seele leidet, weil unserem Geist die nötige Einsicht fehlt. Bevor unsere Not weiter zunimmt, sollten wir versuchen, die Mauern und Verkrustungen unserer Denk- und Lebensgewohnheiten aufzubrechen. Wir sind nicht nur Körper, sondern auch Seele und Geist. Für das Erstere haben wir wahrlich genug getan, in den meisten Fällen war es schon zu viel des Guten. Den Folgen können wir uns alle nicht entziehen, auch diese Botschaft bringt die elfte Heraklesaufgabe. Packen wir lieber die Probleme so schnell wie möglich an – aber dort, wo der Mythos den Erfolg verspricht, nicht dort, wo König Augias mit unserer Dummheit rechnet. Wenn wir vom Mythos lernen, werden wir uns bald nicht mehr »melken« oder für »dumm verkaufen« lassen. Dem Trott des Alltags werden wir dann ebenso entgegentreten wie der tagtäglichen Wiederholung einer eintönigen Arbeit, dem Gigantismus ebenso wie dem ewigen Mehr. So können wir die »Augiasställe« verlassen, kommen heraus aus Mist und Sumpf und werden frei und lohnunabhängig – wir werden zu Menschenseelen, die in Zukunft weder unterjochbar noch vermarktbar sind.

Die Rinderherde

»Macht Euch die Erde untertan!« Diesen Auftrag erhielt Adam, der erste Mensch – und mit ihm wir alle – am sechsten Schöpfungstag. Viel ist gerätselt worden darüber, was wohl damit gemeint sein könnte und wie dieser Auftrag in die Tat umzusetzen sei. So ist es nicht verwunderlich, wenn diese Bibelstelle viele Übersetzungsvarianten hervorgebracht hat: Von »Beherrschet die Erde!« über »Bezwingt die Erde!« bis hin zu »Unterwerft sie Euch!« finden wir Anregungen für unser irdisches Wirken, ohne jedoch das dahinterliegende Geheimnis wirklich zu lüften. Statt aber den tieferen Sinn dieser Worte zu suchen, geben wir uns mit dem äußeren Anschein zufrieden: Wir projizieren diesen Satz in die uns umgebende, sichtbare Welt, um dort alles zu bezwingen und zu unterjochen, was uns Menschen in die Hände fällt. Indem wir jedes Maß und jede Beherrschung über uns selbst verlieren, zwingen wir der Welt unseren Willen auf, vergewaltigen sie – und behaupten zynisch, dies sei der göttliche Auftrag, der uns vom Schöpfer persönlich übertragen sei.

Einer gewaltigen Verwechslung und Selbsttäuschung sind wir zum Opfer gefallen. »Beherrsche die Erde!« ist und war niemals bezogen auf die sichtbare Außenwelt. Die sechs Schöpfungstage, die wir alle aus dem Religionsunterricht noch kennen, beschreiben das Entstehen der unsichtbaren Welt der Kräfte und Energien, die hinter den sichtbaren Erscheinungsformen wirken. Sie sprechen zu uns von den Urideen und Urprinzipien unseres Kosmos, von jener Kraft also, die »unsere Welt im Innersten zusammenhält«. Um dies deutlich zu machen, heißt es deshalb ausdrücklich nach den sechs Schöpfungstagen: »... Es gibt noch keinen Menschen auf der Erde, der den Ackerboden bestellt...!«

Der Ackerboden und mit ihm das den Ackerboden bearbeitende Rind stehen seit jeher für die sichtbare, materielle Welt, für den Boden, auf dem wir stehen und der uns als Basis der Entwicklung dient. So gesehen wird es erst verständlich, warum in der Ursprache, dem biblischen Hebräisch, das Wort für »beherrschen, bezwingen, untertan machen« auch »Fußschemel« bedeutet – die zu bezwingende Erde/Materie als Unterlage, auf der wir stehen sollen. Deshalb mag die Übersetzung: »Erhebt euch über die Materie!« den Sinn des Geschriebenen eher erhellen als das uns allen Bekannte: »Macht Euch die Erde untertan!«

In der elften Heraklesaufgabe haben wir es insbesondere mit der Verwechslung der Bedeutung eben dieses Schöpfungswortes zu tun. Die Rinder des Augias waren einst, bevor sie der Mensch sich untertan machte, wilde Auerochsen, bezeichnender Weise auch »Ur« genannt. In diesem Urzustand waren sie einzig den göttlichen Gesetzen von Geburt, Werden und Sterben unterworfen. Von Natur aus war dafür gesorgt, daß der von ihnen ausgeschiedene Mist und Dung ebenfalls diesem Gesetz unterlag, ein Müllproblem konnte gar nicht erst entstehen. Erst als der Mensch das Rind bezwang, unterjochte, und zum braven Haustier machte, veränderten sich die Zustände. Als der Stall noch hinzukam, um die Rinder zu vermehren und ihren Bestand abzusichern, waren die Voraussetzungen gegeben, von dessen Endzustand uns der Mythos berichtet: Es »stinkt zum Himmel«, es macht krank und bringt Elend!

Augias, so berichtet der Mythos weiter, habe von allen Menschen der damaligen Zeit die größte Rinderherde besessen. Und so wie das Rind für Fruchtbarkeit und Ernährung, für das tägliche Brot und materiellen Reichtum, für Wohlstand und Besitz steht, so symbolisiert Augias unter anderem auch jene menschliche Gier, die davon nicht genug haben kann. Die Rinderherde und Augias, beide zusammen erwirken, daß ein riesiger Stall gebaut wird. So läßt sich einerseits Besitz und Reichtum absichern, der enstehende Mist und mit ihm alles Unschöne vor den Augen der Welt besser verbergen, andererseits lassen sich durch diese Art der Tierhaltung, wie wir sie heute überall vorgeführt bekommen, Gewinn und Reichtum vermehren bei gleichzeitiger Verringerung des Arbeitsaufwandes.

Wir alle zweifeln mit Recht daran, daß dieses Vorgehen und Verhalten gemeint war mit dem Schöpfungswort: »Macht Euch die Erde untertan«.

Noch mehr müssen wir dieses Vorgehen – das wir auch als Vergehen betrachten können – in Frage stellen, wenn das Thema der Reinigung und Ausmistung dieser Zustände zur vorletzten Aufgabe des Herakles erhoben wird.

In letzter Konsequenz stehen in dieser Aufgabe Rind und Rinderherde nicht nur in der Außenwelt für alles, was wir Menschen unterjochen, versklaven und zur persönlichen Bereicherung vergewaltigen und einsperren, sondern sie repräsentieren auch in uns selbst den Aspekt, der dem Rind und der Herde vergleichbar ist. Denn ähnlich Rindern in der Herde verhalten auch wir uns: Wir trotten durch das Leben, den Kopf gesenkt, den Blick gerichtet auf die Materie, sind zu Gewohnheitstieren geworden, treten gern in Gruppen und Herden auf und suchen im Beruf stets einen wärmenden und schützenden »Stall«. Falls uns jemand etwas vormacht, machen wir es sogleich nach, ohne zu überlegen, ohne nach Sinnhaftigkeit zu fragen, ohne einen wirklich eigenen Bezug dazu herzustellen.

Ob Mieterbund oder Staatsangehörigkeit, ob Hausgemeinschaft oder Vereinszugehörigkeit, ob Auto- oder Ferienclub – sie alle zeugen von unserem Herdentrieb, von unserem Wunsch nach Schutz und Absicherung und von unserer Bereitschaft, dem Haben das Sein zu opfern.

Einst trug die ägyptische Göttin Hathor in Kuhgestalt noch die Sonnenscheibe zwischen ihren Hörnern und brachte so die Idee eines Sonnenhelden, eines Herakles, in das ferne Griechenland. Ein Held, der mit beiden Füßen fest auf der Erde und im Leben stehend niemals seine Verbindung zu den himmlischen Prinzipien und seiner göttlichen Abstammung aufgegeben hat.

Wir Heutigen sind wahrhaft keine Helden mehr, noch sind wir uns jener geistig-himmlischen Herkunft bewußt. Nur so konnte es soweit kommen, daß wir den Satz »Macht Euch die Erde untertan!« so gründlich mißverstehen. Nicht Erde, noch Materie sollen wir bezwingen, sondern die Gesetze und Kräfte, die Hintergründe und Zusammenhänge dieser Erde gilt es zu beherrschen. Sie alle finden wir niedergelegt in den großen Büchern und Weisheitslehren dieser Welt, weil es schon lange vor uns Weise und Eingeweihte, Propheten und Erleuchtete gegeben hat, die sich die Erde untertan gemacht, ihre Gesetze verstanden und diese Kräfte beherrscht haben. Aber auch in uns selbst sind all diese Gesetze und Kräfte verankert, sind wir doch nach dem Bild Gottes geschaffen. Seit alters her gilt die Astrologie als Königin der Weisheit – wenn man so will –, als die alle Weisheitslehren verbindende Essenz. Einen Hinweis zur Astrologie finden wir sogar in der überlieferten Zahl der Rinder des Augias: Zwölf von ihnen, Stiere, ragen – den Sternbildern des Tierkreises gleich – hervor durch ihre silberglänzende Farbe.

Solange wir jedoch die kosmische Gesetzmäßigkeit – festgelegt im Tierkreis und in seinen Bezügen – nicht durchschauen, werden wir weiterhin versuchen, uns die Welt auf der materiellen Ebene untertan zu machen, werden Augiasställe bauen, um noch reicher zu werden und Müll und Abfall noch mehr aus unserem Gesichtskreis zu verdrängen, in dem Wunsch nach einer bequemen Gegenwart und im Glauben an eine gesicherte Zukunft. Aber der Mythos belehrt uns eines besseren, berichtet er doch davon, daß die Medaille, auch wenn wir es nicht sehen oder sehen wollen, eine Kehrseite hat: Es ist der Unrat, der eines Tages nach außen dringt, um sich gegen uns, den eigentlichen Verursacher, zu wenden.

An dieser Stelle mag nochmals an den weisen Indianerhäuptling Seattle erinnert werden. Er stammte aus dem Kulturkreis der nordamerikanischen Indianer, die weder Reichtum noch Besitz anstrebten noch Ställe bauten: »Auch die Weißen werden vergehen, eher vielleicht als alle anderen Stämme. Fahret fort, Euer Bett zu verseuchen, und eines Nachts werdet Ihr im eigenen Abfall ersticken. Aber in Eurem Untergang werdet ihr hell strahlen...!«

Der Rinderstall

Lange Zeit bleiben uns viele Dinge, die wir nicht vor und mit unseren Augen sehen (Augias = Auge), verborgen, so sehr verlassen wir uns auf unser Augenmaß, ohne die anderen Sinne zu gebrauchen. Ist jedoch etwas faul an einer Sache, ist sie morsch oder modrig, müssen wir lernen, so empfiehlt uns der Mythos, mehr unserem Geruchs- und Geschmackssinn zu folgen. Oft sagen wir zwar, das »schmeckt mir gar nicht«, den »kann ich nicht riechen« oder dieses und jenes »stinkt mir«, aber wenn sich unseren Augen eine glänzende Oberfläche bietet, alles gut aussieht, fallen wir in aller Regel auf das äußere Bild herein. Ob es im Lebensmittelmarkt die reifrot glänzenden Tomaten sind, die weder nach Tomaten riechen noch schmecken, oder das frischlackierte Gebrauchtauto, das im Innern rostig ist, wir achten nur auf die Hülle, den Anschein und die polierte Fassade, sind von der äußeren Makellosikeit gefangen und schreiten hurtig und bedenkenlos zum Kauf. Bald darauf werfen wir das Erworbene, das nicht halten kann, was wir uns von ihm versprochen haben, weg, es wird aus dem Kreislauf des Lebens ausgeschieden, um viel später als (Umwelt-)Belastung – fest, flüssig oder gasförmig – zu uns zurückzukehren.

Hier wird es wichtig, uns mit unserer eigenen Dummheit und Unwissenheit zu konfrontieren. Dummheit bringt der Volksmund seit jeher mit der »Kuh« in Verbindung, gehört sie doch zu jenen Wesen, die alles mit sich machen und alles über sich ergehen läßt. Die Perspektive der Kuh ist die Kuh, die vor ihr geht: Ihr läuft sie nach, das ist bequem und wenig anstrengend. Solcherlei Wesensart und Lebensweise in uns Menschen zu suchen, macht es möglich, dem »Rind« in uns auf die Schliche zu kommen:

Sind wir nicht »Wiederkäuer«, wenn wir in Arbeit und Freizeit immer dieselben Worte reden, dieselben Standpunkte vertreten, dieselben Orte aufsuchen und nur Gewohnheiten leben?

Sind wir nicht »Herdentiere«, wenn wir das machen, was alle anderen auch machen?

Sind wir nicht wie in »Ställen« zusammengepfercht, wenn wir in Großstädten und Wohnsilos leben, in Großraumbüros arbeiten, in Superstrandhotels unseren Urlaub verbringen?

Wir haben die Köpfe gesenkt, ein schweres Joch auf unsere Schultern geladen, um im Schweiße unseres Angesichts die »Äcker und Felder« zu bearbeiten, die eines fernen Tages uns reiche Ernte bringen sollen. Dabei stöhnen wir, sprechen von der Bürde des Lebens, der Mühsal unserer Arbeit. Wir beschweren uns im wahrsten Sinn des Wortes ohne dabei zu merken, daß wir alles Schwere uns selbst aufgeladen haben. Für materielle Fülle geben wir Qualitäten wie Liebe und Freiheit, Zufriedenheit und Unabhängigkeit, Freude und Sinnhaftigkeit dahin, wir machen uns selbst so zu Ochs, Rind oder Stier. Und gäbe es nicht den »Mist« und das gewaltige Elend, die sich dabei anhäufen, würden wir weiterhin blind sein und nichts davon merken. Wie unserer Zeit auf den Leib geschnitten erscheint gerade die elfte Aufgabe des Herakles.

Erinnern wir uns daran, daß der Mythos zeitlose Weisheit widerspiegelt. Jedes Verlassen der universalen Gesetze hat eine Gegenbewegung zur Folge, die das Gleichgewicht wieder herstellt. Von diesem Zusammenhang hörten wir bereits in der sechsten und siebten Heraklesaufgabe, die uns das große Gesetz der Harmonie näherbrachten. Wir Menschen können – vielleicht müssen wir sogar – zeitweise die kosmische Ordnung verlassen. Der Schöpfer hat uns auf dem Weg der Erkenntnis den freien Willen mitgegeben. Jedoch erzeugt all unser Denken, Fühlen und Handeln die zur Wahrung der Harmonie notwendige Gegenkraft, damit im ganzen die Welt nicht aus den Fugen gerät. Heute, am Anfang des Wassermannzeitalters, erfahren wir besonders die in dieser elften Aufgabe aufgedeckten Probleme und Schwierigkeiten. Aber eines sollten wir richtig verstehen: Umweltverschmutzung und Müllhalden, Vergiftungen und Verpestungen, Krankheit und Allergien sind bereits Gegenbewegung des Kosmos und der großen Mutter Erde, damit Welt und Mensch wieder in Ausgleich und Harmonie kommen. Sie sollen uns mahnen und unter Druck bringen – so wie Augias Herakles mit dem »Kuhhandel« unter Druck setzt –, die elfte Aufgabe im Zeichen des Wassermanns anzugehen und zu lösen. Auch wir wissen, daß es fünf Minuten vor zwölf ist! Doch der Mythos sagt uns, daß es nie zu spät ist.

An dieser Stelle sei darauf hingewiesen, daß der Mythos keinerlei Strafe vorsieht für die Verursacher der Verunreinigung. Weder wird Augias von Herakles gerichtet oder bestraft, noch werden die Rinder dezimiert oder mißhandelt. Wir erkennen Herakles als den, der die Menschen liebt, so wie sie sind. Ausdruck seiner Liebe ist die Gnade, die er am Ende sogar Augias widerfahren läßt, obwohl ihn dieser um seinen Lohn betrügt. Er weiß, daß die Menschen solange »Mist« produzieren werden, bis sie ihren Glauben, Erfüllung wäre auf der materiellen Ebene erreichbar, aufgegeben haben. Erst wenn uns alle dieser äußere Schein nicht mehr trügen kann und wir Einsicht in die verborgenen Zusammenhänge gewonnen haben, durchschauen und verstehen wir das Karmagesetz von Ursache und Wirkung und können uns davon befreien. Ein Augiasstall wird dann nicht mehr möglich sein, weil wir die Folgen sowie Nutzen und Schaden unserer Taten absehen. Weder »dumm« zu sein wie eine Kuh, weder »Herdentier« und »Wiederkäuer« zu sein wie das Rind, weder zu »ackern« für materiellen Reichtum wie ein Stier, noch auf die Täuschungen des äußeren Anscheins und der herausgeputzten Fassaden hereinzufallen wie Augias sind strafbar oder verurteilenswert. Sie sind lediglich Ausdruck eines bestimmten geistigen Horizontes und menschlichen seelischen Entwicklungsstandes.

So sollte der Erweiterung des geistigen Horizonts und Beschleunigung der seelischen Entwicklung unser Augenmerk gelten. Eine Strafe ist ebensowenig angebracht wie bei einem Kind in der Vorschule, nur weil es weder lesen noch schreiben beherrscht. Gesetze und Strafen, Verordnungen und Zwänge sind beschränkende, dem Prinzip des Augiasstalls zuzurechnende Aspekte und verpesten nur noch mehr das zwischenmenschliche Klima. Sie haben stets die Tendenz, Unrat und Mist zu vermehren, weil sie zu Schattenbildung führen. Die Reihe der erfolglosen Versuche, Umweltprobleme so – über Gesetz und Ächtung – in den Griff zu bekommen, ist endlos und sollte uns als Beweis ihrer Untauglichkeit dienen. Hier können wir vielleicht ahnen, warum der Wassermann in der alten Überlieferung als der Mensch gilt, der die Wasser des Wissens und der Weisheit über die Menschheit ausgießt. Nur das Wissen um die Kreisläufe und Zusammenhänge des Lebens kann dauerhaft reinigen, weil der einsichtig gewordene Mensch freiwillig das Gute, das Allumfassende, das allen Dienende tut. Er braucht den Zwang nicht mehr, der ohnehin seit eh und je nur zu Verdrängung führt, um eines ferneren Tages durch etwas anderes ersetzt und kompensiert zu werden.

Die wahre Aufgabe im Zeichen Wassermann

Am Ende der elften Aufgabe erfahren wir vom Betrug des Augias an Herakles. Obwohl unser Held die Aufgabe in weniger als einem Tag erledigt hat, verweigert Augias ihm den vereinbarten Lohn. Die ganze Arbeit, so argumentiert er, habe schließlich nicht Herakles selbst, sondern das Wasser der Flüsse Alpheios und Peneios geleistet. Und um dem Ganzen die Krone aufzusetzen, beschuldigt Augias Herakles des arglistigen Betrugs und verweist ihn des Landes.

Doch Herakles, der offensichtlich Betrogene, ist in Wahrheit nicht geschädigt. Lange bevor er die elfte Aufgabe begann, hatte er seinen Anspruch auf Lohn bereits aufgegeben. Er selbst ist nur zum Schein auf den Handel mit Augias eingegangen, um seine Arbeit schnell und ungehindert durchführen zu können. Er schlägt Augias mit dessen eigener List und Tücke.

So beinhaltet die Arbeit im Zeichen des Wassermanns nicht nur die »Aufgabe« von Lohn und Gewinn, sondern Herakles zeigt uns, daß er jedes Gebahren von Größe und Stärke aufgibt und dabei in Kauf nimmt, für dumm und unzurechnungsfähig gehalten zu werden. Er will nur seinen Dienst an der Menschheit und seinen Beitrag für Erhalt und Wiederherstellung menschlicher Lebensbedingungen leisten – und weil ein Lohnabhängiger dies ohnehin nicht verstehen kann und wird, macht er sich frei von der Meinung anderer. Die Arbeit ist ihm weder zu schmutzig, noch empfindet er sie als entehrend; sie muß getan werden – die Umstände erfordern schnelles und wirksames Handeln –, und er zögert keine Sekunde. Dabei gibt er gleichzeitig ein für allemal die Vorstellung auf, die Arbeit wäre zu umfangreich und die Zeit zu kurz, um von einem einzelnen Menschen erfolgreich bewältigt zu werden.

Sich den Anschein geben, als würden wir ja so gern diesen oder jenen Beitrag leisten, während wir bereits nach Entschuldigungen und Erklärungen suchen, daß es aus diesen oder jenen Gründen bedauerlicherweise nicht möglich ist, deckt Herakles auf als den »Augias« in uns. Für ihn gibt es keine Ausreden und Ausflüchte mehr, entsprechende Erklärungen und Argumente erkennt er als äußeren Schein – sie gibt er ebenfalls auf.

Vielmehr macht er uns Mut. Er zeigt uns, daß gerade bei scheinbar unlösbaren Problemen uns stets Hilfe zuteil wird. Niemals sind wir nur auf uns angewiesen, wenn wir für das Wohl des Ganzen unseren Beitrag leisten wollen. Immer gibt es die Menschen, die sich, den Flüssen Alpheios und Peneios gleich, umlenken lassen und bereit sind, bei der Behebung des angerichteten Schadens mitzuhelfen.

So gibt Herakles in der elften Aufgabe auch auf, sich nur auf sich selbst und seine innewohnenden Kräfte zu verlassen. Weil er sich nicht länger als begrenztes, ichbezogenes Einzelwesen fühlt, sucht er die Gruppe, die Menge, die seine genialen Ideen unterstützt. Hier wird besonders deutlich, daß das Genie und das Geniale stets einen Bezug zum Ganzheitlichen und zur Menschheit haben müssen, anderenfalls ist es bestenfalls Schläue oder List.

Eine Abwandlung des Mythos verdeutlicht diesen Zusammenhang, erzählt sie doch, daß beim Niederreißen der Stallmauern Herakles Neffe Iolaos mithilft. Auch die Götter unterstützen Herakles mit dem genialen Einfall, die göttliche Eingebung, die ihn darauf bringt, die Flüsse durch den Stall zu leiten. In letzter Konsequenz kann dies nur heißen, sich von der Lösung der Probleme keine eigenen Vorstellungen zu machen. Solche Vorstellungen kämen lediglich aus Erfahrungen vergangener Problembewältigung hervor und würden damit wirklich neue, revolutionäre Ideen eher blockieren als fördern. So gilt es, alle Lösungsansätze und Lösungen der Vergangenheit aufzugeben, um den inneren Freiraum für das wahrhaft Neue zu schaffen. Herakles vertraut auf den Kosmos, weil er die Ordnung der Welt kennt. Deshalb schließt er mit Augias jenen obskuren Handel ab und riskiert, den Rest seines Lebens als Sklave zu dienen. Der Kosmos braucht ihn noch für weitere Taten – mindestens für die zwölfte und letzte Tat. Dies verleiht ihm die Gewißheit und zwingt die Götter, für ihn die Lösung zu finden und dadurch seine wertvolle Kraft zu erhalten. Er stellt nun seinerseits die Götter auf die Probe – retten sie ihn, ist er auf dem richtigen Weg, retten sie ihn nicht, entspringt sein Handeln der Hybris und dem Größenwahn. Der Sklavendienst wäre ein gerechter Lohn dafür.

Indem aber der richtige Einfall zur rechten Zeit kommt, verliert Herakles alle Zweifel und gewinnt die Sicherheit, auf dem richtigen Weg zu sein: Er ist ein wahrer Sohn der Höhe, seiner Natur nach göttlich. Wiedereingefügt in die kosmische Ordnung wendet er sich der zwölften Aufgabe zu – er kehrt zurück in den Ozean der Fische, aus dem er genommen war.

Lohn und Überfluß

Solange der Mensch Nomade war, durch das Land zog und in Zelten wohnte, war er einerseits zwar dem Kreislauf der Natur mit all seinen Widrigkeiten ausgesetzt, fühlte sich aber dennoch frei und unabhängig, was seine Entscheidungen betraf. Seine Wanderschaft durchs Leben war getragen vom festen Vertrauen in die lebenserhaltende Kraft seiner irdischen Mutter, der Erde, denn sie spendete ihm Wasser und Nahrung und den Glauben an einen überall waltenden, den Menschen führenden himmlischen Vater, als dessen sichtbaren Ausdruck er am Tag die Sonne und in der Nacht den Sternenhimmel empfand.

Da wird verständlich, warum sich der Mensch seit jeher als Verbindung – oder besser gesagt als Sohn – dieses Vaters und dieser Mutter sieht: Mit dem Kopf an den Himmel reichend steht er fest verwurzelt auf der Erde.

Doch indem das Vertrauen des Menschen zu sich selbst und zu seinen eigenen Kräften erstarkte, verringerte sich im gleichen Maß sein Vertrauen zu den Eltern. So begann jener Entfremdungsprozeß zwischen den kosmischen Eltern und dem göttlichen Kind, den wir heute noch im kleinen bei jedem gesunden Kind beobachten können.

Wie einst im Mythos der große griechische Gott Kronos sich von seinem Vater Uranos, dem »gestirnten Himmel«, abgewendet hat, ihn sogar mit Gewalt von der Erde trennte, um sein Eigenleben führen zu können, so haben wir alle die Verbindung zum himmlischen Vater durchtrennt. Unser bewußtes Ich und unsere Bindung an dieses Ich sind Ergebnis dieses Geschehens. Mit der Ich-Bildung jedoch schwand auch unser Glaube an Gott, die Zeichen des Himmels ebenso wie die Zeichen der Zeit verstanden wir allmählich nicht mehr. Wir verlernten sie zu deuten, um sie zuletzt gänzlich zu leugnen. So verloren wir in uns den Himmel, um uns in diesem schwebenden und losgelösten Zustand mehr und mehr an die Brust der irdischen Mutter Erde zu klammern. Doch diese Loslösung brachte Angst mit sich: Ohne den Glauben an eine himmlische Führung wurde unsere Zukunft – das Morgen – unsicher, gefährlich. Die himmlischen Eingriffe in das irdische Geschehen – im Mythos die »Blitze des Zeus« – überraschten uns, weil sie auf einmal unberechenbar und unvorhersehbar geworden sind. Und sie erschreckten und beängstigten uns, weil wir ihren Sinn nicht mehr verstanden. Wir begannen Häuser zu bauen, um uns zu schützen, Brunnen zu graben, um stets Wasservorrat zu haben, und Äcker zu bestellen, um einer sicheren Ernte entgegenzusehen. Dabei wurden wir seßhaft, später Besitzende und am Ende vielfach Besessene: Die Materie hatte über den Geist – zumindest vorläufig – gesiegt.

Aber der in uns gequälte und unterdrückte Geist, der mißhandelte Vater, rächte sich. Er gab uns die Idee von Größe und Gottgleichheit mit in die irdisch-materielle Welt – aus geistigem Reichtum wurde so pervertiert materieller Reichtum, aus geistiger Größe wurde Machtstreben und Herrschsucht. Doch nicht genug: Diese Idee von irdischer Größe gab er uns auch als Samen mit für unsere Kinder. Damit war sichergestellt, daß unsere Kinder – also alle Dinge, die wir (er)zeugen und in die Welt setzen – mit uns genauso umgehen, wie wir mit dem Vater umgegangen sind. Das Gesetz des Karma war geboren, das »Auge um Auge, Zahn um Zahn« ist notwendig geworden, um den in die Materie gefallenen und der Materie verfallenen Menschen wieder aufzurichten. Seitdem müssen wir alle Folgen unseres Handelns restlos ertragen. Alle Gedanken, Gefühle und Taten, die wir in die Welt setzen, kehren unweigerlich zu uns zurück – und (be-)treffen uns selbst.

Lieben wir, werden wir geliebt; geben wir, wird uns gegeben; nehmen wir, wird uns genommen; hassen wir, werden wir gehaßt. Letzteres nachzuvollziehen dürfte uns am leichtesten fallen. Dies ist unser Schicksal, das Auf und Ab des Lebens, das uns geschickt wird. Ihm können wir nicht entfliehen.

Herakles zeigt uns in der elften Aufgabe, wo die Ursachen liegen. Rind und Stall sind Symbole für Seßhaftigkeit, Besitz und Besessenheit des Menschen, aber auch für Gewohnheit, Zwang und Beschränkung. Augias steht symbolisch für den Menschen, der sich davon Glück und Reichtum, Zufriedenheit und Sicherheit verspricht, um dann in den Folgen seines Irrtums zu stecken. Alles, was er glaubt, hinter den festen Mauern des Stalles für immer einsperren zu können, fließt über, quillt heraus und verseucht das Land. Die Gier nach mehr, der Wunsch nach Größe, die Lust am Reichtum, das Schwelgen im Überfluß – die materielle Fülle richtet sich gegen ihn. Das Schicksal zwingt ihn, zu begreifen, daß er selbst Teil des größeren Ganzen ist.

»Was wir der Erde antun, tun wir uns selbst an!« So drückte es der Indianerhäuptling Seattle in seiner Rede an das amerikanische Volk im Jahre 1855 aus.

Ohne Zweifel leben wir in einer Konsum- und Überflußgesellschaft. Kaufhäuser, Geschäfte und Händler überfluten uns mit Angeboten und Ausverkäufen; Verwaltung und Bürokratie, Institution und Versicherung überfluten uns mit Papieren und Briefen, Broschüren und Flugblättern; Presse, Rundfunk und Fernsehen überfluten uns mit Informationen und Meinungen, Unterhaltung und Berichten, Reden und Gegenreden. Straßen und Autobahnen sind ebenso überfüllt und verstopft wie Innenstädte und Freizeitplätze. Zu Hause quellen Keller wie Speicher, Schrank wie Regal, Vorratskammer wie Tiefkühltruhe über. Auf allen Ebenen platzen wir aus den Nähten und haben noch immer nicht genug.

Jeder von uns sieht den Unsinn ein, niemand fühlt sich wohl dabei, doch keiner ändert sein Verhalten oder seine Gewohnheiten.

Woher kommt dieser schier unbegreifliche Widerspruch, dieser innere Zwiespalt, diese Schizophrenie, die unseren Geist wohl Unsinnigkeit und Perversität des Handelns erkennen läßt, unseren Körper aber unbeindruckt von dieser Erkenntnis im gleichen Trott weitermachen läßt. Es scheint, als wäre die Verbindung und Kommunikation zwischen Geist und Körper, Himmel und Erde, Vater und Mutter unterbrochen. Sind wir denn tatsächlich unfähig, aus Vergangenem zu lernen? Oder was ist der eigentliche Grund dafür?

Die Ursache liegt in der Lohnabhängigkeit und dem daraus resultierenden (geistigen) Arbeitnehmertum. In unserem Geist binden wir uns an die Vorstellung, unseren Lebensunterhalt nicht aus uns selbst heraus – sozusagen selbständig – verdienen zu können. Erst jetzt brauchen wir einen Arbeitgeber, an den wir uns hängen, dessen Anweisungen wir folgen – und dessen Bezahlung wir als Lohn empfangen. Wir begreifen nicht, daß wir Menschen von Gott in die Welt gestellt sind, um zu arbeiten und den »Garten Eden zu bebauen«. Unser Arbeitgeber ist also nicht von dieser Welt, deshalb wird es für uns ein ganzes Leben lang genügend und richtige Arbeit geben, auch am geeigneten Lohn wird es nicht mangeln. Erst wenn wir uns von einem festen Arbeitsplatz, regelmäßiger Arbeitszeit und sicherer Lohnzahlung abhängig machen, gedeiht in uns das »Rind«, während um uns herum der »Augiasstall« wächst. Die sich daraus ergebenden Probleme kennen wir bereits.

Der Mythos erzählt, daß Herakles keinerlei Lohn anstrebt. Warum gerade in dieser elften Aufgabe, der »Wassermannarbeit«? Welche Problematik verbirgt sich hinter dem Lohn? Oder anders gefragt: Warum »bereinigt« nur eine freiwillige Arbeit ohne Lohn die Augiasstall-Problematik?

Versetzen wir uns einmal in die Lage eines Menschen, der sich zwar seine Arbeit beliebig aussuchen kann, als Lohn jedoch nichts anderes erhält als Kost und Logie. Werden wir nicht sofort versuchen, unserer Lieblingsbeschäftigung nachzugehen? Der eine, der die Pflanzen liebt, wird Gärtner, ein anderer, der den Ackerbau liebt, wird Bauer, ein dritter, der den Handel liebt, wird Händler usw. Nun wissen wir von unserem Hobby, daß wir bei allem, was wir gern tun – selbstverständlich im Rahmen unserer Fähigkeiten und Möglichkeiten – auch unser Bestes geben und leisten. Dabei ist der Lohn unserer Arbeit die Arbeit selbst, weil sie Freude macht. Hand in Hand gehen innere Zufriedenheit und das Gefühl der Erfüllung. Noch heute sagen wir zu einer solchen Arbeit: Sie hat sich gelohnt! Wir meinen aber keineswegs damit eine Bezahlung, sondern die Art der Tätigkeit. Der immaterielle Lohn, den wir erhalten, ist zweifach: Ein geistiger, weil wir persönlich in der geleisteten Arbeit einen Sinn sehen, und ein seelischer, weil die Arbeit uns Freude bereitet und ein angenehmes, wohliges Gefühl vermittelt.

Doch diese Verbindung zwischen Arbeit und Lohn ist verlorengegangen, weil wir uns von den himmlischen Prinzipien getrennt haben. Sonne, Mond und Sterne – der gestirnte Himmel – sind für uns und unsere Arbeitssuche kein Wegweiser mehr. Wir verstehen ihre Signatur nicht, noch können wir sie deuten. Die Folge ist, daß wir weder wissen, wer wir sind, noch wozu wir uns in der Welt befinden. So verkommt Berufung zum Beruf, dessen Wahl vom Lohn abhängt. Wohl hat die Astrologie, die Lehre von den Sternen, noch im Horoskop eines Menschen alles Wissen über ihn gespeichert, doch wir ziehen keinen Nutzen mehr daraus. Wir glauben an unser Ich und unsere Tatkraft, der Weisheit wie der Astrologie mißtrauen wir. Verirrt versuchen wir auf eigene Faust unseren Weg zu gehen und unser Ich – ein Wesen, das für uns fast unbekannt ist – zu verwirklichen. So kommt es, daß mit 18, 20 oder 25 Jahren ein Berufsanfänger zwar mit Wissen vollgestopft ist – auch hier läßt Augias grüßen –, aber genau besehen der größte Teil davon schleunigst wieder ausgeschieden wird. Es diente dazu, eine gute Note zu erreichen, eine Prüfung zu bestehen oder eine Norm zu erfüllen, danach aber landet es als Abfall im Reich des Vergessenen, dem Hades unserer Schulen, Universitäten und Lehrinstitute. Von seinen Potentialen und inneren Möglichkeiten, seinen geistigen und seelischen Strukturen, von seinem Weg und seinen Gelegenheiten weiß der Berufsanfänger gewöhnlich so gut wie nichts. Das ist der Grund dafür, warum die Entscheidungen über Beruf und Arbeitsplatz, Tätigkeit und Firma nicht aus dem Innern kommen, sondern vom äußeren Schein gesteuert sind – Glanz und Schein, auch sie finden wir in Augias, dem »strahlenden Aussehen«.

Und in dieser verzweifelten Lage, in dieser Situation der Qual der äußeren Wahl bietet sich uns Menschen eine scheinbar glorreiche Lösung an: Der Lohn! Wenn schon die Arbeit nicht stimmt, soll wenigstens der Lohn stimmen. Wenn wir schon nicht wissen, welchen Beruf wir ergreifen sollen, finden wir wenigstens in der Lohnhöhe ein wichtiges Entscheidungskriterium. Daß damit auch der

Same für Frustration und Unzufriedenheit eingepflanzt wird, der später in Form von Unrat und Mist als Saat aufgeht, ist uns nicht bewußt. Ab jetzt werden wir Feierabend und Wochenende, Urlaub und Freizeit benötigen, um den entstandenen Arbeitsfrust und unsere Unzufriedenheit durch den Verbrauch des wohlverdienten Lohns auszugleichen und den entgangenen Genuß nachzuholen. Sozusagen als Entschädigung stürzen wir uns ins Vergnügen oder in den Kaufrausch und wollen das Leben genießen, wobei wir nicht selten den vergangenen Ärger der Wochentage kräftig hinunterspülen und/oder in uns hineinfressen.

So kam zur Arbeitszeit als Gegengewicht und Ausgleich die Freizeit, Vergnügtsein wurde ersetzt durch die Jagd nach Vergnügungen, Erfülltsein wurde ersetzt durch materielle Fülle und Vielfalt. Unmerklich verwandelte sich Zufriedenheit in Ersatzbefriedigung, die heute an allen Ecken und Enden im wahrsten Sinn des Wortes zum Himmel stinkt. Solange wir nicht erkennen, daß diese Fülle nur der Versuch unserer gequälten Seele ist, die in der Arbeit entgangene Freude via Lohn, Wohlstand und Reichtum zurückzugewinnen, können wir die Mauern des Augiasstalls nicht durchbrechen, um uns vom angehäuften Müll der Vergangenheit zu befreien. Die Arbeit selbst muß wieder zu jener freien Zeit werden, in der wir das tun, was wir lieben, wonach wir uns sehnen und was uns zutiefst mit Freude erfüllt. Dann sind wir wieder Lohnunabhängige, frei wie Herakles, folgen nur unserer inneren Stimme und beginnen mit dem, was Selbstverwirklichung meint. Frustration, Seelenqual und Unzufriedenheit hören auf und mit ihnen aller Lohnausgleich – jenes untaugliche Unterfangen, ungelebte Freude und nicht zuteil gewordenen Segen durch Lohn oder materielle Zuwendung auszugleichen.

Unsere Chance, aber auch die Forderung des Schicksals ist es, alle Ersatzbefriedigungen einstellen, die den im Mythos beschriebenen Zustand des Augiasstalls geschaffen haben. Bis es jedoch so weit ist, sind wir angewiesen auf Helden wie Herakles. Jene Männer und Frauen unter uns, die ihre Berufung bereits gefunden haben, frei und lohnunabhängig sind, den Kreislauf des Wassers und des Überflusses durchschaut haben, sind aufgerufen, die Augiasställe einzureißen. Sie sind aufgefordert, den Verantwortungslosen die Verantwortung abzunehmen. Nur sie können Denkblockaden durchbrechen, den gegenwärtigen Lauf der Dinge umlenken, frischen Wind und neue Einflüsse bringen. Die Kraft und die Mittel, die genialen Ideen und Lösungen werden dann wie von selbst da sein und helfen, den angesammelten Unrat hinwegzuschwemmen – und mit ihm alles Geist- und Seelenlose, was dazu geführt hat.

König Augias und sein Stall

Wir wissen, daß der Bau des Rinderstalls und das Zusammenleben der Rinder auf engstem Raum erheblich zur Verschmutzung und Verseuchung – der späteren Problematik – beigetragen hat. Von außen unsichtbar hat sich über viele Jahre hinweg immer mehr »Mist« angesammelt, bis das Ausmisten dringend erforderlich wurde.

Hier weist uns der Mythos auf weitere wichtige Zusammenhänge hin. Immer dort, wo große Gebäude entstehen, in denen Menschen dicht gedrängt zusammen leben oder arbeiten, entsteht gleichzeitig – meist unbemerkt – ein Augiasstall, der von Zeit zu Zeit ausgemistet gehört, sonst ist es eines schönen Tages zu spät. Ob Unternehmen oder Firma, politische Partei oder Verein, Hausgemeinschaft oder Großfamilie – arbeiten oder wohnen sie zusammen auf engem Raum, sind sie alle vom Mythos betroffen: Mit Sicherheit sammelt sich im Laufe der Zeit Unrat und Abfall, Schimmel und Moder, Verdorbenes oder Verfaultes an.

Konkurs von Firmen ebenso wie Pleiten politischer Parteien oder einzelner Verantwortlicher lassen sich darauf zurückführen, daß weder Hygienemaßnahmen noch Säuberungen rechtzeitig vorgenommen wurden. Lange Zeit ist es der Augias in uns, der Deckmäntelchen über alles ausbreitet, die Fassade poliert und den Zustand beschönigt. Hier sollten wir hellhörig und hellsichtig werden und unserer Nase nachgehen. Schon lange, bevor wir bis zum Hals im »Mist« stecken, können wir ihn nämlich »riechen« oder »spüren«. Wenn in Politik und Wirtschaft sich hinter den Oberen und Führenden, unseren heutigen Augiaskönigen, die Türen schließen, damit nichts nach außen dringt, dürfen wir sicher sein, daß bereits etwas »angebrannt« ist. Unsere Welt ist voll von Geheimnistuerei und Versteckspiel. Sich nicht in die Karten schauen lassen gilt als schlau, dem anderen in die Karten schauen als listig. Die Minister ziehen sich zur Erörterung zurück, die hohen Richter zur Urteilsberatung, die Wirtschaftsbosse zur Entscheidungsfindung, die Generäle zur Lagebesprechung, um Sonne, Tageslicht und Öffentlichkeit auszuschließen.

Viele sind lichtscheu geworden. Sie treten zwar öffentlich auf, versichern uns, die Wahrheit zu sagen, klären uns auf, daß alles in Ordnung sei, und bestätigen uns die Bereinigung aller Probleme. Doch Zweifel bleiben bestehen, zu undurchsichtig und unüberschaubar ist alles geworden. Wir erfahren dann hin und wieder von Skandalen und Auswüchsen, fordern Rücktritt und Aufgabe von Lohn und Ertrag. Doch der Verlust der Pfründe und Weideplätze erzeugt im Lohnabhängigen Angst. Daher haben viele von uns vor nichts anderem größere Angst als vor dem dunklen Fleck auf der weißen Weste: Er könnte dem Reichtum ein abruptes Ende bereiten. Deshalb wird hinter verschlossenen Türen die schmutzige Wäsche gewaschen. Mythos und König Augias, der »Glänzende«, zeigen, wohin diese gutgemeinten Praktiken führen. Und gerade der heutige Umweltschutz bestätigt den Mythos, weist er doch darauf hin, daß Wäschewaschen allein den Schmutz nur dorthin verlagert, wo wir ihn nicht mehr sehen können – aber beseitigt ist er noch lange nicht. Im Gegenteil, durch die Waschmittel, so erfahren wir, wird die Gesellschaft und Umwelt zusätzlich belastet.

Dies sollte uns nachdenklich stimmen und zur Aufgabe aller Verhaltensweisen bewegen, die dem »Stallprinzip« des Augias nacheifern. Denn der Schein trügt – die Augiasställe sind in Wirklichkeit überfüllt, die Zeit ist knapp und das von ihnen ausgehende Leid bereits groß.

Astrologische Zusammenhänge im Zeichen Wassermann

Zuordnung

Planet   Uranus (griechisch: Uranos), der »gestirnte Himmel«
Haus   11. Haus, Freunde und geistige Gruppen
Mythologisch   griechischer Schöpfungsmythos, Gaia, Aphrodite, Ganymedes
Eigenschaft   Freiheit, Unabhängigkeit, Menschlichkeit, Verbindlichkeit, Sprunghaftigkeit, Unruhe
Körperteil   Waden, Sprunggelenke

Das Prinzip Wassermann

Nach Steinbock, dem Zeichen der Gipfelleistung und des eigenen Wegs, gilt Wassermann als Zeichen der Erneuerung und Revolution. In der alten Überlieferung verkörpert es den Menschen schlechhin, der die »Wasser des Wissens und der Weisheit« im Krug sammelt und zum Wohl der Menschheit ausgießt. Die Frage nach dem Beitrag, der für die Menschheit und im kleineren für die Verbesserung menschlicher Lebensbedingungen geleistet werden kann, steht im Vordergrund dieses Zeichens. So wird auf allen Ebenen Wissen gesammelt, ausgewertet und aufbereitet. Der Drang, die Kreisläufe des Lebens, des Wassers und der Menschwerdung zu durchschauen, ist groß, die Neugierde danach stark. Deshalb wohl gilt auch die Astrologie als die dem Zeichen Wassermann zuzuordnende Disziplin.

Doch für Reinigung und Erneuerung gilt es alte Grenzen zu überwinden. In Uranus, dem herrschenden Planeten, wird daher jene Kraft gesehen, die, wenn es sein muß mit Gewalt, die Beschränkungen der alten Form aufsprengt, um die Grenzen zu überwinden. Zerstörung wird dabei in Kauf genommen, manchmal ist sie sogar beabsichtigt, denn das Interesse gilt eindeutig der Zukunft, weniger der Gegenwart und noch weniger dem Vergangenen.

Alles Ungewöhnliche, alles Verrückte, alles Eigenartige wird diesem Zeichen zugeordnet. Es ist hochindividuell ausgerichtet und dennoch mit einer großen Sehnsucht nach Freundschaft und Gruppenleben ausgestattet. Dieser Zwiespalt ist unauflöslicher Lebensbestandteil, er soll stets Zweifel wecken – was er auch tut –, um ständig Bestehendes und Beständiges zu hinterfragen. Die im Zeichen Wassermann zu findende Signatur zweier Wellen zeigt deutlich das ewig Innere Auf und Ab, ohne das ein wassermännisches Leben nicht denkbar wäre. Dabei ist das Ziel nicht Beruhigung oder Einebnung dieses rhythmischen Wellenschlags, sondern vielmehr der Einklang und die Synchronizität der oberen, himmlischen Welle mit der unteren, irdischen Welle, damit die Voraussetzungen geschaffen werden, die Wellen des Lebens und des Schicksals hinzunehmen wie die Wogen des Meeres – eine Fähigkeit, die im nachfolgenden Zeichen der Fische benötigt wird.

Die elfte Heraklesaufgabe im persönlichen Horoskop

Wassermann gilt traditionell als Zeichen der Freiheit, Gleichheit und Brüderlichkeit. So wie diese Begriffe Leitmotive mancher Revolutionen sind, überträgt der Planet Uranus alle revolutionären Bestrebungen in das Leben der Menschen. Dabei wird ihm auch Rücksichtslosigkeit und Zerstörung zugeschrieben, wenn es nur dadurch möglich wird, neue Entwicklungen einzuleiten.

Befindet sich im Horoskop der Aszendent im Zeichen Wassermann, gilt es als erstes, das »Rind« im Innern zu suchen und zu finden. Nur wenn aller Trott gesehen und man sich selbst mit allem Wiedergekäuten konfrontiert hat, kann der Versuch gelingen, sich eines Tages – Schritt für Schritt – davon zu befreien. Die eigene Abhängigkeit von Lohn und Anerkennung mag zwar anfänglich unüberwindlich erscheinen, doch im Lauf der Zeit wird die Sehnsucht nach Freiheit und der Wunsch, alle Unterjochung abzulegen, so groß, daß der Absprung zu schaffen ist – dann erst erleben wir die große Freiheit.

Besondere Bedeutung jedoch erlangt die elfte Aufgabe und mit ihr der Planet Uranus im Horoskop der Menschen, die Aszendent

Fische haben, da das 12. Haus (äquale Häuser!) – das Haus der Lösung und Meisterung – sich im Zeichen des Wassermanns befindet. So mögen wir lange Zeit im Leben von der Welt des Lohnes und des Überflusses gleichzeitig fasziniert und doch abgestoßen sein. Wohl würden wir uns Reichtum, materielle Fülle und Besitztümer wünschen – mit einem Wort, wir möchten alles haben –, doch zunehmend mehr fragen wir uns, ob alles Abrackern, alle unbefriedigenden Arbeiten, alle eingegangenen Abhängigkeiten und Verpflichtungen sich wirklich dafür lohnen.

So holt uns immer wieder ein stiller Traum ein: Eine Welt von Brüdern, Friede und Zufriedenheit, jeder sich mit jedem verstehend. Aber Traum und Wirklichkeit klaffen weiter auseinander als bei allen anderen Zeichen im Tierkreis. Denn erst die Unzufriedenheit der Seele und die Unerfülltheit des Geistes, geboren aus diesem Zwiespalt und einem tief innen sitzenden Weltenschmerz, gebären die Kraft, eines Tages alles hinzuwerfen, dem Lohn und der Abhängigkeit lebewohl zu sagen und uns aus der Umklammerung festgefahrener Beziehungen und sinnlos gewordener Gewohnheiten zu befreien. Erst jetzt werden wir uns der Fesseln bewußt, die wir uns ein Leben lang angelegt haben. Der Traum von Freiheit wird wahr, jedoch ganz anders, als wir es uns vorher vorgestellt haben: Sie äußert sich nämlich in der Freiwilligkeit, mit der wir von nun an den gestellten Lebensaufgaben und angetragenen Arbeiten begegnen. Freude zur eigenen Arbeit wird Wirklichkeit, die Welt enthüllt als Hintergrund Liebe und Güte – und die Mitmenschen werden zu Freunden und Brüdern. Eine frühe Ahnung wird zum Wissen und zur Gewißheit: Es gibt in der Welt nichts Böses. Es ist nur Schein, hervorgerufen durch eine Bewußtseinsspaltung im Menschen, und kann von uns erkannt, durchschaut und aufgelöst werden. Ist es soweit, drängt es uns wie von selbst dazu, dieses Wissen auszuschütten und unseren Freunden und Brüdern mitzuteilen, um ihnen aus ihrem Leid herauszuhelfen – ein neuer Wassermann ist geboren.

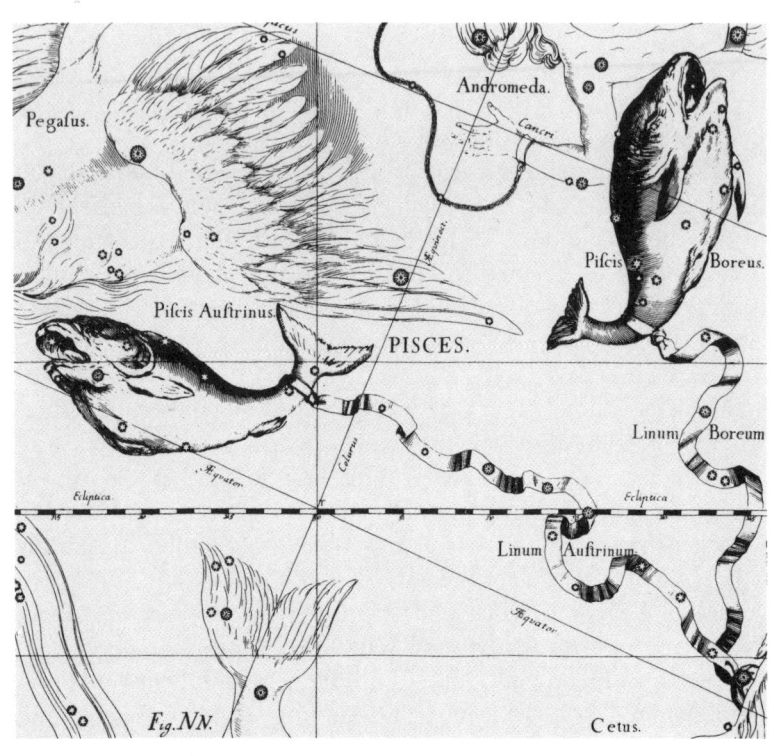

ZWÖLFTE AUFGABE IM ZEICHEN FISCHE

Das Einfangen der roten Herde des Geryon

Die zwölfte Aufgabe besteht für Herakles darin, von einem fernen, dunklen Ort, genannt »Erytheia«, die rote Rinderherde des Geryon zu holen und zu König Eurystheus zu treiben. Erytheia, die Insel der Abendröte, liegt in der Nähe des Okeanos-Stromes, jenseits der »Säulen des Herakles«. Geryon ist Sohn von Chryasor und der Kallirrhoe. Er hat drei Köpfe und drei Körper mit sechs Armen. Er mißachtet Gesetz und Recht und hält sich eine Herde von dunkelrotem Vieh, die er sehr gut von dem Hirten Eurytion, Sohn des Ares, und seinem doppelköpfigen Hund Orthos bewachen läßt.

An der Meerenge von Gibraltar angekommen, opfert Herakles dem Helios und verbringt sieben Tage in tiefer Meditation. Daraufhin erhält er von Helios einen goldenen Pokal, der die Form einer Wasserlilie hat. Damit kann Herakles über den Ozean zur Insel Erytheia segeln.

Nach einer sehr bewegten Seefahrt kommt Herakles auf der Insel an. Er findet die Viehherde. Sofort greift der doppelköpfige Hund ihn an, doch Herakles erledigt ihn mit einem gezielten Keulenschlag. Den um sein Leben flehenden Hirten Eurytion läßt Herakles am Leben.

Ein weiterer Hirte meldet Geryon das Geschehnis. Sofort eilt das Ungeheuer mit den drei Oberkörpern herbei und stürzt sich auf Herakles. Der aber schießt einen einzigen Pfeil so ab, daß er Geryon in die Seite trifft und damit gleichzeitig alle drei Körper durchbohrt. Der Unhold schreit verzweifelt ein letztes Mal auf und fällt tot zu Boden. Nun nimmt Herakles die Herde mit in sein »Boot«, segelt zurück über das Meer und treibt von Gibraltar aus die ganze Herde über die Alpen und das nördliche Italien zu König Eurystheus. Auf diesem Rückweg hat Herakles noch viele Schwierigkeiten (u.a. mit Viehdiebstählen) zu überwinden und Kämpfe zu bestehen. Er macht jedoch seine Arbeit äußerst gewissenhaft und genau und holt jedes einzelne Rind, ob entlaufen oder geraubt, wieder zurück. Was immer auch für Arbeit damit verbunden war, er liefert die Herde vollzählig bei Eurystheus ab.

Ergänzungen zum Mythos

Sehr viele Einzelheiten, die Herakles zu erledigen hat, werden gerade im Zusammenhang mit dieser zwölften Aufgabe berichtet.

Auf dem Weg zur Insel Erytheia

1. Auf seinem Weg zu Geryon macht Herakles die Wüste Lybiens wieder fruchtbar.
2. Behauptet wird, daß Herakles – an der Meerenge von Gibraltar angekommen – zwei Säulen errichtet hat – eine auf der europäischen, die andere auf der afrikanischen Seite.
3. Herakles soll mit seinem Bogen sowohl Helios als auch den Titanen Okeanos bedroht haben, damit sie ihm seine Wünsche erfüllen. Helios stellte ihm daraufhin das Boot zur Verfügung, während Okeanos – dem Druck des Herakles nachgebend – das stürmische Meer beruhigt. Zum Segeln, so sagt man, hat Herakles sein Löwenfell benützt.

Auf dem Rückweg mit der Herde

1. Ständig hat Herakles zu tun mit Viehdieben und sich verirrenden Rindern
2. Mehrere Ringkämpfe hat er zu bestehen
3. Er gründet auch Städte und baut Straßen. Er lehrt den Gebrauch der Buchstaben und beendet den Brauch des Menschenopfers.

*Und es vollendete Gott am siebten Tag das Werk,
das er geschaffen,
und ruhte am siebten Tag von seinem Werk, das er geschaffen,
und Gott segnete den siebten Tag und heiligte ihn;
denn an ihm ruhte Gott von seinem Werk,
das er geschaffen durch sein Wirken!*

Genesis 2,2–3

Erytheia – die Insel der Abendröte

In den entfernstesten Teil des Westens – jenseits der Säulen des Herakles – führt uns der Mythos mit der zwölften Heraklesaufgabe.

Wir spüren, daß es sich hierbei um die letzte Heraklesaufgabe handeln muß – traditionell den Fischen, dem letzten Zeichen im Tierkreis, zugeordnet:

Den die Erde umfließenden Grenzstrom Okeanos hat Herakles mit dem Boot zu überwinden, jenes Meer, das seit alters her als das Reich der Fische gilt. Doch nicht nur diese Tatsache weist darauf hin, daß sich der Kreis der zwölf Aufgaben zu schließen beginnt. So viele, fast unzählige kleine Aufgaben bewältigt unser Held auf dem Hin- und Rückweg, daß wir annehmen dürfen, Herakles habe alles Unerledigte, unvollständig Gebliebene und alles Liegengelassene nachzuholen und zu (er-)lösen, damit am Ende der zwölften Aufgabe nichts mehr zu tun bleibt – alles ist dann vollbracht.

Doch verweilen wir beim Kernstück des Mythos: Die Insel Erytheia mit der roten Rinderherde.

Daß uns die letzte Aufgabe noch einmal mit dem Thema der Rinder und der Herde konfrontiert, darf uns nicht verwundern. In der vergangenen elften Aufgabe wurde von Herakles zwar der von den Rindern stammende »Mist« beseitigt, aber wegen der Dringlichkeit der Säuberungsaktion konnte er sich mit den Verursachern und Ursachen nicht befassen. Deshalb war bereits abzusehen, daß Herakles nach Beseitigung des Übels sich nun mit den Wurzeln des Übels auseinanderzusetzen hat. Wiederum geht es um Rind und Rinderhaltung und um die Fragen: Was macht den Menschen zum

Rind? Was hält den Menschen in der Herde? Wer oder was muß dafür zur Rechenschaft gezogen werden? Wem gilt es, das Handwerk zu legen?

Der Mythos führt uns auf eine Spur, die uns den Antworten auf diese Fragen näherbringen kann: Die Farbe Rot!

Einerseits wird ausdrücklich betont, daß alle Rinder tiefrot gefärbt sind, andererseits ist der Aufenthaltsort der roten Herde Erytheia, die Insel der Abendröte.

Was hat die Hervorhebung der Farbe Rot zu bedeuten? Wegen der ausgesprochenen Auffälligkeit ist Rot seit jeher die Reizfarbe schlechthin. Dies spiegelt sich auch wider in geläufigen Redewendungen wie »Der ist wie ein rotes Tuch für mich!« oder »Ich sehe rot!« Hintergrund solcher Redensart ist immer eine erhöhte Reizwirkung, die aus der äußeren Welt kommend auf uns einströmt. Dabei empfinden wir diese Reize und Impulse von außen durchweg eher feindlich und gegen uns gerichtet: Taucht ein »roter Reiz« auf, fühlen wir uns angegriffen und nehmen innerlich eine Kampf- und Abwehrposition ein. So ist die Farbe Rot auch die Farbe von Kampf und Gegnerschaft. In dieser Eigenschaft ist sie dem Kriegsgott Ares (lateinisch: Mars) und dem dazugehörigen Tierkreiszeichen Widder zugeordnet. Diesen Zusammenhang bestätigt auch die Tatsache, daß Eurytion, der Viehhirte, Sohn des Ares ist.

Nun entsteht plötzlich ein scheinbarer Wiederspruch, den es aufzuklären gilt: Rot bezeichnen wir auch als die Farbe der Liebe und des Herzens!

Aufhellen kann diesen Gegensatz die Mythologie selbst. Von Ares, dem Kriegsgott, erzählt sie nämlich, daß er stets zu Aphrodite, der Göttin der Liebe und der Vollkommenheit, strebt – und zwar nach Sonnenuntergang, um mit ihr im Glanz der Abendröte das Lager zu teilen, bis ihn die Morgenröte wieder zur Aktivität mahnt. Diese Geschichte weist uns auf einen urmenschlichen Zusammenhang hin: Wir kämpfen für alles, was wir lieben! Und: Wir kämpfen am Tag und lieben am Abend und in der Nacht!

So setzen wir tagsüber unsere gesamten marsisch-kämpferischen Kräfte ein, damit wir nicht im Abendrot der untergegangenen Sonne – unerfüllt und ungeliebt – mit leeren Händen dastehen. Die Arbeit des Tages wird zur notwendigen Voraussetzung für Freude und Genuß am Abend.

Ohne es zu merken sind wir in eine gewaltige Gespaltenheit geraten: Jetzt und hier, im Licht des Tages, mühen und plagen wir uns, um später, in der Dämmerung des Abends, als Lohn oder Belohnung dem Liebreiz und Genuß des Lebens zu frönen. Diese Gespaltenheit – jetzt handeln, um es später gut zu haben – zieht sich durch unser ganzes Leben und ist derart umfassend, umklammernd geworden, daß wir sie für selbstverständlich, logisch und natürlich nehmen und dabei etwas anderes für undenkbar halten. In der elften Aufgabe erkannten wir die Lohnabhängigkeit als Mitursache für die im »Augiasstall« beschriebenen Zustände. War hier Lohnabhängigkeit mehr in materieller Hinsicht gemeint, so konfrontiert uns die zwölfte Aufgabe mit der Lohnabhängigkeit des Menschen auf allen Ebenen. Das »rote Rind« in uns ist jene Instanz, die vor jeder Aktivität die Frage stellt: Lohnt es sich für mich? Fällt die Antwort mit »ja« aus, versprechen wir uns also – geistig, seelisch oder materiell – für unser Tun einen späteren Lohn, nehmen wir Mühe und Qual, Kampf und Auseinandersetzung auf uns.

Nun wäre generell an dieser Vorgehensweise nichts auszusetzen, entspricht sie doch der Einstellung des Ares, der von göttlicher Natur ist und zum engen Kreis der olympischen Gottheiten gehört. Was uns zum »roten Rind« und nicht zum feurig-roten Kriegsgott Ares macht ist die Tatsache, daß unser Streben in Wahrheit weder Aphrodite noch der Liebe gilt. Nach getaner Arbeit, in der Röte des Abends und im ersten Licht des Abendsterns finden wir nicht Erfüllung sondern Fülle, nicht Freude sondern Vergnügen, nicht Erhebung sondern Ablenkung. Aphrodite ist die Göttin der Vollkommenheit und Erkenntnis. Als Abendstern verkörpert sie jene Intelligenz in uns, die aus vergangenem Tagewerk, aus Gelingen und Versagen, die Erkenntnis dessen extrahiert, was zu unserer Vollkommenheit fehlt. Dieses scheinbar winzige Etwas – Erkenntnis genannt – unterscheidet uns von Ares. Fehlt es, verlieren wir unsere Göttlichkeit und werden zu Mitläufern in der roten Rinderherde. Ares, der Unvollkommenste unter den Göttern, wie er von seinem Vater Zeus oft genannt wird, strebt nach Vollkommenheit, das macht ihn göttlich und gewährt ihm nachts die Liebe der

Aphrodite. Sie, die Schaumgeborene und Tochter des Himmels, liebt in uns Menschen das Streben nach Erkenntnis der himmlisch-ganzheitlichen Prinzipien. Deshalb wird Liebe auch bezeichnet als die Kraft der Gegensatzvereinigung. Alles, was Reize in uns auslöst, was uns gefällt und und zum Kampf ansportt, sendet uns Aphrodite. Aber nicht nur, um Spaß und Vergnügen daran zu haben – wogegen sie gar nichts einzuwenden hat –, sondern damit wir für unsere Entwicklung daraus lernen. Aus diesem Grund verkörpert das Rind auch jenen Teil in uns, der sich nicht entwickeln will, bei seinen alten Gewohnheiten bleibt und immer wieder dieselben Fehler macht. Jener Teil in uns ist geistlos in dem Sinn von »allen guten Geistern verlassen« zu sein. Folge dieser Geistlosigkeit ist Seelenlosigkeit, die den Trott, die ewige Gewohnheit nach sich zieht. Das »rote Rind« in uns, geprägt von der Grundhaltung »Was reizt mich?« und »Wie hoch ist der Lohn?«, ist perfekt, die Herde sammelt sich, das Leben beschränkt sich mehr und mehr auf ein Inseldasein – und am Ende dreht sich alles im Kreis.

Wenn der Mythos uns von Erytheia, der Insel der Abendröte, erzählt, sie liege ganz im äußersten Westen, jenseits des Okeanos, zu finden, sollte es uns hellhörig machen. Gerade heute sprechen wir viel vom »Westen«, den die Menschen aus dem Osten kommend erobert haben, und der »westlichen Welt«. Auch wir kennen jenseits des Ozeans den Kontinent, der den westlichen Lebensstil geprägt hat und – wie sollte es uns wundern – im doppelten Sinn des Wortes sich große »Herden von roten Rindern« hält. Viel importieren wir von dort, doch ist es angebracht, mit den Augen des Mythos genau hinzuschauen: Wo immer uns von dort Reize überfluten, um uns zu locken, besteht die Gefahr, selbst zum »roten Rind« zu werden. Das »Rind« steht symbolisch auch für Erwerb und Besitz, das wissen wir von der elften Heraklesaufgabe. Wäre es, im Licht der Selbsterkenntnis betrachtet, nicht an der Zeit, uns zu fragen, ob wir die Dinge aus dem Westen brauchen bzw. das Bedürfnis nach ihnen überhaupt vorhanden ist. Werden Erwerb und Besitz jener Dinge tatsächlich die erhoffte Erfüllung, den erwarteten Lohn bringen? Oder werden sie nach Erwerb und Kauf bald den Weg in den Müll gehen?

Eine riesige Industrie befaßt sich damit, wie es so schön heißt, Bedürfnisse zu wecken. Lohn und Erfüllung werden uns versprochen, Kaufanreize gezielt gesetzt und günstige Angebote gemacht, denn schließlich muß der Kauf sich für den Käufer lohnen. Und wir alle schauen zu und sehen nicht, was sich dabei abspielt: Wir kaufen, weil wir daran glauben, daß der Besitz sich für uns lohnen wird.

Doch wer bringt uns dazu, daran zu glauben?

Der Mythos nennt ihn Geryon, den »Lauttönenden« – ein Ungeheuer mit drei Oberkörpern.

Deutung des Mythos

Was nun hält jene rote Rinderherde in ihren Stallungen und auf ihren Weiden?

Oder anders gefragt: Was bindet uns an eine Lebensführung, deren äußerer Ausdruck ein ewig sich im Kreise Drehen und deren innere Motivation Lohn und Besitz sind? Was um alles in der Welt läßt uns an Gewohnheit und Trott, den ständigen Wiederholungen ein und derselben Lebenssituation, dem Wiederkäuen ein und derselben Lebensthemen so stark festhalten? Worin liegt der Reiz, ohne Ende das Gleiche zu tun und zu planen, zu organisieren und arrangieren, zu veranlassen und auszulösen?

Oft sprechen wir in diesem Zusammenhang davon, »etwas bis zur Bewußtlosigkeit zu tun« oder »etwas bis zum Umfallen zu machen«.

Was fesselt uns derart daran, daß wir nicht morgen schon alles hinwerfen, um uns einem bewußten, mit Sinn und Inhalt angefüllten Leben zu widmen?

Der Mythos soll uns hierauf Antwort geben. War es in der elften Aufgabe der »blauäugige« König Augias, der in Unkenntnis des Karmagesetzes von Ursache und Wirkung glaubte, allen »Mist« im Stall einzusperren, wäre die Problemlösung, so begegnet uns in der zwölften Aufgabe eine ganz andere Hauptperson: Geryon, auch als gepanzerter Krieger beschrieben, hält sich rote Rinder auf der Insel der Abendröte. Vom Rumpf ab hat er drei Leiber, somit auch drei Köpfe und sechs Arme.

Dem Wort nach heißt Geryon soviel wie »der Lauttönende« oder »der Schreier«. Der ursprünglichen Bedeutung des Wortes nach heißt er auch »der Entzieher«. Als Sohn des Chrysaor, der »vergoldeten Hülle« – heute würden wir eher sagen der »schönen Verpackung« oder der »verlockenden Aufmachung« –, tönt er laut in die Welt. Er ist der Marktschreier, der es gelernt hat, für seine Angelegenheiten zu kämpfen – und zu werben: Ob Ware oder Produkt, Urlaub oder Reise, Kino oder Theater, Mensch oder Land – er versteht alles anzupreisen, aufzuwerten und aufzumachen, damit der potentielle Käufer oder Kunde, Bürger oder Wähler alle natürlichen, ihm innewohnenden Hemmschwellen überwindet. So entsteht der Rausch – die Ware wird gekauft, die Reise gebucht, das Kino besucht und der Politiker gewählt; aber nicht weil die innere Stimme gesprochen hat, sondern weil die lauten äußeren Stimmen die innere übertönt und uns berauscht haben. Deshalb muß im Mythos Geryon sterben, getroffen von einem Pfeil des Herakles, der alle Leiber auf einmal durchbohrt.

Geryon ist der Fälscher, er vergoldet die »Hüllen«, er wertet das Äußere auf, um so das Innere besser zu verwerten. Das »rote Rind« in uns sieht nur die Hülle, empfängt den Reiz und – wie der Stier mit dem roten Tuch vor Augen – stürzen wir in die Welt von »Hülle und Fülle«, um zu erwerben und zu besitzen. Der Begründer von Werbung und Verkaufsförderung, der Erschaffer von Kaufanreizen und Sonderangeboten, der Erwecker von Bedürfnissen und Besitzwünschen hat hier einen Namen bekommen: Geryon.

Er dringt ein in unsere geistige Welt, um Ideen in unseren Köpfen einzunisten, die andere übertönen sollen. Heimlich lenkt er so unser Denken und Wollen auf etwas Käufliches, bis die Absicht entsteht, dieses Etwas zum persönlichen Besitz zu machen.

Doch nicht genug: Damit die Absicht auch wirklich in die Tat umgesetzt wird, dringt er vor zu unseren seelischen Bereichen. Dort weckt er Sehnsüchte. Jetzt kommen ungestillte Bedürfnisse und ungelebte Wünsche hoch, um sich an dieses Etwas zu haften. Langsam beginnen wir uns damit zu identifizieren – und bald glauben wir, daß nur dieses Etwas imstande ist, unsere Sehnsucht zu stillen. Doch auch damit nicht genug: Damit wir uns nicht noch eines Besseren besinnen und um den Erwerbsvorgang zu beschleunigen, bieten Geryon und seine Helfer dieses Etwas überall an: In Tausenden von Geschäften und Läden wirkt es auf uns und zieht uns magisch-magnetisch an. Wir haben die Gelegenheit, es anzuschauen, in die Hand zu nehmen, auszuprobieren und – gegen Hinterlassung eines Schecks versteht sich – gleich zu behalten und mit nach Hause zu nehmen.

Auf allen drei Ebenen – Geist, Seele und Körper – bearbeitet uns Geryon und mit ihm die Werbung. Dies mag symbolisiert sein im Mythos durch die drei Leiber des Geryon.

Heute, am Ende des Fischezeitalters, stehen wir in einer Welt, für die Werbung auf allen Ebenen zur Selbstverständlichkeit geworden ist. Sie wird von uns als zulässig anerkannt, ja sogar als gut oder zumindest berechtigt empfunden. Warum nicht, so sagen wir, schließlich zwingt Werbung niemanden zum Kauf. Dies wäre richtig, und hier heißt es wieder einmal dem Mythos vertrauen, wenn wir alle das »rote Rind« in uns überwunden hätten. Ein wahrhaft freier und lohnunabhängiger Mensch ist durch Werbung nicht mehr anfechtbar.

Aber was ist mit all den anderen, den Lohnabhängigen und Geknechteten? Denjenigen, die Arbeit als Mühsal und Leben als Zwang empfinden? Denjenigen also, die nach untergegangener Sonne im Licht der Abendröte den Lohn für des Tages Mühe empfangen wollen? Sie werden, belassen wir Geryon und die Werbung in ihrer Funktion, weiterhin sich im Kreise drehen, weiterhin auf der Stelle treten und weiterhin in der Tretmühle sich befinden. Sie können aus eigener Kraft nicht herauskommen, noch davon ablassen, noch dieses Leben überwinden. Sie sind angewiesen auf Herakles, der mit dem Pfeil der Erkenntnis die Machenschaften aller Geryons dieser Welt aufdeckt und unerbittlich angreift, um sie zur Strecke zu bringen. Der Mythos beschreibt uns auf das eindringlichste diesen Zusammenhang: Die roten Rinder leben auf einer Insel und in einem Land, in dem die Sonne untergegangen ist. Sonne steht für Geist, Licht und Erkenntnis – die Rinder können ohne Herakles und ohne das vom Sonnengott Helios geliehene Boot diese Stätte nicht verlassen in Richtung Osten, der aufgehenden Sonne entgegen.

Die Tötung des Geryon wird dadurch zum Akt der Nächstenliebe, die Herakles im weiteren Verlauf der zwölften Aufgabe noch deutlicher demonstriert, denn er sorgt dafür, daß alle Rinder wohlbehalten und heil am Ziel ankommen.

Die Schlange, einst vom Schöpfer gedacht als innere Führerin und Begleiterin des Menschen auf seinem geistigen Weg der Erkenntnis, wurde verkannt und begegnet uns – pervertiert – in der materiellen Welt als Verführerin und Werberin für mehr und immer mehr. Wir haben das Wissen verloren, daß der Apfel, den sie uns anbot und der Symbol für die sichtbare Welt ist, nur der Erkenntnis dient. In die Welt sollen wir »hineinbeißen«, sie sollen wir uns »einverleiben« und in ihr sollen wir Erfahrungen machen, um in diesem Wechselspiel uns selbst und das Göttliche in uns zu erkennen. Zu Handeln mit dem Wunsch zu Erkennen, heißt gut sein und erfüllt uns und unseren Auftrag. Doch das Mehr, das auf der geistig-inneren Seinsebene für uns Menschen gut ist, wird auf der äußerlich-materiellen Habenebene böse, weil es sich stets zuerst gegen den Mitmenschen richtet, um dann – nach dem Gesetz des gerechten Ausgleichs – auf uns zurückzufallen.

Immer größer, immer besser, immer schneller – das ist die Devise am Ende des Zeitalters, das wie die zwölfte Heraklesaufgabe dem Zeichen der Fische zugeordnet ist. Da wird verständlich, daß der die Rinderherde bewachende Hund Orthos verwandt ist mit dem griechischen Wort »orthoo«, das oft mit »verbessern« und »fördern« wiedergegeben wird. Wir glauben inbrünstig daran, daß der Sinn irdischen Daseins in der unaufhörlichen Verbesserung und Förderung bestehender Um- und Zustände, Waren und Gegenstände liegt. Der Mythos zeigt uns hier das Gegenteil: Gerade das ewige Verbessern der weltlichen Dinge und Angelegenheiten entspricht dem Wachhund Orthos – es ist die unmittelbare Kraft, die das »Rind« bei und in der Herde hält. So wie Orthos kein Rind aus der Herde entkommen läßt, so bindet das unaufhörliche Verbessern unsere geistigen Kräfte derart an die äußere Welt der Erscheinungen, daß echte Entwicklung im Innern nicht möglich ist. Vom neuesten Automodell über die modernere Kücheneinrichtung bis hin zum schnelleren Computer, unser Geist ist auf Verbesserung ausgerichtet, konzentriert sich auf Neuentwicklungen, befaßt sich immer wieder aufs neue mit Prospekten und Werbebroschüren, studiert Bücher, die vom neuesten Stand der Dinge berichten, sieht fern oder hört Radio oder liest Zeitungen, selbstverständlich in Erwartung neuester Nachrichten und Informationen. Um auf der Höhe der Zeit mit all ihrem schnellen, äußeren Wandel zu bleiben, wird der Geist abgezogen vom Wesentlichen und so seiner eigentlichen Bestimmung entrissen, bis er am Abend, nach Sonnenuntergang, ermattet vor einem Bildschirm völlig ausgelaugt entschläft: Jetzt endlich wird klar, warum Geryon der alten Bedeutung des Wortes nach der »Entreißer« oder »Entzieher« genannt wird.

Und ebenfalls klar wird, warum er sterben muß, damit das »Rind« in uns aus dieser Umklammerung sich befreien und langsam entwickeln kann. Geschieht dies nicht, werden wir weiterhin im Kreislauf von Ausscheidung und Erneuerung, Abschaffung und Neuanschaffung, Abschreibung und Investition bleiben, bis wir schwindlig sind vom sich immer schneller drehenden Karussell, in dem wir sitzen. Damit jedoch der leichte Schwindel sich nicht zu großer Übelkeit steigert, müssen alle Erkennenden unter uns das Prinzip verbesserter Modelle ebenso erschlagen wie Herakles den Wachhund Orthos erschlagen hat und das Prinzip der aufgemachten und vergoldeten Hüllen ebenso beseitigen wie Herakles Geryon beseitigt hat.

Geryon, der »Entzieher«

Betrachten wir ein wenig näher, warum Geryon, der »Lauttönende«, auch der »Entzieher« ist. Unschwer ist zu erkennen, daß ein Zusammenhang besteht zwischen dem lauten Tönen und dem Entziehen, wissen wir doch von der Werbung, daß sie stets die guten Eigenschaften eines Produkts anpreist und geflißentlich die weniger guten Eigenschaften verschweigt. Das Hervorheben und Vergolden der einen Seite führt tatsächlich zu »Entzugserscheinungen«: Die andere Seite entzieht sich wie von selbst unserem Gesichtskreis, wir sehen sie nicht, sie bleibt uns verborgen. Es gehört zu den Phänomenen unseres Bewußtseins, daß wir, auf eine Seite besonders aufmerksam gemacht, in der Regel blockiert sind, die andere Seite zu sehen. Es erfordert viel Wachheit und Übung, Konzentration und Denkkraft, um den auf eine Seite fokussierten Strahl des Bewußtseins umzulenken, damit er die andere Seite ebenfalls erhellt und wir sie dann erkennen können. Auf diesem grundlegenden Phänomen beruhen viele unserer Täuschungen und die daraus resultierenden Enttäuschungen, die das Leben immer wieder für uns bereithält.

Tönt jemand besonders laut, d. h. präsentiert er die eine Seite eines Produkts besonders strahlend, sozusagen vergoldet, poliert sie noch dazu auf und serviert sie uns mundgerecht, schnappt die Falle zu: Die uns entzogene Seite wollen wir gar nicht mehr kennenlernen, weil sie uns womöglich am Erwerb und in der Folge am versprochenen Vergnügen hindern könnte. Geryon ist also ein trickreicher Betrüger. Sein Trick besteht darin, uns in Geist und Seele so an die guten Seiten eines Produkts heranzuführen, daß uns das »Wasser im Mund zusammenläuft«. Identifizieren wir uns fest genug mit jenen guten Seiten, positiven Merkmalen, Vorteilen oder wie immer sie heißen mögen, ist die Kaufabsicht gefestigt – jetzt wollen wir von den schlechten Seiten, den negativen Merkmalen, den Nachteilen nichts mehr wissen, weil wir uns selbst den Spaß und die Freude, die wir mit dem Erwerb und künftigen Besitz verbinden, nicht verderben wollen. So bleibt es dem Besitz und Gebrauch vorbehalten, uns nach dem Erwerb mit jenen dunklen, entzogenen Seiten vertraut zu machen.

Das Leben wird uns so zur Lehre: Jede Enttäuschung weist auf vorangegangene Täuschungen hin, könnte uns Aufschluß geben über innere Denk- und Gefühlsstrukturen und ein Stück auf dem Erkenntnisweg weiterbringen. In letzter Konsequenz symbolisiert Geryon jene Instanz in uns, die in Denken, Fühlen und Handeln für Einseitigkeit sorgt, indem er eine Seite überzeichnet und dadurch die Kehrseite unterdrückt. Weil uns die entzogene Seite verborgen bleibt, enthüllt sie uns das Leben – dem Gesetz des Ausgleichs folgend – über Erfahrung nach dem Motto: Wir erwerben den Vorteil und erfahren später den Nachteil!

Geryon mit dem Pfeil der Erkenntnis töten würde bedeuten: Bevor wir zur Tat schreiten, uns Kraft unseres Geistes mit der anderen, verborgenen Seite zu befassen. Indem wir die Dinge der

Welt von allen Seiten betrachten, wiegen sich Vor- und Nachteile gegenseitig auf. Und nun können wir frei entscheiden, ob Kauf, Erwerb und Besitz einer Ware einem tiefen inneren Bedürfnis entsprechen und von daher unserem Entwicklungsweg dienen. Alles andere erkennen wir als Ballast, der uns beschwert, einengt und unbeweglich macht – und weggeworfen obendrein der Gemeinschaft zur Last fällt.

Doch dies ist nicht alles, was Geryon uns entzieht. Indem wir betont einseitig informiert werden und uns informieren lassen, verlieren wir unseren eigenen Standpunkt. Anstatt uns eine eigene Meinung zu bilden, übernehmen wir vorgefertigte Meinungen, und glauben dabei, durch möglichst viele fremde Meinungen die besten Voraussetzungen für eine eigene Meinungsbildung zu schaffen. Wir loben unsere Pressefreiheit und sind überzeugt, daß es nichts geeigneteres gibt als umfassende Information, um bessere Übersicht und tiefere Einsicht zu gewinnen.

Es ist als würden wir behaupten, je mehr Einzelteile ein Puzzlespiel besitzt, um so klarer wird das zusammengesetzte Bild. An diesem Beispiel sollte uns die Unsinnigkeit deutlich werden: Unabhängig davon, daß viele Einzelteile das Erreichen einer Gesamtschau zusätzlich erschweren, hängt die Klarheit des Gesamtbildes immer nur vom richtigen Zusammensetzen der Puzzleteile ab, niemals aber von ihrer Menge. Unser Bild von etwas wird immer einseitig bleiben, solange Geryon als Prinzip in uns wirkt. Die Flut von Bildern und Eindrücken, mit denen die Welt uns bombardiert, betonen wir selbst. Wir lassen uns von einer Seite ansprechen, um die andere Seite zu verbannen – oder zu verdammen. Ähnlich den politischen Parteien im großen, so gibt es Parteilichkeit in unserem Innern: Das eine finden wir gut, das andere schlecht, das eine heben wir hervor und vergolden es, von dem anderen wollen wir nichts wissen, wir verteufeln es. Doch das, was wir verteufeln, war in der zehnten Heraklesaufgabe als Hades bezeichnet. Es ist jene uns von Geryon entzogene und entrissene Welt, in der Pluton – unser ganzer Reichtum – sich befindet. Mit ihm sich verbinden macht reich, befreit unser Selbst, damit es sich verwirklicht, und löst uns aus dem Dilemma materieller Ausgerichtetheit und geistiger Einseitigkeit – hervorgerufen von den lauten Tönen des Geryon.

Beide, Kerberos, der Wächter des Hades, und Orthos, der Bewacher der roten Herde des Geryon, sind Hunde und stammen von denselben Eltern ab – dies ist die Art und Weise des Mythos, uns von Gemeinsamkeiten und Zusammenhängen zu erzählen.

Die wahre Aufgabe im Zeichen Fische

Der Tod des Geryon zeigt uns, was wir aufzugeben haben: Alles Laute, alles Marktschreierische und alle vorgoldeten Hüllen.

Viele von uns beschweren sich über die laute Welt der Werbung. Über Augen und Ohren der Menschen verschafft sie sich nahezu den ganzen Tag Zugang, um uns zu beeinflussen, weichzumachen und zu überzeugen. Erreicht sie ihr Ziel, unsere beschränkte Bedürfniswelt zu öffnen, um dort einzudringen und neue, künstliche Bedürfnisse einzuprogrammieren, werden wir zu Robotern einer modernen Verbrauchergesellschaft: Vom Kaufrausch beflügelt und vom Konsumzwang gedrängt, stürzen wir uns ins brodelnde Leben – der Lohn muß sich lohnen, er wird verbraucht und der Verdienst muß aufs neue verdient werden. Dieser ewige Kreislauf von Lohn und Verbrauch, Einnahmen und Ausgaben, Input und Output verlagert unser Denken, Fühlen und Handlen nach außen. Als gäbe es nichts anderes, schauen wir gebannt und fasziniert in die verwirrende Vielfalt und in das bunte Treiben um uns herum, beteiligen uns kräftig an der Jagd nach dem Glück in der Hoffnung, ein großes Stück vom Kuchen zu ergattern oder ein Schnäppchen zu machen. So ist die äußere Welt auch laut und tönend geworden. Es jagen sich Autos, es donnern die Züge und dröhnen die Flugzeuge – ein jeder hat es eilig, hetzt und rast, kennt kein Verweilen. Doch indem wir dies alles aufgeben, verlieren wir nichts. Im Gegenteil, das äußere Leben ist nur die Hülle, die uns umgibt. Sie zu vergolden, ihr mehr Wert und Beachtung zu geben als dem Inneren, heißt das Wesen und mit ihm das Wesentliche des Lebens verlieren. So wird das Leben hohl und leer, verkommt zu Trott und Gewohnheit und wird zum erfolglosen Bemühen, der Langeweile zu entgehen.

Ein glückliches Daseins im Hier und Jetzt erreichen wir erst, wenn Geryon tot und alles Lauttönende von uns entfernt ist. Ruhe tritt dann ein und innere Einkehr. In diesem Moment können wir uns verbinden mit den Musen, jenen vielgerühmten Töchtern von Zeus und der Titanin Mnemosyne, der »Zaubergabe des Gedächtnisses«. Sie sind die geistigen Führerinnen, die uns helfen, unser tägliches Leben, die Erfahrung und das Erlebte der Vergangenheit sinnvoll mit der Zukunft zu verbinden. Sie lehren uns das Wesen des Göttlichen, sprechen in Mythen und Fersen, wohlklingenden Tönen und Rhythmen zu uns von der kosmischen Ordnung, der Harmonie und dem Einklang.

Als Musen nennt uns der Mythos hauptsächlich drei: Melete, das »Üben«, Mneme, das »Erinnern« und Aoide, das »Singen«. Ihnen verdanken vor allem die Dichter und Philosophen ihr Können. Hier verstehen wir, warum sich die lärmende Welt nicht in Einklang mit den Musen bringen läßt. Wir haben zu wählen: Äußere Ablenkung oder innere Führung, Hektik oder besinnliche Ruhe, Lärm oder schöne Musik, Unterhaltung oder innhaltsvolles Dichterwort, Wissenschaft oder Weisheit, Leistungssport oder Yoga, eilen oder verweilen – Hülle oder Kern. Wie eine Schmetterlingspuppe sind wir eingesponnen in den Kokon einer uns umgebenden, materiell orientierten Welt. Viele Fäden umklammern uns fest, sie beengen uns bereits und wir geraten mehr und mehr unter Druck.

Dies ist die Vorstufe eines gewaltigen, möglicherweise auch gewaltsamen Befreiungsprozesses, der unumgänglich ist und unsere ganze Kraft brauchen wird. Das nächste Stadium der Entwicklung zum wahren Menschen wartet auf uns, das Ende eines Zeitalters naht. Mit Beginn des neuen Zeitalters heißt es für uns, viele alte Vorstellungen, Gewohnheiten und Verhaltensweisen aufgeben. Sie waren für eine lange Reihe von Jahren, Jahrzehnten und Jahrhunderten maßgebend für unser Fortschreiten. Wohl dienten sie bestimmten Entwicklungen und notwendigen Erfahrungen. Sie brachten uns Wissen von dieser Welt und genaue Kenntnis von Hülle und Oberfläche. Sie brachten uns Einsicht in Gut und Böse, ließen uns fühlen, was uns wohl und was uns weh tut und lassen uns jetzt erkennen, daß wir über die Kreisläufe des Lebens alle miteinander verwoben und verbunden sind.

Indem Herakles die Rinderherde von Erytheia, der Insel der Abendröte, zum Festland bringt, zeigt er uns, daß wir jegliches Insel- und Absonderungsdenken aufgeben sollen. So wie im kleinen der Einzelne nur an sich und sein tägliches Brot denkt, so sind es im großen die Staaten, deren Streben es ist, Reichtum und Wohlstand des eigenen Landes zu vermehren. Es ist der altbekannte Eid eines jeden Politikers, dem »Volk zu dienen und seinen Wohlstand zu mehren«. Ihn und seine Folgen heißt es zu durchschauen, damit wir eines Tages diese Absichten aufgeben und die Begriffe »Bürger« und »Staat« auf Mensch und Menschheit auszudehnen. Nur der Dienst am Ganzen und die Sorge um das Wohl des Ganzen, der Menschheit und der Erde, nützt, wenn sich der Kreislauf schließt, dem einzelnen. Alles andere, alle Einseitigkeiten, alles Streben nach Vorteilen und alle Gier nach Mehr, ausgetragen auf dem Rücken anderer, kehren zum Verursacher zurück und wenden sich gegen ihn – wir sollten uns Muße und Zeit nehmen, gründlich darüber nachzusinnen. Die Entwickelten und Einsichtigen unter uns sollten von Herakles lernen, Geryon, den »Schreier« und »Entzieher«, in allen lauten Erscheinungsformen der Welt zu erkennen. Und diese Erkenntnis tötet ihn bereits, weil das von ihm Entzogene und Verborgene uns bewußt geworden ist. So lernen wir in allem plötzlich beide Seiten sehen und können sie in uns zu einer Gesamtschau vereinen – der Symbolik des astrologischen Fischezeichen folgend. Doch vorher sollten wir Orthos, den Wachhund der Herde, erschlagen. Dies hieße aber, alle Verbesserungen der äußeren Welt und der in ihr befindlichen Dinge sowie alle Förderungen wirtschaftlichen Wachstums und Wohlstands aufgeben und einzustellen. Es mag in den Augen der meisten Menschen viel verlangt, ja sogar unsinnig erscheinen, doch nur solange sie die Hülle mit dem Wesen verwechseln. Sie zählen im Mythos zur roten Herde des Geryon, sie müssen behutsam geführt, liebevoll gelenkt und mit Achtung behandelt werden. Erinnern wir uns an die elfte Aufgabe: »Rind« zu sein ist keine Schande, noch ist es strafwürdig – es ist Sinnbild für eine begrenzte Schau und mangelnde Einsicht, für Unbewußtheit und Unverständnis, die ein jeder von uns hat. Der Weiterentwickelte hat Sorge zu tragen für den weniger Entwickelten, das ist das Gesetz der Nächstenliebe. Deshalb erweist Herakles sich als guter Hirte, nicht unähnlich jenem Jesus von Nazareth, dem großen Meister des Fischezeitalters. Vorurteile wie Verurteilungen, vorgefaßte Meinungen wie einseitige Standpunkte, Besserwisserei wie Beschimpfungen gibt er auf und wirft sie über Bord, damit sie sich im großen Meer der Fische endgültig auflösen. Der Pharisäer gibt es viele, doch – so heißt es an passender Stelle – wer ohne Schuld ist, der werfe den ersten Stein!

Der Weg zu höherer Freiheit

Viel hören und lesen wir über die Entwicklung des Menschen. »Seid fruchtbar und mehret Euch!« und »Macht Euch die Erde untertan!« sind als Worte der Bestimmung uns mitgegeben auf unserem Weg durch das Leben. Wir rätseln, was sie wohl meinen. So ist Weisheitslehre immer: Sie nähert sich uns mit Worten, wir versuchen zu verstehen und handeln nach dem, was wir zu verstehen glauben. Doch das Verstehen hört nie auf. Jenseits unserer Bewußtseinsgrenzen dehnt sich der Raum ins Unendliche. Jede neue Einsicht, jede Erkenntnis sprengt die alten Grenzen und erweitert unser Bewußtsein. Solange wir Kind sind, schicken die Eltern uns zur Schule, damit wir lernen, unsere Kenntnisse zu vertiefen und unseren Geist zu erweitern. Bewußtsein und Geist zu vermehren, scheint seit jeher das zu sein, was das menschliche Dasein fruchtbar macht und erfüllt. Das Lernen und Erfassen, das Begreifen und Verstehen gehört zu unserem innersten Wesenskern und verbindet uns mit allen Menschen dieser Erde.

Warum ist uns jene kindlich-naive Freude daran verlorengegangen und Verdrossenheit entstanden? Wir studieren nicht mehr gerne – jung an Jahren stellen wir unsere Studien bereits ein – und am Ende interessiert uns nur noch, was in der äußeren Welt geschieht. Oberfläche hat die Tiefe, Vordergrund den Hintergrund, Information die Konzentration abgelöst. Es stimmt, wir haben einen freien Willen, wir können tun und lassen, was wir wollen – wo aber steckt der Sinn?

Erlauben wir uns doch hier an dieser Stelle ein letztes Mal die Frage nach dem »Lohn«: Hat es sich gelohnt? Sind wir glücklich? Sind wir zufrieden? Sind wir erfüllt? Schwer ist es für uns, darauf ehrlich zu antworten. Wir schweigen, weil jedes »Ja« uns als Lüge erscheinen müßte. Wir stellen gewöhnlich achselzuckend die Gegenfrage: Was ist das schon, Glück, Zufriedenheit, Erfüllung?

Wir haben viele unserer Visionen verloren. Aber ohne diese Umrisse einer Erfüllung bringenden Zukunft, ohne jene zukunftsweisenden Projektionen unserer tiefsten, innersten Sehnsüchte verlieren wir uns in der Vielfalt der äußeren Welt. Unser freier Wille sucht nach Orientierungshilfen in der Hülle, weil er sie im Innern nicht mehr findet. So wird jenes auf den inneren Bewußtseinskern bezogene »Seid fruchtbar und mehret Euch!« zu einem auf Um- und Außenwelt bezogenen »Produziert unaufhaltsam Neues und verbessert es ständig«. Kein Gott greift ein bei unserem Tun. Wir haben wahrlich einen freien Willen – und müssen ihn wohl zuerst überall ausprobieren, um zu erfahren, daß universale Gesetze ihn dennoch beschränken. Die Götter, so sagt man uns, halten sich an die Gesetze der Weisheit. Eine alte Erzählung überliefert uns den Satz: »Bevor Gott die Welt und den Menschen erschuf, schaute er in die Thora!« Wir Menschen sind nach dem Bild Gottes gemacht, auch wir werden uns eines fernen Tages an die Gesetze halten, aus freien Stücken, weil wir einsichtig geworden sind. Heute glauben wir vielfach, mehr Freiheit äußert sich in unbegrenztem Materialismus. Wir glauben an das Gesetz des Westen: Mehr Lohn gleich mehr Geld gleich mehr Freiheit!

Doch es ist das Gesetz des Geryon und der roten Rinderherde, die auf einer Insel leben, wo die Sonne untergegangen ist. Geist und Seele können aber ohne Sonne und Licht, Erkenntnis und Einsicht nicht existieren. Wir ahnen bereits, daß der ausgehungerte Geist und die darbende Seele bald den Körper erkranken, vielleicht sogar sterben lassen.

Waldsterben heißt eines der großen Probleme der Zeit, weil in der Welt die Bäume verenden. Der Mythos mahnt uns hier, denn seit Menschengedenken steht der Baum symbolisch für Selbsterkenntnis und für das Wachstum des Menschen zum Himmel – allerorten sterben auch sie. Wir können heute absehen, daß unsere Freiheit, nach dem Besten und Neuesten zu streben, es zu erwerben und in Besitz zu halten, es zu genießen und wieder abzugeben, eine lange Kette erzeugt, an deren Ende den Letzten die Hunde beißen. Jeder

Sieg in dieser äußeren Welt schafft einen Verlierer, jeder Gewinn einen Verlust, jedes Besser ein Schlechter, jedes Mehr ein Weniger, jedes Überrunden einen Überrundeten. So entstehen die Unterschiede, die Unterscheidungen, die Scheidungen und Trennungen, die Feindschaften und Kriege. Dies nicht zu erkennen, heißt Welt und Leben nur von der einen, lauttönenden Seite des Geryon zu betrachten.

Die Kehrseite der Medaille, deren Sicht uns lange verdeckt war, wendet sich uns nun zu. Sie ist wie eine bittere Medizin, die uns ein höherer Arzt oder Medizinmann verschreibt. Die Freiheit des Ersten geht zu Lasten des Letzten, der Wille zu siegen schafft die vielen Verlierer, die Gier nach Besitz tötet die Nächstenliebe. So mag es zum Abschluß der zwölf Aufgaben bezeichnend sein, daß Herakles die Herde zu Eurystheus treibt, ohne ein einziges Rind zu verlieren. Als guter Hirte geht er hinter der Herde als Letzter – der Ring der zwölf Aufgaben schließt sich. Anfang mit Ende verbindend, entsteht der Kreis, ein neuer Beginn zeichnet sich ab, eine neue Runde wartet auf uns. An jenem Punkt angekommen, wo die Zwei sich zur Eins vereinen, verstehen wir ein wenig vom Geheimnis der Worte, die uns von einem anderen »guten Hirten« überliefert sind: Und er setzte sich, rief die Zwölf, und spricht zu ihnen: »Wenn jemand der Erste sein will, soll er der Letzte von allen und aller Diener sein!« (»ει τισ θελει πρωτοσ ειναι, εσται παντων εσχατοσ και παντων διακονοσ!«) (Markus 9,35)

Astrologische Zusammenhänge im Zeichen Fische

Zuordnung

Planet	Neptun (griechisch: Poseidon, Bruder des Zeus) Herr der Stürme, Erderschütterer
Haus	12. Haus, Haus der (Auf-)Lösung, Heilung und Meisterung
Mythologisch	Aigipan, Moira, Nymphen
Eigenschaft	Allverbundenheit, Ganzheit, Ahnungsvermögen, Traum
	Schicksal, Chaos, Auflösung
Körperteil	Füße, Lymphsystem

Das Prinzip Fische

Zum Prinzip der Fische gehört das Meer. Ebbe und Flut, die Gezeiten des Wassers formen den Rhythmus und gestalten das Leben. Wie kein anderes Zeichen symbolisiert es die Macht- und Hilflosigkeit des Menschen, wenn er versucht, den Wogen des Lebens mit Kampf und Kraft zu begegnen. Nur das Leben selbst und seine Zeichen, die uns begegenen, können richtungsweisend und rhythmusgebend das menschliche Dasein beeinflussen. Kampf und Auseinandersetzung bringen Untergang, wenn sie nur vom Bedürfnis einzelner getragen werden. So lehren uns die Fische das Geheimnis des Lebens und die Kreisläufe des Wassers. Ahnungen erfassen uns, Sehnsüchte begleiten uns auf dem Weg zu Allverständnis und wahrer Nächstenliebe. Sich von den Wassern des Lebens und den Wogen des Schicksals tragen zu lassen zu der tieferen Einsicht, daß nichts in dieser Welt Bestand und alles ein Ende hat, muß als Sinn erfahren und als Erkenntnis verarbeitet werden. Die Welt von Wasser und Erde, seit jeher als eine zusammenhängende Welt betrachtet, untersteht dem Meeresgott Poseidon (lateinisch: Neptun), damit aber auch Wind und Wetter, alles Hin und Her, alles Auf und Ab des Lebens, das uns nicht selten bedrohlich erscheint. Auch Erdbeben und Vulkanausbruch sind diesem Gott untertan. Er beseitigt den Müll und den Unrat, der sich aus Gewohnheit und verkrusteten Mustern bildet. Wohl erschüttert er uns gelegentlich, doch nur um das Alte von uns zu lösen und uns neue Ufer zu weisen. So ist die Region der Fische auch im Tierkreis eingefügt als Bindeglied zwischen dem Alten und dem Neuen. Sie hilft uns, Enttäuschungen zu überwinden und Erschütterungen zu vergessen. Das unendliche Meer nimmt sie auf, damit wir frei und vom Vergangenem losgelöst in neue Anfänge starten können. Vom Ersten bis zum Letzten, vom höchsten Meister bis zum krassen Materialisten umfaßt das Zeichen Fische alles, was Leben hat in dieser Welt. Nur so können wir zu dem geforderten, allumfassenden Verständnis des Lebens kommen, wenn wir niemanden und nichts ausklammern und begreifen, daß wir alle durch unsere gemeinsame Basis, die Erde, zusammenhängen. Die Meere, das Wasser und sein Kreislauf binden alles aneinander, keiner ist ausgenommen, doch niemand darf die Gesetze ungestraft übertreten. So gilt im Mythos Poseidon als unerbittlicher Rächer; er vergißt und vergibt nicht. Gnadenlos verfolgt er Verfehlung und Fehler, denn er dient dem Ganzen und wendet sich stets gegen den einzelnen, wenn dieser dem ganzen Organismus und Kreislauf schadet. Auch Odysseus, der siegreiche Besteher der Irrfahrten, hatte in ihm einen erklärten Feind, bis er geläutert an Geist und Seele nach Hause zurückkehren durfte. Oft sprechen wir von den Stürmen des Lebens – in den Fischen sollen wir sie wie Odysseus erfahren, um aus ihnen und von ihnen zu lernen: Unser Körper ist Teil dieser irdischen Welt, er hat Bedürfnisse und Notwendigkeiten, sie werden vom Leben erfüllt und gedeckt – doch was wir an Mehr brauchen ist nicht von dieser Welt.

Die zwölfte Heraklesaufgabe im persönlichen Horoskop

Das Reich der Fische gilt traditionell als Reich der feinen Gefühle, des ahnungsreichen Gespürs und der heimlichen Sehnsüchte. Im Guten sind ihm Heilung und Meisterschaft, im Schlechten Alkoholismus, Drogensucht und Weltabkehr zugeordnet. In dieser gewaltigen Spannbreite von Heiligkeit bis Verbrechertum, von höchster Reinheit bis totalem Schmutz heißt es für uns zu erkennen, daß die tiefere Wurzel – die Wurzel des Guten und des Bösen – dieselbe ist: Ein wenig Glück und Liebe nehmen und geben, das ist alles, was jeder will. Wer die Gesetze kennt, erfüllt seine Sehnsucht, doch wer sich täuschen läßt landet ganz unten. Dann muß ihm die Welt zur Hölle werden, damit sich sein Wille stärkt, dieses Elend zu verlassen und wieder nach oben zu kommen. Wir sprechen vom Fall des Menschen und seiner Verirrung und Verstrickung – wir alle sind davon betroffen. Doch gibt es jene, die sich wieder aufrichten, das irdische Jammertal verlassen und das Licht finden. Sie zu suchen und ihnen zu folgen, bis wir auf eigenen Füssen zu stehen imstande sind, heißt im Zeichen der Fische die Aufforderung.

Befindet sich im Horoskop der Aszendent im Zeichen Fische, fordert uns die zwölfte Heraklesaufgabe auf, nach dem Geryon im Innern und im Äußern zu suchen. Alle vergoldeten Hüllen, jeglicher äußere Anschein will durchleuchtet werden, um die verborgene, dem Bewußtsein entzogene Seite rechtzeitig zu erkennen. Den Wunsch, zu haben und zu besitzen, gilt es solange im Innern zu bewahren und zu behüten, bis Klarheit darüber herrscht, ob das Angestrebte auch wirklich der weiteren Entwicklung dient – oder in Kürze zum Ballast und zur Hemmung wird.

Besondere Bedeutung jedoch erlangt die zwölfte Aufgabe und mit ihr der Planet Neptun im Horoskop derjenigen Menschen, die Aszendent Widder haben, da das 12. Haus (äquale Häuser) – das Haus der Lösung und Meisterung – sich im Zeichen der Fische befindet. Lange Zeit mögen wir den Stürmen und Wogen des Lebens ausgesetzt sein. Vielfältig und doch undurchdringbar erscheint uns dabei das Leben. Wohl machen wir mit im bunten Treiben, fügen uns ein und passen uns an, jagen und hetzen, gewinnen und verlieren, doch unsere innerste Sehnsucht bleibt unerfüllt. Haben wir die begehrte Beute erhascht, macht uns das eigene Innere einen Strich durch die Rechnung: Die Begeisterung ist weg, die Freude verflogen, die Liebe entschwunden.

Wie kein anderes Zeichen im Hororskop wirkt die »Welt des Haben« zugleich reizvoll und abstoßend. Vieles, ja alles hätten wir gerne – und doch wieder nicht. Es ist, als ob wir Vor- und Nachteile aller Dinge des Lebens gleichzeitig in uns wahrnehmen und erfühlen, dadurch oft entscheidungs- und handlungsunfähig werden und so unser Leben zwangsläufig auf Eintönigkeit zusteuert. Das Alte nie ganz lassend, können wir das Neue nie mit ganzer Kraft angehen. Wir bleiben stecken, sind festgefahren und suchen nach jemanden, der uns hilft.

»Hilf dir selbst, dann hilft die Gott!«, wir alle kennen diesen Spruch. Für niemanden trifft er mehr zu, als für Menschen mit Aszendent Widder. Doch sollten wir wissen, wie wir uns selbst helfen können, damit auch göttliche Hilfe dazu kommt – denn auch der Bankräuber verfährt nach jenem Spruch, doch weder Gott noch die Welt sind bereit, ihm zu helfen.

Der Heraklesmythos zeigt die Lösung: Der Tod des Geryon und das Erschlagen des Wachhundes Orthos machen den Weg frei. Nicht materielle Fülle, Lohnabhängigkeit und geschäftiges Treiben führen heraus aus Unzufriedenheit und Lieblosigkeit, sondern Erfüllung geistiger und seelischer Bedürfnisse. Musik und Meditation, weisheitliche Bücher und Vorträge, philosophische Seminare und Kurse helfen hier mehr als Lohnerhöhung und Urlaubsgeld. Nur so öffnen wir Tür und Tor für Weisheit und Nächstenliebe, wobei uns gesagt wird, daß, wenn wir den ersten Spalt geöffnet haben, die Götter für uns die Tür vollends aufmachen.

AUSBLICK AUF DAS WASSERMANNZEITALTER

Der weitere Weg des Herakles

Viele Taten, Aufgaben und Dienste sind Herakles noch gutgeschrieben. Von einigen ist es ungewiß, ob sie vor, während oder nach den zwölf Taten stattfanden. Eines jedoch ist sicher: Die meisten Taten des Herakles werden wir erst richtig verstehen, wenn wir selbst den Heldenweg gehen. Wir sahen, daß es auch ein Weg der Selbsterkenntnis ist: Indem wir den Weg gehen, erkennen wir zunehmend deutlicher die größeren, uns Menschen betreffenden Zusammenhänge. Und mit jeder neuen Erkenntnis und tieferen Einsicht verändert sich unser Weltbild. Eine alte Weisheit fordert uns auf: »Mensch, wandle dich, und du verwandelst die Welt!« Wir alle sind letzten Endes nur Beobachter der Geschehnisse, auch wenn wir in erster Linie glauben, Akteure zu sein. Ein großes kosmisches Schauspiel findet tagtäglich statt, um uns – gottgleich – zu Erkennenden zu machen. Viel zu sehr identifizieren wir uns mit unserer aktiven Rolle als Handelnde, zu wenig reflektieren wir zum Zweck der Selbsterkenntnis über das Geschehene. Das Körperliche ist im Verhältnis zum Geistig-Seelischen überbetont. Wir glauben nur an das, was wir sehen und beweisen können; das Unsichtbare leugnen wir. Selbst die Stärke eines Herakles suchen wir meist in seinen Körperkräften, ohne zu begreifen, daß die Größe des Helden in seinen Seelen- und Geisteskräften liegt. Dies führt uns die zwölfte Aufgabe eindringlich vor Augen: Herakles ist der gute Hirte, der sich um seine Herde sorgt. Indem er sich vom einfachen Hirten nicht mehr unterscheidet, zeigt er seine wahre Seelengröße. Nur so kann sich der Kreis schließen – Anfang und Ende fallen zusammen.

Dies mag uns den Hinweis geben, daß sich wahres Heldentum und menschliche Größe nicht auf den ersten Blick für uns offenbaren. Erst wenn wir die einzelnen Stufen der Entwicklung emporsteigen, können wir – rückblickend – die unterschiedlichen Entwicklungsgrade verschiedener Menschen erkennen.

Wie wenig Herakles dem körperlichen Aspekt des Lebens Bedeutung beimißt, können wir seiner letzten, uns überlieferten Tat auf dieser Welt entnehmen. Er verbrennt sich selbst, bei lebendigem Leib, freiwillig auf einem Scheiterhaufen. Aber seine Seele steigt in einer Wolke auf zum Olymp und seine Taten werden durch sein Sternenbild am nächtlichen Himmel verherrlicht – er ist wahrhaft ein »Herr des Lichts« geworden. Von hier aus erinnert er uns daran, daß wir Menschen in die Welt gekommen sind, um Licht in die Finsternis zu bringen. Prometheus, der erste Mensch im griechischen Weltbild, hat, so erzählt uns der Mythos, den Göttern das Licht gestohlen und es auf die Erde gebracht. In vielen von uns ist dieser »Lichtbringer« – der Prometheus in uns – noch an den »Felsen der Materie« gefesselt. Wir lassen uns täuschen von den äußeren Erscheinungsformen und suchen daher die Ursachen für alle Geschehnisse dieser Welt an den falschen Stellen. Dringen wir aber nicht bis zu den Ursachen vor, können wir die Probleme und Schwierigkeiten nicht meistern.

Gerade Herakles zeigt uns in seiner Wanderung durch den Tierkreis, daß die Ursachen niemals in der Außenwelt liegen. Weder die wilden Pferde des Diomedes, noch der Nemäische Löwe, noch Augias und Geryon sind Ursache für seine Taten. Schon vor seiner Geburt steht fest, daß er als »Alkeides« als »Uridee von Kraft« geboren wird. Der himmlische Zeus und die irdische Alkmene gehen die Verbindung ein, um einen Helden zu gebären. Mit uns verhält es sich ebenso: Himmel und Erde, Vater und Mutter, Geist und Materie verbinden sich zu dem Wesen Mensch, das wir von Geburt an sind. Eine neue Idee von Kraft, ein neues Potential wird so geboren und will sich im Lauf des Lebens erfüllen. An jedem einzelnen von uns liegt es, sich seiner Kräfte und Fähigkeiten bewußt zu werden, sie zu entfalten und in das Gefüge der Menschheit einzubringen. Versäumen wir dies, bleiben wir ein Leben lang unterdrückt, abhängig und unfrei – denn der Weg des Herakles ist ein Weg in die Freiheit und Freiwilligkeit.

Erkennen wir diese Zusammenhänge an, wird uns mit einem Mal klar: Alle Aufgaben und Dienste, Anforderungen und Hindernisse,

Verpflichtungen und Widerstände werden von uns und durch uns in die Welt gebracht. Wir selbst wollen an ihnen wachsen und unsere Fähigkeiten entwickeln, um dem in uns eingepflanzten Anspruch des Helden gerecht zu werden – denn: Wir alle sind in die Welt gekommen, um zu gewinnen!

DAS NEUE ZEITALTER

Heute wird viel vom »Neuen Zeitalter« gesprochen. Es gilt als das »Fünfte Zeitalter«, das Zeitalter des Wassermanns. In der Zahlensymbolik ist Fünf die Zahl des Menschen schlechthin. Ob es die fünf Finger an unserer Hand sind oder unsere fünf Sinne, die Pyramide oder das Pentagramm, der einfache Zahlenwert von »Adam« (= 45 = 5×9) oder der volle Zahlenwert von »Adam« (= 625 = 5×5×5×5) – sie alle weisen uns auf ein mit der Zahl fünf verbundenes Geheimnis des menschlichen Werdens und Wirkens hin.

(*Anm.:* Im alten, biblischen Hebräisch sind die 22 Buchstaben gleichzeitig Zahlen, so daß sich zu jedem Wort als Summe der entsprechenden Zahlen eindeutige Zahlenwerte ermitteln lassen; z.B.: a = 1; d = 4; m = 40; Adam, hebräisch: a–d–m = 1+4+40 = 45).

So liegt es nahe, vom kommenden Zeitalter als einem Zeitalter des Menschen und der Menschlichkeit zu sprechen. Mehr und mehr offenbart sich, daß alle Menschen Söhne Gottes sind, und es für uns darum geht, diese uns innewohnenden Kräfte und Fähigkeiten zu erkennen und zu entfalten. Tun wir dies, werden wir am archetypischen Weg des Herakles nicht vorübergehen können. Sicherlich gibt es auch andere Wege, die zu Erkenntnis und Heil führen. Doch die Aufgaben des Herakles weisen uns den sichersten Weg. Es ist der Weg, der mit dem »Erwürgen der zwei Schlangen« beginnt und der sich im »guten Hirten« vollendet. Es ist ein Weg des Mutes und der wahren Liebe, aber auch der Bescheidenheit und der Überwindung jeglicher Täuschung – dies macht ihn zum sicheren Weg. Er zeigt die Überwindung der Welt und nicht die Flucht vor der Welt, in die wir uns allzuleicht begeben.

Auch Jesus, der große Meister des vergangenen Fischezeitalters, ist bis zur letzten Konsequenz den Weg des Helden gegangen. Er hat ebenfalls stets darauf hingewiesen, daß wir in das Himmelreich nur dann eingehen, wenn ein jeder von uns – gleich ihm – das Kreuz der Materie auf sich nimmt: »Ich bin der Weg und die Wahrheit und das Leben!« (Johannes 14/6) waren seine Worte. Seine Taten sind uns allen bekannt. Es gilt zu begreifen, daß uns niemand den Weg abnimmt. Wir hier im Westen sprechen von den »Vier Elementen«. Der Osten kennt ein fünftes Element, den Äther. Vielleicht ist es jener Stoff, aus dem Adam und mit ihm unser menschliches Bewußtsein geformt ist. Die Zahl Fünf ist eine Entwicklungszahl, gleichzeitig weist sie uns als Hälfte von zehn auf die Mitte hin. Das mag verständlich machen, warum der Osten den Erkenntnisweg des Menschen als »Weg der Mitte« bezeichnet. Verborgen in uns sind all diese Geheimnisse als Keim vorhanden, aber noch nicht entfaltet. In der Zeit selbst findet dieser Entfaltungsprozeß statt, der das unsichtbare Göttliche in uns sichtbar macht.

Auf uns Menschen bezogen heißt dies, daß wir zugleich Menschen sind – und doch wiederum noch nicht Menschen sind. In uns ist der Same »Mensch« angelegt. Wäre es nicht so, könnte keiner von uns auch nur ahnen, was Menschsein bedeutet. Andererseits stellen wir alle aber fest, daß es noch viel Unmenschlichkeit gibt. Dies wiederum kann nur heißen, daß der Mensch seine volle Reife noch nicht erreicht hat.

Wenn wir den gereiften und erwachsenen Herakles genauer betrachten, so können wir zweierlei feststellen:

Erstens: Wir Menschen haben neun Reifungsstufen zu durchlaufen, die Aufgaben von Widder bis Schütze.

Zweitens: Als gereifte Menschen dienen wir der Erde und der Menschheit. Wir sind Berufene und erfüllen den Ruf, die Aufgaben Steinbock bis Fische.

Nun werden viele unter uns sagen: Das Meiste, was ich tue, dient ja der Menschheit!

Sind wir denn alle schon Helden? Haben wir bereits die Reife des Herakles? Mitnichten! In vielen Fällen haben wir – vermutlich –

noch nicht einmal die »zwei Schlangen« erwürgt. Das heißt, wir befinden uns im Stadium der Illusion und Täuschung. Gern mögen wir uns zwar einreden, daß wir der Welt dienen, unserem inneren Ruf nachgehen und alle Menschen lieben. Doch bevor uns solcherlei Engelsflügel wachsen, sollten wir erst kontrollieren, ob wir mit beiden Beinen im Leben und auf dieser Erde stehen. Solange dies nicht der Fall ist, wird kein Held aus uns – dies teilt uns der Mythos von Herakles mit.

Wenn wir den Tierkreis auf die fixen Zeichen komprimieren, bleiben Stier, Löwe, Skorpion und Wassermann übrig. Unschwer sehen wir, daß das fixe Erdzeichen Stier, die Kraft der Verwurzelung, an erster Stelle steht. Wenn wir in und mit dieser Welt nicht zurechtkommen, können wir nicht über sie hinauswachsen. Hera, die große Göttermutter, weiß um diese Zusammenhänge. Deshalb gibt sie dem zu »Hera Berufenen« die zwölf Aufgaben zur Lösung auf. Die ersten neun Aufgaben, damit er wachse und reife, und die letzten drei Aufgaben, damit er seinen weniger entwickelten Brüdern helfe.

Nehmen wir den Mythos ernst, so können wir nicht umhin zu erkennen, daß die eigene Entwicklung und Reifung vor der Hilfe am Nächsten kommen muß. Das ist unabdingbar, weil wir uns sonst nicht im nötigen Erkenntnisstadium befinden. Denn – wie geschrieben steht – wissen wir (noch!) nicht, was wir tun. Erst der persönliche Erkenntnisweg gibt uns die Einblicke und vermittelt uns jene Einsichten, die wir brauchen, um zu wissen, was es für uns zu tun gilt. Helfen ohne Wissen und Weisheit mag zwar gut gemeint sein, erweist sich aber nicht selten als Bumerang, der zusätzlichen Schaden anrichtet.

Wenn wir von dem Gedanken ausgehen, daß uns das neue Zeitalter wieder mit »Alkeides«, der »Idee von Mut und Stärke«, versöhnen will, dürfen wir einige Prognosen und Ausblicke in die Zukunft wagen.

Als erstes wird sich unser Bildungssystem umstellen. Neben Wissenschaft wird Weisheitslehre wieder Einzug halten in Schulen und Universitäten. Die Sprache der Symbole wird als erste »Fremdsprache« von Grund auf gelehrt werden müssen, damit sich unser

Geist nicht in der Vielfalt verliert. Schnell werden wir so erkennen, daß Beziehungen und Begegnungen, Schicksal und Krankheit, Probleme und Schwierigkeiten stets eine eindeutige Sprache sprechen. Mögen auch die äußeren Umstände und Geschehnisse mannigfaltig sein, ihre Botschaften und Inhalte sind wesentlich prägnanter und deutlicher. Wir lernen, sie zu entziffern und entsprechend darauf zu antworten. Nur so gesunden wir an Geist und Seele. Die Folge davon wird sein, daß auch unser Körper gesundet. Wir sind weder geboren, noch leben wir in dieser Welt, um krank zu sein. Krankheit, Schmerz und unfreiwilliges Leid sind weder Fehler der Schöpfung noch notwendige Bestandteile unseres Lebens.

Im Gegensatz zur reinen Wissenschaft wird die Beschäftigung mit Weisheit im Laufe des Menschenlebens zunehmen. Je älter wir werden, um so weiser wollen wir alle werden; dies wird das erklärte Ziel der gesamten Gesellschaft sein.

Das veränderte Bildungssystem wird dann alles andere verwandeln. In Politik und Wirtschaft werden Weisheit und ganzheitliches Denken wieder einkehren. Die Oberen und Höchsten werden »gute Hirten« sein, bestrebt miteinander, nicht gegeneinander zu handeln. Weil sie überpersönlich und lohnunabhängig sind, gilt ihre Sorge in erster Linie den weniger Entwickelten auf dieser Erde. Das Streben nach geistigen Gütern wird den Vorrang erhalten. Materielle Wünsche und Bedürfnisse beziehen sich nur noch auf das Notwendige.

Und gerade hierbei können wir den Unterschied besonders deutlich spüren: Das Mehr an materiellen Gütern führt zwangsläufig zu Konkurrenz, Streit und Auseinandersetzung. Bei der Vermehrung von geistigen Gütern ist es umgekehrt: Der andere, unser Partner und Gegenüber, ist stets Bereicherung und kann uns von seinen Gütern abgeben, ohne dabei selbst etwas zu verlieren. Im Gegenteil, er gewinnt unsere Achtung und Anerkennung.

Mit dieser Einsicht wird sich unser Erwerbs- und Besitzdenken verwandeln. Was wir erwerben, dient ausschließlich unserer Lebenserhaltung. Unser Hab und Gut wird nur aus dem bestehen, was wir persönlich brauchen. Dazu gehört auch unsere Wohnung bzw. unser Haus: Wohnung bzw. Haus werden zum festen Besitz der jeweiligen Bewohner, Fremdbesitz und Vermietung werden im neuen Zeitalter abgeschafft – Anhäufung und Überfluß erledigen sich damit von selbst. Nur so können wir der Forderung des Wassermannzeitalters nach Freiheit, Gleichheit und Brüderlichkeit gerecht werden.

Grundlegend werden sich auch unsere Beziehungen wandeln. Von Äußerlichkeiten befreit, lernen wir wieder unseren Partner zu erkennen. Indem wir Einsicht nehmen in sein tieferes Wesen, können wir ihn verstehen – und lieben. Seine Andersartigkeit befruchtet unsere eigene Entwicklung, wir nehmen dadurch viel von ihm an und sind unsererseits bereit, alles zu geben. Auch hier werden alle Besitzansprüche fallen, so daß genügend Freiraum für die persönliche Entwicklung des einzelnen gewährleistet ist. Sollte dennoch der Lauf des Lebens eine Beziehung in die Trennung führen, wird eine friedliche Wandlung einsetzen: Der Partner wird zum Freund, mit dem wir weiterhin verbunden bleiben.

Das kommende Zeitalter wird den wahren Menschen und Helden in uns hervorbringen. Mehr und mehr wird es sich dabei erweisen, daß die biblische Schlange keine Lügnerin und böse Verführerin ist, sondern die »Schlange der Weisheit«, die uns Menschen auf unserem Erkenntnisweg begleitet. Sie hat uns, im göttlichen Auftrag handelnd, aus dem Paradies herausgelockt und begleitet uns, in Gestalt des Lichtbringers, geduldig auf unserem Weg, um uns heil ins Paradies zurückzuführen.

Und die Schlange sprach zur Frau: »...Euch werden die Augen geöffnet und ihr werdet wie Gott erkennend Gut und Böse!« (Genesis 3,5)

Und Gott sprach: »Siehe, der Mensch ist geworden wie einer von uns, erkennend Gut und Böse...!« (Genesis 3,22)

Wolfgang J. Denzinger, *1945 geboren, studierte Mathematik und war dann an der Hochschule tätig. Das Interesse an Philosophie führte zu einer intensiven Auseinandersetzung mit Astrologie und alten Weisheitslehren. Von 1987 bis 1991 war er am Institut von Thorwald Dethlefsen tätig (astrologische Beratung und Seminarleitung). 1991 gründete er das URANOS-Zentrum in München, an dem Astrologie, Mythologie und Symbolik gelehrt und Wege zur Selbstfindung und Selbstheilung gewiesen werden.*

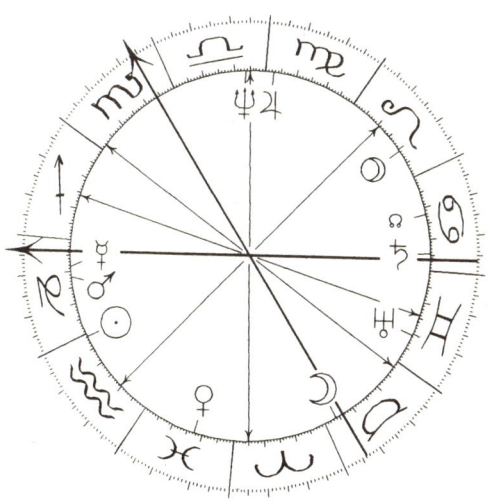

Informationen über Seminare, Vorträge, Gruppen und sonstige Anfragen beim Autor unter folgender Adresse:

>Wolfgang J. Denzinger
>Wolfratshauser Straße 131 c
>81479 München